Zu diesem Buch

Ko-Evolution – unter diesem Begriff untersucht Jürg Willi die Entwicklung von Partnern, die miteinander ihren Lebensraum und ihre Geschichte teilen. Menschen entwickeln sich nicht unabhängig voneinander. Sie entwickeln sich aus Beziehungen heraus, ihre Persönlichkeit formt sich im gegenseitigen Sich-Beantworten, Herausfordern, Unterstützen und Begrenzen. Die konstruktive Entwicklung der Beziehung in Partnerschaft, Familie und Arbeitsteam ist Voraussetzung einer geglückten Selbstverwirklichung. Jürg Willi ist mit seinem Buch « Die Zweierbeziehung» weit über die Grenzen seines Fachgebietes Hunderttausenden von Lesern bekannt geworden. Damals hat er die Störung von Paarbeziehungen beschrieben. Hier nun sieht er den einzelnen als Teil von Beziehungsprozessen und beschreibt, wie ein produktives, gemeinsames Wachsen begünstigt werden kann.

Der Autor
Direktor der Psychiatrischen Poliklinik am Universitätsspital in Zürich, Ordinarius für Ambulante Psychiatrie, Psychotherapie und Psychosomatische Krankheiten. Verheiratet mit der Künstlerin Margaretha Dubach. Zwei erwachsene Söhne, die daran sind, sich von zu Hause zu lösen.
Außerdem bei Rowohlt lieferbar: «Die Zweierbeziehung» (rosach 8716) sowie «Die Therapie der Zweierbeziehung» (rosach 8886) und «Was hält Paare zusammen? Der Prozeß des Zusammenlebens in psycho-ökologischer Sicht» (1991).

Jürg Willi

KO-EVOLUTION

Die Kunst gemeinsamen Wachsens

rororo
Rowohlt

13.–15. Tausend Oktober 1991

Veröffentlicht im Rowohlt Taschenbuch Verlag GmbH,
Reinbek bei Hamburg, Juni 1989

Umschlaggestaltung Mathias Hütter
Gesamtherstellung Clausen & Bosse, Leck
Printed in Germany
1280-ISBN 3 499 18536 9

Inhalt

Persönliche Erfahrungen des Autors als Grundlage dieses Buches

Das Buch handelt von einer ökologischen Sicht der Selbstverwirklichung. Der Mensch wird darin als Beziehungswesen dargestellt, das mit seiner Umwelt vernetzt ist. Diese Umwelt ist nicht nur die Natur; die Umwelt des Menschen sind insbesondere seine Mitmenschen. Im Zentrum des Interesses steht somit nicht die Entwicklung der einzelnen Person, sondern die Entwicklung personübergreifender Prozesse, von denen sie Teil ist: die Koevolution der Person und ihrer Beziehungsnetze.

Psychologisch-psychotherapeutische Bücher können auf die Werthaltungen und Einstellungen von Menschen einen großen Einfluß ausüben. Die Werke S. FREUDS, C. G. JUNGS, C. ROGERS' und vieler anderer haben unsere Kultur, weit über den psychotherapeutischen Bereich hinaus, dauerhaft geprägt. Obwohl viele dieser Autoren den Anspruch erheben, ihre Aussagen auf wertfreie Beobachtung und kontrollierte Erfahrung zu stützen, gehe ich von vornherein von der Annahme aus, daß meine beruflich gewonnenen Erfahrungen weitgehend identisch mit meinen persönlichen Erfahrungen sind. Ich halte es deshalb für angezeigt, den Leser kurz darüber zu informieren, auf welchen persönlich-beruflichen Erfahrungen meine Aussagen stehen.

Um dieses Buch schreiben zu können, waren drei Erfahrungsbereiche für mich wichtig: der religiöse, der eheliche und der berufliche.

Ich bin katholisch aufgewachsen und fühle mich trotz äußerer Loslösung aus der Konfessionszugehörigkeit in mancher Hinsicht der katholischen Welterfahrung weiterhin verbunden. Mich faszinierte von Kindheit an das, was bildhaft an einer gotischen Kathedrale dargestellt wird. Die Welt, der Kosmos, als ein alles einschließendes Gebäude. Das Portal, der Zutritt zum Kirchenraum, geht durch eine schalenförmig angeordnete Darstellung der Weltgeschichte, angefangen mit der Erschaffung der Welt, der Darstellung des Alten Testaments, der Begebenheiten im Leben Jesu bis zur Geschichte der Kirche mit ihren Aposteln, Kirchenlehrern und Heiligen. Links und rechts säumen das Portal Propheten aus dem Alten Testament, die auf ihren Schultern Heilige aus dem Neuen Testament tragen. In diesen Kirchen hat jeder seinen Platz. Sie sind Beziehungsräume, die darstellen, wie eines aus dem anderen hervorgeht, eine Stufe die andere trägt, eines stellvertretend für das andere steht und sich als geschichtlicher Prozeß nach oben, auf Gott, auf das übergeordnete Ganze, ausrichtet. Diese Kirchen erfüllten mich mit einem Gefühl des Bezogenseins auf mich übergreifende Prozesse, gaben mir Geborgenheit, Kraft und auch das Ziel, meine Kräfte in diesen mich übergreifenden geschichtlichen Prozeß einzugeben.

Auch in der katholischen Messe ist das, was mein Anliegen ist, als Ritual enthalten. Sie ist ein Prozeß, in dem sich die Anwesenden als Gemeinde auf das göttliche Ganze ausrichten und dabei die abwesenden Angehörigen, die Kranken, die Verstorbenen, die Heiligen und die gesamte Kirche miteinbeziehen. Die Gläubigen schenken die Produkte ihrer Arbeit – Brot und Wein – dem übergeordneten Ganzen, um sie in gewandelter Form als Leib und Blut Christi zurückgeschenkt zu erhalten und sich einzuverleiben. Durch die Kommunion, die Einnahme des gewandelten Brotes und Weines, werden die Anwesenden substantiell zu einem in Gott verbundenen Organismus.

Eine weitere wichtige und überaus glückliche Erfahrung ist meine Ehe mit Margaretha Dubach, die nun seit über zwanzig Jahren dauert. Margaretha war immer eine sehr eigenständige Person, die nie Gefahr lief, sich für mich aufzugeben oder mit mir zu verschmelzen. Wir sind in vieler Hinsicht sehr verschieden und hatten zu Beginn unserer Bekanntschaft große Schwierigkeiten, uns aufeinander einzuspielen. Auch jetzt noch genügen die berufsbedingt recht häufigen kurzfristigen Trennungen, um in Schwierigkeiten zu geraten, wieder zusammenzufinden. Dazu gehört wohl auch, daß unsere Beziehung immer ausreichend gespannt blieb, daß wir uns gegenseitig immer herausforderten und einander Widerstand entgegensetzten. Margaretha ist als Objektkünstlerin tätig und gewinnt zunehmend auch internationale Beachtung. Wir haben uns persönlich und im Beruf gegenseitig alle mögliche Unterstützung gegeben. Uns verbinden viele tiefe Berührungspunkte, aber es bleiben auch immer ausreichende Grenzen und getrennte Bereiche, wo keiner sich vom anderen ganz verstanden fühlen kann. Auch das fordert uns laufend heraus, einander in tieferen Bereichen zu suchen. Obwohl Margaretha eine emanzipierte Frau ist, leben wir in relativ traditionellen Geschlechtsrollen. Margaretha hat Freude, ein Haus zu gestalten, kreativ zu kochen, sie versteht es, Blumen aus dem Garten in unvergleichlicher Weise zu binden und einen mit allerhand Kleinigkeiten und Späßen zu überraschen. Sie ist ein Mensch, der viel und gerne andere beschenkt. Das sind alles Qualitäten, die bei mir unterentwickelt sind. Ich bin gut und zuverlässig im Organisieren und im Bewältigen von schwierigen Lebenslagen. Ich glaube auch, daß ich Fähigkeiten habe, Rahmenbedingungen zu schaffen, die das Wachstum anderer Menschen fördern, so auch dasjenige von Margaretha und unseren beiden Söhnen. Was ich in diesem Buch über Koevolution in Partnerschaft schreibe, ist direkt aus der Erfahrung unserer Beziehung hervorgegangen. Gerechterweise müßte Margaretha hier als Koautorin aufgeführt werden.

Eine glückliche Erfahrung ist ferner meine berufliche Tätigkeit als Psychotherapeut und Klinikleiter. Bereits 1965 wandte ich mich der Paar- und Familientherapie zu, schon damals aus Interesse an personübergreifenden Prozessen. In der Paar- und Familientherapie habe ich für mich grundlegende praktische und theoretische Erfahrungen gemacht, die ich in diesem Buch nun auf allgemeinere, den therapeutischen Rahmen sprengende Aspekte erweitern möchte. Viele im Buch aufgeführte Beispiele beruhen auf Erlebnissen als Leiter der Psychotherapiestation der Psychiatrischen Universitätspoliklinik Zürich. Die Psychotherapiestation ist eine kleine Abteilung von 12 bis 22 Betten, in der vor allem jüngere Patienten mit schweren neurotischen Persönlichkeitsstörungen behandelt werden. Die meisten unserer Patienten weisen eine lebenslängliche Fehlentwicklung auf, sind verzagt, kontaktscheu, depressiv, sie haben im Leben aufgegeben und sich aus dem Berufsleben zurückgezogen. Die Patienten treten freiwillig für eine rund drei Monate dauernde, intensive Behandlung ein. Als Leiter dieser Abteilung habe ich einen wertvollen Lernprozeß durchgemacht. Je näher psychotherapeutische Aufgaben der persönlichen Erfahrung stehen, desto schwieriger ist die Zusammenarbeit in einem Team. Die einen glauben, man müsse mit den Patienten streng und konsequent sein, die anderen dagegen möchten sich lieb und gewährend verhalten. Die einen bevorzugen eine Einzeltherapie, die anderen Gruppenaktivitäten. Die einen möchten einen klar strukturierten Tagesplan, die anderen möglichst viel Freiheit in der Gestaltung des Abteilungslebens. Die einen finden, das Pflegepersonal solle sich nicht in die Einzeltherapien der Ärzte einmischen, die anderen attestieren dem Pflegepersonal eine mindestens ebenso gute Befähigung zur Ausübung von Psychotherapie. All diese Differenzen in einem Psychotherapeutenteam werden noch durch die Patienten angeheizt.

Als Leiter dieser Abteilung wurde ich von meinen Mitarbeitern in eine harte Schule genommen. Es gelang mir dabei zunehmend, Kritik als «Liebesdienst» anzunehmen in der Überzeugung, daß ich dabei immer etwas für mich lernen könne. Anstatt mich laufend zu rechtfertigen und zu verteidigen, lernte ich hinzuhören. Wir experimentierten auf dieser Abteilung mit verschiedensten «antiautoritären» Führungsmodellen. Wir gelangten nach Jahren zu der Erfahrung, daß die Patienten – lebenslang gewöhnt an passive Unterordnung und Abhängigkeit – von einer Abteilungsgestaltung, die ihnen zu viel Eigenverantwortung und -aktivität zuteilen will, überfordert sind. Als Leiter der Abteilung lernte ich, meine Funktionen und jene der Mitarbeiter klar zu definieren und mich aus Verantwortungsbereichen, die ich delegiert hatte, herauszuhalten und nur deren Resultate zu kontrollieren. Am schwersten fiel mir, persönliche Distanz zu halten zu meinen Mitarbeitern, mit denen mich freundschaftliche Gefühle verbanden, um damit unproduktive Rivalitäten, wie sie sich bei persönlichen Verwicklungen leicht ergeben, zu vermeiden. Ich lernte, daß Wahrung persönlicher Distanz zu größerer gegenseitiger Offenheit und Kritikfähigkeit im Bereich der Zusammenarbeit befähigt.

In den letzten Jahren war eine meiner wichtigsten Aufgaben der Aufbau des neuen medizinischen Examensfachs Psychosoziale Medizin. Ich setzte mich auf nationaler und lokaler Ebene für die vermehrte Berücksichtigung der psychologischen Dimension im medizinischen Unterricht ein. Medizinische Fakultäten gelten als besonders autoritär und rigide. Aber auch sie werden von Menschen geleitet, und Menschen sind an sich wandlungsfähig. Ich habe es mehrmals erlebt, daß verbissene Gegner jeglicher «Psychologisierung» des medizinischen Unterrichts unerwarteterweise unsere Anliegen plötzlich wohlwollend unterstützten und daß mir besonders engstirnig erscheinende Menschen in dem Moment, da sie eine einflußreiche Rolle zu übernehmen hatten, aufgeschlossener, weicher und menschlicher wurden. Psychotherapeuten neigen meist dazu, sich von Institutionen zu distanzieren oder von außen gegen sie zu opponieren. Meine Erfahrungen veranlassen mich eher dazu, mit Institutionen als eines ihrer Mitglieder zu ringen. Dazu braucht es ein hohes Maß an Geduld, Frustrationstoleranz und Respekt vor den Gegnern und deren Argumenten. In diesem nun seit Jahren dauernden Aufbauprozeß bin ich tatkräftig unterstützt worden, vor allem durch unsere drei Oberärzte Claus Buddeberg, Jakob Bösch und Hanspeter Wengle, denen ich viel zu verdanken habe, genauso wie Herrn Professor Hans Kind, Direktor der Psychiatrischen Universitätspoliklinik Zürich.

Bei der Niederschrift des Buches bin ich verschiedenen Freunden zu großem Dank verpflichtet. An erster Stelle möchte ich Ruth Rabian nennen, meine Sekretärin, die in all den wirren Jahren mit großer Nachsicht und Geduld Texte schrieb und immer wieder neu schrieb. Anfänglich mußte sie manches schreiben, mit dem sie persönlich nicht einverstanden war. Es freut mich, von ihr zu hören, ich hätte mich und meine Ansichten im positiven Sinn entwickelt. Elisabeth Constam leistete mir mit der Herstellung des Literaturverzeichnisses und Verzeichnisses der Anmerkungen eine große Hilfe. Für die sorgfältige und kritische Durchsicht des Manuskripts danke ich ferner dem Lektor des Rowohlt Verlages, Hermann Gieselbusch, sowie (in alphabetischer Reihenfolge) Annie Berner, Jakob Bosch, Claus und Barbara Buddeberg, Elsie Freutel, Alice und Hellmuth Holzhey und Hans Kind. Jeder von ihnen, ganz besonders Annie Berner, hat sich in sehr persönlicher Weise mit dem Thema auseinandergesetzt und mir viele wichtige und kritische Hinweise gegeben.

ERSTER TEIL

Die Krise unseres Selbstverständnisses und die Suche nach neuen Modellen

1. Das Zeitalter des Narzißmus und des Zerfalls menschlicher Ökosysteme

In den letzten Jahren hat sich ökologisches Bewußtsein rasch in immer größeren Kreisen der Bevölkerung ausgebreitet. War in den Nachkriegsjahren und frühen sechziger Jahren das uneingeschränkte wirtschaftliche Wachstum der Traum eines jeden, so setzte vor allem mit dem Ölschock von 1973 die Erkenntnis von den Grenzen des Wachstums ein. Menschen werden ihrer aggressiven Expansion nicht mehr froh, sie bringt ihnen immer weniger Prestige ein, ja sie beginnen freiwillig, sich Beschränkungen aufzuerlegen, um die Welt nicht zu zerstören, von der sie Teil sind. Dieses ökologische Denken hat allerdings bisher noch wenig auf den Bereich menschlicher Beziehungen übergegriffen. Das ist an sich erstaunlich, sind doch die ökologischen Gleichgewichte menschlichen Zusammenlebens heute genauso gestört wie jene der Natur. Sie werden auch aus derselben Grundhaltung zerstört, nämlich aus dem Glauben an das Recht auf ein uneingeschränktes persönliches Wachstum, solange andere nicht direkt an Leib und Leben gefährdet sind. Manche halten die Ressourcen menschlicher Anpassungsfähigkeit für unerschöpflich. Sie sehen drohende gesellschaftliche Zersetzungserscheinungen als Übergangsphänomene im Wandel zu einer Gesellschaft uneingeschränkter Freiheit. Sie glauben, ein Zusammenbruch der gesellschaftlichen Regulationsmöglichkeiten müsse nicht ernsthaft in Betracht gezogen werden.

Selbstverwirklichungsbestrebungen stehen seit einigen Jahrzehnten im Zentrum der geistigen Evolution unserer westlichen Kultur. Die einen sehen darin die Grundlage für den Übergang in ein neues Zeitalter, die anderen lediglich eine pseudowissenschaftliche Bemäntelung von Egoismus.

Ich glaube, daß die Selbstverwirklichungsbestrebungen oft zu isoliert, als bloße Angelegenheit eines Individuums gesehen werden, ohne deren ökologische Auswirkungen auf die Bezugspersonen ausreichend zu bedenken. Erfolgt «Selbstverwirklichung» auf Kosten der Mitmenschen, so kann ihr wenig Positives abgewonnen werden. Der Wert von Selbstverwirklichung kann nicht bloß an der individuellen Auswirkung gemessen werden, sondern muß ihre Auswirkungen auf die Umwelt miteinbeziehen.

Eine andere ökologische Regel, die bei der Realisierung der Selbstverwirklichungsbestrebungen oft zu wenig beachtet wird, ist die Frage des Maßes. Allzu sehr fixiert man sich immer wieder auf die Frage, ob dieses oder jenes richtig oder falsch sei. Dabei ist ökologisch betrachtet die entscheidende Frage, in welchem Maß und in welchen Zusammenhängen dieses oder jenes richtig oder falsch ist. Viele Medikamente, die in geringer Dosis heilsam wirken, sind in hoher Dosis ein Gift. In der Phase des revolutionären Aufbruchs kann über Fragen des Maßes nicht diskutiert werden, weil schon das Stellen dieser Frage als reaktionär gilt. Ich glaube aber, daß jetzt die Zeit gekommen ist, etwas sachlicher und differenzierter über Sinn und Ziel von Selbstverwirklichung in einer ökologisch gesehenen Gesellschaft nachzudenken.

Die Auswirkungen narzißtischer Lebenshaltungen auf menschliche Ökosysteme

Man spricht heute viel von Selbstverwirklichung, man spricht auch viel über den zunehmenden Narzißmus in unserer Zeit[1,2]*, aber man stellt nur selten die Frage nach einem Zusammenhang zwischen Narzißmus und Selbstverwirklichungsbewegung. Das ist eigentlich erstaunlich, kann man doch Narzißmus als die «übertriebene Konzentrierung des psychischen Interesses auf das Selbst» (Moore und Fine) definieren. Das intensive Streben nach Verwirklichung des Selbst und der verbreitete Narzißmus liegen also nahe beieinander.

Man stellt heute fest, daß narzißtische Störungen sich in unseren westlichen Gesellschaften rasch ausbreiten – zum Beispiel als *borderline case* (Grenzfälle schizophrener Psychosen), als Anorexien (Magersucht), als Depressionen, als Drogensucht, als Kriminalität. Gleichzeitig nimmt das theoretische Interesse am Narzißmus stark zu, in der Psychoanalyse vor allem mit den Arbeiten Kohuts und Kernbergs. Beide Phänomene – die Zunahme narzißtischer Störungen und das Interesse an ihnen – sind Ausdruck der psychosozialen Strömungen unserer Zeit.

* Die hochgestellten Ziffern verweisen auf die Anmerkungen Seite 297 ff.

Wo werden nun die Ursachen für den Narzißmus, für das übertriebene Interesse am Selbst gesucht?

KOHUT (1977) sieht die Ursache narzißtischer Entwicklungen in einem Fehlverhalten der Mutter. Die Mutter – so wird vermutet – konnte den normalen Separations-Individuations-Prozeß[3] nicht ertragen, das heißt, sie konnte sich in die frühen Bestrebungen des Kleinkinds nach Selbständigkeit nicht einfühlen. Auch KERNBERG und viele andere maßgebliche psychoanalytische Autoren vermuten die Wurzeln des Narzißmus in frühen entwicklungsbedingten Defekten.

Doch – so möchte ich fragen – neigt man damit nicht dazu, den Einfluß der Mütter überzubewerten? Weshalb soll sich die Empathie (das Einfühlungsvermögen) der Mütter in den letzten Jahrzehnten so grundlegend verändert haben, daß es zu so gravierenden gesellschaftlichen Veränderungen gekommen ist?[4]

> Der Narzißmus unserer Zeit kann kaum nur einer isolierten Ursache zugeschrieben werden. Vielmehr hat sich unsere Kultur als Ganzes, von langer Hand vorbereitet, auf allen Ebenen, anfänglich in unmerklich kleinen Schritten, nun aber mit immer schnellerem Tempo in Richtung Narzißmus bewegt. Dabei können wir keine klare Trennung machen zwischen Narzißmus als Störung und «Narzißmus» als Leitbild. Die pathologischen Phänomene sind lediglich die krankhaften Nebenwirkungen eines Gesamtprozesses.

Die Entwicklung von narzißtischem Rückzug auf sich selbst zeigt sich in allen Bereichen unserer Kultur. Ich möchte fünf Bereiche kurz beleuchten: die Arbeit, die Freizeit, die psychologische Selbsterfahrung, die Beziehung zum Staat und den Bereich Partnerschaft und Familie.

Die Entfremdung von der *Arbeit* wurde bereits von KARL MARX eingehend beschrieben und soll hier nicht näher behandelt werden. Leider hat die Bemühung um Humanisierung der Arbeit den Entfremdungsprozeß nicht aufzuhalten vermocht. Es ist die Maschine, die den Rhythmus und die Gestaltung menschlicher Arbeit bestimmt, und nicht der Mensch, dem die Maschine bei seiner Arbeit zu dienen hätte. CHARLIE CHAPLIN hat das in seinem Film ‹*Moderne Zeiten*› unvergeßlich dargestellt. Die zunehmende Arbeitsteilung hat die Entfremdung vom Produkt der Arbeit verstärkt. Fast alle Arbeiter sind heute mit der Herstellung von Teilstücken beschäftigt, oft ohne das fertige Produkt überhaupt zu kennen, geschweige denn darüber zu verfügen oder es gar verkaufen zu können. Sie erhalten nie eine Rückmeldung vom Käufer des Produkts und damit nie jene Bestätigung ihres Arbeitens, welche ihr Selbstgefühl am meisten stärken und strukturieren könnte. Sie haben keine Möglichkeit, die Herstellung ihres Produkts kreativ zu beeinflussen und sich bei der Arbeit anregen und herausfordern zu lassen. Die heutige Umstellung auf das Informationszeitalter fordert zusätzlich eine Anpassung unserer Denk- und Sprachstrukturen an die Gesetze der Informatik und zwingt zu einer weiteren Entfremdung der Arbeit. Roboter und Computer erledigen viele Arbeiten soviel schneller, exakter und billiger, daß die Bereiche menschlicher Erwerbstätigkeit, die Selbstbestätigung vermitteln, immer mehr schrumpfen. Viele Berufe bieten den Menschen keine Identifikationsmöglichkeit an und fordern nur einen kümmerlichen Anteil des persönlichen Potentials heraus. Das führt zu einer inneren Abkoppelung von der Arbeit, die aber trotzdem den größten Teil des aktiven Lebens eines Menschen beansprucht.

Kann sich der Mensch mit seiner Arbeit, seinem Werk nicht mehr identifizieren, so bleibt ihm, denkt er, die Kompensation durch die *Freizeit*, die er nun selbständig und unabhängig gestalten kann. Doch auch der Freizeitbereich ist längst vom rationellen und wirtschaftlichen Denken in Beschlag genommen worden. Der Anspruch, in möglichst kurzer Zeit möglichst viele Bedürfnisse zu befriedigen und verpaßte Erlebnisse zu konsumieren, hat zu einer Entfremdung von den kreativen Gestaltungsmöglichkeiten der freien Zeit geführt. Es geht nun mehr darum, die Zeit möglichst effizient zu nutzen – zu möglichst geringem Preis. Handle es sich um Skifahren, um Safaritouren, um Städtereisen oder um Besuche ferner Kontinente und Völker, das «große Abenteuer» ist so durchprogrammiert und durchrationalisiert, daß die Begegnung mit der Natur oder mit fremden Völkern darin kaum anders erfahrbar ist, als wenn sie uns als Fernsehfilm in die warme Stube geliefert wird.

Aber auch das Leben im modernen *Staat* führt zu immer größerer Entfremdung. Im Jahre Orwells – 1984 – wurde uns besonders bewußt, in welchem Maß Informationen über uns gespeichert und für alle Zeiten abrufbar sind, ohne daß wir selbst als einzelne Bürger den Überblick oder gar die Verfügungsgewalt über unsere Daten hätten. Wir fühlen uns ohnmächtig den politischen und wirtschaftlichen Entscheidungen ausgeliefert, etwa der umfassenden wirtschaftlichen Umstrukturierung, der Arbeitslosigkeit, den Fehlplanungen in der Bildungspolitik, ganz zu schweigen von den katastrophalen Auswirkungen, die die westliche Wirtschaft auf die Ökologie der Entwicklungsstaaten hat. Wir fühlen uns ohnmächtig dem Rüstungswahnsinn der Supermächte preisgegeben und wissen nicht, ob und wann sie uns auslöschen werden. Lange Zeit glaubte der Bürger noch, die Experten und Politiker verfügten über eine Kompetenz, die ihm selbst abgehe. Doch offensichtlich sind die Experten sich selbst uneinig, und auch die Politiker sind von der Komplexität der Probleme überfordert. Sie neigen dazu, ihre Entscheidungen vor allem im Hinblick auf die nächsten Wahlen zu treffen. All diese Entfremdungen, all diese Ohnmacht, all dieser Mangel an konstruktiven Zukunftsperspektiven begünstigen beim Menschen den Rückzug von der Identifikation mit dem Staat auf sich selbst. Es entsteht ein zunehmendes Gefühl, daß ich selbst das einzige bin, dessen ich mir gewiß sein kann, das einzige, über das ich die Kontrolle ausübe und das ich nicht als bloßen Konsumartikel oder Verwaltungsakt erfahre. Bei der zunehmenden Entfremdung der Umwelt werde ich mir selbst zur einzigen Quelle authentischer, lebendiger Erfahrung.

Aber auch das stimmt nicht mehr. Die *Reise ins Innere*, das Abenteuer der Entdeckung des Selbst, ist längst zu einer profitablen Branche des Psychotourismus geworden. Es werden Reisen ins Innere vermittelt unter Anpreisung einer Vielzahl tiefer Erfahrungen, in kurzer Zeit und zu akzeptablem Preis. Selbsterfahrung droht zu einem Konsumartikel zu werden. Von allen Seiten winken und locken Angebote, die in Aussicht stellen, sich mit ihrer Hilfe wirklich, intensiv, kreativ und ganzheitlich erfahren zu können. Immer mehr breitet sich im einzelnen das Gefühl aus, sich selbst nicht aus eigener Kraft und in alltäglichen Erfahrungen finden zu können. Es ergeht ihm so wie mit der Fotosafari in Kenia: Wozu soll er sich mühsam auf vielen Irrwegen und Umwegen mit der Organisation einer Reise in die unbekannte Wildnis herumquälen, wenn ihm scheinbar dasselbe ohne Vorbereitungszeit und zu akzeptablem Preis vermittelt wird? So gelingt Selbsterfahrung schon bald nicht mehr ohne Anleitung. Erst wenige fragen, ob sie nicht in der Entdeckung ihrer «Einmaligkeit» und «Unverwechselbarkeit» all den anderen, die sich denselben arrangierten Erfahrungen unterziehen, erschreckend gleichen. ROLLO MAY[5], ein prominenter Mitbegründer der amerikanischen humanistischen Psychologie, schreibt dazu kritisch: «Die Psychologen haben das Unbehagen und die geistige Verwirrung unserer Zeit ausgebeutet. Sie haben aus dem ungeheuren Bedürfnis der Menschen nach Einsicht in geistige Gesundheit und Selbsterkenntnis Kapital geschlagen.

Machen wir uns nicht vor, daß der gewaltige Aufschwung der psychologischen Zunft in diesem Jahrhundert auf unsere glänzenden Leistungen zurückzuführen sei. Er hängt vielmehr mit den intensiven psychischen Problemen zusammen, von denen die Menschen bedrängt werden ...»

Bleibt ein letzter Bereich, für den der Mensch die Hoffnung auf authentische Erfahrungen, frei von Anonymität und Manipulation, bewahrt hat: *Partnerschaft und Familie*. Bei all der Entfremdung in den übrigen Lebensbereichen soll hier ein Rückzug auf das Eigentliche und Lebendige möglich bleiben. Doch Familie und Ehe sind keine Gemeinschaftsform, die sich zur Idealisierung eignet. Bei den umfassenden Entfremdungen in allen übrigen Lebensbereichen werden an die Familie Ansprüche gestellt, die sie überfordern. Sie soll einen für all das entschädigen, was in anderen Lebensbereichen frustriert wird. Das führt zu einer emotionalen Überladung. Die narzißtische Wut, daß auch die Familie nicht für die Frustrationen in anderen Lebensbereichen zu entschädigen vermag und auch nicht all die Bedürfnisse nach Zuwendung und Zärtlichkeit, Verständnis und Selbstbestätigung befriedigt, veranlaßt Menschen, die Familie zu zerstören, um sich noch mehr auf sich selbst zurückzuziehen. Heute ist die Familie zur physischen Existenzsicherung keine Notwendigkeit mehr. Was einen verbindet, ist das Suchen nach persönlicher Nähe, und diese ist oft erstickend.

Die Großfamilie früherer Zeiten war eine Gemeinschaftsform, die nicht so romantisch war, wie sie heute gern gesehen wird; aber sie war sicher anders als die Kleinfamilie. Sie hatte ein reichhaltiges Beziehungsangebot und damit vielfältige Möglichkeiten der Regulation und Kompensation von Nähe und Distanz. Es lag in der Entwicklungslinie des abendländischen Individualismus, sich die Klein- und Kleinstfamilie zu wünschen. Ihr Nachteil liegt in der eingeschränkten Flexibilität bei der Verarbeitung von Konflikten und in der zu intensiven Bezogenheit der Partner aufeinander.

Wenn man sich heute zu einem Kind entschließt, will man sich ganz seiner besten Entwicklung widmen, will es schulisch und außerschulisch fördern und seiner Selbstentfaltung die allerbesten Bedingungen bieten. Die Mittel- und Oberschichtmutter fuhr bis vor wenigen Jahren oder fährt heute noch ihre Kinder an den freien Nachmittagen in die Klavierstunde, ins Ballett, zum Judo oder in die Malstunde. Diese Förderung geschieht nicht autoritär, die Kinder werden nicht ins Ballett gezwungen und zum Klavierüben geprügelt, nein, die Eltern entwickeln Verführungskünste, um ihre Kinder so zu manipulieren, daß sie von sich aus ins

Ballett wollen, daß sie es nicht nur einfach tun, sondern daß sie es gern tun oder gern tun müssen. Zu dieser Betreuung gehört auch die sorgfältige Überwachung des Spiels. Am freien Nachmittag werden Kinderparties organisiert mit Wettbewerben und Preisen. Aber auch am Wochenende sind die Kinder nie sich selbst überlassen, ja, es wäre ihnen gar nicht mehr möglich, irgendwelche Spielkameraden aufzutreiben, weil Eltern mit ihren Kindern zum Sport oder in die Ferienwohnung wegfahren; die Wohnquartiere sind ausgestorben.

Das heutige Elternpaar lebt kindzentriert. Die Kinder sind tagsüber oft keine Stunde ohne die Eltern. Auch nachts läßt man die Schlafzimmertür offen, um dem Kind bei einem bösen Traum gleich beistehen zu können. Im Zug der Antipädagogik lehnen die Eltern jedes Rollenverhalten ab und versuchen *dem Kind Freund und Kamerad zu sein.*

Was Kinder sich heute oft wünschen, sind Eltern, die mehr Distanz halten und die sich klarer als Eltern definieren, die klar sagen, was ihre Verantwortung als Eltern ist und was nicht, und die an das Kind klare Erwartungen stellen. Das würde dem Kind Strukturen geben, innerhalb derer es sich sicher fühlen und orientieren kann. Das würde ihm klar definierte Freiräume geben, innerhalb derer es sich unabhängig von seinen Eltern entwickeln kann. Das würde ihm eigene Erfahrungen in Spielgruppen mit Gleichaltrigen ermöglichen, die von den Eltern weder arrangiert noch betreut sind.

So wie die Situation jetzt ist, kann sich das Kind mit seinen Eltern oft gar nicht auseinandersetzen, weil die Eltern jeder Konfrontation ängstlich ausweichen, keine eigenen Erwartungen auszusprechen wagen und immer «nur das Beste für das Kind» wollen. Bei so viel «Liebe» und «Empathie» muß jeder Streit mit den Eltern im Kind Schuldgefühle erregen. *Bei so viel Nähe und Verstrickung* und so wenig Möglichkeit zu Konfrontation bleibt dem Kind nur *der narzißtische Rückzug auf sich selbst*, um sich selbst zu spüren.

Dieses ungute Nähe-Distanz-Problem wird noch zusätzlich verschärft durch die immer häufigeren Ehescheidungen. Die Scheidungsraten haben sich in zehn Jahren verdoppelt, und immer mehr Menschen erfahren als Kinder die Scheidung ihrer Eltern. Was aus der Sicht der Eltern eine konsequente Konfliktlösung in Richtung Befreiung, Unabhängigkeit und Selbstbestimmung sein mag, ist aus der Sicht des Kindes ein unlösbarer Konflikt. Immer häufiger kommen in die therapeutische Praxis Kinder, die von der Scheidungssituation emotional völlig überfordert sind. Sie lieben Mutter *und* Vater, sie möchten mit beiden zusammensein, nicht nur einzeln, mal mit Mutter, mal mit Vater, sondern als Familie. Plötzlich müssen sie sich in ihrer Liebe aufspalten in zwei Lieben, die sich gegenseitig ausschließen, weil die Liebe zum einen Elternteil immer zugleich Verrat an der Liebe zum anderen wird. Sie spüren zudem, daß die Eltern ihre erzieherische Aufgabe nicht mehr auszufüllen vermögen, sondern beliebig manipulierbar sind, wenn immer das Kind dem Vater oder der Mutter Liebesentzug androht. Eltern überfluten das Kind mit dem Suchen nach intimer Nähe. Sie weihen es in ihre früheren und jetzigen Intimitäten ein und suchen bei ihm Trost und Rat in ihren neuen Liebesabenteuern. Die Kinder geraten in die Rolle der Eltern ihrer Eltern. In dieser unmöglichen Lage bleibt dem Kind sinnvollerweise nur eine Rettung: der Rückzug auf sich selbst. Es hat erfahren, daß Liebe gefährlich ist. Da wird man von einem Elternteil, dem man sich in selbstverständlicher Weise zugehörig fühlt, äußerlich verlassen, gleichzeitig wird man von beiden Elternteilen, oft allerdings nur innerhalb gerichtlich reglementierter Zeiträume, mit Liebesbezeugungen überflutet und zur Liebe verführt. Man wird in Dreiecksbeziehungen verwickelt, die voller Doppelbödigkeiten sind. Dabei werden so viele authentische Beziehungsbereitschaften des Kindes verletzt, daß es für das weitere Leben nur eine Konsequenz geben kann: Verweigerung jeglicher Bindung und Wahrung der absoluten Autonomie. Diese Verletzungen sind oft so tief, daß sie gar nicht bewältigt werden können. Die verborgene Sehnsucht nach Liebe, Geborgenheit und fragloser Zugehörigkeit muß von vielen «schwierigen» Jugendlichen laufend verleugnet werden. Sie kämpfen dann um noch mehr Selbstbestimmung und Ungebundenheit. Das Gefühl der totalen Einsamkeit und Sinnentleerung wird überspielt. Was als Verletzung und Verzweiflung ausgedrückt werden sollte, wird emporstilisiert zu etwas Erstrebenswertem und Verheißungsvollem.

Ursachen und Wirkungen des Rückzugs auf sich selbst sind zu einem sich selbst verstärkenden Prozeß geworden. Das, was mit Unabhängigkeit und Selbstbestimmung im Bereich von Familie, aber auch von Arbeit und Freizeit angestrebt wird, führt oft zu Frustrationen, welche nun ihrerseits die Tendenz zum Rückzug auf sich selbst und zur Beziehungsverweigerung verstärken, nun allerdings nicht mehr im Sinn eines konstruktiven Entwicklungsschritts, sondern als Schutzhaltung. Zwischen Selbstverwirklichung als Leitbild und Narzißmus als Störung können fließende Übergänge und wechselseitige Beeinflussung entstehen. Offensichtliche und wesentliche Ursachen des heutigen Trends zum Narzißmus sehe ich in den narzißtischen Leitbildern unserer Zeit.

Über Jahrzehnte propagieren engagierte Vertreter der Selbstverwirklichungsbestrebungen den Anspruch des Individuums auf Autonomie und Befreiung von den Erwartungen und Verpflichtungen von seiten ihrer Bezugsgruppen. Sie postulieren einen Menschen, der ganz im Hier und Jetzt lebt, der sich aus seiner historischen Kontinuität befreit, nicht für die Vorfahren, aber auch nicht für die Nachwelt lebt, der sich nicht in der Folge von Generationen sehen will, die aus der Vergangenheit kommt und in die Zukunft führt, der sich vorrangig mit dem eigenen seelischen Befinden beschäftigt und die Erfüllung eigener emotionaler Bedürfnisse anstrebt als letzten Lebenssinn, der es ablehnt, seine Bedürfnisse und Interessen einer Gemeinschaft, einer Sache oder Tradition unterzuordnen.[6]

Diese starke Konzentration auf die Entfaltung des eigenen Selbst zeitigt bereits statistisch faßbare Auswirkungen auf menschliche Ökosysteme.

Unsere westliche Gesellschaft entwickelt sich in Richtung auf eine Gesellschaft von Singles, von Einzelgängern. Die Leitbilder haben drastische Auswirkungen auf die Beziehungen der Menschen zueinander und zu ihrer Umwelt. Der Mensch droht heute nicht nur an der Zerstörung seiner natürlichen Umwelt zugrunde zu gehen, sondern auch an der Zerstörung seiner elementarsten Gemeinschaftsstrukturen.

Mit einer Gesellschaft, die nicht in der Lage ist, lebenswerte familiäre Gemeinschaftsformen zu finden und in der Generationenfolge und Fortpflanzung einen zentralen Sinn menschlichen Lebens zu sehen, kann etwas nicht stimmen. Der Schutz der menschlichen Ökosysteme, insbesondere der Familie, scheint mir heute ähnlich dringlich wie der Schutz unserer natürlichen Umwelt.

So wie die Umweltschutzbewegung heute nicht nur mit mahnendem Zeigefinger auftritt, sondern einen Lernprozeß anstrebt, der uns dazu verhilft, die komplexen Regelsysteme der Natur wahrzunehmen, zu respektieren und zu bewundern, so ist es das Anliegen dieses Buches, im Leser das Bewußtsein zu fördern, ein zeitlich und räumlich vernetztes Wesen zu sein, um ihn zu veranlassen, die Koevolution mit seiner mitmenschlichen Umwelt nicht aus bloßem Pflichtgefühl, sondern aus Verbundenheit und Freude anzustreben.

Der kulturelle Wandel von den beziehungsstiftenden zu den beziehungsverweigernden psychischen Störungen

Narziß – ein neuer Sozialisationstypus? fragen Pädagogen.[7] Sie stellen bei Jugendlichen eine Abwendung von der gesellschaftlichen Realität fest und eine Weigerung, sich an ihr abzuarbeiten oder sich ihr gar anzupassen, zugunsten einer Hinwendung zum eigenen Ich. Jugendliche geben sich von der Außenwelt abgekoppelt und lassen sich zu keiner befriedigenden oder konflikthaften Interaktion mehr verführen. In der Sponti-Ideologie zeigen sie eine Abkehr vom gesellschaftspolitischen Engagement und erheben Anspruch auf unmittelbare und unbegrenzte Bedürfnisbefriedigung im Hier und Jetzt, welche bei ihnen für kurze Zeit produktive Energien in Bewegung setzt, die, sobald sie auf eine dieser Bewegung sich versperrende Realität trifft, über blinde Wut in lähmende Apathie umschlägt. «Wir wollen alles, und zwar subito!» war während der Zürcher Jugendbewegung 1980 auf viele Mauern gesprayt.

Dieser neue narzißtische Sozialisationstypus ist nach Doepp gekennzeichnet durch ein symbiotisches Verhältnis zur Mutter, welches archaische Züge von Verschmelzung und unmittelbarer Bedürfnisbefriedigung beibehält, von einem Streben nach Befriedigung nicht über konkrete Beziehungen, sondern über das Urerlebnis eines «intrauterinen», narzißtischen Wohlbefindens, eines diffus ins Kosmische erweiterten, auf Omnipotenz abzielenden Selbstbilds, verbunden mit Schuldgefühlen, denen gegenüber man sich hilflos und ohnmächtig fühlt, so daß sie lediglich verdrängt werden können. Zur Abwendung von der äußeren Realität gehört auch das Ausweichen vor allen Situationen, die zu narzißtischen Kränkungen führen könnten, insbesondere auch das Ausweichen vor Wettbewerb mit Gleichaltrigen. Die Verweigerungshaltung dient dem Schutz des äußerst verletzlichen Selbstwertgefühls. Es entsteht ein zerfließendes, diffuses, grenzenloses Ich, das nur noch die eigenen Interessen im Auge behalten kann und zur Realitätsflucht neigt.

Der Pädagoge Hartmut von Hentig[8] stellt fest, daß Kinder heute mit einer erschreckend unentwickelten Fähigkeit zur Solidarität in die Schule kommen, zu der das Bedürfnis nach Geborgenheit, Zugehörigkeit und Verläßlichkeit in einem umgekehrten Verhältnis steht. Nach seiner Meinung sollten Kinder erfahren können, was starke, bleibende Beziehungen und selbstgeschaffene Ordnungen in Gruppen vermögen. Nicht so sehr Bildung und Bildungschancen, nicht «Aktivitäten» und Motivationen, nicht Emanzipierung und Wissenschaftlichkeit, sondern Verlaß und Freundlichkeit – das sind die Grundbedürfnisse der heutigen Kinder, denen wir uns zuerst und zumeist widmen sollten.

In der psychotherapeutischen Praxis wird seit Jahrzehnten ein Wandel in den Krankheitsbildern festgestellt, der diesem narzißtischen Sozialisationstyp entspricht. Jene Krankheitsbilder, die zugenommen haben, wie Sucht, Magersucht und Borderline-Störungen, spiegeln die gesellschaftliche Situation wider.

Ein Problem, das immer bedrängender wird, sind alle möglichen Formen von Sucht, seien es traditionelle Süchte wie Alkoholismus, Nikotinabusus und Medikamentenabusus (Schmerzmittel, Schlafmittel), seien es die neueren Drogenprobleme (Haschisch, Heroin, Kokain usw.). Im Süchtigen artikuliert sich die gesellschaftlich weitverbreitete Anspruchshaltung, nach der man in dieser als «Scheißgesellschaft» verschrienen Welt einen absoluten Anspruch auf unmittelbares Wohlbefinden und Entschädigung für alle Frustrationen habe, und zwar in Unabhängigkeit von konkreten Beziehungssystemen und frustrierenden Auseinandersetzungen mit Bezugspersonen. Das Mittel, das man beansprucht, soll einem ein Gefühl von Größe und Enthobensein vermitteln. Therapeuten beklagen die mangelnde Bereitschaft des Suchtkranken zu einem therapeutischen Arbeitsbündnis, sie klagen über mangelnden Durchhaltewillen und über Frustrationsintoleranz. Und doch – was gehört bis jetzt zu den effizientesten «Therapien» von Suchtproblemen? Gerade nicht die professionelle Hilfe, sondern intensive, tragfähige Gemeinschaften! Angefangen mit den Anonymen Alkoholikern, welche eine Revolution in der Behandlung von Alkoholproblemen brachten, bis hin zu den heutigen, religiös ausgerichteten Gemeinschaften für Drogenabhängige, aber auch (oft symbiotische) Liebesbeziehungen. Nach einer Untersuchung von D. Zimmer und A. Uchtenhagen (1982) bezeichneten von 100 Opiatabhängigen in therapeutischen Gemeinschaften 33 den Partner als den wichtigsten Menschen für sich selbst, aber nur vier den Therapeuten. Fast drei Viertel der Männer und über die Hälfte der Frauen empfanden den Partner als wichtigste Unterstützung ihrer Behandlungsmotivation.

Demonstrieren diese Süchtigen nicht die notwendige Korrektur unserer heutigen narzißtischen Kultur? Was uns krank macht, ist der Mangel, was uns heilt, ist der Gewinn einer *verbindlichen Zugehörigkeit zu einer Gemeinschaft mit klaren Strukturen.*

Scheinbar ganz anders ist es bei den heute stark zunehmenden Fällen von *Magersucht.*[9] Diese Störung betrifft in erster Linie Frauen und besteht in einer Nahrungsverweigerung, die bis zum Hungertod führen kann. Auch hier findet sich eine beziehungsverweigernde, hilfeabweisende Grundhaltung. Magersüchtige lehnen jede Form von Abhängigkeit ab. Diese Abwehr geht bis zur Ablehnung ihrer Abhängigkeit von körperlichen Bedürfnissen wie Hunger und Sexualität. Sie lehnen jede Form von verbindlicher Beziehung ab und weigern sich, die Rolle einer erwachsenen Frau und Mutter anzunehmen. Das hilfeabweisende Krankheitsverhalten kann Therapeuten zur Verzweiflung bringen. Mit unendlicher Geduld, Empathie und mütterlichem Engagement versuchten viele Therapeuten und insbesondere Therapeutinnen, den Kontakt zu Magersüchtigen zu finden, nur zu oft ohne jeden Erfolg. In ihrer engelhaften Weise sind Magersüchtige vordergründig freundlich und scheinbar zugänglich. In Wahrheit bleiben sie jedoch beim Rückzug auf sich selbst und reden in der Therapie nur der Form nach mit dem Therapeuten. Sie demonstrieren ihm die Ineffizienz seiner Bemühungen oft mit einer Verstärkung der Gewichtsabnahme in dem Ausmaß, in dem der Therapeut glaubt, der Magersüchtigen nähergekommen zu sein. Kein Wunder, daß Magersucht oft als Psychose diagnostiziert wurde, um den geringen Erfolg der Psychotherapie zu legitimieren. In den letzten Jahren kamen vor allem von der Familientherapie her neue Behandlungskonzepte (MINUCHIN et al. 1978, SELVINI et al. 1978). Ein Aspekt, der im Zusammenhang mit dem vorliegenden Thema wichtig ist und den ich in der Behandlung vieler Magersüchtiger selbst als richtig erfahren habe, ist: Magersüchtige gewinnt man nicht zu einer Therapie mittels Empathie, Wohlwollen und Toleranz, sondern im Gegenteil: man muß mit Magersüchtigen kämpfen. Der Kampf gibt der Magersüchtigen die Möglichkeit, in einer Beziehung ihre Autonomie aufrechtzuerhalten. Der Kampf führt zu klaren Abgrenzungen. Selbstverständlich muß dieser Kampf in einer fairen Weise geführt werden. Nach meiner Erfahrung bewährt es sich, wenn der Therapeut dabei sein Rollenverständnis genau definiert und sich als unbedingt verläßlich, transparent und berechenbar erweist. Er muß der Magersüchtigen beweisen, daß er nicht in erster Linie von ihr geliebt werden will, sondern unabhängig von ihrer Sympathie das, was notwendig ist, von ihr verlangt, ohne darüber hinaus mehr an persönlicher Beziehung zu erwarten. Viele Magersüchtige haben mir erst Jahre, nachdem sie gesund geworden waren, eingestanden, daß sie mich ursprünglich wegen meiner autoritären Haltung gehaßt hätten, daß sie jedoch gleichzeitig immer gewußt hätten, daß der von mir beschrittene Weg der einzig erfolgversprechende sei. Auch Magersüchtige demonstrieren also mit ihrem Krankheitsverhalten, was der Mangel ist, der ihre Krankheit fördert, und was sie benötigen, um zu gesunden. Sie vermissen und brauchen Beziehungen ohne manipulative Verstrickungen und ohne erstickende Intimität. Sie provozieren im Therapeuten jene Beziehungsform, die für sie heilsam ist: eine Beziehung wohlwollenden Respekts für die Distanz, die notwendig ist, um sich frei entfalten zu können, eine Beziehung, die gleichzeitig bedingungslos, belastbar und verläßlich ist, eine Beziehung mit geklärten Regeln und Strukturen.

Ein anderes Krankheitsbild, dessen Vorkommen in den letzten Jahrzehnten deutlich zugenommen hat, sind die sogenannten *Borderline-Störungen*. Da diese Störungen kein klar abgrenzbares Krankheitsbild sind, läßt sich ihre Zunahme statistisch kaum erfassen. Häufig zeigen diese Patienten keine scharf umschriebenen Symptome, sondern nur diffuse Verstimmungen, eine Unzufriedenheit mit sich und der Welt, sie empfinden ihr Dasein als sinnlos und ohne Ziel, sie leiden an einer inneren Leere, mangelnder Energie (Adynamie), an Depression und heftigen Schwankungen des Selbstwertgefühls. Sie können sich selbst oft nicht recht spüren, was sich vor allem in Beziehungen als problematisch erweist. Bei den mangelnden Grenzen zwischen ihnen und ihren Bezugspersonen verfließen sie mit dem anderen und fürchten, von diesem beliebig manipuliert werden zu können. Sie wissen oft nicht recht, ob das, was sie fühlen, denken und sprechen, von ihnen oder vom anderen gemacht wird. In Beziehungen schützen sie sich insbesondere vor Bindung. Meist zerstören sie eine Beziehung, sobald Nähe aufkommt. So neigen sie dazu, sich aus jeder verbindlichen und damit auch therapeutischen Beziehung herauszuhalten und sich immer wieder auf sich selbst zurückzuziehen. Das Krankheitsbild der Borderline-Störungen ist äußerst komplex. Es geht hier nicht darum, es umfassend darzustellen.[10]

In der Annahme, daß nicht alle Leser mit diesem Krankheitsbild vertraut sind, möchte ich meine Gedanken am konkreten Beispiel einer Patientin darstellen:

Eine Patientin kommt auf unsere Psychotherapiestation wegen unerklärlicher Angstzustände, die vor allem in Menschenansammlungen, insbesondere in Restaurants und Warenhäusern, auftreten. Ähnliche Ängste hat sie auch, wenn sie allein in ihrer Wohnung ist. Es ist ihr dabei, wie wenn sie sich selbst auflösen würde. Sie spüre sich nicht mehr, es sei, als ob die Arme, Hände, aber auch die Schläfen und Beine taub seien. Oftmals habe sie den Eindruck, nur noch aus dem Oberkörper zu bestehen, die Glieder seien wie von ihr abgefallen. Sie habe auch das Gefühl, ihre Wohnung beginne sich zu verändern, die Rahmen ihrer Bilder nähmen andere Formen an, Gegenstände würden hin- und herpendeln, sie könne die Distanz zwischen sich und ihrer Umgebung nicht mehr richtig einschätzen. All diese Erlebnisse hat sie, ohne daß sie je Drogen eingenommen hätte. Sie wird in diesen Zuständen von Panik ergriffen und weiß plötzlich nicht mehr, wer sie ist und wo sie ist.

Diese sogenannten Depersonalisationssymptome sind im Anschluß an die Auflösung einer acht Jahre dauernden Liebesbeziehung aufgetreten. Zuvor hatte sie nie derartige Beschwerden gekannt. Sie hatte jedoch die Tendenz, sich allzu sehr an ihren Freund anzuklammern. Nach der Auflösung der Beziehung verlor sie jeden Halt und jede Orientierung. Der Psychiater, den sie aufgesucht hatte, riet ihr, den Halt fortan nicht mehr in Beziehungen, sondern ausschließlich in sich selbst zu suchen. Er verhielt sich in der Therapie sehr distanziert und unzugänglich und wehrte sich in professioneller Manier dagegen, ihr irgendwelche Direktiven zu geben in der Meinung, sie müsse diese selbst finden. Die Patientin bemühte sich, den Halt in sich zu finden, indem sie sich zunehmend auf sich selbst zurückzog und alle Beziehungen verweigerte. Sie fühlte sich in dieser Isolation an sich recht wohl, weil sie es zunehmend als anstrengend erlebte, auf andere Menschen einzugehen und die Frustration zu ertragen, von ihnen nicht voll verstanden zu werden. Dennoch traten erst in der Therapie diese immer bedrängenderen Depersonalisationssymptome auf.

Auf unserer Psychotherapiestation behandeln wir sehr viele derartige Borderline-Patienten. Wir haben im Verlauf vieler Jahre unserer Arbeit in Übereinstimmung mit Erfahrungen anderer Kliniken ein Konzept ausgearbeitet, das sich bei diesen Patienten bewährt. Es gibt auf dieser Abteilung eine klare Tagesordnung mit verbindlichen Zeiten. Am Vormittag finden neben der Einzeltherapie Gruppenaktivitäten statt, an denen alle Stationsmitglieder teilnehmen. Am Nachmittag verlassen die Patienten die Station, um einer beruflichen Tätigkeit nachzugehen. Die klare Struktur des Stationslebens begünstigt die Strukturfindung der Patienten. Viele Patienten mit ähnlichen Störungen wie jenen, die ich eben gerade geschildert habe, finden in der Auseinandersetzung mit diesen festen Strukturen des Stationslebens sich selbst wieder. Es geht uns nicht darum, daß die Patienten die Strukturen gern einhalten, es geht uns nur darum, *daß* sie sie einhalten. Wenn sie sich dagegen wehren, so setzen wir uns mit ihnen auseinander, ohne Drohung, sie bei Nichteinhalten der Ordnung zu entlassen, aber mit der Gewähr, daß wir uns bei Nichtbefolgen der Regeln immer wieder mit ihnen auseinandersetzen und reiben werden. Auch diese therapeutische Haltung hat sich aus der Praxis entwickelt. Ursprünglich versuchten wir, der allgemeinen Tendenz entsprechend, die Patienten möglichst antiautoritär zu behandeln, sie zu selbstverantwortlicher Tagesgestaltung aufzurufen und ihre «Autonomie» durch Gewähren zu fördern. Dieses Verfahren erwies sich jedoch als untauglich. Es waren auch hier die Patienten, die jene therapeutische Haltung in uns provozierten, die sich heilsam auswirkt, obwohl sie von den Patienten anfänglich oft bekämpft wird und uns zunächst wenig Sympathien einträgt.

Es scheinen heute aber nicht einfach alle psychischen Störungen zuzunehmen. Es gibt offenbar auch psychische Störungen, die in der heutigen Zeit abnehmen. Dazu gehören zum Beispiel die bekannten: hysterische Neurosen und Zwangsneurosen sowie wahrscheinlich phobische Neurosen, insbesondere Herzneurosen. Früher bildeten diese Störungen einen Hauptanteil an unserem Patientengut. Heute sind sie eher zur Seltenheit geworden. Wenn wir nun versuchen, einen gemeinsamen Nenner von Sucht, Anorexie, Borderline-Störungen einerseits und hysterischer Neurose, Angstneurose, Herzneurose andererseits zu finden, so könnten wir sagen, daß die ersteren *beziehungsverweigernde*, die zweiten *beziehungsstiftende* Neurosen sind. Hysterische Symptome wie Lähmungen, Dämmerzustände, aber generell auch hysterisch-demonstratives Agieren, sind Störungen, welche die Aufmerksamkeit und Zuwendung der Umgebung verstärken und somit dem Patienten eine intensivere Zuwendung sichern. Ganz ähnlich ist es bei Angstneurosen und phobischen Neurosen, insbesondere bei Platzangst, wo sich bei den Patienten oftmals die Störung so weit verstärkt, daß er keine Minute mehr allein gelassen werden kann, sondern die Wohnung nur noch in Begleitung von ihm wichtigen Personen zu verlassen vermag. Bei der

Herzneurose ist bekannt, daß deren Symptome in einer Situation drohender Trennung auftreten.[11] Die oft anfallartigen Beschwerden verschwinden meist schlagartig beim Erscheinen eines Arztes oder einer anderen Hilfsperson. Hysterische und phobische Patienten neigen dazu, sich an Hilfspersonen anzuklammern, und müssen von diesen oft dazu angehalten werden, selbständiger und autonomer zu sein. Ganz anders bei Suchtkranken, Anorexie- oder Borderline-Patienten. Diese verweigern Beziehungen auch zu Hilfspersonen. Sie provozieren zwar auch die Aufmerksamkeit der Umgebung, aber in einer Art und Weise, als ob es ihr größtes Anliegen wäre, diese zu hilfloser Ohnmacht zu verurteilen. Insbesondere Psychotherapeuten, die professionellen Helfer, werden oft abgelehnt. Dem Therapeuten stellt sich die Frage, wie er diese Patienten überhaupt erreichen und sie zu einem Arbeitsbündnis gewinnen kann.

Während bei den beziehungsstiftenden Neurosen die Angst vor dem Alleinsein im Vordergrund steht, ist es bei den beziehungsverweigernden Neurosen die Angst vor einer Beziehung. Diese Patienten vermeiden jede Bindung, da sie darin eine Form von Ausbeutung und Auslieferung vermuten. Lieber haben sie gar keine Beziehung, als sich dem Risiko von Verlassenwerden, Frustration und Verletzung auszusetzen. Und doch sind diese Patienten nicht grundsätzlich anders als jene mit beziehungsstiftenden Symptombildungen. Es ist vielmehr so, als ob sich bei ihnen die Abwehr verdoppelt hätte. Im Grunde sehnen auch sie sich zutiefst nach verläßlichen Beziehungen, nach Geborgenheit und Zugehörigkeit; aber da ihnen Beziehungen als zu gefährlich erscheinen, flüchten sie bis zur Selbstdestruktion in den Rückzug auf sich selbst. So berichtete eine unserer Patientinnen, sie erwache immer wieder schweißgebadet aus dem gleichen Traum: «Ich werde von Mitmenschen verfolgt und kann mich retten, indem ich plötzlich durch die Luft fliege. Ich fliege hoch über allen Menschen, so daß mir niemand mehr etwas antun kann. Zu meinem großen Schrecken stelle ich aber fest, daß es mir nicht mehr gelingt, auf den Boden zurückzukehren. Immer und immer wieder versuche ich es. Es gelingt nicht. Bis ich vor Beklemmung erwache.»

Der Rückzug auf sich selbst dient dem Selbstschutz in einer mehr und mehr entfremdeten Umwelt. Ich glaube, Erfahrungen aus der therapeutischen Praxis könnten zu für jedermann nachvollziehbaren Erkenntnissen führen, die uns zu einer Kurskorrektur stimulieren. Ich sehe durchaus die hohe Komplexität der Entfremdungen in allen Bereichen unserer

Kultur mit ihren Sachzwängen und Wechselwirkungen. Ich sehe aber auch die Notwendigkeit einer Kurskorrektur durch Veränderung gewisser Leitbilder. Heute werden leider manche Wege der Heilung angepriesen, die das Übel, das sie bekämpfen, erst richtig erzeugen.

2. Drei Stufen von Selbstverwirklichung

Die Selbstverwirklichungsbestrebungen der Nachkriegszeit lassen trotz ihrer Vielfalt eine sinnvolle, gestufte Entwicklung erkennen. Die Hochkonjunktur der sechziger Jahre führte zu vermehrtem Abstandnehmen gegenüber der vorrangigen Beschäftigung mit der Existenzsicherung. Man begann, den Konsumzwang in Frage zu stellen, sich vom Quantitativen mehr dem Qualitativen des Lebens zuzuwenden. Es entstand ein höheres Bewußtsein der allumfassenden Abhängigkeit des Individuums von institutionellen Zwängen. Im Überdruß des materiellen Überflusses begann man vermehrt das dabei brachliegende persönliche Potential wahrzunehmen, die unterdrückte Erlebnisfähigkeit, Selbstverantwortlichkeit und Kreativität. Es kam zum revolutionären Aufstand gegen alle Institutionen, gegen den Staat, die Universitäten, die Schule, das Gesundheitswesen, das Rechtswesen, die Kirchen, aber auch gegen die beherrschende Vormacht der Wirtschaft. Es wurde gefordert, wenn die Institutionen für das Wohl des Bürgers und Individuums da sein sollen, dann müßten sie das Individuum auch mehr respektieren und mitbestimmen lassen.

In einer ersten Stufe ging es um die Befreiung des Individuums von Zwang und Repression und um Konzentration seiner Kräfte nach innen. Man suchte den Zugang zu eigenem Erleben und eigenen Gefühlen und erhob den Anspruch selbst über sich zu bestimmen und für sich die Verantwortung zu übernehmen. Dieser Phase der intensiven Konzentration auf die eigene Person folgte Ende der siebziger Jahre eine Öffnung auf das Selbst in seinem kosmischen Verbundensein. Das Individuum gab seine Abgrenzung teilweise auf, um sich als Teil eines Universums wahrzunehmen. Jetzt steht als Fortführung dieses Weges eine weitere Stufe an: die Konzentration der Kräfte auf die Gestaltung unserer gemeinsamen Welt, von der jeder Teil ist, die jedoch auch Teil eines jeden ist. War auf der Stufe der abgrenzenden Selbstverwirklichung die Wahrnehmung des Eigenen im Zentrum des Interesses, war es bei der transzendierenden Selbstverwirklichung die Erweiterung des kosmischen Bewußtseins, so ist es in der sich nun aufdrängenden ökologischen Selbstverwirklichung das Zur-Verfügung-Stellen der eigenen Kräfte und des eigenen Bewußtseins einem uns zeitlich und räumlich übergreifenden Prozeß.

Jede kulturelle Veränderung hat ökologische Auswirkungen, die über das, was ursprünglich intendiert wird, hinausgehen. Jede kulturelle Veränderung bringt auch Nebenwirkungen mit sich, die anfänglich zu wenig bedacht werden und mit denen man sich in der Konsolidierungsphase befassen muß. In diesem Kapitel möchte ich mich mit derartigen Nebenwirkungen der abgrenzenden und transzendierenden Selbstverwirklichung auseinandersetzen, ohne deswegen ihre positiven Möglichkeiten in Frage zu stellen. Manche dieser unerwünschten Nebenwirkungen rufen nach einer Korrektur, der mit dem Leitbild einer ökologischen Selbstverwirklichung entsprochen werden könnte.

Zur historischen Entwicklung der Besonderung des Individuums

Die Selbstverwirklichungsbestrebungen in der westlichen Kultur sind nicht eine Zeiterscheinung der letzten Jahrzehnte, sondern lassen sich in der abendländischen Geschichte weit zurückverfolgen. In der Geschichte des westlichen Bewußtseins vollzog sich ungefähr zwei Jahrtausende vor Christus ein fortschreitender Prozeß der Trennung und Distanz zwischen dem eigenen Selbst und der Natur. Aus noch wenig geklärten Gründen waren vor allem die hebräische und die griechische Kultur für den Beginn dieser Entwicklung verantwortlich.

Eine weitere Stufe der Aufwertung des Individuums war das Christentum. Christus ruft den einzelnen Menschen zu einer freien Entscheidung für oder gegen sich auf. Religiöser Glaube ist fortan nicht mehr identisch mit der Zugehörigkeit zu einem Volk. Jedem Menschen wird Eigenverantwortlichkeit attestiert, sich in seinem einmaligen Leben für oder gegen den Glauben zu entscheiden. Jeder wird einmal gerichtet werden für seine persönliche Bewährung in einem einmaligen Leben. Der Aufruf zu dieser persönlichen Entscheidungsfreiheit setzte sich jedoch im Abendland während des Mittelalters noch wenig durch. Die (katholische) Kirche entwickelte sich zu einem weltumspannenden Organismus, dessen Struktur und Aufbau in der Architektur gotischer Kathedralen zum Ausdruck kommt. Diese Kirche versteht sich als Gemeinschaft der Heiligen, als zielgerichteter Prozeß, der jedem einzelnen seinen Platz zuweist. Die Verantwortlichkeit des einzelnen ist begrenzt, sein persönliches Versagen und Sündigen wird aufgewogen durch die Taten der Heiligen, die als Vermittler zwischen Gott und den Gläubigen stehen. Die Welt wurde organisch erfahren, die Menschen lebten in kleinen Gemeinschaften, die Bedürfnisse des einzelnen waren den Bedürfnissen der Gemeinschaften untergeordnet. Ziel der mittelalterlichen Wissenschaft war, die Bedeutung und Rolle der Dinge in der gottgewollten Weltordnung zu verstehen und nicht, sie zu beherrschen und ihre Entwicklung vorauszusagen. Man fragte nach dem Sinn der verschiedenen Naturerscheinungen, man strebte nach Verständnis für die natürliche Ordnung und nach einem Leben in Harmonie mit dieser Ordnung. Wissenschaft wurde betrieben zum Ruhme Gottes.

In der Renaissance des 15. und 16. Jahrhunderts kam es zu einer Wiederentdeckung der Antike und damit zu einer Wiedergeburt ihres Welt- und Menschenbildes. Die Reformation bedeutete eine Revolte gegen den Zentralismus der Kirche. Dem Wort Gottes, dem Evangelium, wurde die höchste Autorität in allen Glaubens- und Lebensfragen zugeschrieben. Der einzelne Gläubige soll Gott unmittelbar begegnen und ihm in der Freiheit seines Gewissens verantwortlich sein. Die Gemeinschaft der Heiligen, die Kirche als großer Organismus, dem sich der einzelne als Glied einfügt, wurden zerschlagen und in ihrer Daseinsberechtigung in Frage gestellt. Die Renaissance betonte im Gegensatz zum Mittelalter die Diesseitigkeit, proklamierte die universale Entfaltung der Persönlichkeit und hatte ein starkes Interesse für das Einzelne in seinem individuellen Charakter. Das neue Selbstverständnis und das dadurch gestärkte Selbstbewußtsein des Menschen (Humanismus) äußerte sich in neuen Formen der Kunst und Literatur. In der Malerei trat die räumlich-körperliche, individuelle Darstellung des Menschen in einem perspektivisch erfaßten Raum in den Vordergrund.

Die Aufklärung, die als Geistesbewegung aus der Renaissance hervorging und sich vor allem im 17. und 18. Jahrhundert entfaltete, fand ihre gesellschaftspolitischen Höhepunkte in der Unabhängigkeitserklärung der USA (1776) und in der Französischen Revolution (1789). Die menschliche Vernunft wurde zum leitenden Prinzip erhoben. An die Stelle der religiösen Verbindlichkeit trat die Allgemeingültigkeit des Natürlichen. Die verschiedenartigen philosophischen Strömungen hatten als gemeinsames Ziel die «Mündigkeit» oder «Autonomie» des Denkens. In der Pädagogik wurde das Vertrauen in die grundsätzlich gute Natur des Menschen formuliert (ROUSSEAU, PESTALOZZI). In der Rechts- und Staatsphilosophie wurden aus einem rationalistischen Naturrecht unveräußerliche Grundrechte des Menschen auf Freiheit, Eigentum und Gleichheit abgeleitet. Die absolute Souveränität von Kirche und Staat wurde zunehmend kritisiert; es setzte sich die Vorstellung durch, daß der Staat auf einer freien Vereinbarung von Bürgern beruhe und die Funktion habe, die Rechte und den Anspruch auf freie Entwicklung des einzelnen zu schützen. Im Religiösen kam es teilweise zur Preisgabe der Offenbarung zugunsten einer Vernunftreligion mit der Tendenz, Religiosität der Sittlichkeit gleichzusetzen.

Die Weltsicht veränderte sich im 16. und 17. Jahrhundert radikal. Die Vorstellung von einem organischen, lebenden und spirituellen Universum wurde durch das Bild von der Welt als Maschine ersetzt. Seit KOPERNIKUS das geozentrische Weltbild des PTOLEMÄUS und der Bibel zu Fall gebracht hatte, war die Erde nicht mehr der Mittelpunkt des Universums. Der Mensch war seiner stolzen Position als zentrale Figur der göttlichen Schöpfung beraubt. Mikrokosmos Mensch und Makrokosmos Welt waren nicht mehr sinnvoll aufeinander bezogen. Die wissenschaftliche Sprache war zur mathematischen Naturbeschreibung geworden. GALILEI forderte, sich auf das Studium der materiellen Eigenschaften von Körpern zu beschränken, auf Zahlen, Maße und Mengen. Andere Eigenschaften von Objekten wie Farbe, Klang, Geschmack und Geruch wurden als subjektive Projektionen des Geistes disqualifiziert, die aus dem Forschungsbereich der Wissenschaft auszuschließen seien. Die persönliche Erfahrung wurde aus dem Bereich wissenschaftlicher Forschung ausgestoßen. «Alle Wissenschaft ist sicheres, evidentes Wissen», schrieb DESCARTES. «Wir lehnen alles Wissen ab, das nur wahrscheinlich ist, und meinen, daß nur die Dinge geglaubt werden sollten, die vollständig bekannt sind und über die es keinen Zweifel mehr geben kann.»[12] Es breitete sich in den Naturwissenschaften das analytisch-reduktionistische Denken aus, gemäß dem alle Aspekte komplexer Phänomene verstanden werden können, wenn man sie in ihre Bestandteile zerlegt. So groß der Gewinn des aufklärerischen Denkens als Grundlage der Naturwissenschaft und Technik war, so groß war der daraus resultierende Verlust für die Befindlichkeit der Menschen, für die Bezogenheit auf die Gesellschaft und die Natur.

Der Individualismus als Grundlage psychotherapeutischer Konzepte

Im Rahmen dieses Buches beschäftigen mich die Auswirkungen des kartesianischen Denkens auf die Vorstellung vom Wesen mitmenschlicher Beziehungen, auf Partnerbeziehungen und Humansysteme. Auch hier setzte sich das gleiche Denken durch wie in den Naturwissenschaften. In atomistischer Weise wurde Wissen dadurch gesucht, psychologische Sachverhalte in ihre kleinsten Bestandteile zu zerlegen, in der Annahme, daß Kenntnisse über die Summe der Teile die Erkenntnis des Ganzen ergäben. Gemäß dem «cogito, ergo sum» («Ich denke, also bin ich») war das einzige, dessen ein Mensch sicher sein kann, die Gewißheit seiner selbst als Denkender. Da in positivistischer Weise nur noch geglaubt werden soll, worüber es keinen Zweifel geben kann, ist folgerichtig das Individuum die Einheit, über deren Existenz Gewißheit herrscht und aus dem alle wissenschaftliche Psychologie abzuleiten ist. Die kartesianische Unterscheidung von Geist und Materie förderte die Vorstellung von einem isolierten Ego, das im Innern eines Körpers existiert. Der Körper ist nichts anderes als eine Maschine. DESCARTES sagt: «In Gedanken vergleiche ich einen kranken Menschen und eine schlecht gemachte Uhr mit meiner Idee von einem gesunden Menschen und einer gut gemachten Uhr.»[13] Doch DESCARTES fand nicht nur einen unüberbrückbaren Gegensatz zwischen Geist und Materie, er verschärfte auch – ohne das direkt zu beabsichten – den für die Psychologie wichtigen Gegensatz zwischen Subjekt (res cogitans) und Umwelt (res extensa). Mit dem «cogito, ergo sum» wird das Ich zum Ausgangspunkt, von dem aus alles andere zunächst bezweifelt werden muß. Fortan konnte sich der Mensch nicht mehr als der Natur und Gesellschaft eingebettet, als dem Geschauten innerlich verbunden erfahren, ohne diese Erfahrung als rein subjektiv zu entwerten. Die Erfahrung der Person als Teil der Welt wurde zur Erfahrung der Person, die einer Um-Welt gegenübersteht.

Das kartesianische Denken hat bei der Beschreibung des Verhältnisses von Menschen zueinander in eine bis heute nicht überwundene Sackgasse geführt. Aus der Schwierigkeit zu formulieren, wie Menschen zueinander stehen, rettete sich DESCARTES in die Analogieschluß-Lehre. Danach wird die Erfahrung vom Mitmenschen über folgende Stufen möglich: Sicher bin ich mir zunächst lediglich meines Selbstbewußtseins, meines Denkens, meines Ichs. Ich erlebe meine eigenen Ausdrucksbewegungen als mit Selbstbewußtsein begabt. Nun nehme ich bei anderen Menschen gleiche Ausdrucksbewegungen wie bei mir selbst wahr. Also kann ich daraus folgern, daß der andere auch ein Selbstbewußtsein hat. Damit begründet DESCARTES einen Standpunkt des extremen Subjektivismus, indem er nur dem eigenen Ich und seinen seelischen Zuständen reale Existenz zuschreibt, während alles andere lediglich in der Vorstellung vorhanden ist oder aus Analogie erschlossen werden kann.[14] Als Solipsismus ([lat.] solus = allein, ipse = selbst, also: ich selbst allein) entwickelte sich im 19. Jahrhundert die Erkenntnistheorie, nach der das Ich allein erkennendes Bewußtsein enthält und alle anderen «Iche» sowie die ganze «Außenwelt» nur dessen Vorstellungen sind. Diese philosophische Richtung versuchte also die ganze Welt auf der Erfahrung des Individuums zu gründen. Der Mitmensch wird als «alter ego», als anderes Ich gesehen, ein Ich, das in seinem Körper ebenso eingeschlossen ist wie das meinige in meinem. Der Dualismus von Subjekt und Objekt führte nicht nur zu einer reduzierten Erfahrung der Umwelt und Natur, er führte ebenso zu einem übersteigerten Subjektivismus und Individualismus. DESCARTES zufolge kann nur noch die Erfahrung des einzelnen als menschlich gültige Erfahrung bezeichnet werden; sie wird zum Maß aller Dinge, zum einzig Eigentlichen. So sieht der deutsche Philosoph EDMUND HUSSERL[15] um 1910 original gegeben zunächst nur die Eigenheitssphäre, von der die fremden Subjektivitäten als Fremde ausgeschlossen sind. Das Cogitum ist eine Monade, die den Fremden zunächst als «alter ego» konstituiert. Es gibt keine realen Verbindungen zwischen der Monade, die ich bin, und der fremden. Der andere ist eine Wirklichkeit für mich. Das Innere des andern ist mir aber nie zugänglich. Wir leben wie Monaden nebeneinander.

Dieser extreme Subjektivismus findet seinen Niederschlag auch in der Psychoanalyse SIGMUND FREUDS. Sein Interesse richtete sich auf das Innenleben eines Menschen. Dessen äußeres Verhalten, dessen Handlungen und Werke wurden als solche wenig beachtet, sondern interessierten vor allem als Projektionen seiner inneren Vorgänge. Die wesentliche geistig-seelische Realität ist die intrapsychische, die Aktion des seelischen Apparats. Die Umwelt, die äußere Realität ist nur bedeutsam, sofern sie innere Prozesse erfahrbar und symbolisch darstellbar macht. Eine wesentliche therapeutische Zielsetzung bestand anfänglich in einem Bewußtwerdungsprozeß. Unbewußte Vorstellungen, insbesondere verdrängte sexuelle Erlebnisse und Phantasien, sollen bewußt zugelassen werden. Es besteht die Meinung, daß eine Person gesund ist, wenn ihr

Ich genügend stark ist, um in den Konflikten zwischen dem Es (den Repräsentanzen der Triebe), dem Über-Ich (dem Gewissen) und Ich-Ideal der Umwelt zu vermitteln.

Die frühe Psychoanalyse nahm an, daß die Beziehung zu äußeren Objekten sich von selbst regle, wenn ein Subjekt seine verinnerlichten Objektbeziehungen zu klären vermag. Voraussetzung dafür ist allerdings, daß es einem Individuum gelingt, seiner Umwelt gegenüber unabhängig und autonom zu werden und die Regelung seiner inneren Konflikte und seiner Befindlichkeit selbst zu übernehmen. Doch weshalb ist diese Unabhängigkeit so schwer zu erreichen? Weshalb versuchen die Bezugspersonen regelmäßig, dieses Ausgeschlossenwerden aus dem therapeutischen Prozeß zu «stören»? In der Meinung, daß die Bezugspersonen die Heilung des Patienten behindern, entwickelten die meisten individuumzentrierten Therapieformen eine defensive, wenn nicht offen feindselige Haltung den Bezugspersonen, speziell der Familie gegenüber. Die Familienangehörigen werden in ganz überwiegendem Maß mit negativen Qualitäten dargestellt. Diese defensive Haltung gegenüber der familiären Bezugsgruppe zeigte bereits FREUD, indem er versuchte, die Familienangehörigen dem therapeutischen Prozeß seiner Patienten fernzuhalten. Abgesehen von Vater und Mutter, welche recht plakativ immer wieder mit denselben Eigenschaften versehen wurden, bemühte sich die Psychoanalyse wenig um eine differenziertere Erfassung der aktuellen mitmenschlichen Umwelt.[16] In den letzten Jahrzehnten befaßte sich die Psychoanalyse zwar mehr mit der gesellschaftlichen Umwelt, aber vor allen um auf deren autonomiebehindernde Eigenschaften wie Ausbeutung, Repression und Machtmißbrauch zu verweisen.

Blieb die Psychoanalyse zunächst auf die Behandlung einer pathologisch beeinträchtigten Autonomieentwicklung konzentriert, so setzte mit der aus den USA kommenden humanistischen Psychologie im Lauf der sechziger Jahre eine regelrechte Massenbewegung der Selbstverwirklichung ein. Die europäische Tendenz zu reflektieren, sich insbesondere in der Existentialphilosophie in komplizierten Theorien zu ergehen, die auf Grund einer hochgestochenen Kunstsprache nur einem kleinen, elitären Insiderkreis zugänglich waren, ersetzten Amerikaner wie MASLOW, GOLDSTEIN, BÜHLER und viele andere durch einfache, leicht verständliche Thesen und Aufrufe zur Selbstverwirklichung. Neu und entscheidend für die Verbreitung dieser Thesen waren Techniken, die den Interessierten Möglichkeiten anboten, nicht über Bücherwissen und Theorie sich mit der Selbstverwirklichung zu befassen, sondern in Übungen und Selbsterfahrung. Zu nennen sind hier die *sensitivity trainings*, die Encountergruppen von ROGERS, die Gestaltgruppen von PERLS oder auch die körperzentrierten, bioenergetischen Übungen von LOWEN und anderen.

Drei Stufen von Selbstverwirklichung und deren Auswirkungen

Der Weg der Selbstverwirklichung läßt sich an den drei aufeinanderfolgenden Leitbildern darstellen, die der historischen Entwicklung der letzten Jahrzehnte entsprechen und oft auch der persönlichen Entwicklung des einzelnen. Es geht um den Weg von der

abgrenzenden Selbstverwirklichung zur
transzendierenden Selbstverwirklichung zur
ökologischen Selbstverwirklichung.

a) Die abgrenzende Selbstverwirklichung

Das falsche und das wahre Selbst

Ausgehend von therapeutischen Beobachtungen an Patienten, intensiviert durch publizistische und literarische Darstellungen von Selbsterfahrungen, konzentrierte sich die Selbstverwirklichungsbewegung der sechziger und siebziger Jahre auf die Feststellung, daß der Mensch eine Fassade gesellschaftlicher Konventionen aufgebaut habe, die niedergerissen werden müsse, damit die echten Gefühle und das wahre Selbst zum Vorschein kommen können.

So führt CARL R. ROGERS[17] in seinem grundlegenden Werk ‹*Entwicklung der Persönlichkeit*› folgende Zielwerte an, um «das Selbst zu sein, das man in Wahrheit ist»:

- weg von den Fassaden;
- weg vom «eigentlich sollte ich»;
- weg vom Erfüllen kultureller Erwartungen;

– weg davon, anderen gefallen zu wollen;
– Entwicklung zur Selbstbestimmung;
– Entwicklung zum Prozeß-Sein;
– Entwicklung zum Akzeptieren der anderen;
– Entwicklung zum Selbstvertrauen.

Es geht um die Auflösung des falschen Selbst (WINNICOTT 1965). Menschen wurden sich bewußt, daß sie in ihrer Kindheit nicht um ihrer selbst willen geliebt worden sind, sondern wegen ihrer Fähigkeit, die Erwartungen ihrer Eltern zu befriedigen.[18] So kommen nach ALICE MILLER[19] Patienten in der Analyse zu der Frage, ob die Bewunderung der Eltern für sie als begabtes Kind der Schönheit und der Leistungsfähigkeit galt oder ihnen selbst. Sie fragen sich, wie es gewesen wäre, wenn sie böse, häßlich, zornig, eifersüchtig, faul, schmutzig oder stinkend vor ihnen gestanden hätten. Sie kommen zu der Erkenntnis, «nicht eigentlich ich wurde geliebt, sondern das, was ich vorgab zu sein. Bin ich um meine Kindheit betrogen worden? Wurden meine Fähigkeiten einfach mißbraucht?» Das Kind entwickelt ein falsches Selbst, weil es geliebt werden will; es errichtet eine Fassade, mit der es Anerkennung erlangen kann. Die Umwelt kann das falsche Selbst für das wahre halten, während das wahre Selbst als falsch beurteilt wird. Die Mutter gibt vor, das Kind länger und damit auch besser zu kennen als es selbst und damit besser zu wissen, was es wirklich fühlen, denken und wollen kann. Der Mensch hat dann ein Gefühl, ein inneres Selbst zu haben, das er nicht verwirklichen kann, während er das äußerlich verwirklichte Selbst als falsch empfinde.[20] Das falsche Selbst dient dazu, das wahre zu schützen und zu verbergen.[21] Falsch ist dieses Selbst, weil es sich darstellt als besonders angepaßt, angenehm, lieb, tüchtig und altruistisch. Dies hat aber nichts mit wahrer Liebe und Besorgtheit zu tun, sondern viel mehr mit Angst, nicht akzeptiert zu werden, unangenehm aufzufallen, allein dazustehen oder eigene Verantwortung zu übernehmen.

Mit der Entfaltung des wahren Selbst wird mehr Eigentlichkeit, Echtheit, Selbstgewißheit und Selbstbestimmung angestrebt, mehr Ganzheit der Persönlichkeit. Das Selbst wird verstanden als Wesenskern, als Urgrund und Quellpunkt der Person, als autonom gesteuerter, innerseelischer Prozeß. Was das eigene Selbst ist, kann einem niemand sagen. Jeder kann es nur selbst erfahren. Um diese Erfahrung zu fördern, wird außerhalb des therapeutischen Rahmens das geeignete Mittel in frei zusammengestellten Gruppen gesucht, deren Teilnehmer sich für einige Tage aus den äußeren Beziehungsrealitäten lösen, um sich in ihrer Entwicklung und Selbstwahrnehmung zu fördern durch Austausch von Erfahrungen. Eine wichtige Rolle spielt das Feedback, die Rückmeldung der Gefühle und Eindrücke der Gruppenmitglieder. Die Wege zum Selbst, zur Erfahrung des eigenen Wesenskerns werden ferner im kreativen Schaffen, im Betrachten der eigenen Träume, in der Meditation und im Hinhorchen auf die Botschaften des Körpers gesucht. Dem *body* kommt oftmals die Bedeutung einer göttlichen Stimme zu, denn – so wird angenommen – der Körper kann nicht lügen, er erteilt uns die Weisungen für ein selbstgemäßes Leben. In breiten Kreisen wurde die *Selbstentfaltung zum eigentlichen Lebensziel und Lebenssinn*. Das Selbst wird als innere Stimme vernommen, es gibt uns Werte und Normen, es leitet uns innerlich und gibt uns Halt. Die Rettung und Entfaltung des Selbst nahm immer mehr die Dimension eines religiösen Weges an.

Der Anspruch auf mitmenschliche Unabhängigkeit und ihre möglichen Auswirkungen

Was immer als Begrenzung und Bedrohung des Selbst in Erscheinung trat, galt es zu vernichten. Das wahre Selbst kann sich nicht entfalten, soweit eine Person «von außen gesteuert» (MASLOW) ist, das heißt in ihrer Selbstdefinition sich von anderen abhängig macht. Oft besteht denn auch der erste Schritt der abgrenzenden Selbstverwirklichung in einer trotzigen Verweigerungshaltung. So postuliert MASLOW [22] einen authentischen Menschen, der durch umweltunabhängige, nur ihm eigene, intrapsychische Gesetze definiert ist: «Die Gefahr, so scheint mir, ist das Wiedererstehen ... der alten Identifikation der psychologischen Gesundheit mit der Anpassung an die Gesellschaft sowie der Anpassung an andere Menschen. Das heißt, der authentische oder gesunde Mensch würde nicht in seinem eigenen Recht und in seiner Autonomie, nicht durch seine eigenen intrapsychischen und *von der Umwelt unabhängigen Gesetze* definiert, nicht als verschieden von der Umwelt, unabhängig von ihr oder im Gegensatz zu ihr stehend, sondern wohl eher in *umweltbezogenen Begriffen* ...» Es gilt, wegzukommen von den Erwartungen der Bezugspersonen, von der Fremdbestimmtheit des eigenen Selbst, es gilt, sich Rollenerwartungen und institutionellen Zwängen radikal zu verweigern.

Der Anspruch auf authentische Erfahrung, auf Artikulation der eigenen Bedürfnisse und Gefühle sowie der Aufruf zu Autonomie und Unabhängigkeit, waren kulturell gesehen sicher wichtige Schritte zur Differenzierung des Individuums. Insbesondere die Frauenbewegung hat sich stark mit der Selbstverwirklichungsidee identifiziert. Manche Leserinnen werden sich deshalb vor den Kopf gestoßen fühlen, wenn ich im folgenden gewisse Nebeneffekte der Selbstverwirklichungsbestrebungen zu bedenken gebe. Ich hoffe, in diesem Buch werde jedoch ersichtlich, daß ich nicht die Rückkehr zu früheren Gemeinschaftsformen anstrebe, wo die Frau sich einseitig zugunsten des Mannes aufgeben und zurückhalten mußte, sondern daß ich gerade das Vorwärtsgehen in eine nächste Entwicklungsstufe postuliere. Ich betrachte die Stufe der Abgrenzung und Verweigerung als häufig notwendiges Durchgangsstadium. Entwicklungen laufen meist über Zwischenstufen, die noch nicht das erfüllen, was sie erstreben. Ich unterstütze den Anspruch auf Eigenverantwortlichkeit und Eigenständigkeit, die Anforderung, in sich hineinzuhorchen, sich zu spüren und das Eigene zu artikulieren. Ich habe lediglich Bedenken, wenn die Alternative zu Überanpassung und Selbstaufgabe die radikale Selbstbehauptung und verweigernde Abgrenzung sein soll. Selbstbehauptung und Verweigerung stehen auf derselben Ebene wie Überanpassung und Selbstaufgabe, sie bilden lediglich deren Gegenpol. Gemeinsam ist ihnen das Thema der Abhängigkeit, die bei Selbstaufgabe und Anpassung aus Angst vor Alleinsein aufrechterhalten wird, während bei Selbstbehauptung und Verweigerung dieselbe Angst provokativ überspielt wird.

Welches sind die Auswirkungen der Selbstverwirklichungsidee auf menschliche Gemeinschaften? Im positiven Fall regt sie vermehrte Eigenverantwortlichkeit, echtere Partizipation und spürbareres eigenes Engagement an. Die Selbstverwirklichungsbewegung betonte immer, ihre Anliegen seien nicht mit Egoismus zu verwechseln. Zum verwirklichten Individuum gehört auch Liebes- und Beziehungsfähigkeit. Zumindest vorübergehend kann allerdings die starke Selbstbezogenheit und Fokussierung auf die Entfaltung des Selbst zu schwerwiegenden Einschränkungen der sozialen Wahrnehmung führen, die sich auf menschliche Gemeinschaften destruktiv auswirken.

Es wird oft zuwenig beachtet, was die Folgen sind, wenn jemand in einem Selbstverwirklichungs-Workshop, losgelöst von den Realitäten seiner alltäglichen Beziehungssysteme, sich ermutigt fühlt, seine eigenen Ansprüche durchzusetzen, sich gegen außen abzugrenzen und sich unabhängig zu machen. In einem Humansystem wie in jedem anderen ökologischen System bringt die Veränderung *eines* Teils zwangsläufig die Veränderung *aller anderen* Teile mit sich. Wenn jemand aus einem Workshop mit veränderten Einstellungen in die Familie und Partnerschaft zurückkehrt, so können seine Veränderungen nicht nur seine Privatsache sein. Vielmehr lösen diese Veränderungen beim Partner regelmäßig Rückkopplungsmechanismen aus, deren Zweck es ist, die Störung der Homöostase (des Gleichgewichts) des Systems wieder zu neutralisieren. Der Partner als Teil des Beziehungssystems läßt sich meist nicht von der Begeisterung des Heimkehrers anstecken, sondern versucht den störenden Reiz auszuschalten, zu reduzieren oder zu absorbieren. Nicht selten wird dann der Rückkehrer von einem Katzenjammer befallen, durchläuft eine depressive Phase oder findet sich, um des lieben Friedens willen, mit einem Leben wie zuvor ab. Manchmal versuchen sich Rückkehrer als Gruppe zu organisieren, um einander dabei zu helfen, sich zu Hause zu behaupten und durchzusetzen. Durch keinen Trainer vorbereitet, neigt der Daheimverbliebene dazu, spontan das Falsche zu tun. Er versucht, sich über die Veränderung des Rückkehrers lustig zu machen oder auf seinem Gewohnheitsrecht zu beharren oder zu trotzen, zu drohen oder sogar dreinzuschlagen. Was immer er tut, um das bisherige System zu erhalten, es wird das Falsche sein. Manchmal hat es den Anschein, als ob der Rückkehrer diese destruktiven Reaktionen des Partners brauche, um sich in seiner Selbstbehauptung zu profilieren und zu rechtfertigen. Nicht selten kommt es zur Auflösung der Beziehung, nachdem der Daheimgebliebene unzumutbare Reaktionen gezeigt hat. Mit einigen einfachen systemisch-ökologischen Kenntnissen wäre es klar, daß innerhalb des Beziehungssystems eine brüske, einseitige Veränderung Destruktivität begünstigt. Die aus den Workshops mitgebrachten Zielsetzungen wären jedoch oftmals realisierbar, wenn man mit mehr Geduld und Nachsicht den Partner zur Koevolution zu gewinnen suchte, um das Beziehungssystem gemeinsam zu verändern. Da der veränderungswillige Heimkehrer aber häufig mit eigenen Ängsten und Unsicherheiten zu kämpfen hat, fühlt er sich überfordert, wenn er auch noch die Auswirkungen seines Aufbruchs auf den Partner berücksichtigen sollte. Das Problem ließe sich jedoch oft besser bewältigen, wenn die Workshopleiter ihm mehr Beachtung schenken würden.

Die Annahme, die Natur des Individuums sei gesund und gut, und ihre möglichen Auswirkungen

Eines der wichtigsten Anliegen der humanistischen Psychologie ist, sich von der psychoanalytischen Tendenz zur Pathologisierung des Menschen zu lösen und ihn grundsätzlich als ein gesundes und positives Wesen zu betrachten. So wirft MASLOW[23] den Freudianern vor, alles durch eine dunkelgefärbte Brille zu sehen. ROGERS (1961) sieht den innersten Kern der menschlichen Natur positiv, von Grund auf sozial, vorwärtsgerichtet und realistisch. Die christliche Tradition verbreite die Grundansicht, daß der Mensch in seinem Wesen sündhaft sei. FREUD und seine Jünger hätten im Bereich der Psychologie Argumente vorgelegt, daß das Es primär aus Instinkten bestehe, die, wenn sie zum Ausdruck gelangten, zu Inzest, Mord und anderen Verbrechen führen würden. ROGERS[24] ist zutiefst überzeugt, daß Feindseligkeit und andere antisoziale Gefühle aus der Frustration eines tieferliegenden Dranges nach Liebe, Sicherheit und Zugehörigkeit resultieren. Die optimistische und bejahende Art, wie ROGERS seinen Klienten und Lesern begegnet, hat gerade für uns Europäer, die wir zu Schwarzmalerei und Grübelsucht neigen, etwas Befreiendes. Man atmet auf und lernt, an sich selbst Freude zu haben. Und doch – wo geht denn nun all das Böse und Schlechte hin? Löst es sich in nichts auf? Nein, das tut es nicht! Gegen den forcierten Optimismus von ROGERS ist Kritik aus den eigenen Reihen der humanistischen Psychologie entstanden. So wirft insbesondere ROLLO MAY (1982) in einem offenen Brief CARL ROGERS vor, er verdränge das Dämonische und Böse. Es sei für den Menschen unumgänglich, zu seinen teuflischen Möglichkeiten zu stehen, zu seiner Lust an Macht, Rache, Ärger und Wut. ROGERS sage, daß es kulturelle Einflüsse seien, die den Hauptfaktor zu unserem teuflischen Verhalten bilden. Damit werde die Kultur zum Träger des Bösen. Aber wer mache die Kultur aus, wenn nicht wir selbst? Die Kultur erzeuge unser Selbst, und unser Selbst erzeuge die Kultur. Es gebe kein Selbst außer in Interaktion mit der Kultur. ROGERS wolle vom teuflischen Dämon keine Kenntnis nehmen. Wenn wir das Teuflische nur auf die Kultur projizieren, so werde es zum Versagen der Kultur, nicht zu unserem eigenen Versagen. Auch in der Therapie wirke es sich verhängnisvoll aus, wenn klientenzentrierte Therapeuten mit den negativen und aggressiven Regungen ihrer Klienten nicht umgehen können, ja sogar eine Atmosphäre kreieren, in der die Klienten solche Gefühle gar nicht äußern können. Dadurch werde eine Konfrontation zwischen Therapeut und Patient unmöglich gemacht. Eine echte Reifung setze aber einen Ablösungsprozeß in der Therapie voraus, der häufig mit einer aggressiven Auseinandersetzung einhergehe.

Die Annahme, daß ihr Selbst gut ist, wenn nur die Umwelt es nicht frustriert und damit bös macht, kann besonders hilfreich für jene sein, die dauernd zu vernichtenden Selbstanklagen neigen. Auch Therapeuten, die mit destruktiven Patienten konfrontiert sind, kann sie die Gewißheit geben, daß der Kern ihrer Patienten positiv ist und die ablehnende Haltung lediglich ein Schutz vor Frustrationen und Verletzungen bedeutet. Die Gefahr dieser Annahme liegt aber darin, daß das Böse ausschließlich nach außen, in die Umwelt, in die Bezugspersonen projiziert wird.

Demgegenüber scheint mir der Begriff des Selbst, wie C. G. JUNG ihn verwendet, wesentlich reichhaltiger, komplexer und wirklichkeitsnäher. Nach JUNG gehören zum Selbst nicht nur die bewußten, sondern insbesondere auch die unbewußten Anteile und dunklen Seiten des Menschen: sein Schatten. Dunkelheit gehört ebenso zum Selbst wie das Licht. In der Bewußtwerdung des Dunklen wird ein Teil des Selbst verwirklicht, wird der Schatten integriert. Die JUNGsche Psychologie bietet nicht eine allgemeingültige Lösung für das Problem des Bösen an. Sie hält weder eine letztgültige Erklärung der Herkunft des Bösen noch gar seine Ausrottung für möglich. Die Macht des Bösen wird für umfassender gehalten, als es bei ausschließlicher Berücksichtigung des Bewußten vorgestellt werden kann. Das unbewußt bleibende Böse ist nicht weniger gefährlich als das bewußt vollzogene Böse. Deshalb ist die JUNGsche Psychologie skeptisch gegenüber dem «christlichen» Gedanken, man könne das Böse einfach durch das Gute überwinden. Zudem ist die Unterscheidung zwischen gut und böse in manchen Fällen überaus schwierig, vor allem wenn die Motive und Auswirkungen eines Verhaltens unbewußt bleiben. So vermag nach BARZ[25] das bewußt vollzogene Gute im Unbewußten (vielleicht auch im Unbewußten eines anderen Menschen) Böses zu bewirken. Wenn man mit der Entdeckung der Verbundenheit aller Menschen durch das kollektive Unbewußte ernst machen will, wird man den Vollzug des Bösen nicht nur jenen zuschieben, die ihm unbewußt oder machtlos ausgeliefert sind. Vielmehr wird man versuchen, den eigenen Anteil am Bösen durch Integration des Schattens bewußt zu tragen. JUNG[26] ist der Überzeugung, «daß man nicht nur sein Glück, sondern auch seine entscheidende Schuld versäumen kann, ohne welche ein Mensch seine Ganzheit nicht erreichen wird». JUNG sieht also die große

Gefahr, die bei der Projektion des Bösen in die Bezugspersonen entsteht, denen dann alles Schlechte zugeschrieben werden kann, um selbst in weißer Weste dazustehen. Er sieht insbesondere auch die Gefahr, eine ganzheitliche Selbstverwirklichung durch mangelnde Integration des Schattens zu verpassen.

Die Schwierigkeit, die Auswirkungen der Selbstverwirklichungsbestrebungen auf die Partnerschaft interaktionell wahrzunehmen

Das Problem, die Selbstverwirklichung in mitmenschliche Prozesse zu integrieren, gibt es vor allem in Ehe und Familie. Menschliche Beziehungssysteme sind ökologische Systeme, die aus Regelkreisen bestehen. Systeme können ihre Organisationsform wechseln. Ihre Verarbeitungs- und Wandlungskapazität hat jedoch Grenzen.

> In ökologischen Systemen kann kein Teil sich wandeln, ohne daß alle anderen Teile in ihrer Beziehung zueinander sich wandeln. Wenn Selbstverwirklichung bestimmt ist durch den Anspruch auf ungebundenes Wachstum des Individuums, so werden die Regulations- und Transformationsmöglichkeiten menschlicher Ökosysteme bald überfordert.

So sagt Marilyn Ferguson[27]: «Was immer auch der Preis sein mag, den wir in persönlichen Beziehungen zu bezahlen haben; wir entdecken, daß unsere höchste Verantwortung letztlich und unvermeidbar in der Verwaltung unseres eigenen Potentials besteht – alles zu sein, was wir sein können.» Solche Aussagen werden leicht als Aufforderung zu rücksichtslosem Streben nach maximaler persönlicher Entfaltung verstanden. Heute hat sich in anderen Bereichen ein hohes Umweltbewußtsein entwickelt. Es ist Menschen zwar möglich, sich rücksichtslos gegen die Umwelt durchzusetzen, diese auszubeuten und zu besiegen. Aber nach einer gewissen Zeit wird sichtbar, wie die Sieger genauso Verlierer sind wie die Besiegten. Der Mensch kann ökologische Systeme zerstören, er zerstört jedoch damit sich selbst. In der Beziehung zur Natur entwickelte sich ein Bewußtsein, daß man ihr mit hohem Respekt vor ihrer systemischen Eigenregulation begegnen muß, eine Einstellung, die wohl kaum eine Kultur so differenziert gelebt hat wie die der Indianer Amerikas. Völlig im Gegensatz dazu sind wir heute noch Analphabeten in der Fähigkeit, in menschlichen Beziehungen ähnliche ökologische Systeme zu erkennen, die es erforderlich machen, bei jedem Eingriff mit Sorgfalt, Respekt und Umsicht vorzugehen.

Die Schwachstelle mancher Bestrebungen um Selbstverwirklichung liegt in der Gestaltung von Lebensgemeinschaften. Rogers[28] hat in seiner lauteren und ehrlichen Art selbst sehr offen über seine diesbezüglichen Schwierigkeiten in der Beziehung zu seiner Frau geschrieben. Wiederholt macht er in seinen Büchern Bemerkungen über seine Rebellion gegen jede Form von Kontrolle und Verpflichtung und die Eifersucht und Verletztheit seiner Frau. Mit rund 80 Jahren schrieb er über seine seit fünf Jahren krebskranke Frau Helen: «Helen macht erstaunliche Fortschritte in ihrem manchmal mit bloßer Willenskraft geführten Kampf, wieder ein normaleres Leben aufzunehmen, das ihren Interessen entspricht. Aber es ist nicht leicht gewesen. Zunächst mußte sie sich entscheiden, ob sie überhaupt weiterleben wollte, ob das Leben noch einen Sinn für sie hatte. Dann habe ich sie durch die Tatsache meines eigenen unabhängigen Lebens vor den Kopf gestoßen und gekränkt. Während sie so krank war, empfand ich unser enges Zusammenleben, das sich durch ihre Pflegebedürftigkeit noch verstärkte, als sehr belastend. Deshalb beschloß ich, um meiner Selbsterhaltung willen mein eigenes Leben zu leben. Meine Frau empfindet dies und auch die Veränderung meiner Wertvorstellungen oft als sehr verletzend. Sie sagt sich ihrerseits von ihrer alten Rolle der unterstützenden Ehefrau los. Diese Veränderung bringt ihr auch ihre Wut auf mich und auf die Gesellschaft, die ihr diese sozial anerkannte Rolle zugewiesen hat, zum Bewußtsein. Ich meinerseits ärgere mich über jeden Schritt, der uns wieder in den früheren Zustand unserer Unzertrennlichkeit zurückführen könnte; ich wehre mich hartnäckig gegen alles, was nach Kontrolle aussieht.»

In der Beziehung zur Natur beginnt man darauf zu achten, durch welche Eingriffe man ökologische Systeme kaputtmacht. Dies geschieht, indem man die natürlichen Regelkreise aufhebt. Aber auch menschliche Ökosysteme werden durch Aufhebung der natürlichen Regelkreise zerstört. Die Anerkennung von Regelkreisen heißt Anerkennung der Interdependenz der Partner. Mein Verhalten und jenes des Partners bedingen sich wechselseitig. Innerhalb einer Partnerschaft kann ich mein Verhalten nicht unabhängig vom Partner ändern.

Eine einseitige Verweigerungshaltung oder der Anspruch, sich in einer Partnerschaft unabhängig vom Partner verhalten zu können, zerstört die natürlichen Regelkreise. Beides begünstigt beim Partner ein destruktives Verhalten, mit welchem er die zirkuläre Regulation erzwingen will.

Sein Verhalten erscheint dann besitzbeanspruchend und kontrollierend. Er wird damit seine Selbstachtung untergraben und scheinbar in eigener Schuld den gemeinsamen Prozeß in eine negative Richtung lenken.

Eine auf Bedürfnisbefriedigung gründende Partnerschaft endet in der Sackgasse gegenseitiger Ausbeutung

Ein häufig geäußertes Bestreben der abgrenzenden Selbstverwirklichung ist, sich von den Erwartungen der Umwelt loszusagen und seine eigenen Bedürfnisse wahrzunehmen und zu artikulieren. Für manche Menschen ist das ein wichtiger Entwicklungsschritt. Allerdings kann er zu Konflikten führen, die ein unlösbares Dilemma in der Beziehung zum Partner bilden.

Ich kann mich entschließen, ganz bei meinen Bedürfnissen zu bleiben, stelle dann aber fest, daß ich meine Bedürfnisse nicht ohne Mitmenschen befriedigen kann. Wenn ich meine Bedürfnisse nur mit meinen Mitmenschen befriedigen kann, muß ich durch Analogieschluß dasselbe für meine Mitmenschen vermuten. Wie kann ich aber verhindern, daß ich zum bloßen Objekt ihrer Bedürfnisbefriedigung gemacht werde? Dies führt zu einer Perspektive der Ausbeutung und damit in eine unentrinnbare Sackgasse.

So war eine Patientin, die nach einer vieljährigen Ehe, in der sie nur für den Mann und die Familie gelebt hatte, in der Ablösungsphase der Kinder in eine depressive Krise verfallen und wollte nun mit Unterstützung ihrer Analytikerin sich dem Mann gegenüber behaupten und nur noch nach ihren Bedürfnissen leben. Das brachte sie aber bei den Sexualbeziehungen in ein unlösbares Dilemma. Sie wünschte ein eingehendes und zärtliches Vorspiel, zu dem der Mann durchaus bereit war. Die dabei sichtbar werdende sexuelle Erregung des Mannes gab ihr das Gefühl, begehrenswert zu sein. Das war an sich ein wichtiger Verstärker für ihre sexuelle Stimulation. Doch plötzlich schoß es ihr dann durch den Kopf: «Ja, jetzt will er wieder nur seine sexuellen Bedürfnisse an mir befriedigen. Ich diene ihm nur als Sexualobjekt.» Damit wies sie ihn von sich, fühlte sich dabei aber selbst frustriert. Sie forderte vom Mann, sie zu begehren, ohne sie zu begehren. Er reagierte schließlich mit Potenzschwierigkeiten.

Insbesondere in der Erotik, wo intensive Bedürfnisse wirksam sind, kann man aus der selbstbezogenen Perspektive von beiden Seiten her Ausbeutung beklagen. Aber ebenso in anderen Beziehungen: der Helfer beutet den Hilflosen aus, die Eltern das Kind, der Lehrer die Schüler, der Dozent das Auditorium usw.

Auf der Basis der Bedürfnisbefriedigung kann keine Lebensgemeinschaft und Liebesgemeinschaft geführt werden. Zu mühselig wird das dauernde Abwägen, wer wann wem mehr Bedürfnisbefriedigung gewährt, wer von wem mehr ausgebeutet und unterdrückt wird, wer sich für wen mehr aufgeben und anpassen muß.

Wo wir in einer Beziehung die Funktion haben, die narzißtischen Bedürfnisse des anderen zu befriedigen, fühlen wir uns mißbraucht. Als Bedürfniswesen, so kritisiert Alice Holzhey (1983), bin ich letztlich nur an mir selbst interessiert. Ich lege die Welt als ein Insgesamt von Bedürfnisobjekten aus und nehme Interesse an etwas nur, weil es die Befriedigung eines meiner Bedürfnisse verspricht. Jedes Verhalten zu etwas wird so im Grunde ein Selbstverhältnis. Ich bin zur Befriedigung meiner Bedürfnisse auf die Welt angewiesen. Ein Interesse zu entwickeln an einer Sache um der Sache selbst willen, das nicht einem Eigeninteresse entspricht, ist im Rahmen des Bedürfnisprinzips nicht denkbar.

So ist zum Beispiel die Arbeit nicht wertvoll als Aufgabe, als Hingabe an eine Sache, die ihren Wert in sich hat, sondern nur soweit, wie sie mir als Arbeitendem Befriedigung verschafft. Der Sinn der Arbeit wird reduziert auf die darin gefundene Befriedigung, etwa die Befriedigung des Bedürfnisses nach Bestätigung oder Selbstverwirklichung.

Eine Schwester der allgemeinen Krankenpflege bewarb sich um eine Stelle auf unserer Psychotherapiestation. Im Vorstellungsgespräch erkundigte ich mich nach ihrer Motivation. Sie sagte: «Ich möchte mich selbst einmal im Umgang mit psychisch Leidenden erfahren.» Die Arbeit bei uns sollte primär ihrer Selbstentfaltung dienen durch die Möglichkeit, sich zu erfahren im Umgang mit Patienten im Sich-Austauschen in das Behandlungsteam einbringen und im Sich-Austauschen mit Kolleginnen und Kollegen austauschen.

Dasselbe trifft für mitmenschliche Beziehungen zu, wenn es in der Liebe zu einem anderen Menschen vor allem um die Befriedigung eines Liebesbedürfnisses geht. Was die Bezugspersonen uns bedeuten, liege – so die Meinung – in uns selbst beschlossen und nicht in den Bezugspersonen. Grad und Dauer des Engagements für eine Beziehung hänge von der dabei empfundenen Bedürfnisbefriedigung ab. Eine nicht mehr befriedigende Beziehung werde aufgelöst. Es muß sinnlos erscheinen, in einer Situation ausharren zu wollen, die meine Bedürfnisse nicht mehr befriedigt.

Die Herrschaft des Bedürfnisprinzips hat die rasante Zerstörung der Natur mit sich gebracht. Viele sind heute angesichts dieser Zerstörung von Angst, Trauer und Wut erfüllt. Worüber sind sie denn aber traurig und wütend? Nur über das Knappwerden der Natur als Ressource? Oder auch darüber, daß Natur zur bloßen Ressource der Befriedigung menschlicher Bedürfnisse degradiert worden ist? Der Kampf für die Erhaltung unberührter Landschaften, für die Rettung bedrohter Pflanzen und Tiere entspringt der Angst und Trauer darüber, daß uns ein Verhältnis zur Natur verlorenzugehen droht, in welchem uns die Natur unversehrt, ja unberührt entgegentritt. Es scheint sich hier ein eigentümliches Bedürfnis zu melden, das nicht in das übliche Bedürfnisbefriedigungsschema hineinpaßt, nämlich ein Bedürfnis nach Natur, die nicht «für uns» da ist, sondern «für sich», nicht als verfügbares Objekt, sondern als unverfügbar (ALICE HOLZHEY).

Wenn wir das wachsende Umweltbewußtsein auf die mitmenschliche Umwelt und deren Systeme übertragen, so sehen wir die destruktiven Auswirkungen eines Menschenbildes, das im Partner die Ressource für die Befriedigung eigener Bedürfnisse sieht. Das «Liebesobjekt» ist nicht «für sich», sondern bietet sich dem Subjekt zur möglichen Verwendung an. Andererseits kann das Subjekt nach ALICE HOLZHEY der Macht der Objekte und der Gefahr eigener Selbstauflösung auch nur begegnen, indem es sich selber der Objekte bemächtigt. Aus dieser Perspektive läßt sich die heute allgemein beklagte Frustrationsintoleranz in Beziehungen verstehen. Es ist für das Bedürfnissubjekt unerträglich, wenn die Bezugsperson nicht beliebig verfügbar ist. Wo immer sich ein begehrtes Objekt der Verfügung versagt, ist das Subjekt bedroht und erlebt sich als ohnmächtig. Um Gefühlen der Angst und Ohnmacht entgehen zu können, antwortet es häufig mit maßloser Wut. Was der Bemächtigung Grenzen setzt, sich als «anderes» und «Unverfügbares» abgrenzt, das muß zerstört werden (HOLZHEY).

Das Bedürfnisdenken macht aus Mitmenschen eine Konsumware. Die Partner sind austauschbar. Es wird die Illusion erzeugt, der Mensch habe ein Anrecht auf Befriedigung seiner Bedürfnisse und reagiere liebevoll, wenn die Bedürfnisse befriedigt, jedoch wütend und aggressiv, wenn sie frustriert würden. Diese Illusion erwies sich im Ökonomischen bereits als völlig verfehlt. Wachsende Möglichkeiten zur Bedürfnisbefriedigung erzeugen noch größere Bedürfnisse und noch geringere Bereitschaft, sich in dem Bedürfnisanspruch einschränken zu lassen. Soweit Partnerbeziehungen unter der Perspektive der Bedürfnisbefriedigung gesehen werden, verhält sich der Mensch diesbezüglich nicht anders als im materiellen Bereich.

Der radikale Anspruch auf eigene Bedürfnisbefriedigung und Befreiung von Bindung, Abhängigkeit, mitmenschlichen Erwartungen und Verpflichtungen haben manche ausgerechnet in eine gesteigerte, weil süchtige Abhängigkeit von bedürfnisbefriedigenden Mitmenschen gebracht. Doch diese Beziehung ist kein positiver Prozeß. Sie ist erfüllt von Mißtrauen und Verzweiflung. Viele fühlen sich in dem unlösbaren Dilemma befangen: Wie kann ich mich in eine Beziehung einlassen, ohne mich durch die Erwartungen des Partners verpflichten zu lassen? Besteht nicht die Gefahr, daß der Partner seine Bedürfnisse in der Beziehung zu mir mehr befriedigt als ich die meinigen und ich somit der Ausgebeutete bin? Wenn ich das Bedürfnis habe, die Bedürfnisse anderer zu befriedigen, wie kann ich mich da vor Ausbeutung schützen? Und wenn ich das Bedürfnis habe, mich einem Partner mitzuteilen, wie soll ich damit umgehen, wenn er mich nur von sich her versteht und geneigt ist, sich von mir ein festes Bild zu machen, durch das ich mich eingeengt oder verzerrt fühle? Mit diesem Thema hat sich MAX FRISCH in all seinen Büchern und Theaterstücken auseinandergesetzt.

Das Dilemma zwischen Anspruch auf Bedürfnisbefriedigung und Angst vor Ausbeutung und seine Lösung in der «desinteressierten, wunschlosen» Wahrnehmung der Mitmenschen

Nach MASLOW (1968) gibt es Grundbedürfnisse jedes Menschen, die nur von anderen Menschen befriedigt werden können, etwa das Bedürfnis nach Sicherheit, Zugehörigkeit, Liebe, Achtung, Anerkennung, Bewunderung usw. Der Anspruch auf Befriedigung dieser Bedürfnisse bedeute eine beträchtliche Abhängigkeit von der Umwelt. Von einem Menschen in dieser Abhängigkeitsposition könne man nicht wirklich sagen, er regiere sich selbst und kontrolliere sein eigenes Schicksal. Vielmehr müsse man ihn als außengeleitet und von der Billigung, Zuneigung und vom guten Willen anderer abhängig bezeichnen.

«Im Gegensatz dazu ist das selbstverwirklichende Individuum per definitionem in seinen Grundbedürfnissen befriedigt, viel weniger abhängig, viel weniger verpflichtet, weit mehr autonom und selbstgeleitet.»[29] Wachstumsmotivierte Menschen seien weit davon entfernt, andere Menschen zu brauchen, sondern würden eher von ihnen behindert.

Zur Lösung des Dilemmas zwischen Anspruch auf mitmenschliche Bedürfnisbefriedigung und Angst vor Abhängigkeit empfiehlt MASLOW eine vollständig desinteressierte, wunschlose Wahrnehmung anderer menschlicher Wesen. Liebesbedürfnis wird als ein Defizitbedürfnis bezeichnet, «es ist ein Loch, das gefüllt, eine Leere, in die die Liebe gegossen werden muß»[30]. Der gesunde Mensch dagegen leidet nicht an einem derartigen Bedürfnis und braucht die Liebe in diesem Sinn nicht. Er entwickelt eine nichtbedürftige Liebe.

Solche Aussagen sind bezüglich ihrer Auswirkungen auf das Leben von Gemeinschaften und Beziehungssystemen zu bedenken. Es wird nur die Alternative gestellt zwischen Unabhängigkeit und Selbstbestimmung einerseits und Abhängigkeit und Fremdbestimmung andererseits. Demgegenüber frage ich: Ist der Mensch nicht existentiell ein mitmenschlich bezogenes und damit in Interdependenz stehendes Wesen? Muß Interdependenz so negativ gesehen werden? Der Mensch ist ja der Umwelt nicht einfach passiv ausgesetzt, sondern vermag diese aktiv zu beeinflussen.

Welche Menschen sind nicht überfordert vom Anspruch, unabhängig von Liebe, Zuneigung und mitmenschlicher Anerkennung zu leben und ihre Grundbedürfnisse zu befriedigen, ohne jemanden zu brauchen oder von jemandem gebraucht zu werden? Unterschiede gibt es jedoch in der

Art und Weise, wie Menschen die benötigte Liebe, Anerkennung und Zuwendung erhalten. Selbstbewußte, vitale und gesund wirkende Menschen können sich in gewissen Beziehungen relativ unabhängig halten oder können die Befriedigung von Zuwendungsbedürfnissen aufschieben. Das gelingt aber nicht so sehr auf Grund einer inneren Fähigkeit, sich selbst zu regulieren, sondern eher auf der Grundlage eines kompensierenden Rückhalts, den sie in anderen Beziehungen haben. Dieser sichere Rückhalt macht sie selbstsicherer und belastungsfähiger. Neurotische und unreife Personen dagegen stehen in einer dauernden Angst, fallengelassen, zurückgewiesen oder verletzt zu werden, und neigen dazu, aus dieser Haltung in unangepaßter Weise gierig und erpresserisch oder aber arrogant und abweisend zu erscheinen, womit sie die Umgebung zu der Verletzung, Abweisung und Frustration provozieren, die sie von vornherein befürchten. Auf Zuwendung der Mitmenschen angewiesen ist aber nach meiner Meinung jeder Mensch, weil dies eine existentielle Dimension des Menschseins ist.

b) Die transzendierende Selbstverwirklichung

Die Einsamkeit der Selbstverwirklichung wird in deren Transzendierung aufgehoben

Die Loslösung von mitmenschlichen Bindungen, Verpflichtungen und Abhängigkeiten bringt nicht nur Freiheit und Autonomie, sondern oft auch Einsamkeit, ja Isolation. In Europa unterstrichen die Existenzphilosophen die äußerste Einsamkeit des Individuums. SARTRE sagte[31]: «Der Mensch ist zu sich selbst verurteilt», er ist zur Freiheit verdammt. Dieses mit Heroismus und gelegentlich auch Selbstmitleid getragene Gefühl der Einsamkeit und der Sinnlosigkeit des Lebens paßte nicht zu den amerikanischen Leitbildern von Optimismus, Anspruch auf Glück und Lösbarkeit aller Lebensprobleme. Doch wie sollte der Mensch seine mühsam eroberte Autonomie bewahren können, ohne gleichzeitig unter Isolation und einem Gefühl der Sinnlosigkeit leiden zu müssen?

Eine Lösung kann in der Transzendierung des Selbst gefunden werden. Insbesondere JUNGS Vorstellung der Selbstwerdung (Individuation) erfuhr in den siebziger Jahren in den USA hohe Beachtung. C. G. JUNG hat den Begriff «Selbst» in die analytische Psychologie eingeführt. Das Selbst ist für ihn zu unterscheiden vom Ich; es stellt geradezu dessen

Gegenpol dar. Das Ich, das empirisch Vorgefundene, der «Bewußtseinskomplex», umfaßt all das, was ich von mir weiß und als zu mir gehörig empfinde, was ich ohne allzu große Schwierigkeiten bei mir selbst entdecken kann. Das Selbst ist dagegen etwas viel Umfassenderes und Ganzheitlicheres als das bewußte Ich. Es bedeutet die Gesamtpersönlichkeit, bestehend aus bewußten und unbewußten Inhalten, und gründet somit in einer transzendenten Wesenheit. JUNG[32] spricht auch von einer übergeordneten Persönlichkeit oder einem übergeordneten Ganzen, das in Symbolen wie Mandala, Kreis, Viereck, quadratura circuli, Kreuz usw. dargestellt wird. Für denjenigen, der sich auf seine transzendentale Mitte bezieht, hebt nach C. G. JUNG ein Bewußtwerdungsprozeß an und eine Entwicklung zur Einheit und Ganzheit. *Er sieht sich nicht mehr als den Vereinzelten, sondern als den Einen.* Vereinzelt ist nur das subjektive Bewußtsein. Wenn dieses aber auf seine Mitte bezogen ist, dann ist es dem Ganzen integriert. Der Mittelpunkt des Selbst ist das Zentrum des Universums. Das Selbst ist eine psychologische Konstruktion, welche eine uns unerkennbare Wesenheit ausdrücken soll, die wir als solche nicht erfassen können, denn sie übersteigt unser Fassungsvermögen. Sie könnte nach C. G. JUNG ebensowohl als «der Gott in uns» bezeichnet werden. Gott ist also nicht der Unberührbare, ganz andere, sondern in der Erfahrung des Selbst wird auch Gott erfahren. JUNG betont, daß der Individuationsprozeß immer wieder verwechselt werde mit der Bewußtwerdung des Ichs, wobei das Ich mit dem Selbst gleichgesetzt werde. Damit werde die Individuation zum bloßen Egozentrismus und Autoerotismus gemacht. Das Selbst schließe aber nicht nur das Ich in sich ein, sondern auch die Mitmenschen und die ganze Welt.

Das Selbst hat also einen großen unbewußten Anteil und gründet letztlich im Transzendenten, Kosmischen und Religiösen. Diese Sichtweise entspricht wesentlichen Erfahrungen, die geistig Suchende in den siebziger Jahren in den USA und in Europa gemacht haben. Insbesondere in Meditation, aber auch mittels Drogen wurden Erweiterungen des Bewußtseins und die Transzendierung des Selbst in den Kosmos erlebt. Hatte die humanistische Psychologie der sechziger und frühen siebziger Jahre den Menschen beigebracht, die zwei Zauberwörtchen «Ich» und «Nein» auszusprechen, so kamen in den späten siebziger Jahren zwei neue dazu: «Ganz» und «Trans». Die zuvor einseitige Konzentration auf die Realisierung der eigenen Persönlichkeit wird jetzt ergänzt durch ganzheitliche, holistische, kosmische und universelle Perspektiven, durch transzendente Meditation, durch transpersonale Psychologie, durch transkulturelle Erfahrungen usw. Es wird mit verschiedenen Techniken, etwa dem Isolationstank oder der Hyperventilation, experimentiert, um das menschliche Bewußtsein zu erweitern, in bisher unbekannte Innenräume der Seele vorzudringen und Okkultes und Mystisches zu erfahren. So schreibt zum Beispiel JOHN C. LILLY (1972) über seine LSD-Erfahrungen: «Ich befinde mich an einem weiten, leeren Ort mit nichts weit und breit darin als Licht. Es ist ein goldenes Licht, das den ganzen Raum nach jeder Richtung hin durchdringt, bis hinaus in die Unendlichkeit. Ich bin ein einzelner Punkt, der aus Bewußtsein, aus Fühlen, aus Wissen besteht. Ich weiß, daß ich bin. Das ist alles. Es ist ein sehr friedlicher und ehrfurchtgebietender Raum, in dem ich mich befinde. Ich habe keinen Körper, ich habe kein Bedürfnis nach einem Körper. Ich bin einfach ich. Erfüllt von Liebe und Wärme und Strahlung.»[33] Der von LILLY entwickelte Samadhi-Tank steht als anschauliches Symbol für die neuen Strömungen der siebziger Jahre: In völliger Abschirmung von der Außenwelt, Abschirmung von Gehörreizen, Sehreizen, aber auch in einem Zustand der Entkörperlichung durch Schwerelosigkeit im Salzwasser kann ein Mensch «den zentralen Kern seines Selbst erfahren». LILLY schreibt: «Beim ersten Tankexperiment mit LSD war der erste Raum, in den ich kam, vollkommen schwarz, vollkommen still, ein leerer Raum ohne Körper. Die Finsternis dehnte sich nach allen Richtungen bis in die Unendlichkeit aus. Die Stille reichte nach allen Seiten in die Unendlichkeit, und ich verharrte in *einem einzigen Punkt des Bewußtseins und des Empfindens zentriert.* Es gab buchstäblich nichts im Universum als mein Zentrum, mich und die Finsternis und die Stille. Ich nannte dies kurz den ‹absoluten Nullpunkt›. Dieser wurde zu einem Bezugspunkt, zu dem ich zurückkehren konnte, wenn es in anderen Räumen zu chaotisch und zu aufregend wurde. Das war der *zentrale Kern meiner selbst*, meine Essenz in einem Universum ohne Sterne, ohne Galaxien, ohne Wesenheiten, ohne Menschen, ohne andere Intelligenzen.»[34] Es geht LILLY und anderen Autoren darum, uns aus dem Gefängnis, das wir selbst geschaffen haben, zu befreien, die einengenden Grenzen des Bewußtseins zu überschreiten, denn «im Bereich des Geistes gibt es keine Grenzen». Es wird von Zuständen vollkommener Bewußtheit, von höchsten Stadien des Bewußtseins, von Übereinstimmung des Bewußtseins mit dem universellen Geist gesprochen.

Entgrenzung statt Abgrenzung, Universalität statt Einzigartigkeit

Beim Übergang von der abgrenzenden zur transzendierenden Selbstverwirklichung hat sich folgendes verändert:

- Während mit dem sich definierenden Selbst Abgrenzung angestrebt wird, ist mit dem transzendierenden Selbst die Auflösung aller Begrenzungen gemeint;
- Während das sich definierende Selbst als einmalig, andersartig und verschieden von seiner Umwelt gesehen werden will, soll das transzendierende Selbst als Teil eines universellen Bewußtseins erfahren werden.

Die transzendierende Selbstverwirklichung möchte jede zeitliche, räumliche oder körperliche Begrenzung des Selbst aufheben. Es kommt zu grenzüberschreitenden Erfahrungen in der Zeit: zu vorgeburtlichen Erfahrungen, aber auch zur Aufhebung der Begrenzung durch den Tod. Während die Existentialisten noch vom «Sein zum Tode» sprachen, wird jetzt angenommen, daß der körperliche Tod dem Bewußtsein keine Grenzen setze. Es kommt zu einer Wiederbelebung der Religiosität, die allerdings dem Buddhismus näher steht als dem Christentum, indem sie vor allem die Idee des inneren Gottes, vom Gott in mir selbst, verfolgt und Gott nicht auch als personales Gegenüber sehen will. Es kommt zu einem verstärkten Interesse an außersinnlichen Wahrnehmungen, an Parapsychologie, Telepathie, Präkognition, Telekinese, spirituellen Erfahrungen usw., aber auch zu einer Renaissance der Astrologie als Ausdruck der Korrespondenz des Selbst mit den Gestirnen. Die Astrologie hatte durch die Aufklärung, speziell durch die Korrektur der geozentrischen Vorstellungen durch Kopernikus, ihre Bedeutung verloren. In der neuen Bewegung drückt sich das Streben nach Wiedervereinigung mit allem Leben aus, mit dem Kosmos als Ganzem, mit der Menschheit als planetarischer Familie. Es erwacht ein neues Interesse für Ethnologie, für sogenannte primitive Kulturen, für alte Weisheiten, Kulthandlungen und insbesondere für mystische Traditionen. Das Selbst ist in dieser Sicht nicht begrenzbar, es ist unendlich. Es kann lediglich in seiner Bewußtheit enger oder weiter sein. Es ist ein Strom unendlichen Bewußtseins, der sich in den verschiedenen Selbst ausformuliert. Insbesondere Lehren des Buddhismus, vor allem der Zenschule, des Tao und der Sufi gewannen im Westen einen großen Einfluß.

Das, was mit der Perspektive des transzendierenden Selbst gewonnen wird, finde ich durch LAMA GOVINDA[35] am einleuchtendsten dargestellt. GOVINDA ist deutscher Herkunft. Er hat sich bis zur Niederschrift seines Lebenswerkes 1977 mehr als sechzig Jahre der Meditation gewidmet, vor allem in Sri Lanka und Tibet. Er vermittelt den buddhistischen Weg in einer für uns Westler mitvollziehbaren Weise. Der tantrische Buddhist glaubt nicht an eine unabhängig von ihm existierende Welt, an ein Subjekt, das sich vom Objekt abgrenzt, oder an ein Ich, das sich einem Nicht-Ich gegenüberstellt. Die innere und die äußere Welt sind Kette und Schuß desselben Gewebes, in dem die Fäden aller Kräfte und allen Geschehens in einem untrennbaren Netz verwoben sind, einem Netz von endlosen gegenseitigen Beziehungen.

> Jede Lebensform und jede Form des Bewußtseins ist bedingt und hängt von der Ganzheit alles Bestehenden und all dessen ab, das einmal existierte. Je mehr wir uns dieser unendlichen Bezogenheit bewußt werden, desto freier werden wir; denn wir befreien uns von der tödlichsten aller Täuschungen, der Illusion eines permanenten, gesonderten Ichs. Solange wir in der Illusion eines getrennten und gesonderten Ichs verharren, setzen wir uns in Gegensatz zur Natur des Lebens. Wenn wir die Welt aus der Perspektive unseres begrenzten und kleinen Ichs, unserer Wünsche, Begierden und Bedürfnisse sehen, machen wir sie zu einem Gefängnis, das uns von unseren Mitmenschen und von den Quellen des wahren Lebens trennt (GOVINDA).

Was immer sich der dauernden Transformation aller Formen und jedes Bewußtseins entgegenstellt, verurteilt sich selbst zum Tode. *Das Ich und der Tod haben als gemeinsames Kennzeichen die Abgrenzung.* Wer jedoch die Tatsache akzeptiert, daß sein Leben etwas Bedingtes ist, für den gibt es keine Begrenzung, vorausgesetzt, daß er die allumfassende Ganzheit seines Bedingtseins durch wechselseitige Beziehungen erkennt. Dies lehrt uns Bescheidenheit infolge *unserer gegenseitigen Abhängigkeit,* dies öffnet uns aber auch die Augen für die Universalität unserer wahren Natur. *Indem wir unser Ich überwinden, verlieren wir nicht unser Selbst, sondern wir bereichern und erweitern unsere Persönlichkeit, welche auf diese Weise ein Ausdruck eines größeren und universelleren Lebens wird. Wir lernen dann, uns als den bewußten Brennpunkt eines unendlichen Universums zu empfinden. Wir sind wie eine Linse, die dazu dient, die universellen Kräfte zu fokussieren und die Sonne in einem punktartigen Bild erscheinen zu lassen.*

Das Universelle bedarf des Individuellen, um sich zu verwirklichen. *Der Mensch wird sich seiner Universalität bewußt; das Universum wird im Menschen bewußt.*

Soweit die Zusammenfassung einiger wesentlicher Aussagen GOVINDAS. Die Meditation dieser Gedanken führt zu einer tiefen Verbundenheit mit allem Lebenden und Beseelten und relativiert die Wichtigkeit eines eigenen, getrennten Daseins und Selbstseins. Ich fühle mich auf die Umwelt und Mitwelt bezogen, als Träger eines universellen Bewußtseins, das sich in mir auskristallisiert, Form annimmt und ausartikuliert. Das schränkt den Anspruch auf Eigenverantwortlichkeit und Selbsterkenntnis nicht ein, sondern vertieft ihn, aber es befreit uns vom Trennenden und Todgeweihten des abgrenzenden Selbstverständnisses. Es setzt uns in Beziehung mit einem übergeordneten Ganzen, einem universellen Geist, der uns alle verbindet und in uns allen wirksam ist.

GOVINDA wendet sich andererseits scharf gegen jene Westler, die – nun ins Gegenextrem verfallend – eine schwärmerische und irrationale Allbezogenheit durch Auflösung alles Individuellen suchen. So äußert er sich auch kritisch über jene, für die Auflösung individueller Begrenzung eine Flucht vor Individuation ist oder die glauben, sie könnten mit Drogen oder anderen Rauschzuständen eine Bewußtseinserweiterung ohne bewußte Erkenntnis erlangen. Einswerden bedeutet nicht, seine Individualität aufzulösen. Einswerden hebt die Identität des Individuums nicht auf, sondern beraubt sie ihrer Absolutheit und modifiziert sie zu höherer Bezogenheit. Die Erkenntnis seiner universellen Bezogenheit vermittelt dem Individuum den Sinn seiner Existenz. Individualität und Universalität sind im Buddhismus nicht sich gegenseitig ausschließende Größen, sondern zwei sich ergänzende Seiten der Wirklichkeit, die im Erlebnis der Erleuchtung einswerden.

Selbstverwirklichung als planetare Ko-evolution

«Die neue Sicht der Wirklichkeit», so CAPRA[36], «beruht auf der Erkenntnis, daß alle Phänomene – physikalische, biologische, psychische, gesellschaftliche und kulturelle – grundsätzlich miteinander verbunden und voneinander abhängig sind. Wir sind untrennbare Teile des Kosmos, in den wir eingebettet sind.» Wenn ich ein Teil des Universums bin, kann es keine Einflüsse von außen geben. Es ist der Kosmos als Ganzes, der in Evolution ist. Es ist derselbe Geist, der in der Materie, in den Pflanzen, in den Tieren und in mir wirkt. Der Kosmos ist ein riesiger Organismus, in dem alles vom gleichen Geist durchwaltet ist. Zwischen Materie und Energie wie auch zwischen Energie und Geist bestehen nicht unüberbrückbare Unterschiede. Sie sind nur unterschiedliche Erscheinungsformen des Ganzen (Capra). Wenn nun der Mensch sich allein Geist anmaßt und nur an das eigene Überleben denkt, wird er unweigerlich seine Umwelt zerstören, damit aber auch sich selbst, wie wir heute aus bitterer Erfahrung lernen müssen. Aus der Sicht der Systemlehre gibt es keine eigenständigen Wesen, sondern nur Organisationsmuster, die ein Organismus in den Wechselwirkungen mit seiner Umwelt angenommen hat.

> Unsere Umwelt ist nicht statisch oder passiv, sondern selbst ein zum Leben befähigtes System. Damit verlagert sich das Hauptinteresse von der Evolution eines Organismus auf die Koevolution von Organismus und Umwelt (Capra[37]). Wenn ich akzeptieren kann, daß der Geist nicht nur dem Menschen immanent ist, sondern ebenso allen anderen Erscheinungsformen des Kosmos, ja, daß es höhere Manifestationen des Geistes gibt, von denen unser Geist nur ein Untersystem darstellt (Bateson[38]), wird das meine Einstellung zur natürlichen Umwelt grundlegend verändern.

Wenn wir dagegen geistige Phänomene nur den Menschen zuschreiben, dann wird die Umwelt als geistlos erscheinen und der Mensch wird sich berufen fühlen, sie auszubeuten.

Die Erkenntnis, ein untrennbarer Teil des Kosmos zu sein, wird unsere Beziehung zur Umwelt grundsätzlich verändern und die Umweltschutzbewegung vertiefen. Der Umweltschutzgedanke dürfte jedoch nicht wie bisher nur auf die Beziehung des Menschen zu ökologischen Systemen der Natur, zu Tieren, Pflanzen, Erde, Wasser und Luft, beschränkt sein, sondern müßte auf die humanökologischen Systeme wie Familie, Gemeinde, Staat und Gesellschaft, die dem Menschen im Grunde ja viel näherstehen, erweitert werden. Wenn wir sehen, wie unsere Wirtschaft, unsere «Entwicklungshilfe» und der Tourismus die humanökologischen Systeme der Entwicklungsländer zerstören, so erkennen wir die gleichen

Fehlhaltungen wie bei der Ausbeutung der Natur. Die Folgen für die kulturellen Ökosysteme dieser Völker sind kaum weniger katastrophal, aber sie werden bis jetzt weniger ernst genommen. Auch die Selbstzerstörung unserer humanökologischen Systeme insbesondere von Lebensgemeinschaften durch selbstbezogene Leitbilder wird nur als statistische Größe von Ehescheidungen wahrgenommen.

Die Menschen mußten in den letzten Jahrzehnten die Vorstellung von unabhängigen Bausteinen der Materie durch die Erkenntnisse der subatomaren Physik aufgeben. Ebenso mußte in der Biologie die Vorstellung eines unabhängigen Organismus über Bord geworfen werden. Weshalb soll dies nun bezüglich seelischer Vorgänge des Menschen anders sein? Als offene Systeme halten sich lebende Organismen durch intensive Transaktionen mit ihrer Umwelt am Leben und in Funktion. Die ganze Biosphäre – unser planetarisches Ökosystem – ist ein dynamisches und integriertes Gewebe von lebenden und nicht lebenden Formen (CAPRA[39]). Soll es sich da mit der menschlichen Psyche anders verhalten? Ist das Bewußtsein einzelner Menschen nicht ebenso Teil eines dynamischen und integrierten Gewebes von Bewußtsein anderer und aller Menschen? Vorläufig ist diese Vernetzung noch wenig studiert und beschrieben worden.

> Die Erkenntnis der mitmenschlichen Vernetzung von Bewußtsein könnte zu derselben Konsequenz führen, die wir heute für die Beziehungen des Menschen zur Natur anerkennen: *Jeder Mensch, der seine eigene Selbstverwirklichung oder Evolution anstrebt, ohne die Koevolution seiner seelisch-geistigen Umwelt in gleicher Weise in sein Streben miteinzubeziehen, schädigt diese Umwelt.*

Mögliche Auswirkungen der transzendierenden Selbstverwirklichung auf Partnerbeziehungen

Neuerdings wird in der humanistischen Psychologie der «Egotrip» angeprangert. Die Bemühungen um eine auf Abgrenzung ausgerichtete Selbstverwirklichung werden wieder relativiert. Es wird zwar noch nicht von der Notwendigkeit zu mehr mitmenschlicher Bezogenheit gesprochen, es geht vorläufig eher um die Überwindung des eigenen Ich. So beschreiben WALSH und VAUGHAN ein transpersonales Persönlichkeitsmodell. Sie berufen sich auf Buddha, welcher sagte, die Ursache allen Leidens sei das Verhaftetsein (*attachment*), die Befreiung vom Leiden komme mit der Auflösung dieses Verhaftetseins (*non-attachment*). Die Wurzel des Verhaftetseins und damit die Wurzel allen Unglücks und allen Schmerzes ist das Begehren. Die Psychotherapie soll nicht eine Modifikation der Persönlichkeit anstreben, sondern eine Desidentifikation mit der eigenen Persönlichkeit. Unsere persönlichen Dramen sind – so wird gesagt – unnötiger Luxus, welcher die volle Funktionsfähigkeit der Person beeinträchtigt. Wenn die Person sich gar nicht mehr mit ihrem Drama identifiziert und ebensowenig mit den Dramen anderer Menschen, kann sie sich von ihrem emotionalen Gepäck loslösen und sich von Leiden und Problemen befreien. Das Ich ist grundsätzlich eine Illusion. Wenn eine Identifikation mit irgend etwas nicht mehr aufrechterhalten wird, gibt es keine Unterscheidung mehr zwischen Ich und Nicht-Ich. Die Person erfährt sich als nichts und alles. Durch fortgeschrittene Meditation wird ein Zustand des Nicht-Bedingtseins erreicht, ein Zustand, in dem zwar weiterhin Gedanken und Gefühle durch unser Gehirn hindurchgehen, aber ohne daß wir uns damit identifizieren. Ziel ist es, sich aus der Tyrannei des Bedingtseins und Begrenztseins zu befreien.

Bei solchen aus dem Buddhismus auf westliche Wirklichkeit übertragenen Vorstellungen kommt es auf das Maß und auf die Zusammenhänge ihrer Anwendung an. Ich sehe eine gewisse Gefahr, daß sie allzu wörtlich genommen werden. Bei einigen Personen aus meinem Bekanntenkreis führten derartige Bemühungen um Desidentifikation zu einer ernsthaften Beeinträchtigung ihrer Arbeits- und Kontaktfähigkeit. Sie wurden adynamisch, entleert und schienen in der Folge ihrer Umwelt entfremdet und ohne spürbares Engagement gegenüberzustehen.

c) Die ökologische Selbstverwirklichung

Was ich mit ökologischer Selbstverwirklichung darstellen will, hat Govinda in meisterhafter Prägnanz formuliert:

«Der unterentwickelte Mensch strebt nach dem Endlichen, um seines Nutzens willen.

Der denkende Mensch strebt nach dem Unendlichen, um seiner Freiheit willen. Der Erkennende kehrt zurück zum Endlichen, um seiner unendlichen Liebe willen.»[40]

Die abgrenzende Selbstverwirklichung bereitete die Person darauf vor, sich nicht von außen, sondern durch ihre inneren Erfahrungen leiten zu lassen. Die transzendierende Selbstverwirklichung stellt diese inneren Erfahrungen in eine die Person übergreifende, universelle Beziehung. Die ökologische Selbstverwirklichung geht davon aus, daß das Selbst konkrete Gestalt annehmen muß, um sich zu verwirklichen. Diese Gestalt kann die Person nicht allein aus sich heraus bilden, sondern nur in Beziehung zu anderen. Für ihre Verwirklichung ist die Person darauf angewiesen, mitmenschlich beantwortet zu werden.

Die ökologische Selbstverwirklichung soll in diesem Kapitel zunächst vor allem in der Perspektive der Begegnungsphilosophie dargestellt werden.

Ich empfehle den Leserinnen und Lesern, welche diese Ausführungen als schwierig empfinden, sich zuerst mit den praktischen Aspekten einer ökologischen Selbstverwirklichung (Seite 123 ff) vertraut zu machen.

Die ökologische Perspektive findet ihre Wurzeln im abendländischen Denken, etwa bei den frühen Griechen oder im christlichen Beziehungsparadigma, sie ist aber auch verankert im buddhistischen Gedankengut und in den Weisheitslehren wohl aller Kulturen und Religionen. Es geht hier darum, alte Weisheiten in neuen Bezügen zu einer veränderten Welt nachvollziehbar zu machen. In Unterschied zur abgrenzenden und zur transzendierenden Form der Selbstverwirklichung kann die ökologische Selbstverwirklichung nur in bezug auf andere Menschen gelingen, nicht unabhängig von anderen, nicht in Ganzheitlichkeit des eigenen Selbst, sondern nur in der Teilhabe an übergreifenden, mitmenschlichen Prozessen.

Das Unendliche bedarf der endlichen Form, um sich zu verwirklichen

Laotse bezeichnet als Methode des Tao, «das Große finden im Kleinen und Vieles im Wenigen». Jede Lebensform ist durchwaltet von einer Weltordnung, die nicht im Globalen und Abstrakten, sondern nur im Konkreten und Individuellen erfahrbar ist. Das Universum erscheint uns nie als Ganzes, sondern immer nur in konkreten Aspekten. An sich ist das Universum weder diese noch jene Erscheinungsform, sondern die Potentialität aller Formen.

Nach GOVINDA[41] bedeutet Dasein Beschränkung. Aber Beschränkung meint nicht Enge. Es ist das Endliche, das dem Unendlichen Sinn verleiht, denn das Unendliche kann sich nur in endlicher Form ausdrücken. Will ein Dasein Form annehmen, so kann es nicht alle Formen haben. In der Beschränkung auf die Einzigkeit in Zeit und Ausdruck liegt die Kostbarkeit der Form. Sie ist kostbar, weil sie vergänglich ist wie eine Blume, die blüht und verwelkt, die aber nichtsdestoweniger den ewigen Charakter aller Blumen und allen Lebens zum Ausdruck bringt. Es ist die Kostbarkeit des Augenblicks, in dem die zeitlose Ewigkeit gegenwärtig ist. Es ist die Kostbarkeit der individuellen Form, in der sich das Unendliche offenbart. Allbezogenheit ist nicht die Beziehung zu einem abstrakten Ganzen, sondern zum organischen Zusammenhang mit allem Bestehenden und Lebendigen, in dessen jeglicher Form das Ganze zum Ausdruck kommt.

Das Selbst muß begrenzte Form annehmen, um in Erscheinung zu treten

So wie das Universum weder diese noch jene Erscheinungsform ist, sondern die Potentialität aller Formen, so ist auch nach meiner Sicht das Selbst nicht diese oder jene Äußerungsform, sondern die Potentialität aller Äußerungsformen. Das Selbst kann nicht als Abstraktum erfaßt werden, sondern nur in seinen Konkretisierungen, in seiner Gegenwärtigkeit. Mein Selbst ist in jeder meiner Ausdrucksformen enthalten, und doch wird mein Selbst von keiner meiner Ausdrucksformen erschöpfend definiert und als das meinige erkennbar. Genauso wie das Selbst nicht als solches, sondern nur in seiner Konkretisierung erfahren werden kann, kann auch das Bewußtsein nur in Bewußtseinsinhalten faßbar werden und nicht als solches.

Das Selbst muß, um sich zu realisieren, Form annehmen. Das unendliche Selbst kann sich nur im Endlichen seiner konkreten Äußerungen verwirklichen. Um sich wahrzunehmen, muß das Selbst sich in das Spiel übergreifender Beziehungsprozesse eingeben, muß es Form annehmen im Spiel dauernd sich transformierender Formen. Das Selbst kann immer nur jene Form annehmen, die sich ihm aus den übergeordneten Zusammenhängen anbietet und ihm von dort zugestanden wird. Jede Darstellung des Selbst ergibt sich aus der Bezogenheit und ist immer auch Teil des Bezugssystems, Teil der anderen.

Nach GOVINDA führt das wechselseitige Durchdringen von Wesen zu einer Neuorientierung unseres Denkens. Wir müssen uns befreien von der Starrheit des Substanzbegriffs, von der Vorstellung einer Spaltung zwischen Identität und Nicht-Identität. Wo alles im Fluß ist, können solche Begriffe nicht zureichend sein. Form und Nicht-Form schließen sich gegenseitig nicht aus, sondern sind zwei Aspekte derselben Wirklichkeit.

Die Erkenntnis der Wesensgleichheit von mir und meinen Bezugspersonen wird sich auf die Gestaltung meiner Beziehungen auswirken. Die Form, wie mir ein Mitmensch erscheint, und die Form, wie ich mich ihm darstellen kann, ergibt sich immer aus der Bezogenheit.

Kein Mensch besteht unabhängig in sich selbst, jeder wird nur in bezug auf andere und anderes. So entspringt alles, was in einer Beziehung in mir oder im Partner aufscheint, einer gleichzeitigen Vergegenwärtigung. Es entspringt einem uns verbindenden gemeinsamen Grund.

Selbstentfaltung kann sich in einer so verstandenen Welt nicht unabhängig von Mitmenschen realisieren, sie ergibt sich vielmehr grundsätzlich aus der Bezogenheit und damit aus der gegenseitigen Begrenzung.

Die dialektische Verwirklichung des Selbst in der Sicht der Begegnungsphilosophie

Nach dem griechischen Philosophen HERAKLIT[42] (6. Jh. v. Chr.), ist die Einheit der Gegensätze das große Gesetz, nach dem sich aus der einen Urenergie unablässig die Vielheit entfaltet. Alle Entwicklung geschieht im Zusammenspiel gegensätzlicher Kräfte. Nach seiner Meinung gestaltet sich die harmonische Ganzheit der Welt im Kampf – oder wie wir heute sagen würden: im Wettbewerb. Mit dieser Lehre vom Zusammenwirken des Gegensätzlichen schuf HERAKLIT das Modell der dialektischen Entwicklungslehre, die mehr als zwei Jahrtausende später, vor allem von HEGEL (1770–1831), weiter ausgearbeitet wurde. Nach FICHTE, einem Vorgänger HEGELS, kann sich das Weltganze wie auch das Ich nur an einem Widerstand entfalten. Das Ich muß sich einem Nicht-Ich entgegensetzen. Auf die erste Setzung der These folgt eine zweite, die Antithese, die einen Widerspruch zur ersten enthält. Ich und Nicht-Ich bleiben aber nicht als sich ausschließende Gegensätze bestehen, sondern bedürfen eines Dritten, der Synthese.

In der Sicht HEGELS wird in der Synthese These und Antithese nicht eingeschränkt, sondern «aufgehoben» in einem dreifachen Sinn, den dieses Wort in der deutschen Sprache hat: «beseitigt» – «bewahrt», das heißt, in einer höheren Einheit lebendig erhalten – und auf eine höhere Ebene gehoben, auf der beide nicht mehr als sich ausschließende Gegensätze erscheinen. Die Perspektive von These, Antithese und Synthese wurde als Wirkprinzip der Entwicklung der Geschichte der Völker wie der einzelnen Individuen erkannt.[43] Von LUDWIG FEUERBACH (1804–1872), einem seiner kritischen Schüler, wurde das HEGELsche Wirkprinzip von These–Antithese–Synthese weiterentwickelt in ein Wirkprinzip des Ich–Du–Wir. HEGEL befaßte sich mit Dialektik, FEUERBACH mit Dialog. An Stelle der Antithese setzte FEUERBACH das Du und gab damit später MARTIN BUBER entscheidende Anregungen. FEUERBACH sagte: «Die wahre Dialektik ist kein Monolog des einsamen Denkers mit sich selbst, sie ist ein Dialog zwischen Ich und Du.»[44] Die Ideen entspringen aus der Konversation des Menschen mit dem Menschen. «Zwei Menschen gehören zur Erzeugung des Menschen – des geistigen so gut wie des physischen: Die Gemeinschaft des Menschen mit dem Menschen ist das erste Prinzip und Kriterium der Wahrheit und Allgemeinheit. Die Gewißheit selbst von dem Dasein anderer Dinge außer mir ist für mich vermittelt durch die Gewißheit von dem Dasein eines andern Menschen außer mir. Was ich allein sehe, daran zweifle ich; was der andere auch sieht, das erst ist gewiß.»[45] Denn wahr ist, was allen gemeinsam ist. Zur Objektivität im Denken gelangt man nur, wenn dieses Denken von anderen nachgedacht und mitgedacht werden kann, oder dadurch, «daß du dich dazu erniedrigst, selbst Objekt für anderes zu sein»[46]. Ich kann erst Sicherheit haben über eine Sache, wenn sie auch anderen zugänglich ist. Jeder Sachkenntnis geht eine Du-Erkenntnis voraus. Das Bewußtsein der Welt ist für das Ich vermittelt durch das Bewußtsein des Du. Der Mensch ist Mensch dadurch, daß er dem Menschen Mensch ist. «Nur an dem anderen wird der Mensch sich klar und selbstbewußt.» Nach seiner Darstellung würde ein ganz allein existierender Mensch sich unterschiedslos und somit selbstlos im Ozean der Natur verlieren.

Für FEUERBACH ist das wirkliche Ich nur das Ich, dem ein Du gegenübersteht und das Selbst einem anderen Ich gegenüber Du ist. Mein eigenes Denken hat als Voraussetzung ein Objekt, ein Du. Ich bin und denke und empfinde als Subjekt nur in Beziehung zu einem Objekt. Ich bin ein mich auf ein anderes Wesen Beziehender und bin nichts ohne diese Beziehung. Ein Objekt können wir aber nur an dem Widerstand erfahren, den es uns entgegensetzt. Nur am Widerstand des anderen werde ich mir meiner selbst bewußt. Wo kein Du ist, ist kein Ich.

Die Einheit, die Partner bilden, sieht FEUERBACH nicht in der Verschmelzung, sondern in der Realisierung des Unterschieds. Für das Du wird eine reale Andersheit gefordert, denn begegnen kann ich nicht mir selber oder etwas, das mit mir identisch ist, sondern nur einem anderen. Es wird also ein konkretes Du gefordert, das von mir verschieden, jedoch bereit ist, mit mir eine Synthese, eine Wir-heit zu bilden. «Das Wesen des Menschen ist nur in der Gemeinschaft, in der Einheit des Menschen mit dem Menschen enthalten – eine Einheit, die sich aber nur auf die Realität des Unterschieds von Ich und Du stützt.»[47]

Dies sind Gedanken, die insbesondere von deutschsprachigen Begegnungsphilosophen wie MARTIN BUBER, FERDINAND EBNER, MAX SCHELER, LUDWIG BINSWANGER und vielen anderen weiter ausgearbeitet wurden. Statt vom Ich als unbezweifelbarer Tatsache auszugehen und von hier aus den Weg zur übrigen Realität und zum Mitmenschen zu suchen, gehen die Begegnungsphilosophen vom «Wir» oder «Du» aus. Diese Du-Philosophie war teilweise eine Reaktion auf die Isolierung des Ichs durch die industrielle Revolution und die Katastrophe des Ersten Weltkriegs – beides Ursachen, welche dazu drängten, die Grundlagen des menschlichen Zusammenlebens neu zu überdenken.

«Das Ich bildet sich am Du»
(MARTIN BUBER)

Die Begegnungsphilosophen des 20. Jahrhunderts wandten sich scharf gegen den Solipsismus (S. 37), der sich als Folge des kartesianischen Dualismus, der Trennung von Subjekt und Objekt, gebildet hatte. Das «Cogito, ergo sum» als Axiom der eigenen Selbstgewißheit wurde von ihnen in Frage gestellt. Ohne den Mitmenschen, ohne Kommunikation, sind wir gar nicht in der Lage, zu denken und damit unsere Existenz zu beweisen. Insbesondere MARTIN BUBER (1878–1965) hat sich mit der Frage weiterbeschäftigt, inwiefern das Ich erst in der Begegnung mit einem Du, in der Gegenseitigkeit einer konkreten menschlichen Beziehung wird. «Beziehung ist Gegenseitigkeit. Mein Du wirkt an mir, wie ich an ihm wirke. Unsre Schüler bilden uns, unsre Werke bauen uns auf.»[48] Für ihn ist Mitmenschlichkeit nicht nur eine existentielle Qualität menschlichen Daseins, der Mensch wird überhaupt erst in der konkreten menschlichen Begegnung. Dabei ist für BUBER das «Zwischen» ein Schlüsselbegriff. Die eigentliche Wirklichkeit liegt *zwischen* mir und dir. Sie ist das Zwischen, der Geist, der Logos oder die Liebe. Die Herkunft von Ich und Du liegt in diesem Zwischen. Aus diesem Zwischen der Begegnung gehen Ich und Du hervor. Es schafft erst Ich und Du. In dieser Begegnung kommt es nicht zur Verschmelzung. Ich und Du stehen sich vielmehr gegenüber. Ich und Du sind zusammen in Aktion. Es ist nicht das eine aktiv, um zu erobern und zu beherrschen, und das andere passiv, um sich zu fügen und anzupassen. Die Zentrierung liegt nicht im Ich, das ein Du lediglich benutzt, um sich besser wahrzunehmen und verwirklichen zu können. Die Zentricrung liegt auch nicht in einem Du, dem sich ein altruistisches Ich mitleidsvoll zuwendet, um ihm zu helfen. Die Zentrierung liegt im Dazwischen, in dem Bereich, in dem Ich und Du sich ereignen können.

«Menschsein heißt, das gegenüberseiende Wesen sein ... Jedes einzelne ist auf das andere hin- und angewiesen.»[49] Ich bin dabei das Du des Du und existiere in unserer gemeinsamen Gegenwart, indem ich dem anderen standhalte und ihn bestätige. Der andere ist für mich ein fordernder Anspruch, eine Herausforderung. «Ich werde am Du; Ich werdend spreche ich Du. Alles wirkliche Leben ist Begegnung.»[50] Das Ich entwikkelt sich in der Teilhabe an mitmenschlichen Prozessen. Das mindert seine Eigenverantwortlichkeit nicht, obwohl es sie relativiert, das heißt in Beziehung setzt und in seiner Besonderung einschränkt. Das, was sich als sein Ich verwirklicht, liegt nicht in seinem alleinigen Wirkbereich. BUBER sagt: «Alle Wirklichkeit ist ein Wirken, an dem ich teilnehme, ohne es mir eignen zu können.» Das würde für die Selbstverwirklichung bedeuten, daß auch diese als ein Wirken zu verstehen ist, an dem ich wohl teilhabe, das ich mir aber letztlich nicht allein zueignen kann. Dieses Wirken ergibt sich aus dem Zwischen, aus der Teilhabe an mitmenschlichen Prozessen. «Wer in der Beziehung steht, nimmt an einer Wirklichkeit teil, das heißt: an einem Sein, das nicht bloß an ihm und nicht bloß außer ihm ist. Alle Wirklichkeit ist ein Wirken, an dem ich teilnehme, ohne es mir eignen zu können.»[51] – «Das Ich ist wirklich durch seine Teilnahme an der Wirklichkeit. Wo Selbstzueignung ist, ist keine Wirklichkeit.»[52]

Wenn sich Selbstverwirklichung in der Begegnung und in der Stiftung von geschichtlicher Wirklichkeit ergibt, entsteht das Paradox, daß ich, je mehr ich mich selbst verwirkliche, desto weniger autonom sein kann.

Buber unterscheidet zwischen Person und Eigenwesen als zwei Polen des Menschseins. Eigenwesen wäre etwa das, was mit einem individualistischen Leitbild angestrebt wird. Die Person vermag sich dem Leben und den menschlichen Beziehungen auszusetzen und sich in sie einzugeben. Das Eigenwesen dagegen bemüht sich, das Eigene von anderen abzugrenzen und als Besonderes zu bewahren. «Eigenwesen erscheint, indem es sich gegen andere Eigenwesen absetzt. Person erscheint, indem sie zu anderen Personen in Beziehung tritt.»[53] – «Die Person wird sich ihrer selbst als eines am Sein Teilnehmenden, als eines Mitseienden und so als eines Seienden bewußt. Das Eigenwesen wird sich seiner selbst als eines So-und-nicht-anders-Seienden bewußt. Die Person sagt: ‹Ich bin›, das Eigenwesen: ‹So bin ich.› – ‹Erkenne dich selbst› bedeutet der Person: Erkenne dich als Sein, dem Eigenwesen: Erkenne dein Sosein. Indem das Eigenwesen sich gegen andere absetzt, entfernt es sich vom Sein. Damit soll nicht gesagt sein, daß die Person ihr Sondersein, ihr Anderssein irgend ‹aufgäbe›; es ist ihr an ihr nur nicht Blickpunkt ... Die Person schaut ihr Selbst, das Eigenwesen befaßt sich mit seinem Mein: meine Art, meine Rasse, mein Schaffen, mein Genius. Das Eigenwesen nimmt an keiner Wirklichkeit teil und gewinnt keine. Es setzt sich gegen das Andere ab und sucht so viel davon als es kann in Besitz zu nehmen, durch Erfahren und Gebrauchen ... All sein ausgedehntes und vielfältiges Sosein, all seine eifrige ‹Individualität› kann ihm zu keiner Substanz verhelfen ...»[54]

«Wo kein Du mehr etwas von mir erwartet,
bin ich im erotischen Sinne tot»
(Ludwig Binswanger)

Wesentliche Gedanken Martin Bubers wurden vor allem von Ludwig Binswanger (1881–1966) weiterentwickelt. Er befaßte sich mit der Beziehung von Ich und Du in der Raumstruktur des liebenden Miteinanderseins, des Wir. Innerhalb des Wir-Raumes bin Ich und Du oder, von dir her gesehen, auch Ich und Du. Ich bin bald Ich, bald Du. Innerhalb des Wir bin Ich nur, soweit Du bist, obwohl Ich nicht Du bin. «Da Du nicht bist, ohne daß Ich bin, sind das oberste Raumprinzip Wir. Nur weil ‹im› Wir Ich und Du schon – als einander zugehörende – sind, gehöre Ich dorthin, wo Du bist, vermag ich da zu sein, wo du bist, vermag da, wo du bist, ein Ort für mich zu entstehen, vermag dein Dort-sein-Werden, dein Dort-Sein, über mein Hier zu entscheiden.»[55] Diese Gestalt des Wir führt jedoch nicht zu einer Auflösung von Ich und Du. Das Ich wird in der Liebe durch das Du begrenzt. Diese Begrenzung weist mich auf mich selbst zurück und gibt mir die Möglichkeit, an dieser Grenze zu wachsen. Selbstfindung ergibt sich aus den Grenzen, die der andere mir setzt, aber ebenso aus den Grenzen, die ich dem anderen setze. Indem ich die Begrenzung Meiner-selbst durch Deine Gegenwart als Geschenk annehme und anerkenne, werde ich auf ‹Mich-selbst› zurückgewiesen. Aber auch je mehr ich Dich-selbst zu begrenzen vermag, desto mehr wachse Ich-selbst wiederum an Dir, wie Du-selbst dann auch an mir wächst.[56] Das, was ich bin, bin ich nicht aus mir heraus, aber auch nicht einfach aus der Fremdbestimmung durch den Partner, sondern aus dem Prozeß des *«Wir selbst»*. Von der eigenen Existenz kann ich nie zur Liebe gelangen und von der Liebe auch nie zum eigentlichen Ganz-sein-Können, denn Liebe bedeutet gerade Verzicht auf «eigene Selbstvollendung»[57]. Die heutige Vorstellung von Ganzheitlichkeit der Selbstentfaltung mit dem Leitbild der Androgynie, das heißt der ganzheitlichen geschlechtlichen Entwicklung des einzelnen, die keiner männlichen oder weiblichen Ergänzung bedarf, gibt keine Grundlage für eine Liebesbindung.

> Viele heutige Leitbilder sehen die Basis einer Beziehung auf einer gegenseitigen Akzeptation und wohlwollenden Unterstützung im ganzheitlichen Wachstum. Demgegenüber verstehe ich in Übereinstimmung mit L. Binswanger das Ich als ein Bedürftiges, das Interaktionen mit Partnern für seine Selbstwerdung braucht. Ganz-sein-Wollen erscheint dann als Hindernis für die Liebe und damit als Hindernis für die Selbstvollendung. Die Bildung einer Wir-Gestalt setzt ein Sich-selbst-*nicht*-Genügen voraus.

Binswanger sagt: «Wo kein Du mehr etwas von mir erwartet ... oder ‹fordert›, bin ich ... im erotischen Sinn tot.»[58] Wenn Partner in der

Liebe aneinander Erwartungen stellen, so engen sie sich damit nicht einfach ein, sondern sie tun kund, daß sie sich begehren, daß sie einander viel bedeuten und daß sie voneinander etwas wollen. Eine bloß wohlwollende Akzeptation und gegenseitige Unterstützung macht die Liebe fad. Liebe ist immer auch Spiel, Kampf und Auseinandersetzung. Die Partner brauchen einander aber auch nicht einfach als Ergänzung oder Vervollständigung, vielmehr ist es die Ausrichtung der Auseinandersetzung auf ein Drittes, welches das In-Erscheinung-Treten zweier Personen provoziert.

Das Ich-Du-Denken hat im Bereich der Psychotherapie und Psychologie, der heute als angewandte Philosophie bezeichnet werden kann, relativ wenig Verbreitung gefunden. Möglicherweise spielte mit, daß die deutschsprachigen Begegnungsphilosophen dazu neigten, Beziehungen mit allzu schönen Worten zu idealisieren. Es fehlte oft das Fleisch und Blut der Bewährung in der Realität und Praxis. Zwar ist es eine der wenigen Übereinstimmungen all der verschiedenen Therapieschulen, die therapeutische Beziehung als das heilsame Agens zu sehen. Insbesondere CARL ROGERS hat als wesentliche Qualitäten dieser Beziehung Mitgefühl, Echtheit und Wertschätzung des Therapeuten beschrieben. Dennoch, die therapeutische Beziehung wird durch den Behandlungsauftrag geformt und entspricht somit nicht dem freien Dialog von Ich und Du in der Gegenseitigkeit von Partnern.

Das dialogische Prinzip wurde vor allem von der protestantischen und katholischen Theologie weiterentwickelt. Ich möchte darauf nicht eingehen. Es scheint mir aber ein Zusammenhang zu bestehen zwischen der transzendierenden Selbstverwirklichung und einer Religiosität, die sich vorwiegend vom Buddhismus herleitet, während eine dialogische Betrachtungsweise weit eher im christlichen Denken zu finden ist. Da unsere Kultur sich aus christlichen Wurzeln entwickelt hat, erstaunt es eigentlich, wie wenig christliches Denken in den neueren, religiösen Tendenzen der Selbstverwirklichung Eingang gefunden hat.

Selbstverwirklichung und Religiosität

In der westlichen Welt ist heute ein rasch zunehmendes Interesse an Religion, gleichzeitig aber ein rasch abnehmendes Interesse an den christlichen Kirchen festzustellen. Es wird angenommen, die Erstarrung in institutionellen Strukturen sei eine der Hauptursachen für die Schwächung der Kirchen. Ich glaube, es geht dabei um grundsätzlichere Probleme. Ein Punkt, der heute vielen religiös Suchenden widerstrebt, ist die Personifizierung des Göttlichen in der Gestalt Gottes, des Herrn und Vaters im Himmel. Zulauf haben denn auch vor allem jene Religionen, bei denen Selbsterfahrung der Gotteserfahrung gleichgesetzt ist, bei denen Selbstwerdung gleich Gottwerdung ist. Im Buddhismus heißt es: «Schau in dich, du bist Buddha!», im Hinduismus: «Atman (individuelles Bewußtsein) und Brahman (universelles Bewußtsein) sind eins» oder im Siddha-Yoga: «Gott weilt in dir als du» oder in den Upanischaden: «Wer sich selbst versteht, kennt das Universum.»[59] Das Christentum tritt jedoch an uns heran mit einem Evangelium, einer Botschaft, die sich nicht aus uns und in uns selbst ergibt, sondern die als einmaliges, historisches Faktum aufgeschrieben steht. Es ist darin viel die Rede vom Glauben an die Botschaft, an die in ihr verkündete, alleinige Wahrheit, an den alleinigen Erlöser Jesus und den alleinigen Gott den Vater. *Die Glaubensvorstellung von einem persönlichen Gott enthält die Vorstellung eines dialogischen, interaktionellen Verhältnisses von Gott und Mensch.*

Gott erscheint nicht nur als Wesen, das jenseits und über allem steht, auch nicht als im menschlichen Selbst zentriert, vielmehr erscheint er als ein von den Beziehungen zu Menschen direkt Betroffener. Gott gibt zwar dem Menschen die Freiheit, ihn zu lieben, er überträgt dem Menschen damit jedoch eine partnerschaftliche Verantwortung und die Möglichkeit, ihm gegenüber schuldig zu werden. Gott wird in Jesus in Menschengestalt erfahren und wird damit zum Bruder, zum Nächsten. Jesus erscheint nicht als ein erhabener König, nicht als ein Erleuchteter, sondern als Unterprivilegierter, als Aufwiegler, der hingerichtet werden muß. Jesus ist ein Bedürftiger, ein Hilfesuchender, er ist Angst und Schmerzen ausgeliefert. Er ist nicht in sich ruhend, ganzheitlich oder bedürfnislos, sondern vielmehr bezogen auf seinen Vater, dessen Auftrag er zu erfüllen hat. Er strebt nicht so sehr nach Weisheit und Entfalten eigener Bewußtheit, sondern stellt sich ganz in den Dienst seines Auftrags.

In der christlichen Lehre nimmt die Beziehung zum Nächsten einen zentralen Platz ein. Im Judentum ist der Nächste spezifisch bezeichnet als der Bruder, der Nachbar, der Zugehörige zum auserwählten jüdischen Volk. Gegenüber dem Nicht-Volkszugehörigen wird allenfalls Gerechtigkeit geübt. Durch das Band der Liebe geeint sind jedoch nur die Kinder Israels. Das Revolutionäre an Jesus war, als Parabel für Nächstenliebe ausgerechnet den barmherzigen Samariter angeführt zu haben, also denjenigen, der nicht zum jüdischen Volk gehörte und sich in beispielhafter Weise von einem Bedürftigen, einem von Räubern halb totgeschlagenen Mann, ansprechen ließ, während der jüdische Priester und der Levit (Tempeldiener) sich verschlossen zeigten (Luk. 10, 30–37). Sowohl in anderen Parabeln wie auch in der konkreten Lebensgeschichte Jesu werden immer wieder Beispiele von Liebeshandlungen gegeben, und zwar nicht nur der Liebe zu verachteten Menschen, sondern insbesondere auch *der Liebe von verachteten Menschen,* denen weit mehr Echtheit zugeschrieben wird als jenen der Gerechten. Jesus hat selbst demonstriert, welche für ihn die Nächsten sind. Es sind die geringsten der Brüder, die Ausgestoßenen, die Sünder, die Zöllner, die Wucherer, die Dirnen, die Kranken, die Kinder, ja sogar die Feinde. Und weshalb gerade diese und nicht die religiös Arrivierten? Nicht die Gerechtigkeit und die Gesetzeserfüllung werden als das Maßgebliche hingestellt, sondern allein entscheidend ist die Echtheit der persönlichen Begegnung.

Die Demütigungen, denen die Verachteten ausgesetzt waren, machten sie in besonderer Weise ansprechbar für diese persönliche Begegnung. Es waren dies die Menschen, die ihn am meisten benötigten. Interaktionell betrachtet waren sie es, die es ihm ermöglichten, Christus zu werden und einen Erlösungsprozeß einzuleiten. *Das Leben Jesu besteht aus Gleichnissen und Begebenheiten, die sich in der tätigen Begegnung ergaben. Das Evangelium ist nicht eine Weisheitslehre oder eine Anleitung auf dem Wege zur Erleuchtung. Das, was geschah, ergab sich aus dem Zusammenwirken von ihm und seinen Bezugspersonen.* In der Begegnung mit Menschen ereignet sich das Eigentliche. Jesus wendet den Begriff des Nächsten gerade auf jenen an, der seinen Zuhörern ethnisch und religiös fernsteht. «Was ihr dem geringsten meiner Brüder getan habt, das habt ihr mir getan» (Matth. 25, 40).

Die Begegnung mit Gott ist ein Ereignis, eine Interaktion, eine auf eine spezifische Person gerichtete Aktion. Hier werden keine Anregungen für Meditation und nur wenige für das Gebet gegeben; hier wird vielmehr darauf verwiesen, daß Gott uns auch im Mitmenschen und in der menschlichen Gemeinschaft begegnet. «Denn wo zwei oder drei versammelt sind in meinem Namen, da bin ich mitten unter ihnen» (Matth. 18, 20). Der Nächste ist jeder Mensch, dem ich Gutes erweisen kann und von dem ich mich ansprechen lasse. Ich liebe den Nächsten, weil Gott ihn liebt. Ich liebe Gott im Nächsten, der mir im geringsten meiner Brüder begegnet. *In der Begegnung mit dem Mitmenschen, mit dem Du, ereignet sich Göttliches. Nicht der Kosmos oder das Universum steht im Zentrum, aber auch nicht das Selbst, sondern das Sich-Ereignen von Beziehung.*

Die eigene Unvollkommenheit als beziehungsstiftendes Agens

Was das Neue Testament besonders eindrucksvoll zeigt, ist, daß man nicht vollkommen sein muß, um vollkommene Werke zu schaffen. Oft ist es die eigene Unzulänglichkeit, die unserem Handeln Intensität und Spannung verleiht. Viele Künstler und Wissenschaftler, die bedeutende Werke vollbracht haben, waren als Personen alles andere als vollkommen und abgeklärt. Aber gerade das Leiden an der eigenen Unvollkommenheit – siehe Petrus – kann dazu motivieren, Werke zu schaffen, die das verwirklichen, was ersehnt, aber persönlich nicht erreicht werden kann. Leben besteht grundsätzlich aus Instabilität, Ungleichheit und Veränderung. Dieses Ungleichgewicht überwinden zu wollen durch einen Zustand der Bedürfnislosigkeit, ist für uns Durchschnittsmenschen schwer erreichbar, aber vielleicht auch nicht so erstrebenswert. Viele Menschen sind gerade aus dem Gefühl ihrer eigenen Unvollkommenheit motiviert, etwas für ihre Mitmenschen zu tun. Ihr Werk kann wertvoll sein, auch wenn sie in ihrer Tätigkeit nicht frei von Selbstsucht und persönlicher Begrenzung sind. Oft wird ihr Handeln durch die Mitmenschen mitgeformt und korrigiert. Es sind dann die Bezugspersonen, welche dem Handelnden abfordern, Ehrgeiz, Rivalität und Eifersucht dem gemeinsamen Ziel unterzuordnen. Es ist dann der gemeinsame Prozeß, der unser persönliches Handeln und Empfinden aussteuert, selbst wenn wir das nicht aus eigener Kraft könnten. Aggressivität, Neid und Eifersucht zeigen ebenso wie Liebe, Mitgefühl und mitmenschliches Interesse, daß wir mitmenschlich bezogene Wesen sind. «An ihren Früchten werdet ihr sie erkennen» (Matth. 7, 16). Der unvollkommene, der neurotische, der «sündige» Mensch kann Gutes bewirken.

> Selbstverwirklichung sollte nach meiner Meinung an ihren Wirkungen beurteilt werden, an ihrem Sinn und Nutzen für die Entfaltung des Ganzen. Aus der Perspektive übergreifender Prozesse können unausgegorene und unvollkommene Strebungen des einzelnen durch die korrigierenden Interaktionen des Beziehungssystems zu einem nutzbringenden und ausgewogenen Ganzen bei-

tragen. Das verhilft dem einzelnen zu der Erfahrung, daß er trotz eigener Unausgeglichenheit mit anderen zusammen fruchtbar zu werden vermag. «Und so mag aus dem Unzulänglichen die Sehnsucht nach Vollendung erwachsen, jene Sehnsucht, welche schöpferische Kraft selber ist und die wir meinen, wenn wir vom Göttlichen in uns reden» (GOVINDA).[60]

Grundannahmen einer ökologischen Selbstverwirklichung

Um jene Elemente ins Auge fassen zu können, die eine ökologisch verstandene Selbstverwirklichung begründen, müssen wir von folgenden Feststellungen ausgehen:

Was das Selbst ist, läßt sich nicht umfassend definieren. Immerhin lassen sich einige Qualitäten des Selbst umschreiben. Das Selbst ist nicht etwas, das je ganz verwirklicht werden kann, auch nicht etwas, dessen man sich je in vollem Umfang bewußt werden könnte. Man kann also nie sagen: «Ich weiß jetzt, wer ich eigentlich bin», oder: «Ich bin jetzt ganz ich-selbst geworden.» Der Begriff Selbst gilt für den eigenen Wesenskern, der sich aber als solcher jeder genauen Erfassung entzieht. Das Selbst bedeutet das Potentielle, also das, was einem als Entwicklungsmöglichkeit eingegeben ist. H. SCHMID[61] spricht von einem «entelechialen Selbst», das im Konflikt stehen kann mit dem realen, tatsächlich gelebten Selbst (Entelechie ist das, was sein Ziel – telos – in sich trägt. Entelechie ist also die im Organismus ruhende Kraft, die die Richtung seiner Entwicklung bestimmt. «Entelechie» oder «entelechisch» heißt soviel wie «formverwirklichend»). So wie sich aus einer Eizelle gemäß einem eingegebenen Plan ein Huhn oder ein bestimmtes anderes Tier oder ein Mensch entwickelt, so kann jeder in sich gleichsam einen Entwicklungsplan spüren, der wie ein Kompaß dem Lauf seiner Entwicklung einen gewissen Kurs zeigt.

Eine Analogie zu dem, was mit dem Begriff Selbst gemeint sein kann, bietet die Genetik. Dort wird von Genotyp und Phänotyp gesprochen. Der Genotyp ist die Gesamtheit aller in den Chromosomen gespeicherten Informationen eines Organismus. Diese genetischen Informationen sind als solche jeder bewußten Erfahrung unzugänglich. Worin sie bestehen, kann erst an ihren Auswirkungen, an ihrer Tendenz, sich zu verwirklichen, beobachtet werden. Der Genotyp kann sich nur in Interaktion mit der Umwelt entfalten. Aus demselben Genotyp kann je nach Interaktion mit der Umwelt ein unterschiedlicher Phänotyp (die in Erscheinung tretende Gestalt) hervorgehen. *Der Genotyp umfaßt die ganze Bandbreite der Entwicklungsmöglichkeiten eines Individuums.* Das, was sich dann wirklich entwickelt, hat das Individuum aber nicht in alleiniger Verfügung, sondern ergibt sich erst aus der Interaktion mit der Umwelt. Der Genotyp liefert das Spektrum von Entwicklungsmöglichkeiten. Man nennt das genetisch begrenzte Verhaltensspektrum eines Lebewesens seine «Reaktionsnorm». Beim Menschen ist das genetisch begründete Verhaltensspektrum viel breiter als bei den Tieren. Er hat aber eine Art innerer Reaktionsnorm, das heißt, er kann in seiner Tiefe eine Art Richtung oder Plan seiner Entwicklung spüren. Dieser innere Kompaß gibt nur ganz allgemein an, was stimmig ist und was nicht. Vielleicht wäre es richtiger zu sagen: Er gibt das an, was für einen nicht stimmig ist. Was das eigene Selbst ist, kann man nicht abstrakt erfahren. Man kann das Selbst nur an konkreten Äußerungen und insbesondere in seinen Grenzbereichen erfahren. Man kann spüren, daß der Körper sich einem durch Erschöpfung oder mittels Krankheit widersetzt, wenn man die einem gesetzten Grenzen nicht respektieren will. Man kann auch spüren, was nicht in Einklang mit dem steht, was man zuinnerst als seinen Weg und seinen Erfahrungsschatz spürt. Das eigene Selbst wird vor allem am Nicht-Selbst, an der Unterdrückung des Selbst oder bei Grenzüberschreitungen des eigenen Entwicklungsspektrums spürbar, nicht aber als solches. «Wir sehen hier wieder, wie irreführend der oft zu hörende Rat ist ‹Sei du selber›, denn was man selbst ist, kann nur als ein Potentielles gespürt werden; jede genauere Bestimmtheit muß sich erst im wirklichen Verhalten ergeben.» (Perls, Hefferline und Goodman)[62]

Eine weitere wichtige Feststellung ist, daß Entfaltung und Differenzierung des Selbst nicht aus uns allein erfolgen können. Das Selbst ist nicht etwas, das in uns ruht und quasi entdeckt werden kann, sondern es ist etwas Potentielles, das enfaltet und differenziert werden muß. Das Selbst kann erst in konkreten Interaktionen mit der Umwelt in Erscheinung treten. *Das Selbst entfaltet sich in der Unterstützung, aber auch in der Begrenzung und in der Provokation durch Bezugspersonen. Das Selbst existiert nicht an sich, vielmehr wird es in allen Verhaltensweisen und Handlungen eines Individuums spürbar, es ist in diesen mit enthalten.* Das Selbst tritt im Wirken und Verwirklichen in Erscheinung. Das Wort Verwirklichung wird etymologisch abgeleitet von der indogermanischen Wurzel uer – «drehen, biegen, winden» –, verwandt dem griechischen ergon, «Werk, Arbeit», und hat Bezug zu den deutschen Wörtern «Werk, werken, wirken». Weil das Selbst erst im Hervorgerufenwerden durch Interaktion mit Bezugspersonen sich verwirklicht, wird die Form, in der es sich verwirklicht, nicht nur der Person eigen sein, sondern ebenso ihren Bezugspersonen. Es sind die Partner, die dem Selbst Raum geben, sich zu verwirklichen. Es sind die Partner, die es einem ermöglichen, mehr oder weniger vom eigenen Potential zur Entfaltung zu bringen. Diese Erkenntnis braucht nicht dazu zu führen, sich Partnern gegenüber defensiv zu verhalten und resignierend festzustellen, daß man in seiner Selbstverwirklichung rettungslos von anderen abhängig ist. Diese Erkenntnis kann einen auch stimulieren, Partner zu gewinnen, einem Raum für die eigene Entwicklung zuzugestehen. Das setzt allerdings die Bereitschaft voraus, sich nicht einfach trotzig gegenüber anderen behaupten zu wollen, sondern eine Koevolution anzustreben, eine Entwicklung des Selbst im Rahmen der gemeinsamen und gleichzeitigen Entwicklung anderer Menschen und übergreifender Prozesse. Die Umwelt wird einem die eigene Entfaltung eher zugestehen, wenn sie diese als Beitrag eines sie einschließenden Prozesses erfährt.

> So gesehen wird das Selbst nicht in einen unfaßbaren und unverbindlichen Kosmos transzendiert, sondern die Person transzendiert die Verwirklichung ihres Selbst zur Teilhabe an mitmenschlichen Prozessen.

Diese Transzendierung ist nicht Ausdruck einer edlen, schöngeistigen oder ethisch hochstehenden Gesinnung, sondern ist Ausdruck der rationalen Erkenntnis, daß ich desto mehr ich selbst werde, je mehr ich das Eigene als Teil von anderem, uns Übergreifendem entwickle.

Eine so verstandene Selbstverwirklichung wird sich nicht zum Ziel setzen, die Entwicklung der individuellen Persönlichkeit von derjenigen der Bezugsgruppe zu unterscheiden. Bloßes Sichdurchsetzen gegen Partner kann nur kurzfristig Vorteile bringen, längerfristig zerstört sie das System, welches den Entwicklungsraum für das eigene Selbst bietet. Eine so verstandene Selbstverwirklichung sieht im Rückzug aus der Gesellschaft und in der Abgrenzung gegen andere keinen Vorteil, obwohl zeitweise solche Rückzüge sinnvoll sein können, um die eigene Entwicklungsrichtung besser zu spüren und wahrzunehmen. Eine so verstandene Selbstverwirklichung ist mitmenschlich beantwortet und bezogen und wird deshalb auch als sinnhaft erlebt. Sie relativiert das Gefühl der Einmaligkeit und Einzigartigkeit der eigenen Selbstverwirklichung. Was von einem Gestalt annimmt, kann man nicht sich allein anrechnen, weil es immer nur Teil von Prozessen ist, an denen andere Menschen mitwirken und mitgewirkt haben. Im Streben nach einer ökologischen Selbstverwirklichung kann man Prozesse begünstigen, die einen übergreifen, indem man ihnen das Eigene zur Verfügung stellt. Eine so verstandene Selbstverwirklichung findet ihr Maß nicht in sich selbst, sondern an ihren Wirkungen.

Was in diesem Kapitel als ökologische Selbstverwirklichung in der Sichtweise der Begegnungsphilosophie dargestellt wurde, soll in den folgenden phänomenologisch-deskriptiv begründet und erweitert werden.

3. Grundriß eines ökologischen Modells der Person

In diesem Kapitel werde ich den Grundriß eines ökologischen Modells der Person beschreiben. Dieses Modell sieht die Person als Beziehungswesen, als Teil von Beziehungssystemen, mit denen sie laufend im Austausch steht und deren Entwicklungsprozesse sich wechselseitig bedingen. Es gibt keine «intrapsychischen Bereiche», die autonom und umweltunabhängig funktionieren. Auch das «Unbewußte», die Träume, die Phantasien und das Körpererleben einer Person sind von Interaktionen mit Partnern und Beziehungssystemen beeinflußt und durch diese hervorgerufen. Die Person braucht den Widerstand und die Herausforderung ihrer Umwelt, um sich zu entwickeln. Sie nimmt sich an ihren Werken wahr und bildet ihre Identität an den Spuren, die sie hinterläßt. Die Person ist Teil ihrer Beziehungssysteme, und die Beziehungssysteme sind Teil von ihr.

Psychologisch-psychotherapeutische Ansätze zu einem systemisch-ökologischen Modell der Person

Im vorangegangenen Kapitel habe ich darauf hingewiesen, wie die unterschiedlichen Leitbilder von Selbstverwirklichung in philosophisch-weltanschaulichen und auch in religiösen Menschenbildern begründet sind. Die ökologische Selbstverwirklichung ist philosophisch verwurzelt in der Dialektik und in der Dialogik. In der praktischen Psychologie und Psychotherapie fand sie relativ wenig Beachtung.

Die vielfältigen Formen von Gruppentherapie, Encountergruppen, Sensitivity-Trainingsgruppen usw. bleiben in ihrem Ansatz stark individuumzentriert. Die Gruppen werden speziell für die Therapie zusammengestellt. Außerhalb der Therapiesitzungen oder Workshops besteht keine verbindliche Beziehung zwischen den Teilnehmern. Die Therapie oder das Training hat zum Ziel, den einzelnen Teilnehmern ihre persönlichen Interaktionsmuster durch die Gruppensituation bewußt zu machen, ihnen die sich darin zeigende Abwehr aufzuweisen und ihnen Möglichkeiten zu korrigierender, emotionaler Erfahrung und Veränderung ihres Verhaltens anzubieten. Selbsterfahrungsgruppen haben zudem das Ziel, Menschen, die an der allgemeinen Malaise der Zeit leiden oder an Vereinsamung in der Masse, neue Formen der Kommunikation und des gefühlsmäßigen Erlebens anzubieten.

Eine die Person übergreifende psychotherapeutische Perspektive ergab sich eigentlich erst durch die Anwendung der Systemtheorie und Kybernetik, vor allem in der Paar- und Familientherapie. Hier steht nicht mehr eine Person im Zentrum des Interesses, sondern die Beziehungen innerhalb des Humansystems, von dem sie Teil ist. Es geht dabei um Fragen der Struktur, Organisation und Hierarchie in der Familie als System, um Kommunikationsmuster und Regelvorgänge. Die linear-kausale Betrachtungsweise wird durch eine zirkuläre ersetzt, durch eine Betrachtungsweise der Gegenseitigkeit, des wechselseitigen Sichbedingens und Bedingtseins.

Die führenden Pioniere der systemischen Familientherapie wie MINUCHIN, HALEY, WATZLAWICK, WHITTACKER, SELVINI und andere mehr haben zum Großteil eine psychoanalytische Ausbildung durchlaufen, distanzierten sich jedoch später völlig von einer psychodynamischen Betrachtungsweise der Familie. Ihr Interesse ist vorwiegend ein rein pragmatisches: Es geht um Problemdefinitionen und Problemlösungen, um Kommunikationsformen und Kommunikationsmuster. Eine die aktuelle Problemlösung übersteigende Perspektive wird abgelehnt. Die Therapeuten bezeichnen sich selbst als Techniker und Handwerker. Sie setzen sich kaum mit der sozio-kulturellen Umbruchsituation von Ehe und Familie auseinander und hängen eher einem traditionellen Familienbild an. Insbesondere lehnen sie es ab, psychodynamische Gesichtspunkte, Gefühle, Bedürfnisse, Motive, Angst, Scham und Schuld der Familienmitglieder in der Therapie in Betracht zu ziehen. Sie sind vorläufig der Meinung, daß systemisch-strategische Gesichtspunkte nicht mit psychodynamischen vermischt werden dürften, weil die daraus sich ergebende zu hohe Komplexität den Therapeuten in seinen Aktionen lähmen würde. Den Versuch, psychodynamische und systemisch-kybernetische Gesichtspunkte zusammenzubringen, paraphrasiert WATZLAWICK (mündliche Mitteilung) mit folgendem Witz:

> Ungarisches Gulasch ist gut.
> Schokoladencreme ist gut.
> Wie gut muß erst Gulasch mit Schokoladencreme sein!

Im Gegensatz dazu versuchte ich bereits mit dem in meinem Buch ‹*Die Zweierbeziehung*›[63] beschriebenen Kollusionskonzept eine Integration psychodynamischer und systemisch-kybernetischer Perspektiven für die Paarbeziehung. Ich konnte mich bisher weder theoretisch noch praktisch-therapeutisch davon überzeugen, daß eine derartige Integration undurchführbar wäre. Im Gegenteil halte ich sie für besonders fruchtbar und anregend. Im vorliegenden Buch will ich mich jedoch nicht mit der Psychopathologie von Paarbeziehung oder Familienbeziehung befassen, sondern mit der «normalen» Psychodynamik menschlicher Systeme, mit der Organisation und Entfaltung von Ideenprozessen.

Dadurch, daß gegenwärtig die strukturalistischen und strategischen Systemtherapeuten sich ganz auf die Definition und Lösung eines konkreten Problems einschränken und sich nicht mit darüber hinausgehenden Fragen von Familiensystemen befassen, können sie die Betrachtung der Person im System weitgehend vernachlässigen. In der Praxis läßt sich in manchen Fällen mit einer derartigen Verkürzung der Perspektive gut, effizient und ökonomisch arbeiten. In vielen Fällen jedoch greift eine derartige Perspektive zu kurz, und es wäre für den Therapeuten hilfreich, wenn er ein Modell hätte, das ihm dazu verhilft, Familiensystem und Person in dieselbe Perspektive einzubeziehen.

Dieses Buch ist jedoch nicht speziell eine theoretische oder praktische Grundlage für therapeutisches Handeln, sondern befaßt sich vielmehr mit die Person übergreifenden systemisch-ökologischen Leitbildern. Ohne die Erfahrungen in systemischer Familientherapie wäre es mir nicht möglich, diese Perspektive darzustellen.

Die Begriffe Individuum und Person – zwei unterschiedliche Menschenbilder

Was der Mensch ist, was sein eigentliches Wesen ist, entzieht sich einer abschließenden Erkenntnis und allgemeingültigen Definition. Jede Definition ist Ausdruck des kulturell gebundenen Verständnisses des Menschen. In diesem Buch soll der Mensch als Beziehungswesen, als Bestandteil von ihn übergreifenden ökologischen Systemen behandelt werden. Das Gemeinte kann an der unterschiedlichen Bedeutung der Begriffe «Individuum» und «Person» klargemacht werden, obwohl diese Begriffe im Sprachgebrauch uneinheitlich und oft synonym verwendet werden.

Individuum[64] ist eine Lehnübersetzung des griechischen *átomon*, was das Unteilbare, das Einzelwesen bedeutet. Es zeigt sich hier die bereits bei den Griechen auftretende Tendenz zum analysierenden, zergliedernden und damit auch zum reduktionistischen Denken. In der scholastischen Philosophie verschob sich die Bedeutung des Begriffs Individuum vom «Unteilbaren» zu «von eigener Art». Das Individuum wurde dem Genus, der allgemeinen Art, dem Kollektiven gegenübergestellt. In der Biologie bezeichnet man mit Individuum einzelne Exemplare einer Gattung, in der Mathematik Elemente einer Menge. Stets sind mit dem Begriff Individuum Elemente einer Klasse gemeint. In der westlichen Zivilisation hat sich der Begriff des Individuums zum sozialen Abgrenzungskriterium entwickelt. Jeder einzelne Mensch hat eine einmalige, unverwechselbare, über verschiedene Situationen, Zeiten und trotz verschiedener Rollen relativ konstant bleibende Individualität.[65] THOMAS HOBBES (1588–1679) sah es als Aufgabe des Staates, die auf ihre einzelnen Interessen bedachten Individuen zu schützen. Der englische Philosoph JOHN LOCKE (1632–1704) beschrieb die Individuen als natürliche Eigentümer ihrer Person, die der Gesellschaft antithetisch gegenüberstehen. Auch heute bezeichnet der Begriff Individuum den Einzelmenschen im Gegensatz zur Gesellschaft. So definiert das Lexikon der Soziologie[66] Individuation als «Entwicklung einer besonderen individuellen Persönlichkeitsstruktur, die das Individuum in Stand setzen soll, sich durch autonomes, normabweichendes Verhalten gegen den Anpassungsdruck der Gesellschaft zu behaupten». *Die Begriffe Gesellschaft und Kollektiv werden meist undifferenziert für anonyme, unwandelbare Masse verwendet.* C. G. JUNG[67] sagt, individuell sei alles, was nicht kollektiv ist, alles was nur einem zukommt und nicht einer größeren Gruppe von Individuen. «Das Individuum ... existiert ... nur insoweit, als ein Bewußtsein der Eigenart vorhanden ist, d. h. insoweit eine bewußte Verschiedenheit von anderen Individuen vorhanden ist. Mit der physischen ist auch die psychische Individualität als Korrelat gegeben ...»

Kollektiv oder Gesellschaft werden dabei kaum von Bezugsgruppen oder Partnern unterschieden, so zum Beispiel bei JUNG: «Der Mensch kann nicht ohne die Sozietät existieren, ebensowenig wie er auch nicht ohne Sauerstoff, Wasser, Eiweiß, Fett usw. sein kann. Wie diese, so ist auch die Sozietät eine der notwendigsten Existenzbedingungen. Es wäre lächerlich zu behaupten, der Mensch lebe dazu, um Luft atmen zu können. Ebenso lächerlich ist es zu sagen, das Individuum existiere für die Sozietät. ‹Sozietät› ist ein bloßer Begriff für die Symbiose einer Menschengruppe. Ein Begriff ist kein Lebensträger. Der natürliche und einzige Lebensträger ist das Individuum, und dem ist so in der ganzen Natur.»[68] Oder: «Eine Versammlung von hundert höchst intelligenten Köpfen macht in ihrer Summe einen großen Dummkopf, weil jegliche Begabung, gleichviel ob intellektueller oder moralischer Art, in letzter

Linie individuelle Differenzierung ist.»[69] Der Individualismus ist jene philosophische Auffassung, nach der nur das Individuelle als selbständige Wirklichkeit existiert und die im Gegensatz zum Kollektivismus steht.[70] Das Individuum ist demnach das Unteilbare, Untrennbare, in sich Geschlossene und Einmalige.

Von marxistischer Seite wird die Überbewertung des Individualismus als Grundlage kapitalistischen Denkens gesehen. Gemäß dieser Kritik lassen sich die Psychologie wie auch die Psychotherapie vom Leitbild eines einzelnen, isolierten, konkurrierenden und konsumierenden Individuums leiten. Therapie soll ein Individuum befähigen, sich besser durchzusetzen, sich zu behaupten und im Konkurrenzkampf besser zu bestehen. Gewollt oder ungewollt geht damit ein Profit- und Ausbeutungsdenken einher. Doch auch diese Kritik bleibt in der Polarisierung von Individuum und Kollektiv befangen.

Ich möchte den Begriff der *Person* deutlich von jenem des Individuums unterscheiden. Zwar ist die Herkunft des Begriffs etymologisch nicht geklärt. Nach YANNARAS[71] ist das Wort Person das Äquivalent des griechischen *pros-opon,* was heißt, ich wende das Auge, den Blick oder das Antlitz jemandem zu, ich befinde mich jemandem gegenüber. Das Wort hatte ursprünglich die Bezeichnung einer unmittelbaren Beziehung. *Die Person definiert sich als Beziehung und nicht als eine Individualität, nicht als etwas Abgegrenztes, außerhalb einer Beziehung Stehendes. Person sein ist ein Sein gegenüber einem konkreten anderen.* Der lateinische Ausdruck *persona* bezeichnete die Schauspielermaske im Theater. Seit CICERO bekam der Begriff die Bedeutung «Charaktermaske» oder Rolle, die einer im Leben spielt, und der – hohen oder geringen – Würde, die dem Träger einer Rolle zukommt. Unsicher, weil möglicherweise eine bloße Volksetymologie auf Grund von Klangassoziationen, ist die Ableitung des Begriffs von *per-sonare,* das heißt hindurchtönen. Immerhin wurde bereits im ersten Jahrhundert v. Chr. diese Deutung des Begriffs *persona* vermutet.[72]

Für meine weiteren Ausführungen sind zwei Feststellungen wichtig:

1. Die Person ist grundsätzlich etwas In-Beziehung-Stehendes.
2. Zur Person gehört ihr reales In-Erscheinung-Treten, das, was sie hörbar und sichtbar macht bzw. von Mitmenschen gehört und gesehen wird. In der Erscheinungsform der Person tönt ihr Wesen

hindurch, ohne daß dieses Wesen je als Eigentliches erfaßt werden könnte. Die Person konkretisiert sich in der Interaktion mit ihrer Umwelt. Was als Person erfaßt werden kann, ist ihr Erscheinen und Ertönen. Was von der erscheinenden Person wahrgenommen wird, beinhaltet immer auch eine Aussage über den, der sie wahrnimmt.

Die Person als sich selbst organisierendes System

Für viele Gesichtspunkte, die ich in diesem Buch darstellen möchte, eignet sich das Modell der Systemtheorie besonders gut.[73]

Einige Aspekte der Systemtheorie, die für das vorliegende Persönlichkeitsmodell wichtig sind, werden zuerst in gedrängter Form aufgelistet, sollen dann aber ausführlicher behandelt werden[74] (weitere Ausführungen über die Systemtheorie siehe S. 245ff).

Ein *System* ist ein aus dem Zusammenspiel seiner Teile organisiertes Ganzes mit der weitgehenden Fähigkeit zu Selbstregulation. Innerhalb des Systems wird jeder Teil von allen anderen Teilen beeinflußt und beeinflußt selbst diese Teile.

Lebende Systeme sind in mehr oder weniger hohem Maß nach außen hin offen. Sie stehen in jedem Fall in ständigem Austausch von Materie, Energie und Information. Sie halten einen quasi stationären Zustand, ein Fließgleichgewicht aufrecht. Sie weisen nach JAMES GRIER MILLER neunzehn Qualitäten oder Subsysteme auf, die für ihr Überleben notwendig sind. Dazu gehört, daß sie sich gegen außen trotz Offenheit abgrenzen, daß Komponenten wirksam sein müssen, die das System zusammenhalten, gegen außen schützen und die eintretende Materie, Energie und Information auswählen. Die aufgenommene Materie, Energie und Information sollen verteilt und umgewandelt werden, sie werden gespeichert, verarbeitet, ausgeschieden oder in neuer Form produziert und abgegeben. Ein lebendes System hat zudem die Fähigkeit, sich selbst zu reparieren, aber auch sich selbst zu reproduzieren, das heißt, ähnliche Systeme aus sich hervorgehen zu lassen. Aufbauende (anabolische) und abbauende (katabolische) Prozesse laufen ständig gleichzeitig ab. Die Struktur eines Systems ist dabei nicht starr, sondern muß immerfort neu geschaffen werden. So wird zum Beispiel die Zelle unablässig erneuert und besteht nicht über längere Zeit aus denselben Molekülen. Als ein autopoietisches System hat sie trotz aller Interdependenz die Fähigkeit zu einer gewissen Selbstbestimmung. Die chilenischen Biologen HUMBERTO MATURANA und FRANCESCO VARELA prägten 1973 den Begriff Autopoiese (Selbstorganisation), womit sie die Eigenschaft lebender Systeme meinen, sich ständig selbst zu erneuern und diesen Prozeß so zu regeln, daß die Integrität des Organismus gewahrt bleibt.

Die Struktur des Systems ist die räumlich-zeitliche Ordnung seiner Prozesse. Wandeln sich die Prozesse, wie es beispielsweise bei evolutiven Prozessen der Fall ist, so verändert sich auch dauernd die Struktur des betreffenden Systems.

Ein wichtiger Gewinn dieser Perspektive ist, daß die biologischen, psychologischen und sozialen Prozesse des Menschen grundsätzlich nach denselben Organisationsprinzipien ablaufen. Sie befinden sich auch untereinander in intensiver Wechselwirkung. Für die psychosozialen Prozesse steht der Austausch an Information oder Ideen im Zentrum des Interesses.

Der Begriff der Idee ist für dieses Buch von zentraler Bedeutung.

Information wird definiert als alles, was einen Unterschied macht, was als Unterschied übermittelt und wahrgenommen werden kann. Das ist eine Definition der Computersprache. Eine Idee hat zwar auch einen informativen Aspekt, doch geht ihre Bedeutung für den Menschen weit darüber hinaus. «Idein» (Griech.) bedeutet «sehen, schauen, erkennen, wissen». Das Schauen und Erkennen setzt einen persönlichen Bezug zum Geschauten und Erkannten voraus. Der Mensch hat ein Verhältnis zum Geschauten. Er mißt ihm für sich selbst mehr oder weniger Bedeutung zu. Er identifiziert sich mit dem Ideellen und macht es sich zu eigen. Das Idelle kann zum wichtigsten Lebensinhalt werden. Idee ist also nicht einzuschränken auf einen rationalen Inhalt. Ideen sind vielmehr Gebilde, die Personen ganzheitlich, auch emotional, betreffen.

Im Unterschied zu einem Thema (das griechische Wort bedeutet etwa «der Satz, der Ansatz, das zugrunde Gelegte») haben Ideen meist eine zielgerichtete, auf Realisierung drängende Qualität.

Eine Idee ist – oder bleibt zumindest – nicht einer Einzelperson zu eigen, sondern hat eine beziehungsstiftende, und beziehungserhaltende Qualität. Ideen halten Familien, Gruppen, Nationen, Religionsgemeinschaften usw. zusammen.

Die psychologische Person ist ein informationsverarbeitendes oder, wie ich es hier nennen möchte, ein ideenverarbeitendes System. Sie nimmt Ideen selektiv auf, wandelt sie um, setzt sie assoziierend mit anderen Ideen in Zusammenhang, speichert sie, verarbeitet sie und gibt Ideen wieder ab oder produziert neue Ideen. Als ideenverarbeitendes System koordiniert sie die Ideen zu einem Ganzen. In der Person laufen ständig aufbauende und abbauende Ideenprozesse ab. Die psychologischen Strukturen sind nicht starr, sondern müssen durch Ideenprozesse ständig neu geschaffen werden. Die Struktur der Person ist die räumlich-zeitliche Ordnung ihrer Ideenprozesse. Sie muß diese Prozesse stets so regeln, daß ihre Integrität und Identität gewahrt bleiben. Bestehende Ideenstrukturen müssen ständig erneuert werden.

Als ideenverarbeitendes System ist die Person in einem dauernden Ungleichgewichtszustand. Gleichgewicht bedeutet geistigen Stillstand und Stagnation in der geistigen Evolution. Ungleichgewicht hält die sich selbst organisierenden Ideenprozesse in Gang und stimuliert den ständigen Austausch von Ideen mit der Umwelt.

Für ein ökologisch-systemisches Verständnis der Person seien einige mir wichtig erscheinende Qualitäten zusammengefaßt:

- Als lebendes System tauscht die Person dauernd Materie, Energie und Ideen mit ihrer Umwelt aus.
- Sie vermag die psychischen Äußerungen von Energie und Ideen prozeßhaft zu regulieren und zu einem Ganzen zu organisieren, mit der Fähigkeit zur Regeneration, Reparation und Reproduktion.
- Aufbauende und abbauende Ideenprozesse laufen ständig gleichzeitig ab. Die Person reproduziert wie eine Zelle dauernd sich selber als ideenverarbeitendes System. Sie weist dabei die Dynamik einer zwar als Ganzes stabilen, doch niemals ruhenden Struktur auf. Die Person ist ein sich selbst strukturierender Ideenprozeß.
- Die Person erfährt sich als zielgerichteter Wachstums- und Entwicklungsprozeß. Sie evolviert als System und verändert sich in ihrer Struktur. Struktur ergibt sich aus dem Zusammenwirken und der Organisation von Ideenprozessen. Genauso wie eine Zelle nicht über längere Zeit aus denselben Molekülen besteht,

besteht eine Person nicht über längere Zeit aus denselben gleichbleibenden Ideen.

- Die Person befindet sich immerfort in einem ideellen Ungleichgewichtszustand. Durch ständigen Austausch von Ideen mit ihrer Umgebung kann sie eine quasi stabile, jedoch niemals ruhende Struktur schaffen.
- Die Person erlebt sich als ein und dieselbe Einheit in verschiedenen Situationen und zu verschiedenen Zeiten (Identität in Zeit und Raum). Sie hat ein Verhältnis zu sich selbst und zu den Ideenprozessen, deren Träger sie ist. Sie ist in unterschiedlichem Ausmaß mit ihren Ideen identifiziert.

Maßgeblich für die Erscheinungsweise einer Person ist nicht eine Persönlichkeitsstruktur, sondern die Beziehungsstruktur der Person in ihrer Welt

Die Persönlichkeitspsychologie forscht bei einer Person nach stabilen, umweltunabhängigen Eigenschaften, nach einem den Zeitablauf überdauernden Verhaltenskorrelat, nach der Organisation von Eigenschaften, nach Faktoren, die eine Vorhersage darüber erlauben, wie sich eine Person in einer gegebenen Situation verhalten wird. Die Persönlichkeit im Sinn der Testpsychologie ist eine eigenartige Struktur von relativ konstanten Wesenszügen. Im 19. und auch noch in der ersten Hälfte des 20. Jahrhunderts wurde eine Persönlichkeitstheorie weithin anerkannt, die vererbte und konstitutionelle Dispositionen annahm, welche eine Person veranlassen, sich situationsunabhängig mit hoher Wahrscheinlichkeit in einer ganz bestimmten Weise zu verhalten. Sie meinte, daß der Mensch charakterliche Eigenschaften aufweise, die ebenso klar feststehen, wie etwa daß die Augen blau, die Haare braun und das Geschlecht männlich sei.

Demgegenüber brachte das psychoanalytische Persönlichkeitsmodell eine wesentlich dynamischere Betrachtungsweise. Die Psychoanalyse hält die ersten Lebensjahre für entscheidend für die Bildung von Charakterstrukturen und Fixierungen. Aus der Annahme, daß eine Person stabile, zeitüberdauernde und spezifische Merkmale zeige, die man als Eigenschaften (engl. *traits*) oder Dispositionen bezeichnete und deren ganzheitliches Konstrukt den Charakter ergebe, entwickelte sich die

Testdiagnostik. Sie glaubt, durch Standardisierung der Testsituation eine Person veranlassen zu können, sich in ihren Grundzügen darzustellen, unabhängig von der Beziehung zum Testleiter und unabhängig von ihrer aktuellen Befindlichkeit und dem Erleben der Testsituation. Psychologen, Psychiater und Psychotherapeuten interessierten sich zunächst weit mehr für das, was sie an einer Person als fest und unveränderbar betrachteten, als für das situativ Bedingte und situativ Veränderbare. Äußere Umstände und spezifische Situationen wurden als akzidentelle (zufällige) und belanglose Störungen übergangen.

Man kann nun eine grundsätzlich andere Haltung einnehmen, um Personen zu beurteilen. Statt sich auf das Stabile, Unveränderliche und Durchschnittliche zu konzentrieren, kann man im Gegenteil sich dafür interessieren, wie groß die Schwankungsbreite im Verhalten einer Person ist und insbesondere unter welchen Bedingungen sich Abweichungen von ihrem durchschnittlichen Verhalten ergeben.

Diese Vorgehensweise wird auch Situationismus genannt. Die situationistische Perspektive in der Persönlichkeitsforschung stellt in mehrfacher Hinsicht die Antithese zum dispositionsorientierten Ansatz dar. Sie betrachtet situative Faktoren als verhaltensbestimmend. Man kann den orthodoxen Behaviorismus[75] als eine Frühform dieses Situationismus bezeichnen. Die Situationisten kritisieren, daß die testpsychologisch erfaßten Persönlichkeitsdispositionen sowohl beim Vergleich zwischen verschiedenen Tests als auch beim Vergleich des Testergebnisses mit der realen Situation so vage bleiben, daß sie für bedeutungslos erklärt werden können, mit Ausnahme weniger Bereiche wie zum Beispiel den Ergebnissen von Intelligenztests und Fragebogen über die Selbstbeurteilung einer Person.[76] Der ursprüngliche Behaviorismus (Skinner) definierte eine Situation noch subjektunabhängig, als objektiv registrierbare Stimuli, zum Beispiel ein Elektroschock von bestimmter Stärke, eine Futtermenge oder auch eine Liste sinnloser Silben, eine Frage usw. Erst später berücksichtigte man, daß der Mensch sich nicht auf derart grobe und die Fülle seiner Verhaltensmöglichkeiten einschränkende Labormessungen reduzieren läßt. Ein äußerer Reiz (Stimulus) kann nicht als personunabhängig definiert werden, vielmehr ist es die Person, die einem Reiz eine bestimmte Bedeutung zuspricht und zu diesem Reiz in einem persönlichen Verhältnis steht. In der kognitiv orientierten Richtung des Situationismus wird Situation definiert durch die Bedeutung, die ein Subjekt bestimmten Umweltereignissen beimißt. Dieselbe Versuchsperson spricht auf situative Stimuli immer wieder anders an, je nachdem, wie sie die Situation einschätzt. Der Situationismus wurde zum Interaktionismus erweitert, der unter Verhalten die Interaktion von Situations- und Persönlichkeitsmerkmalen versteht.[77] MISCHEL hält nicht Dispositionen (*traits*) für verhaltensbestimmend, sondern die Wahrnehmung (kognitive Aktivitäten) der spezifischen, situativen Bedingungen. Diese Bedingungen rufen Aktivitäten hervor. Aber die Aktivitäten verändern auch häufig die situativen Bedingungen. Entscheidend ist die Fähigkeit, auf bestimmte Bedingungen mit unterschiedlichen Verhaltensformen zu antworten. «Situationen sind ebenso eine Funktion der Person, wie deren Verhalten eine Funktion der Situation ist.»[78] Personen schaffen sich ihre Umwelt und reagieren entsprechend auf sie. Die Person verändert die Situation gemäß ihren Wahrnehmungen. Die so gestaltete Situation stabilisiert die nachfolgende Situationseinschätzung und Verhaltenstendenzen. Je besser eine Person Umweltaspekte unterscheiden kann, desto differenziertere Verhaltensweisen wird sie je nach Situation aufweisen.

Die Umwelt wahrnehmend schafft die Person sich ihre Umwelt. Wenn wir die relevantesten Elemente der Umwelt in Bezugspersonen sehen, können wir sagen: Den Partner wahrnehmend schafft sich die Person ihren Partner. Die Person paßt sich der Umwelt nicht einfach an. Sie setzt sich mit ihr auseinander, indem sie diese verändert und indem sie sich selbst verändert.

Eine ökologische Sicht der Person wird nicht sosehr an deren gleichbleibenden Charakterzügen interessiert sein, sondern am Spielraum der Wandelbarkeit einer in Erscheinung tretenden Person. Sie wird für die Realisierung einer Person nicht sosehr eine «Persönlichkeitsstruktur» für das Maßgebliche halten, als vielmehr die Beziehungsstruktur der Person in ihrer Welt. Sie wird allerdings anerkennen, daß bei gleichbleibender Beziehungsstruktur eine Person dazu neigt, immer wieder in ähnlicher Weise in Erscheinung zu treten. Sie wird auch anerkennen, daß insbesondere eine gestörte Person die Tendenz aufweist, ihre Welt immer wieder so zu konstellieren, daß sie in der ihr vertrauten Weise in Erscheinung zu treten vermag. Die Erfahrungen der Paar- und Familientherapie zeigen, in wie hohem Ausmaß dieselbe Person verschieden in Erscheinung treten kann, wenn die Beziehungsstruktur sich verändert. Derselbe Mensch zeigt je nach Beziehungssituation deutlich verschiedene Erscheinungsbilder. Ich spreche in diesem Sinn von einer Interaktionspersönlichkeit.[79] Manche Frauen geben zum Beispiel an, sie seien vor der Ehe wesentlich selbstbewußter und selbständiger gewesen und seien erst in der Ehe abhängig und ängstlich geworden. Die Auswertung der Testprotokolle des individuellen und gemeinsamen Rorschach-Versuchs durch CONSTANTINA MANIKA[80] ergab, daß insbesondere Frauen im individuellen Rorschach ein deutlich anderes Deutungsverhalten zeigen als im gemeinsamen Rorschach-Versuch mit ihrem Partner. Sie erleben und deuten die Kleckstafeln unterschiedlich, je nachdem ob sie diese allein oder gemeinsam mit dem Partner anschauen. Dieser Unterschied ist bei Frauen ausgeprägter als bei Männern.

> Die Art und Weise, wie jemand innerhalb eines Beziehungssystems in Erscheinung treten kann, wird maßgeblich vom Partner bestimmt. Keiner kann sich als der darstellen, der er an sich ist, sondern immer nur so, wie es ihm der andere und die Situation ermöglichen.

Die «Persönlichkeit an sich» gibt es ebensowenig wie das «Ding an sich». Persönlichkeit, also die Art und Weise, wie eine Person in Erscheinung tritt, kann grundsätzlich nicht situationsunabhängig beurteilt werden. Auch die Testsituation ist immer eine interaktionelle Situation, in der eine Person so in Erscheinung tritt, wie es ihr aus dem Beziehungskontext sinnvoll und angemessen erscheint.

Die Japaner scheinen für diese ökologische Betrachtung der Persönlichkeit ein besonderes Sensorium zu haben. Im Japanischen gibt es nach BIN KIMURA[81] mindestens zehn Wörter, die alle «ich» bedeuten, je nachdem, wer mit wem und in welcher Angelegenheit ein Gespräch führt. Je nach Gesprächspartner – ob er ein Mann oder eine Frau ist, ob höher- oder tiefergestellt – tritt die sprechende Person jedesmal als ein anderes Ich auf. Das, was bestimmt, wer ich jeweils bin, liegt nicht in meinem Ich, sondern ergibt sich draußen in der Mitwelt, von der ich ein Teil bin. Es gibt geschlechtsgebundene Ich-Formen: *atashi* wird nur von Frauen gebraucht, während *boku* nur von Männern unter ihresgleichen verwendet wird. *Ore* ist vulgär und wird nur von Männern benützt. *Wagahai* bedeutet «ich» im Sinne von «unsereiner», wird also im Rahmen einer Mehrzahl von Ichs gleichen Standes oder Berufs angewendet. *Yo* dagegen meint «ich-allein» und schließt die Beteiligung anderer ausdrücklich aus.[82]

Diese Überlegungen sind von praktischer Bedeutung.

Viele individuumzentrierte Therapiemethoden waren und sind teilweise auch heute noch vor allem bestrebt, die «Persönlichkeitsstruktur» zu verändern. Sie hoffen, einer Person damit zu helfen, sich selbst, unabhängig von Situation und Partner, regulieren zu können. Aus dem heute sich aufdrängenden ökologischen Umdenken wird eine Therapie sich eher zum Ziel setzen, jemandem dazu zu verhelfen, sich Situationen und Beziehungen zu schaffen, in denen er sich trotz fortbestehender «neurotischer Dispositionen» relativ gesund und konstruktiv zu organisieren vermag (s. dazu S. 150ff).

Die Vernachlässigung der aktuellen äußeren Realität in tiefenpsychologisch orientierten Therapien

Viele tiefenpsychologisch und individuumzentrierte Therapieformen messen den Phantasien und dem Innenleben für die Befindlichkeit einer Person mehr Bedeutung zu als der äußeren Realität. Die äußere Realität hat mehr auslösende Bedeutung, um innerseelische Prozesse zu stimulieren und zu reaktivieren. *Die Außenwelt wird weitgehend als Projektion der Innenwelt gesehen.* Das Subjekt nimmt das umgebende Milieu wahr und reagiert damit je nach seinen eigenen Interessen, Fähigkeiten, Gewohnheiten oder affektiven Zuständen.

Die Art und Weise, wie ein Mensch seine Umwelt wahrnimmt, kann als ein «projektiver Test» gewertet werden. Ähnlich dem Verhalten im Rorschach-Test spricht eine Person auf jene Umweltreize an, die mit ihrer inneren Situation, mit ihren Ängsten, Bedürfnissen und Trieben in Zusammenhang stehen.

Folgerichtig zur Lehre DESCARTES' kann ich mir nur meiner selbst sicher sein. Die Außenwelt muß danach als meine Projektion vermutet werden.

An sich wäre die umgekehrte Perspektive ebenso möglich: Aus einer ganzheitlichen Sicht des Universums könnte das Innere des Menschen die Projektion des Ganzen sein; die einzelne Person wäre dann Gefäß oder Träger für die auf sie einwirkenden, außer ihr zentrierten Kräfte.

Der einzelne als Verzauberter, als Besessener, als Träger des bösen Geistes, als Magier, Zauberer und Schamane. Diese Auffassung ist in vielen Kulturen verbreitet. Besonders deutlich wird das in der Auffassung über das Wesen der Träume. In unserer Kultur sind die Träume der Inbegriff innerseelischer Produktionen. In alter Zeit dagegen galten Träume als Offenbarung Gottes (Bibel), als Sendboten der Götter (HOMER) oder als göttliche Mahnung (SOKRATES).

FREUD forderte[83], für die seelischen Produktionen des Neurotikers Phantasie und Wirklichkeit einander gleichzustellen. «Es bleibt eine Tatsache, daß der Kranke sich solche Phantasien geschaffen hat, und diese Tatsache hat kaum geringere Bedeutung für seine Neurose, als wenn er den Inhalt dieser Phantasien wirklich erlebt hätte. Diese Phantasien besitzen psychische Realität im Gegensatz zur materiellen, und wir lernen allmählich verstehen, daß in der Welt der Neurosen die psychische Realität die maßgebende ist.»

FREUD hatte nun Phantasie und Realität für die Genese der Neurose keineswegs von Anfang an gleichgesetzt. Bis 1896 hatte FREUD an der sogenannten Verführungstheorie der Neurosenentstehung festgehalten, einer Theorie, die konkreten Familieneinflüssen in Form von sexuellen Verführungen und Überstimulierungen des Kindes durch die Eltern oder deren Vertreter eine zentrale Bedeutung zusprach. Die Absage an die Verführungstheorie erfolgte in der nach FREUDS eigener Aussage schwersten Krise seiner wissenschaftlichen Laufbahn. Nicht konkrete, traumatisierende Verführungen, sondern rein innerseelische Phantasien oder verdrängte und abgewehrte Wünsche sollten nunmehr den neurotischen Symptomen seiner Patienten zugrunde liegen. Diese Einsicht bestimmte in der Folge bis heute die Perspektive der Psychoanalyse als Tiefenpsychologie, als Psychologie der innerpsychischen und großenteils unbewußten Tiefe.[84] MARIANNE KRÜLL[85] stellt die These auf, daß FREUDS Absage an die Verführungstheorie einen Bezug zu seinen eigenen, konkreten Kindheitserfahrungen haben könnte. Die Verführungstheorie hätte FREUD gezwungen, seine eigene Neurose auf Vorkommnisse in seiner eigenen Kindheit zurückzuführen. Die Krise FREUDS (1896/97) folgte dem Tod seines Vaters JAKOB. Als er sich in seiner Selbstanalyse an die Aufklärung seiner Prähistorie machte, legte ihm die Pietät nach dem Tod seines Vaters eine Zensur auf, welche seine Kritik am eigenen Vater vom Bewußtwerden abdrängte. Als FREUD der Verführungstheorie eine Absage erteilt hatte, fühlte er sich zunächst befreit. Er konnte nun seine eigenen Kindheitserfahrungen aus der Verdrängung lösen. Aber er befaßte sich nur mit seinen Deckerinnerungen. Ihre Hintergründe blieben mit der Phantasietheorie des universellen Ödipuskomplexes unanalysiert. Die Suche nach Hintergründen und Entstehungsformen der Phantasien führte ihn zu immer weitergehenden Mystifizierungen der zugrunde liegenden Erfahrungen (zum Beispiel zu der Vorstellung von einem phylogenetischen Erbe des Vatermordes in der Urhorde). FREUD gewann damit die Möglichkeit, das ihm vom Vater gesetzte Tabu, in der Vergangenheit zu forschen, zu umgehen, indem er die Verführungstheorie durch die Theorie vom Ödipuskomplex ersetzte. Damit wurden die realen Eltern zu bloßen Objekten der kindlichen Phantasie.

Es ist schwer abzusehen, was sich in der Geschichte der Psychoanalyse und allgemein der Psychologie geändert hätte, wenn FREUD nicht durch derartige Tabus eingeschränkt gewesen wäre. Ich vermute allerdings, daß die Tendenz, sich auf sich selbst zurückzuziehen und sich mit den eigenen Phantasien auseinanderzusetzen, damals in der Zeit lag und deshalb auch von theoretischen Konzepten, die von FREUD abwichen, wie dasjenige von C. G. JUNG, weiter ausgebaut wurde. Allgemein neigten (und tun das zum Teil heute noch) tiefenpsychologische Konzepte dazu, sich vorwiegend mit den Produktionen des Unbewußten, mit den Träumen und Phantasien der Person zu befassen und dabei den äußeren Realitäten wenig Beachtung zu schenken. Diese wurden weitgehend als Gegebenheiten hingenommen, die lediglich Anpassung fordern. Der Dialog, dem die Psychoanalyse diente, war vor allem der innere Dialog.[86] Es ging um eine bessere Beziehung des Analysanden zu sich selbst, zu den abgewehrten, verdrängten und zerstrittenen Teilen seiner selbst.

Der Unterschied zwischen Ereignissen in Traum/Phantasie und in der äußeren Realität

Rein intraindividuell betrachtet mag es scheinbar keinen wesentlichen Unterschied ausmachen, ob eine sexuelle Verführung lediglich in der Phantasie oder in der Realität stattfindet. Der Unterschied bekommt jedoch entscheidendes Gewicht, sobald wir dasselbe Phänomen interaktionell betrachten. Ist ein Kind tatsächlich von einer nahen Bezugsperson verführt worden, so wird sich auch der Täter in seinem Phantasieleben weiterhin mit dieser Verführungssituation beschäftigen. Er wird vielleicht Schuldgefühle empfinden, Angst vor Entdeckung und Anklage haben, er wird dem betreffenden Kind eventuell ausweichen, ihm drohen usw. Das Verführungsereignis wird reale Konsequenzen haben, selbst wenn es als solches nicht entdeckt, selbst wenn zwischen den beiden Partnern kein Wort darüber verloren und später nie darüber berichtet wird. Diese Konsequenzen werden jedoch bei einem nur phantasierten Verführungserlebnis nicht im gleichen Maß auftreten.

Es stellt sich die erkenntnistheoretische Frage, inwiefern für das subjektive Erleben ein Unterschied zwischen Traum und Wirklichkeit besteht. Vielfach wurde schon versucht, phänomenologisch dem Traum nachzuweisen, daß er nicht wirklichkeitsgerecht sei, daß er formal gewisse Erlebnisverformungen aufweise, die ihn als Traum kennzeichnen. Selbst PERLS, HEFFERLINE und GOODMAN meinen: «Woher weiß man, wenn man aufgewacht ist, daß man vorhin geträumt hat und nicht jetzt träumt? ... Man erkennt die Realität nicht an einem besonderen ‹Attribut›, so wie wenn sie eine ablösbare Eigenschaft wäre, sondern nur indem man mehr und mehr Gewahrsein in die gegenwärtige Situation integriert, mehr Stimmigkeit, mehr Körpergefühl und mehr vorsätzliche Muskelbewegungen (man zwickt sich, um zu sehen, ob man wach sei, und obwohl man ja auch träumen könnte, daß man sich zwicke, ist dies doch ein Anzeichen mehr, und wenn erst all die verschiedenen Anzeichen dieser Art miteinander übereinstimmen, so macht es ohnehin keinen Unterschied mehr, ob man nun wach ist oder träumt).»[87] Ich halte es für ein großes Verdienst von MEDARD BOSS[88], darauf hingewiesen zu haben, daß rein phänomenologisch betrachtet zwischen der Daseinsweise im Traum und im Wachsein kein Unterschied feststellbar ist.

> Zwischen Traum und äußerer Realität gibt es keine zwingenden Unterschiede im subjektiven, gegenwärtigen Erleben. Unterschiede gibt es jedoch bei den ökologischen Auswirkungen. Real ist, was reale Folgen hat (W. I. THOMAS und D. S. THOMAS 1928).

Wenn ich träume, daß eine bestimmte Person gestorben ist, so kann ich beim Aufwachen erleichtert feststellen: Es war nur ein Traum. Ist diese Person aber wirklich gestorben, so werde ich das nicht nur momentan feststellen, sondern diese Feststellung wird über Tage, Monate und Jahre immer wieder die gleiche sein. Steht diese Person mir nahe, so hat ihr Tod reale Konsequenzen in meinem Leben, die weit über das Faktum des Nicht-anwesend-Seins hinausgreifen. Häufig äußern denn auch Hinterbliebene, in den ersten Tagen nach dem Tod hätten sie immer noch geglaubt, es handle sich nur um einen Traum, und der Verstorbene werde plötzlich wieder da sein. Erst mit der Zeit hätten sie akzeptieren gelernt, daß der Verstorbene wirklich tot sei. Äußere Wirklichkeiten schaffen Fakten, welche meine weitere persönliche Entwicklung entscheidend beeinflussen, damit aber auch meine Phantasien, Strebungen und Vorstellungen. Aber nicht nur aus dem zeitlichen, sondern auch aus dem räumlichen Kontinuum kann man ableiten, was real ist und somit reale Folgen hat. Ein reales Ereignis wird oft nicht nur mich persönlich betreffen, sondern von meinen Mitmenschen in ähnlicher Weise wahrgenommen werden. Äußere Realitäten prägen unsere Geschichte weit zwingender als Phantasien und Träume.

Die undifferenzierte Wahrnehmung der äußeren Realität läßt diese übermächtig und unveränderbar erscheinen

Nach FREUD[89] hat jede Neurose die Tendenz, den Kranken aus dem realen Leben herauszudrängen. Der Neurotiker wendet sich von der äußeren Wirklichkeit ab, weil er sie unerträglich findet. Die extreme Form dieser Abwendung von der äußeren Realität zeige sich dann in der halluzinatorischen Psychose. Diese Beobachtungen FREUDS sind einseitig. Sicher trifft es zu, daß auf der einen Seite Neurotiker dazu neigen, die Erfüllung ihrer Wunschträume, deren Befriedigung in der Realität ihnen versagt wird, in Halluzinationen, Träumen oder Phantasien zu suchen, und sich dabei von den äußeren Realitäten zurückzuziehen. Was FREUD aber noch wenig beachtet hat, ist die Zirkularität von halluzinatorischer Befriedigung und frustrierender Realität. Der halluzinatorische Rückzug bleibt nicht ohne Folgen auf äußere Realitäten. Diese werden durch die Rückzugstendenz des Betroffenen noch frustrierender und übermächtiger, so daß sich leicht ein verhängnisvoller Teufelskreis einspielt: Je frustrierender und übermächtiger äußere Realitäten sind, desto eher zieht sich jemand in halluzinatorische Befriedigung zurück. Und je mehr er sich in halluzinatorische Befriedigung zurückzieht, um so übermächtiger und frustrierender werden die äußeren Realitäten.

Diese einseitige Fokussierung auf die inneren gegenüber den äußeren Realitäten hat therapeutische Konsequenzen. Wenn zum Beispiel bei der Behandlung der Klaustrophobie (Platzangst) ein Therapeut sich ausschließlich auf die phantasierten Ängste des Patienten konzentriert, so kann er im Symptom eine Kompromißbildung zwischen Wunsch und Abwehr sehen. Er kann etwa unbewußte Vergewaltigungsphantasien herausarbeiten in der Meinung, diese Bewußtwerdung wirke heilsam. Nach ökologischen Gesichtspunkten wird ein Therapeut jedoch wesentlich effizienter arbeiten, wenn er gleichzeitig die äußeren Realitäten in sein Konzept mit einbezieht, nämlich die Art und Weise, wie sich der Patient seine Umwelt organisiert. Er wird dann den Patienten dazu anhalten, sich seiner Tendenz, allen ängstigenden Situationen auszuweichen, entgegenzustellen. Denn eine Schonhaltung lindert seine Ängste nicht, sondern verstärkt sie, so daß er sich immer mehr von allen Realitäten, die ihn ängstigen könnten, zurückzieht. Voraussetzung für die Angstlinderung ist die Entschlossenheit, das verlorene, äußere Terrain zurückzuerobern und seine Stellungen trotz der damit verbundenen Ängste zu halten. Vordringliches Ziel der Therapie ist nicht die Linderung der Angst, sondern das Aushaltenkönnen der Angst beziehungsweise die Fähigkeit, trotz Angst die Aufgaben der äußeren Realität zu bewältigen. Jeder konkrete Erfolg bei einer aktiven Veränderung der Umwelt wirkt ich-stärkend und ermutigend auf die persönliche Entwicklung. Die Vernachlässigung der äußeren Realität und des Handelns zeigt sich unter anderem im «Vokabular der Psychoanalyse»[90], dem heute maßgeblichen psychoanalytischen Wörterbuch, wo sich die Stichworte «Handeln», «Verhalten», «äußere Realität» und «Werk» nicht finden.

Die Grundhaltung, sich ganz auf die innerseelischen Realitäten zu konzentrieren und die äußeren Realitäten nur in einer pauschalen, undifferenzierten Weise wahrzunehmen, änderte sich auch dadurch nicht, daß in den letzten Jahrzehnten die Tendenz aufkam, nach Wilhelm Reich und Herbert Marcuse die Gesellschaft mit ihren Herrschafts- und Ausbeutungsverhältnissen zur Ursache innerpsychischer Konflikte und Neurosen zu machen. Es entstand die Meinung, man müsse zuerst die Gesellschaft verändern, dann würden innerpsychische Konflikte und Neurosen der Individuen verschwinden, da sich Bedürfnisse nun frei entfalten und regulieren können. An die Stelle des von Freud beschriebenen, uns von der Kultur abverlangten Triebverzichts trat nun Reichs und Marcuses Formel vom unnötigen Triebverzicht, an die Stelle der Anpassung an Gesellschaft und Kultur trat die Befreiung von Gesellschaft und Kultur.[91] Doch wer ist diese Gesellschaft? Gesellschaft ist in den meisten ihrer Erscheinungsformen nicht eine anonyme Masse. Gesellschaft erscheint uns als Menschen, mit denen wir in Interaktion treten, Gesellschaft sind auch wir selber. Gesellschaft wurde zum undifferenzierten Sammeltopf von Macht und Repression und eignete sich in dieser abstrakten Form als Sündenbock, um das eigene Versagen im sozialen Umgang besser zu kaschieren. Sicher war die Gesellschaftskritik der letzten Jahrzehnte nützlich als Bewußtwerdungsprozeß. Es gilt aber nicht nur festzustellen, wie die Gesellschaft – die anderen – sind, sondern ebenso, wie ich, als Teil dieser Gesellschaft, bin. Eine Person ist einer Gesellschaft nicht nur passiv ausgeliefert, sondern schafft sich auch laufend die menschliche Umwelt.

«Im tiefsten Sinne träumen wir alle nicht aus uns, sondern aus dem, was zwischen uns und dem anderen liegt» (C. G. JUNG)

In Zusammenhang mit der wenig differenzierten Gegenüberstellung von Individuum und Kollektiv steht die Annahme, daß die Produktionen des Unbewußten aus einem von außen unbeeinflußbaren Bereich des Individuums hervorgehen. JUNG meint mit Individuation einen innerseelischen Prozeß, in dem bisher unbewußte Inhalte von der bewußten Psyche durch Verarbeitung assimiliert werden. Dringt der Individuationsprozeß weiter ins Unbewußte vor, so gelangt er über die Grenzgestalten von Animus und Anima, welche die gegengeschlechtlichen Tendenzen in Mann und Frau repräsentieren, ins kollektive Unbewußte, welches die Archetypen in unübersehbar großer Zahl enthält. Die letzte Instanz des Individuationsprozesses ist das *Selbst*, das dem Bewußtsein unendlich fern, *dem umfassenden Kosmos unmittelbar verbunden,* als Zentrum des ganzen psychischen Systems die bewußten und unbewußten Schichten bis zu den archetypischen Gegebenheiten hin dirigiert.

> Wenn nun das Selbst dem umfassenden Kosmos unmittelbar verbunden ist, weshalb soll es dann etwas so Individualistisches, Abgegrenztes, Einmaliges und Unverwechselbares sein? Werden hier nicht zwei Tendenzen in unzulässiger Weise miteinander vermischt: Auf der einen Seite das Bemühen, im In-sich-Hineinhorchen eine innere Stimme sprechen zu lassen, auf der anderen aber das In-sich-Hineinhorchen zum Vorwand zu nehmen, sich den Ansprüchen der Umgebung gegenüber abzugrenzen und zu verweigern? Weshalb sollte sich diese Stimme so defensiv gegen die Stimmen des Selbst anderer Personen artikulieren? Weshalb sollten in dieses «Selbst» nicht auch der Partner oder die Partner einbezogen sein? Weshalb sollte diese Stimme nicht ebenso die Prozesse ausdrücken, die sich mit mir und meinen Partnern ereignen wollen? Geht es bei diesem Hineinhorchen nicht eher darum, herauszuspüren, was stimmig ist, wobei das Stimmige sich ebenso auf individuelle wie auf kollektive, ebenso auf personale wie auf interaktionelle Prozesse beziehen kann? Wird diese innere Stimme nicht

erst dann den Ansprüchen der Partner widersprechen, wenn diese aus prozeßfremden Motiven einem etwas abverlangen, was nicht stimmig ist? Ist es nicht viel wahrscheinlicher, daß sich das Kosmische und Kollektive in der Stimme des Individuums äußern und der sogenannte Individuationsprozeß ein Bewußtwerdungsprozeß ist, um offener und hellhöriger zu werden dafür, wie sich das Kosmische und Kollektive aussprechen wollen?

Wäre unsere Kultur nicht so individuumbezogen, so stände das mit Individuationsprozeß Gemeinte längst in Einklang mit dem, was in anderen Kulturen Menschen erfahren, die sich in die Einsamkeit begeben, um dort ganz für diese innere Stimme ansprechbar zu werden. Das haben viele Religionsstifter (JESUS, MOHAMMED, BUDDHA), aber auch viele Schamanen getan. Das Ziel war nicht, den persönlichen, eigenen und unverwechselbaren Weg zu finden, sondern hellhörig zu werden für das, was sie als Teil ihres Volkes aufnehmen und verkünden sollten.

Der Traum gilt in der FREUDschen und JUNGschen Psychoanalyse als die klassische Äußerungsform des Unbewußten. Während der Träumer schläft, seine Augen geschlossen hält und somit gegen Außenreize abgeschirmt ist, produziert sein Inneres Bilder und Erlebnisweisen, von denen man erwarten könnte, sie seien frei von interaktionellen Einflüssen, sie seien reine Produktionen des Unbewußten. Nach JUNG ist der Traum die Äußerung eines dem Bewußtsein entzogenen Prozesses, der dem Patienten Hinweise gibt, wo sein eigentlicher Weg hinzielt.

Nun hat FREUD bereits darauf hingewiesen, daß sich in den Träumen sogenannte Tagesreste finden, denen er jedoch wenig Bedeutung beigemessen hat. Neuere Traumforschungen zeigen, in wie hohem Maß selbst Träume durch die interaktionelle Beziehungssituation des Träumers geprägt werden.

CHRISTOPH FISCHER[92] untersuchte den manifesten Inhalt aus Traumserien von je vier Analysanden freudianischer und jungianischer Ausrichtung, insgesamt von 240 Träumen. Alle acht Patienten litten an Angstneurosen. Sie wurden so ausgewählt, daß sich die beiden Gruppen bezüglich Alter und Sozialdaten parallelisieren ließen. Die Traumserien waren zum Teil vom Analytiker, zum Teil auf Tonband aufgezeichnet worden. Diese Träume wurden nach ihren Inhalten von unabhängigen Mitarbeitern, die über das Ziel der Untersuchung nicht informiert waren, nach gewissen Kriterien kategorisiert. Die *freudianischen Traum-*

serien sind deutlich dynamischer, stärker aggressiv-sexuell aufgeladen, stärker affektiv gefärbt, sie zeigen häufiger den Wunsch nach einer Partnerbeziehung, spielen sich häufiger in der aktiven Auseinandersetzung mit der Umwelt ab, sind häufiger so gestaltet, daß verdrängte Triebwünsche als Motor des Traumes vermutet werden können. Es finden sich in ihnen fast dreimal häufiger sexuelle Handlungen und Phantasien als in jungianischen und weit häufiger Mißerfolgserlebnisse. *Jungianische Traumserien* dagegen zeigen häufiger abstrakte, mythologisch-irrationale Inhalte, sie spielen sich öfter in der Natur ab und weisen weit häufiger Erfolgserlebnisse auf. 62 Prozent aller Träume lassen sich inhaltlich dem FREUD-Syndrom oder JUNG-Syndrom zuteilen. Von diesen Syndrom-Träumen stimmen 72 Prozent mit der Ausrichtung der Psychoanalyse nach FREUD und JUNG überein. Diese Traumsyndrome entsprechen übrigens den typischen Inhalten der Träume, die von FREUD und JUNG selbst bekannt sind. In den Träumen psychoanalytischer Patienten spiegeln sich also die Träume von FREUD und JUNG wider. Diese Ergebnisse von FISCHER widersprechen der Annahme FREUDS, daß sogenannte Tagesreste, beispielsweise die aktuelle Beziehung zum Analytiker, nicht imstande seien, einen maßgeblichen Einfluß auf die Gestaltung von Träumen zu haben. Wie wäre sonst die formalinhaltliche Unterscheidung dieser Traumserien denkbar? Wenn Träume maßgeblich vom sogenannten Unbewußten produziert werden, dann sind die Produktionen des Unbewußten offensichtlich nicht unabhängig von konkreten Beziehungen.

> Unsere innerste Selbstwahrnehmung, unsere privatesten Gefühle und Phantasien sind in hohem Maß hervorgerufen durch Interaktionen mit uns nahestehenden Bezugspersonen und deren Phantasien und Gefühlen. Aus all dem erscheint es unwahrscheinlich, daß es im Menschen überhaupt seelische Bereiche gibt, deren Inhalte nicht auch interaktioneller Natur sind.

Erstaunlicherweise haben die beiden Pioniere FREUD und JUNG selbst solche Beobachtungen mitgeteilt, ohne ihnen jedoch weitere Beachtung zu schenken. So schreibt JUNG in einem Brief an den Analytiker J. KIRSCH[93]: «Was die Patientin anbetrifft, so ist es ganz richtig, daß ihre Träume von Ihnen veranlaßt sind. Der weibliche Geist ist Erde, welche des Samens harrt. Das ist der Sinn der Übertragung. Der Unbewußtere empfängt die geistige Befruchtung immer vom Bewußteren ... Sobald gewisse Patienten zu mir in Behandlung treten, ändert der Typus der Träume. Im tiefsten Sinn *träumen wir alle nicht aus uns, sondern aus dem, was zwischen uns und dem anderen liegt* ...» Leider hat JUNG meines Wissens diese Gedanken nirgends weiter verfolgt.

FREUD[94] äußert zur Beeinflußbarkeit der Träume durch ärztliche Suggestion: «Daß der manifeste Inhalt der Träume durch die analytische Kur beeinflußt wird, braucht nicht erst bewiesen zu werden. Das folgt ja schon aus der Einsicht, daß der Traum ans Wachleben anknüpft und Anregungen desselben verarbeitet. Was in der analytischen Kur vorgeht, gehört natürlich auch zu den Eindrücken des Wachlebens und bald zu den stärksten desselben. Es ist also kein Wunder, daß der Patient von Dingen träumt, die der Arzt mit ihm besprochen und deren Erwartung er in ihm geweckt hat.» So komme es bei manchen Patienten zu Träumen, die «auf die Anregung des Arztes hin phantasiert sein mögen, anstatt aus dem Unbewußten des Träumers ans Licht gefördert zu sein». Wie soll das unterschieden werden? Wann und wie wirken derartige Einflüsse? FREUD vermutet, daß die positive Übertragung der Motor zu solchen Träumen sein könnte, welche die Absichten der Analyse in dieser Weise unterstützen. So gelinge es einem Träumer in der Analyse eher, Verdrängtes zum Vorschein zu bringen, als einem Träumer außerhalb der analytischen Situation. Die interaktionelle Situation ist also geeignet, dem Träumer eher zu helfen, Unbewußtes ans Licht zu fördern. FREUD glaubt allerdings, daß dieser Einfluß nicht die eigentliche Traumarbeit beeinflusse und versucht, das mittels einer (Fehl-)Argumentation zu begründen.[95] Er berichtet über eine Diskussion mit einem Patienten, der fragte, ob seine die analytischen Deutungen bestätigenden Träume nicht Ausdruck seiner Gefügigkeit gegenüber FREUD sein könnten. Die Antwort auf diese Frage gab sich FREUD dann in folgender Weise: Der Analysand erinnerte sich an Träume, die er gehabt hatte, ehe er in die Analyse eintrat. «Die Analyse dieser von Suggestionsverdacht freien Träume ergab dieselben Deutungen wie jene der späteren.» Der Analysand wandte zwar noch ein, die früheren Träume seien minder deutlicher gewesen als die während der Analyse vorgefallenen. Aber für FREUD genügte die Übereinstimmung der Träume vor und in der Analyse als Beleg für den geringen traumformenden Einfluß des Analytikers. Nach meiner Meinung übersieht hier FREUD, daß das Erinnern, Formulieren und Aussprechen von Erinnertem in hohem Maß von der analytischen Situation und von der positiven Übertragung (der Interaktion) beeinflußt sein kann. Wir erfahren nie das, was der Patient in früheren Zeiten wirklich geträumt hat, sondern nur das, was von seinen Traumerinnerungen jetzt in der analytischen Situation in der Beziehung zum Therapeuten formulierbar wird.

Wir stoßen hier also auf eine scheinbare Paradoxie: Das, was jemand von seinem «Unbewußten» wahrnimmt, ist nicht frei, sondern beeinflußt von der aktuellen, realen Beziehungssituation. Es kann jemand aus der interaktionellen Beziehungssituation von Unbewußtem mehr wahrnehmen und einen tieferen Zugang zu Unbewußtem gewinnen, als wenn er für sich allein ist. Die Feststellung, daß das Ich am Du wird beziehungsweise sich aus dem Dazwischen ergibt, bestätigt sich ausgerechnet da, wo es am wenigsten vermutet wird: in den Produktionen des Unbewußten im Traum.

Das gibt einen weiteren Hinweis darauf, daß die Person nicht nur in sich zu zentrieren ist und ein sogenanntes «Selbst» sich nicht unabhängig vom realen Umweltbezug manifestiert, sondern daß die Person grundsätzlich Teil von sich systemisch-interaktionell organisierenden Prozessen ist.

Wir verstehen uns selbst nur mittels jener Sprache, die auch von anderen Menschen verstanden wird

Unsere Gefühle, Phantasien, Vorstellungen und Bedürfnisse können nicht abstrakt wahrgenommen werden. Sie werden uns nur soweit bewußt, wie wir unsere Wahrnehmungen formulierbar machen können. Unsere Selbstwahrnehmungen müssen Form annehmen, um bewußt faßbar zu werden. Solange etwas sprachlos ist, ist es konturlos und unstrukturiert. Der Gedanke braucht die Sprache, um gedacht werden zu können. So sagt schon Wilhelm von Humboldt[96], «daß die Sprache nicht bloß die Beziehung des unabhängig von ihr geformten Gedankens, sondern selbst das bildende Organ des Gedankens ist». Es ist nicht so, daß mir ein Gedanke zunächst «an sich» in den Sinn kommt, den ich dann erst sprachlich zu formulieren hätte, sondern jeder Gedanke wird mir überhaupt erst in der sprachlichen Formulierung faßbar. Nach Maurice Merleau-Ponty gibt es kein außersprachliches Denken. «Erst indem man etwas benennt, läßt es sich zum Dasein bringen oder verwandeln. Gott schafft die Dinge, indem er sie nennt.»[97]

Das Eigenartige und keineswegs von vornherein Selbstverständliche ist, daß die Form, in die ich meine Selbstwahrnehmungen bringen muß, um ihrer bewußt zu werden und um mich mit ihnen auseinanderzusetzen, dieselbe Form ist, in der ich diese Wahrnehmung anderen Menschen mitteilen kann. Ich spreche mit mir dieselbe Sprache wie mit meinen Partnern. Ich kann mich selber nicht anders verständlich machen als meinen Bezugspersonen, ja oft werde ich mir erst durch den Austausch mit meinen Bezugspersonen selber verständlich. An sich wäre es denkbar, daß jeder mit sich selbst in einer nur ihm eigenen Privatsprache spricht. Das ist aber nicht der Fall. Jeder wird sich selber nur so weit klar, wie er sich auch anderen erklären kann, ja, das Bemühen, sich anderen zu erklären, ist ein Streben nach Klarheit über sich selbst. Dazu bemerkt Humboldt[98]: «Der Mensch versteht sich selbst nur, indem er die Verstehbarkeit seiner Worte an anderen versuchend geprüft hat.» Die Suchbewegungen der Selbstwahrnehmung bedienen sich der Sprache und Interaktion, denn sich selbst finden heißt, sich anderen verständlich machen können. In dem Maße, wie es mir gelingt, mich anderen verständlich zu machen, gewinne ich Selbstverständnis. Der klare eigene Gedanke ist das Ergebnis von Verständigungsarbeit. Niemand hat daher einen unmittelbaren, privilegierten Zugang zu sich selber.[99]

Jeder Bewußtwerdungsprozeß des Menschen vollzieht sich im Schaffen von Sprache und Bildern, dazu zählen Mythen, Riten, Märchen, Symbole, Musik, Rhythmus, Mimik, Gestik, Tanz, «Körpersprache», bildnerische Gestaltungen in Farben und Formen. Bewußtsein kann Form annehmen als Bild und als Bild wirken. Eine ganz besondere Art von Sprache ist die Sprache des Körpers, des Leibes.

Wir nehmen uns wahr als der Leib, der auch von anderen Menschen wahrgenommen werden kann

GRAF DÜRCKHEIM[100] spricht vom Körper, den ich habe, und vom Leib, der ich bin. Man hat einen Körper, der einem dazu verhilft, tatkräftig und effizient zu sein und in der realen Alltagswelt zu funktionieren. Der Leib, der man ist, zeigt unser ganzheitliches Sein. Er kann durchlässig werden für das eigentliche Wesen des Menschen, das mittels des Leibes in der Welt manifest werden kann. Der Leib ist jenes Organ, das unser eigentliches Wesen zur Erfahrung bringen kann. Der Leib – und nicht das Bewußtsein – ist das Organ, mit dem wir unser Innerstes zu spüren vermögen. Wenn wir versuchen, in uns hineinzuhorchen, vernehmen wir das Eigentliche weit deutlicher als Leib denn als Bewußtsein. Die Ganzheit der Person tönt durch unseren Leib hindurch.

Der Körper beziehungsweise der Leib spielt in der gegenwärtigen Psychotherapie und humanistischen Psychologie eine zentrale Rolle. Die von ALEXANDER LOWEN, einem Schüler von WILHELM REICH, begründete Bioenergetik geht von der Annahme aus, daß neurotische Energiestauungen sich sowohl in Emotionen als auch in muskulären Verspannungen ausdrücken und somit therapeutisch von beiden Seiten gleichwertig angegangen werden können. Die Bioenergetik konzentrierte sich auf das Studium der menschlichen Persönlichkeit unter dem Blickwinkel der energetischen Prozesse des Körpers. Die Energieerzeugung durch Atmung und Stoffwechsel und die Entladung von Energie in der Bewegung sind die Basisfunktionen des Lebens. Wieviel Energie jemand hat und wie er diese gebraucht, bestimmt, wie jemand die Lebenssituationen bewältigt. Die Lebensgeschichte eines Menschen läßt sich gewissermaßen an seinem Körper ablesen. Worte können lügen, der Körper nicht. Verleugnete Gefühle und Abwehrmechanismen führen zu unnatürlichen Haltungen und Muskelverspannungen. Neurotische Charakterstrukturen und unterdrückte Gefühle haben eine Entsprechung in chronischen Muskelverkrampfungen. Diese Muskelverkrampfungen sind eingefrorene Handlungsimpulse, besonders oft solche aggressiver und sexueller Art. Die vergessenen Impulse liegen intakt, aber unbenutzt vor. Die Gesamtheit solcher chronischer Muskelverspannungen bildet ein System der Muskelpanzerung, welches uns sowohl gegen äußere Reize als auch gegen Impulse von innen abschirmt.

Zu einer ganzheitlichen Entwicklung gehört das Wahrnehmen der

Leibsprache. Viele Menschen benützen ihren Körper wie einen Motor, von dem sie Funktionstüchtigkeit erwarten, ohne einen persönlichen Bezug dazu zu haben. Der Leib ist jedoch der Ort, wo wir das, was in unserem Sein zur Manifestation drängt, am sensibelsten wahrnehmen können, wenn wir uns den Botschaften des Leibes öffnen. So fordert Graf Dürckheim in der Meditation nicht dazu auf, die Schultern fallen zu lassen, sondern sich in den Schultern fallen zu lassen. Besonders in der Psychotherapie ist es eine wichtige Erfahrung, daß die Sprache des Leibes oft viel direkter und klarer ist als die bewußt gesprochene Sprache. Vieles von dem, was ein Mensch an Wut, Ärger, Angst, Scham und Begehren empfindet, aber vor sich selbst verleugnet, spricht zu ihm in der Sprache des Leibes.

Interessant ist, daß unser Leib nicht nur die Stätte ist, wo unser Sein sich manifestiert, sondern zugleich auch die Stätte, die uns für unsere Mitmenschen sichtbar macht. Wir können unseren Ärger, unsere Wut, unsere Angst, unsere Scham und unser Begehren vor anderen Menschen verleugnen und verheimlichen. Der Leib aber lügt nicht und teilt unsere Gefühle meist in unmißverständlicher Form unseren Mitmenschen mit. Nicht selten ergibt sich eine Situation, in der jemand den Leib für sich sprechen läßt, weil das Gespräch als zu schwierig oder als aussichtslos erachtet wird. Für die Sprache des Leibes fühlt man sich weniger verantwortlich und wird man auch weniger verantwortlich gemacht. Drückt der Leib Verschlossenheit, Ablehnung oder Wut aus, während gleichzeitig verbal beteuert wird, wie sehr man sich über das Zusammensein mit dem betreffenden Partner freue, so wird im Verbalen zwar ein Bemühen um Begegnung wahrgenommen, aber auch die ablehnende Botschaft des Leibes beachtet. Eine leiblich ausgedrückte Ablehnung wird oft eher entschuldigt als eine verbal ausgesprochene. Besonders häufig spricht im Sexualbereich der Leib das aus, was verbal auszusprechen die Partner nicht wagen. Potenzstörungen bei einem Mann sind keineswegs nur Ausdruck einer persönlichen Verunsicherung, sondern sollen vielleicht der Partnerin mitteilen, so will und kann er nicht mitmachen, sei es, weil der Kontakt zu frustrierend ist, sei es, weil sich der Mann sexuell mißbraucht fühlt, sei es aus Trotz oder Wut, weil er sich sonstwie nicht akzeptiert glaubt. Öfter habe ich Patienten behandelt, die mit Impotenz reagierten, weil ihre Frauen im Gegensatz zu ihnen dringend ein Kind wünschten. Die Männer wagten nicht, sich diesem Kinderwunsch offen zu widersetzen. Der Penis sprach stellvertretend für den Mann zur Frau. Viele Frauen andererseits reagieren in der Ehe mit einer sogenannten sexuellen Aversion. Waren sie früher sexuell sehr ansprechbar, so ertragen sie nun plötzlich keinerlei Berührung mehr und haben einen tiefen Widerwillen gegen jede sexuelle Handlung. Auch hier drückt der Leib eine Beziehungsstörung aus, die verbal oft verleugnet wird. Die Beziehung ist nicht mehr stimmig, und das im ganzheitlichen und damit auch im körperlichen Sinn. In dem Ausmaß, wie die Unstimmigkeit nicht verbal «zu Wort» kommen kann, drückt sie sich körperlich aus.

Gar nicht selten spricht jedoch der Leib sogar stellvertretend für den Partner. Die Potenzstörung dient dazu, die sexuelle Unsicherheit der Frau zu schützen und zu verbergen. Scheinbar liegt die Störung ausschließlich beim Mann, in Wahrheit liegt sie vielleicht aber vor allem bei der Frau. Oder ein Mann provoziert durch besonders forsches Vorgehen bei der Frau eine sexuelle Abwehrhaltung. Er beschwert sich darüber, sie sei sexuell verklemmt. Dabei dient sein Vorpreschen der Kaschierung seiner eigenen sexuellen Hemmungen. Auch bei der Klaustrophobie (Angst vor geschlossenen Räumen) und Agoraphobie (Platzangst) sowie bei der Herzneurose ist der Symptomträger zwar der Leidende, aber keineswegs immer der eigentliche Kranke. Vielmehr ergibt sich das Symptom aus der phobischen Atmosphäre in der Partnerschaft, aus der Enge, Ängstlichkeit, Anklammerung und Trennungsangst. Ziemlich häufig tritt das Symptom zunächst beim Partner auf und wird dann vom anderen scheinbar übernommen. Eine Frau, deren Mann zuvor Syptomträger gewesen war und die jetzt selber wegen dieses Syptoms in unserer Behandlung stand, äußerte: «Es ist mir lieber, daß ich jetzt krank bin und nicht er, weil ich das Gefühl habe, ich kann damit besser umgehen.»

> Es ist also die verbindende Atmosphäre, das «Zwischen» (BUBER) oder besser das Beziehungsfeld, das den Leib sprechen läßt, wobei der Leib in seiner Reaktion nicht nur für seinen «Besitzer» spricht, sondern auch die Artikulationsstätte eines übergreifenden Prozesses sein kann. Es ist, als ob ein übergreifender Beziehungskörper sich im leiblichen Instrument des einen oder anderen Partners artikulieren würde.

Diese Vorstellung ist vielen ursprünglichen Völkern selbstverständlich. Nach CAPRA[101] ist das herausragende Charakteristikum der schamanischen Auffassung von Erkrankung der Glaube, daß menschliche Wesen integrale Bestandteile eines geordneten Systems sind und daß jede Krankheit die Folge irgendeiner Disharmonie mit der kosmischen Ordnung ist. Dementsprechend mißt die schamanische Therapie der Wiederherstellung der Harmonie, des Gleichgewichts in der Natur mit der Natur und in den menschlichen Beziehungen große Bedeutung bei. In schamanischen Überlieferungen wird der Mensch als Teil einer lebendigen sozialen Gruppe und als Teil eines kulturellen Glaubenssystems gesehen. Der individuelle psychische und spirituelle Zustand des Patienten ist weniger wichtig. Männer und Frauen werden nicht überwiegend als Individuen beurteilt. Vielmehr gelten ihre Lebensgeschichte und ihre persönlichen Erfahrungen einschließlich ihrer Erkrankungen als Ergebnis ihrer Zugehörigkeit zu einer sozialen Gemeinschaft. In einigen Traditionen wird der soziale Zusammenhang so sehr betont, daß Organe, Körperfunktionen und Symptome eines Individuums untrennbar mit sozialen Beziehungen und sonstigen Phänomenen der Umwelt verknüpft sind.

Uns modernen Westlern sind derartige Vorstellungen unangenehm. Wir möchten gern unseren Leib als unseren privatesten Raum sehen, als intimste Stelle, an der ich in Erscheinung treten kann, als Stätte meiner Personalisation und Selbstwerdung. Dementsprechend möchten wir unseren Leib vor mitmenschlichen Einflüssen schützen und gegen sie abgrenzen. Um dies zu erreichen, kann ich mich aus menschlichen Beziehungen so weit zurückziehen, daß die Einflüsse anderer Menschen und ganzer Beziehungssysteme sich in meinem Körper nicht «verleiblichen» können. Ich kann aber auch einem Leitbild nachstreben, wonach ich mich aktiv in mitmenschlichen Prozessen engagieren will und froh bin, meinen Leib als Artikulationsstätte von Unstimmigkeiten in meinem Engagement oder im gemeinsamen Prozeß zur Verfügung stellen zu können.

Nach Merleau-Ponty[102] ist es die ursprüngliche Beziehungsform des Kindes, die Intentionen des anderen im eigenen Körper wahrzunehmen, «meinen Körper mit dem seinen und damit meine Intentionen in seinem Körper». Der Körper ist im strengen Sinn nicht privat. Das Bewußtsein meines Körpers ist die Wahrnehmung meiner Lage im Koordinatensystem des Milieus, in dem ich mich befinde. «Wie die Teile meines Körpers zusammen ein System bilden, so sind auch von nun an der Körper des anderen und mein eigener ein einziges Ganzes, die beiden Seiten eines einzigen Phänomens ...»[103] Das Neugeborene ist in einem Zustand, in dem es sich selbst vom anderen nicht unterscheiden kann. Man kann also auch nicht sagen, daß das Neugeborene mit dem anderen kommuniziert, denn zur Kommunikation bedarf es einer Trennung zwischen den Kommunizierenden. Es besteht also am Anfang ein Zustand der Präkommunikation, in dem die Intentionen des anderen in gewisser Weise durch meinen Körper wirken und meine Intentionen durch den Körper des anderen. Dieser ursprüngliche Zustand wirkt auch im Leben des Erwachsenen, selbst bei hoher individueller Differenzierung, weiter nach:

> Wir können von der Möglichkeit Gebrauch machen, unseren Körper als Erscheinungsstätte uns übergreifender Prozesse einzusetzen und in ihm die Stimmigkeit oder Unstimmigkeit eines Beziehungssystems zu erspüren.

Die Person bedarf der äußeren Herausforderung und des äußeren Widerstandes, um sich zu entfalten und zu verwirklichen

Was wärst du Wind,
Wenn du nicht Bäume hättest, zu durchbrausen?
Was wärst du Geist, wenn du nicht Bäume hättest, drin zu hausen?
All Leben will Widerstand,
All Licht will Trübe,
All Wehen will Stamm und Wand,
daß es sich dran übe.

Christian Morgenstern

So wie ein Lichtstrahl erst in Erscheinung treten kann an Körpern, die sich ihm widersetzen, so erfährt ein Mensch sein Potential am äußeren Widerstand, an dem es Form annimmt und sich auskristallisiert. GOVINDA sagt: «Kraft als solche ist nicht schöpferisch. Sie wird es erst, wenn sie Widerstand findet.» Die Person kann erst in Erscheinung treten am Widerstand der Umwelt. Ein Bildhauer wird erst Bildhauer am Widerstand des Steins; ein Bauer wird erst Bauer am Widerstand des Bodens und des Wetters; ein Arzt wird erst Arzt am Widerstand der Krankheit und des Kranken; ein Psychotherapeut wird erst Psychotherapeut am Widerstand seelischen Leidens.

Die Person entwickelt ihre Fähigkeiten erst im Bewältigen von Widerständen. Wir sehen das bei der Entwicklung des Kindes, das sich seine Umwelt schrittweise erobert und immer wieder neue und schwierigere Probleme in Angriff nimmt. So lernt es Dinge zu ergreifen, zu zertrennen und zu zerbeißen, es lernt, sich den Raum zu erobern, Hindernisse zu überklettern, es lernt, mit Gegenständen umzugehen. Das Kind entwickelt sich im Umgang mit den Dingen. Hat es wenig Anregung, wie zum Beispiel ein Heimkind, so kann es zu Entwicklungsverzögerungen kommen. Nach PIAGET und INHELDER[104] liegt der Entwicklungsrückstand, den RENÉ SPITZ an Heimkindern beobachtet hat, nicht im Fehlen der Mutter-Kind-Beziehung, sondern viel allgemeiner im Fehlen stimulierender Interaktionen. Daß das Kind äußere Anregung braucht, um seine Fähigkeiten zu entwickeln, wird heute im allgemeinen beachtet.

Sträflich vernachlässigt wird jedoch die Herausforderung intellektueller und geistiger Fähigkeiten im Alter. Noch immer handelt man so, als ob alte Menschen um so glücklicher wären, je umsorgter ihr Leben ist, je mehr man ihnen alle Schwierigkeiten abnimmt und sie zu bloßen Almosenempfängern und passiven Konsumenten macht. Ich möchte dazu die tragikomischen Ergebnisse einer Untersuchung von BLENKNER, BLOOM und NIELSON[105] anführen. Die Autoren entwarfen ein Versuchsprogramm zur Verbesserung der Betreuung alter Menschen. Die Stichprobe bestand aus 164 nicht in Heimen untergebrachten Personen von mehr als sechzig Jahren, von denen man glaubte, sie wären nicht mehr in der Lage, sich selbst zu versorgen, und die deshalb in den Listen der Sozialämter geführt wurden. Nach dem Zufallsverfahren wurden die Fälle auf eine Versuchs- und eine Kontrollgruppe verteilt. Vier hochqualifizierte Sozialarbeiter wurden angestellt, um ein Sonderhilfsprogramm mit der Versuchsgruppe durchzuführen, während die Kontrollgruppe lediglich die Standardbetreuung der lokalen Sozialämter erhielt. Unerwarteterweise ergab sich, daß die Sterblichkeit bei der besser betreuten Versuchsgruppe bereits nach einem Jahr höher lag als bei der Kontrollgruppe (25% gegenüber 18%), ein Unterschied, der am Ende des vierten Jahres noch ausgeprägter war (63% gegenüber 52%). Ebenfalls paradox mutete an, daß von der Versuchsgruppe, die also eine besonders intensive ambulante Betreuung erhielt, ein wesentlich höherer Prozentsatz in Altersheimen untergebracht werden mußte als von der Kontrollgruppe (im fünften Jahr 61% gegenüber 47%). Die intensive Betreuung durch die

Sozialarbeiter beschleunigte offenbar den Kompetenzverfall und erhöhte die Sterblichkeitsrate. Ähnlich zeigt die alltägliche Erfahrung, wie Menschen nach der Einweisung in ein Chronischkrankenheim in ihren geistigen Fähigkeiten rasch nachlassen und häufig auch relativ bald sterben.

Analoge Beobachtungen sind aus dem Bereich der Arbeits- und Betriebspsychologie bekannt.[106] Das erklärte Ziel einer Unternehmung besteht in der möglichst rationellen Herstellung von Produkten. Für die Realisierung der Produkte fühlt sich die Unternehmensleitung verantwortlich. Sie stützt sich dabei weitgehend auf ein Menschenbild, welches D. McGregor[107] als «Theorie X» beschrieben hat. Danach habe der Durchschnittsmensch eine angeborene Abneigung gegen Arbeit und versuche, ihr aus dem Weg zu gehen, wo er nur könne. Deshalb müsse er zumeist «gezwungen, gelenkt, geführt und mit Strafe bedroht werden», damit er das vom Unternehmen erwartete Soll erreiche. Außerdem ziehe er es vor, an die Hand genommen zu werden, möchte sich vor Verantwortung drücken, besitze verhältnismäßig wenig Ehrgeiz und sei vor allem auf Sicherheit aus. McGregor kam jedoch auf Grund umfangreicher Erfahrungen als Unternehmensberater zu der Überzeugung, daß der Durchschnittsmensch nicht von Natur aus so ist, sondern daß dieses Verhalten Folge des Führungsverhaltens im Betrieb ist. Leute, die von der Möglichkeit ausgeschlossen sind, bei ihrer Arbeit die Bedürfnisse zu befriedigen, die in ihnen wach sind, verhalten sich genauso, wie wir es wohl voraussagen möchten: träg, passiv, verantwortungsscheu: sie sträuben sich gegen Veränderungen, sind anfällig für Demagogen und stellen geradezu absurde Ansprüche nach ökonomischen Vorteilen. Wie Ulich darstellt, gehören zu den Produkten einer Unternehmung im weitesten Sinne nicht nur Waren oder Dienstleistungen, sondern auch menschliche Verhaltensqualitäten und -qualifikationen. «The product of work is people».[108] Wenn man Unternehmungen haftbar machen will für ihre Schädigungen der Umwelt durch Wasser- und Luftverschmutzung usw., müßte man sie, so fragt Ulich, nicht auch für die durch die Arbeit verursachten Beeinträchtigungen der Persönlichkeitsentwicklung und der psychischen Gesundheit verantwortlich machen? Bekannt ist, daß in Produktionsbetrieben, welche die Arbeiter geistig unterfordern und in denen die Arbeit gekennzeichnet ist durch Gleichförmigkeit, hohen Wiederholungsgrad und Fremdkontrolle, der Absentismus durch Krankheit besonders hoch ist. Anspruchsvolle Tätigkeiten halten geistige Fähigkeiten wach, anspruchslose lassen sie verkümmern.

Die Person braucht Widerstand, um ihr Potential entfalten zu können. Die Person wird erst an der Umwelt. Andererseits gestaltet sich die Person ihre Umwelt. Es ergibt sich ein zirkulärer Prozeß: Die Person wählt und gestaltet jene Umwelt mit, die es ihr ermöglicht, sich ihn ihr mit ihren Ideen zu verwirklichen. Die Person wählt bis zu einem gewissen Grad den Werkstoff, der ihr jenen Widerstand entgegensetzt, an dem sie ihr wichtig erscheinende Fähigkeiten entfalten kann.

Es ist also der schwierige Stein für den Bildhauer, der schwierige Boden für den Bauern und der schwierige Patient für den Arzt, die ihnen die besondere Chance geben, sich zu bewähren.

Heute ist die Tendenz verbreitet, die Widerstände und Begrenzungen der äußeren Realität negativ zu werten, insbesondere wenn es sich um mitmenschliche Begrenzungen handelt. Man spricht von Zwang, Unterdrückung und Einengung. Die Person entfaltet sich jedoch keineswegs nur durch Unterstützung ihrer Bestrebungen, sondern mindestens ebenso an den Widerständen, die sich ihr entgegensetzen und die sie zu kreativen Leistungen anregen.

Der Mensch *hat nicht* eine Persönlichkeit, er hat auch nicht Eigenschaften wie Intelligenz, Zuverlässigkeit oder Fleiß usw. Er *ist aber auch nicht* eine Persönlichkeit, sondern er wird nur immer wieder aufs neue Persönlichkeit, das heißt: er tritt als Persönlichkeit nur unter den laufenden Herausforderungen seiner Umwelt in Erscheinung.

Lassen die Herausforderungen nach, kann er nicht mehr in derselben Weise in Erscheinung treten. Wenn eine Persönlichkeit immer wieder in ähnlicher Weise in Erscheinung tritt – was dann als Charakter oder Persönlichkeitsstruktur bezeichnet wird –, heißt das möglicherweise nichts anderes, als daß sie von der Umwelt in immer wieder ähnlicher Weise herausgefordert wird. Würde die gewohnte Umwelt verändert, würde sich auch das gewohnte Verhalten ändern.

Die Bedeutung der Werke für die Entwicklung der Person

Die Person entwickelt und reguliert sich nicht nur in einer Umwelt, die sie sich von Geburt an laufend schafft[109], sie nimmt sich selbst auch an ihren Wirkungen auf diese Umwelt wahr. Die Selbstwahrnehmung, das In-sich-Hineinhorchen und -Hineinspüren, das Wahrnehmen von eigenen Gefühlen, Phantasien und Bedürfnissen sollte bei der Entwicklung des Menschen eine wichtige Ergänzung finden in der Schaffung von Realitäten, von Werken, in denen der Mensch sich selbst sichtbar wird. Max Frisch[110] sagt: «Schreiben heißt: sich selber lesen.» Indem ich das, was sich in mir bewegt, in eine Form bringe, kann ich dieser Form gegenübertreten und mich mit ihr auseinandersetzen. Ähnliches sagte der Dichter-Maler Henri Michaux[111]: «Wie ich schreibe, um etwas zu finden, so zeichne ich, um etwas zu finden, um wiederzufinden, um ein eigenes Gut, das ich besitze, ohne es zu wissen, als Geschenk zurückzuerhalten.» So ist auch für den Maler das geschaffene Werk, das Bild, oft eine antwortende Spiegelung seiner Erlebnisse, die erst im tätigen Umgang mit den farbigen Formen zur sichtbaren Erscheinung kommen. Das Bild wird aus dem Traum und dem Unbewußten heraufgehoben und erhält im Akt des Malens seine volle, sichtbare Gegenwart.

> Wir haben nicht zuerst ein Bild in uns, das wir dann im Werk abbilden, sondern der Akt des Bildens ist selbst der Prozeß, in dem wir Gestalt annehmen. Es ist, als wenn der Mensch in der Objektivierung des Werkes sich selbst gegenüberzutreten vermag, als wenn er in seiner Arbeit selbst greifbar und anschaubar wird. Im Werk kann er gewisse, sich sonst verflüchtigende Gefühle und Regungen zeitüberdauernd festhalten, um sich rückwirkend mit ihnen auseinanderzusetzen.

Oft entsteht dabei das Erlebnis, daß das Werk dem Schöpfer voraneilt. Er schafft es intuitiv und muß sich dann das Geschaffene erst aneignen. Er muß das, was er intuitiv geschaffen hat, reflexiv und bewußt einholen. Innere Erlebnisse werden im Bild nicht einfach reproduziert. Bilder sind evozierend, indem sie neue Bedeutungen und Erlebnisinhalte schaffen. Ein entscheidender Unterschied zu Phantasien und Träumen liegt darin, daß das Werk eine gewisse Kontinuität in der geschichtlichen Entfaltung einer Person ermöglicht, indem es gestaltend ihre Entwicklung konsolidiert. So ist das Werk sowohl Ausdruck der inneren Welt wie auch Reiz für die innere Welt. Werk und innere Erlebnisse stimulieren sich zirkulär zu einem Prozeß. Das Geschaffene ist das, an dem wir uns orientieren können und Halt finden. Das Werk ist für die Identitätsfindung ein zentraler Wert, weil ich mir darin selbst sichtbar werde. Auch hier liegt ein entscheidender Unterschied zu Phantasien und Träumen.

Das Werk und die Auseinandersetzung mit dem eigenen Werk können eine heilsame Wirkung haben und die Selbstregulation stärken. MAX FRISCH sagt: «Ich schreibe aus Bedürfnissen ... meiner Person. Möglicherweise aus jener Angst, die schon die Höhlenbewohner zu Bildnern machte: man malt die Dämonen an die Wand seiner Höhle, um mit ihnen leben zu können ...»[112] Auch das bildnerische Kunstwerk kann ein seelischer Reparationsversuch des Künstlers sein. Eine innere Gefahr des Künstlers kommt in seinem Werk zum Ausdruck und wird gleichzeitig durch die künstlerische Gestaltung bewältigt. Das Kunstwerk kann zum haltgebenden Symbol zwischen destruktiven und ordnenden Kräften werden. Das Kunstwerk kann einem helfen, zu seinen Ängsten Distanz zu gewinnen und sich selbst gegenüberzutreten.

Auch wenn ein Mensch nicht zu besonderen kreativen und künstlerischen Leistungen befähigt ist, ist bereits das Formgeben mittels Sprache ein Akt, innere Gefühle und Phantasien zu fassen und ihnen gegenübertreten zu können. Die Sprache, wurde oben mit HUMBOLDT[113] gesagt, ist nicht nur die Bezeichnung für unabhängig von ihr geformte Gedanken, sondern selbst das bildende Organ des Gedankens. Erst indem der Mensch durch die artikulierte Sprache aus sich heraustreten kann, sich «äußern» kann, gelingt es ihm, sich selber wahrzunehmen. In WILHELM VON HUMBOLDTS Worten: «Indem das geistige Streben sich Bahn durch die Lippen bricht, kehrt das Erzeugnis desselben zum eignen Ohre zurück; die subjektive, innere Haltung wird als äußeres Objekt wieder aufgenommen ...»[114]

> Mit dem Werk, dem geschaffenen Bild, dem Wort, wird jedoch auch eine Realität in die äußere Welt gesetzt, die anderen Menschen in gleicher Weise sichtbar und verfügbar wird.

Worte können Berge versetzen, Wunder bewirken, Kriege auslösen, zu Mord und Totschlag führen, Ehen besiegeln, Zauberei und Verfluchungen bewirken, Worte können jede Art von intensiven Gefühlen auslösen und Entwicklungen von Menschen entscheidend beeinflussen. S. FREUD vor allem hat die mächtige Wirkung der Sprache in der Psychotherapie entdeckt. Solange ich etwas nur denke, ist es weitgehend meine Privatsache. Was ich jedoch ausspreche, schafft Realitäten mit realen Folgen. Ob ich denke, jemand sei ein Dummkopf, oder ob ich ihn als Dummkopf tituliere, ist ein entscheidender Unterschied. Ich kann durch meine Körperhaltung, meinen Gesichtsausdruck, meinen Blick signalisieren, daß ich ihn für einen Dummkopf halte; solange ich es nicht ausspreche, kann ich es jederzeit bestreiten und korrigieren. Spreche ich es aus, so setze ich eine Realität in die Welt, die ich nicht mehr ungeschehen machen kann. Der andere kann provoziert werden, mich ebenfalls beleidigen zu wollen, er kann eventuell eine Ehrverletzungsklage gegen mich einreichen. Mein ausgesprochenes Wort gibt ihm die Möglichkeit, mich in den Griff zu kriegen. Mit der Arbeit schafft der Mensch ein Äußeres, vergegenständlicht er sein Wesen. Dieses Äußere kann ihm verselbständigt gegenübertreten, ihn beherrschen und seiner Freiheit berauben. Von Menschen geschaffene Wirklichkeiten, Werke, Bilder, Worte, entwickeln oft eine Eigendynamik, die, losgelöst von ihren Schöpfern, zu einem eigenen Prozeß werden, an dem sie wohl teilhaben, den sie aber eventuell nicht mehr zu steuern vermögen und der ihnen auch nicht mehr zu eigen ist. Bilder und Ideen als Werke sind nicht nur Gebilde, sondern können selbst zu bildenden Mächten werden. Viele Revolutionen sind ihren Stiftern entglitten und haben sich in eine Richtung entwickelt, die diese nicht gewollt hatten. Ideen benötigen die Form des Wortes, um faßbar zu werden. Worte können bedeutungsschwanger sein und Ideenprozesse auslösen, die sich epidemisch und explosionsartig ausbreiten und so lange am Leben bleiben, wie es Menschen gibt, die diesen Ideen Kräfte geben, sie nähren und weiterentwickeln.

> Das Werk – das geschaffene Bild oder das Wort – kann zu einem Teil meiner Umwelt werden. Es kann mir eine Identität geben. Es kann mich aber auch auf eine falsche Identität festlegen. Durch das Werk werde ich für andere sichtbar. Andere können mich auf das Werk festlegen und im Werk das Bild meiner Person sehen. Mit unseren Werken setzen wir Spuren und Zeichen, an denen wir identifizierbar bleiben. Das Werk kann zur eigenen Realität werden, die losgelöst von mir ihre eigene Dynamik entfaltet.

Wenn wir von der Annahme ausgehen, daß der Mensch sein Potential, seine Kräfte und Fähigkeiten erst an Widerständen entwickeln kann, die ihm entgegengesetzt werden, und daß seine Werke eine wesentlich stabilisierende und identitätsfördernde Rückwirkung auf ihn selbst haben, ergibt sich die große Bedeutung der Arbeit für das Menschsein.

Die Entfremdung des Menschen von sich und von den Mitmenschen ist eine der Grundlehren von KARL MARX. Der Arbeiter schafft etwas, ein Produkt, das nicht mehr sein eigenes ist. Damit entfremdet er sich von seinem Werk und letztlich von sich selbst. «Die Entäußerung des Arbeiters in seinem Produkt hat die Bedeutung, daß nicht nur seine Arbeit zu einem Gegenstand, zu einer äußeren Existenz wird, sondern daß sie auch außer ihm, unabhängig, fremd von ihm existiert, eine selbständige Macht ihm gegenüber wird, und daß ihm das Leben, das er dem Gegenstand verliehen hat, feindlich und fremd gegenübertritt.» [115] Die Arbeitsteilung entfremdet den Menschen aber auch von den Mitmenschen. «Eine unmittelbare Konsequenz davon ... ist die Entfremdung des Menschen von den Menschen ... Was von dem Verhältnis des Menschen zu seiner Arbeit, zum Produkt seiner Arbeit und zu sich selbst, das gilt von dem Verhältnis des Menschen zum anderen Menschen, zu der Arbeit und dem Gegenstand der Arbeit des anderen Menschen.» – «Wenn das Produkt der Arbeit nicht dem Arbeiter gehört, eine fremde Macht ihm gegenüber ist, so ist dies nur dadurch möglich, daß es einem anderen Menschen außer dem Arbeiter gehört.» [116]

Gemeint sind die Kapitalisten. Gegenwärtig befinden wir uns in einer schwierigen Umstrukturierungsphase: zunehmende Neugestaltung der Arbeit durch Mikroelektronik. Schon längst ist es so, daß die Technik nicht mehr dem Menschen dient, sondern der Mensch ist der Diener der Technik und Wirtschaft, die zu selbsttätigen Prozessen geworden sind. Der Mensch hat sich in seiner Arbeitsweise den Nischen anzupassen, die ihm die Mikroelektronik zur freien Gestaltung überläßt. Die Mikroelektronik bedeutet für die einen eine gewaltige Herausforderung zu kreativer Gestaltung dieses technischen, informationstheoretischen und sozialen Umstrukturierungsprozesses. Für viele andere jedoch droht die Arbeit zu einer bloßen Überwachungstätigkeit zu werden, die möglicherweise noch eintöniger sein wird als die Fließbandarbeit. Vielleicht wird das zu einer wesentlichen Verkürzung der Arbeitszeit oder zu einer dauerhaften, beträchtlichen Arbeitslosigkeit führen, so daß möglicherweise außerhalb der Erwerbstätigkeit genügend Herausforderungen entstehen müßten, um die geistige und persönliche Entwicklung der Menschen zu gewährleisten.

Person – Umwelt als zirkulär sich beeinflussender Entwicklungsprozeß

Die Person steht mit ihrer Umwelt in einem zirkulär sich entwickelnden Prozeß. Sie schafft sich ihre Umwelt, ist in dieser aktiv, erforscht sie, lernt sie in ihrer Eigenart, in ihren Regeln und in ihrer Beschaffenheit kennen, richtet sich in ihr ein, arbeitet in ihr, verändert sie, paßt sie sich an, paßt sich aber auch ihr an, erkennt die Grenzen ihrer Expansionsmöglichkeiten und nimmt die ihr zur Verfügung gestellten Entwicklungsräume wahr.

Aber auch die Beziehungssysteme, von denen die Person Teil ist, stehen in dauernder Transformation und Entwicklung. So wie sich der Lebenslauf der Person in verschiedene Stadien gliedert, so entwickelt sich auch der «Lebenslauf der Familie» über verschiedene Stufen: von der Familie mit kleinen Kindern zur Familie mit Kindern im Schulalter, zur Familie in der Ablösungsphase usw. Die Schule ist ein Beziehungssystem, das sich in Klassen gliedert, welche sich in der Regel im Drei-Jahres-Rhythmus immer wieder erneuert. Auch Jugendvereine wie Pfadfinder oder Sportklubs sind Beziehungssysteme, die sich in «Generationen» erhalten, welche rund alle drei bis vier Jahre aufeinander folgen. Dasselbe gilt für Arbeitsteams, die sich nicht kontinuierlich, sondern in generationenartigen Phasen von Aufbau – Stabilisierung – Auflösung – Neubildung entwickeln. Leitende Angestellte werden weiter befördert oder pensioniert, jüngere Kräfte rücken nach, neue Mitarbeiter müssen sich einarbeiten, passen sich teilweise an, verändern andererseits den Betrieb, bringen neue Ideen und müssen ihren Platz im sich systemisch organisierenden Arbeitsprozeß finden. Genauso wie die Person sich ihre Umwelt schafft, schaffen sich die Beziehungssysteme ihre Mitglieder. Das Beziehungssystem setzt sich aktiv mit der Person auseinander, erforscht sie in ihrer Eigenart, in ihren Grenzen und Möglichkeiten, versucht sie zu verändern, zu entwickeln, zu begrenzen, zu gebrauchen, sie verlangt von ihr Anpassung ab, paßt sich ihr jedoch auch an.

Die Entwicklung der Person und die Entwicklung des Beziehungssystems stehen zueinander in einem komplementären Spannungsverhältnis. Sie handeln miteinander dauernd aus, wieweit sie sich gegenseitige Einflußnahme zugestehen, wo der eine dem anderen feste Grenzen setzt, wo Kompromisse ausgehandelt werden können, wo Entwicklungen im gemeinsamen Interesse stehen.

Piaget und Inhelder haben die Entwicklung der geistigen Fähigkeiten des Kindes in der Wechselwirkung mit seiner Umwelt eingehend untersucht. Die Tendenz, sich der Umwelt anzupassen, sehen sie in zwei Formen: in der Assimilation und in der Akkommodation. Bei der Assimilation wird die Umwelt dem eigenen Organismus angepaßt. Bei der Akkommodation dagegen paßt sich der Organismus der Umwelt und deren Anforderungen an. Um zu überleben, muß der Mensch sich ernähren. Dazu muß er sich der Umwelt so akkommodieren, daß es ihm gelingt, sich Nahrungsmittel zu beschaffen. Er muß die Umwelt erforschen, aktiv mit ihr umgehen, ihre Spielregeln beachten und sich ihr anpassen. In einem zweiten Schritt muß der Mensch aber die Nahrungsmittel assimilieren. Er muß die Nahrungsmittel zerkleinern und chemisch so vorbereiten, daß sie durch die Darmschleimhaut hindurch aufgenommen und im Körper verwertet werden können. Hier haben sich also die Umweltverhältnisse, in der Form der Nahrungsmittel, dem Organismus anzupassen. Diese Anpassungsvorgänge lassen sich zwanglos auf das Leben des Erwachsenen übertragen. Tritt eine Person neu in ein Beziehungssystem ein, beispielsweise in ein Arbeitsteam, so entsteht eine Beunruhigung. Von der Person aus gesehen geht es um die Frage, wieweit sie sich in ihrer Eigenart in das Arbeitsteam einbringen kann, sich das Arbeitsteam also ihr anpaßt, und inwieweit sie sich dem Arbeitsteam anpassen muß, um in diesem wirksam werden zu können. In einem subtilen Prozeß verschaffen sich beide Seiten Klarheit, wo die gegenseitigen Grenzen der Anpassungsbereitschaft liegen.

Während das Kleinkind in der Regel noch ganz auf die Kleinfamilie bezogen ist, ist es ein Kennzeichen der weiteren Entwicklung, daß die Beziehungssysteme, von denen es Teil wird, immer vielfältiger werden, sich gegenseitig durchdringen und beeinflussen und netzwerkartig untereinander verweben. Urie Bronfenbrenner[117] hat diese systemische Vernetzung didaktisch geschickt dargestellt. *Mikrosysteme* sind Beziehungssysteme, in welchen die Person direkt Beziehungen innehat, Rollen übernimmt und Tätigkeiten ausübt. Diese verschiedenen Mikrosysteme stehen untereinander wiederum in Beziehungen, welche *Mesosysteme* genannt werden. Ein Mesosystem ist zum Beispiel die Beziehung zwischen Familie und Schule, Familie und Nachbarschaft oder Arbeitsteam und betriebseigener Sportgruppe. *Exosysteme* sind Systeme, an denen andere Mitglieder von Mikrosystemen teilhaben und die damit indirekt Einfluß auf die Person nehmen. Für das Kind ist also etwa das Arbeitsteam des Vaters ein Exosystem. Wird der Vater vom Arbeitgeber gedemütigt und unterdrückt, so kann sich das auf sein Erziehungsverhalten auswirken. Ereignisse im Exosystem können die unmittelbare Umgebung des Kindes beeinflussen, auch wenn es selbst nicht Teil dieses Systems ist. Das *Makrosystem* ist das übergreifende System als Komplex vielfach zusammenhängender Systeme einer bestimmten Kultur oder Subkultur. Ein Makrosystem kann die Gemeinde, das Land, der Sprachraum usw. sein. Für die Kinder ausländischer Arbeitnehmer kann sich beispielsweise der Konflikt ergeben, daß das Mikrosystem ihrer Familie nicht Teil des Makrosystems ist, in welchem sie leben. Sie können in Identitätskonflikte kommen, weil sie sich zwei verschiedenen und schwer miteinander integrierbaren Makrosystemen zugehörig fühlen.

Die Person entwickelt ihre Geschichte, welche sich an ihren Auswirkungen auf die Umwelt darstellt. Sie setzt Spuren und Zeichen, an denen sie sich selbst erkennt wie auch von der Umwelt erkannt wird. In ihrer Entwicklung gibt es Phasen der Stabilisierung und Integration der geschaffenen Umwelt und dann wieder Phasen der Auflösung und Zerstörung des Geschaffenen und Neubildung von Umwelt. Veränderungen der Umweltbedingungen können Entwicklungsprozesse der Person stimulieren, aber auch hemmen. Veränderungen der Person und Veränderungen der Beziehungssysteme stehen in einer Wechselbeziehung zueinander.

Die *Geburt* bedeutet für das Kind eine umfassende Veränderung des Umweltbezuges. War es zuvor in einer Umwelt mit gleichbleibender Temperatur, gleichbleibender Qualität des Hautkontaktes und relativ beschränkten Veränderungen von Licht und Schallintensität, so tritt es mit einemmal in eine Welt ein mit vielfältigen Reizen, mit einem weit breiteren quantitativen und qualitativen Spektrum von Umwelteinwirkungen. Die Geburt bedeutet jedoch auch für die eheliche Partnerschaft eine tiefgehende Veränderung des Beziehungssystems. Bildeten Mann und Frau zuvor ein Liebespaar und lebten kameradschaftlich zusammen, so sind sie jetzt ein Elternpaar. Die Partnerschaft wird dadurch wesentlich verbindlicher und verantwortungsvoller. Es stellt sich die Frage der Arbeitsteilung in Familie und Beruf. Die Geburt von Kindern führt meist zu einer stärkeren Rollenpolarisierung zwischen Mann und Frau. Häufig verändert sich auch das persönliche Verhältnis zueinander. Die Partner können jetzt nicht mehr nur zu zweit für sich sein, sondern richten ihre Beziehung wesentlich auf das Kind aus. Jedes muß den Partner mit dem Kind teilen. Die Geburt des Kindes verändert jedoch nicht nur die Partnerbeziehung, sondern auch die Beziehung zu allen anderen Systemen.

Oft wird die Beziehung zu den eigenen Eltern intensiviert, weil diese als Großeltern eine neue Funktion bekommen. Oft verändert sich auch der Bekannten- und Freundeskreis, der sich jetzt stärker auf jene Gleichaltrigen ausrichtet, die ebenfalls mit der Erziehung von Kindern beschäftigt sind. Die Geburt des Kindes stimuliert also die Entwicklung junger Erwachsener in intensiver und umfassender Weise und schafft neue und neuartige Beziehungssysteme und Netzwerke. Die Entwicklung der Person und die Entwicklung ihrer Beziehungssysteme sind interdependent. Beim Stillen macht nicht nur das Neugeborene die ersten Beziehungserfahrungen, sondern ebenso die junge Frau die ersten Muttererfahrungen.

Durch das Stillen wird für eine gewisse Zeit eine spezielle Mutter-Kind-Dyade aufrechterhalten. Nach der Entwöhnung wird diese symbiotische Beziehung ihres speziellen Charakters beraubt, die Beziehung zur Mutter braucht nicht mehr andere Züge zu haben als jene zum Vater oder zu anderen Bezugspersonen. Damit verändert sich das Bezugssystem des Säuglings, aber auch dessen «Beziehungsfähigkeit»: Es bilden sich die ersten Ahnungen der Subjekt-Objekt-Spaltung, ein diffuses Bewußtsein von Ich und Du. Im Alter von zwei bis drei Jahren verändert sich die Entwicklung des Kindes, aber auch die seines Bezugssystems, wieder grundlegend. Das Kleinkind beginnt nun, mit Gleichaltrigen zu spielen. In diesen Interaktionen verhält es sich zu Beginn sehr ungeschickt; es hat eventuell Mühe, mit anderen Kindern zu teilen, zwischen mein und dein zu unterscheiden, es ist auf der einen Seite voller Eroberungsdrang, auf der anderen Seite voller Angst, es werde ihm alles weggenommen, es hat noch Mühe zu kooperieren. Mit dem Eintritt in den *Kindergarten* hat es sich erstmals in eine organisierte Gruppe einzuordnen. Es muß lernen, daß es nicht mehr so sehr im Mittelpunkt steht, daß neben ihm andere sind, die auch zu ihrem Recht kommen wollen, es muß warten können, bis es drankommt. Es entwickelt aber auch intensivere Beziehungen zu Gleichaltrigen, es bilden sich die ersten Peergroups, die sich auch ohne Kontrolle der Eltern oder der Schule treffen. Das Kind steht nun in dem Beziehungssystem des Elternhauses, in dem der Schule und in jenem der Peergroup, welche ihrerseits untereinander in Beziehung stehen. Mit der Einschulung steigt es auf eine weitere, grundsätzlich veränderte Entwicklungs- und Beziehungsstufe. Die Zeit des bloßen Spielens ist vorbei, es wird ihm nun die Erfüllung konkreter Aufgaben und Leistungen abverlangt, die mit denen anderer Schüler verglichen und beurteilt werden. Das Kind muß schon bestimmte soziale Erwartungen erfüllen können, es wird zum Träger einer Rolle mit bestimmten Pflichten. Absolviert es später weiterführende Schulen oder eine *Lehre*, so verändern sich die Beziehungssysteme Hand in Hand mit der zunehmenden Reifung der Person. Bildeten anfänglich noch ein Lehrer und eine in sich geschlossene Klasse eine feste und vertraute Umgebung, so lockert sich das Gefüge nun zunehmend. Die Lehrer beschränken sich immer mehr auf die Vermittlung von Stoff. Die Erarbeitung steht zunehmend im Verantwortungsbereich des Schülers. Seine Leistungen werden lediglich in größeren Abständen überprüft. Aber auch die Möglichkeit von Eltern, dem Heranwachsenden in der Schule zu helfen, wird immer eingeschränkter. Für den Heranwachsenden bekommt die Peergroup immer größere Bedeutung. In der Pubertät verändert sich auch sein Körper und damit seine Beziehung zum eigenen und zum anderen Geschlecht. Er muß sich in der eigenen Geschlechtsrolle zurechtfinden.

Diese Wechselwirkung zwischen persönlicher Entwicklung und Entwicklung der Beziehungssysteme hält das ganze Leben hindurch an. Im *Berufsleben* verändert sich mit der Karriere von Position zu Position auch das berufliche Beziehungssystem. Steigt jemand im gleichen Betrieb auf, so verändert sich mehr oder weniger spürbar seine Beziehung zu den von früher her vertrauten Mitarbeitern.

Zu weiteren, grundsätzlichen Veränderungen der Beziehungssysteme und der persönlichen Entwicklung kommt es im *Alter.* Obwohl immer darauf hingewiesen wird, daß alte Menschen Mühe hätten, sich umzustellen, wird einem Menschen in seinem ganzen Leben nie soviel Umstellung zugemutet wie im Alter. Der Übertritt ins Altenheim bedeutet den Verlust der eigenen Wohnung, der selbständigen Haushaltsführung mit all den Pflichten, Aufgaben und Verantwortlichkeiten, den Verlust der Beziehungen zu Nachbarn, Hausbesitzern, Handwerkern usw., meist auch den Verlust der Funktionen in einer eigenen Küche mit den Beziehungssystemen des Einkaufens. Der Übertritt ins Altenheim ist häufig verbunden mit dem Verlust von wesentlichen Teilen des eigenen Besitzes, der einen festen Bestandteil der eigenen Identität bildet, der vertrauten Möbel, Bilder, des Gartens, des Blumenbalkons usw. Im Altenheim lebt der alte Mensch unter lauter Alten; er muß mit diesen neue Beziehungen anknüpfen, was oft schwierig ist, da sich mit der Existenz im Altenheim viele nicht identifizieren wollen und das unter anderem dadurch kundtun, daß sie sich nicht in Beziehungen mit anderen einlassen.

Bei jedem Wechsel des Beziehungssystems besteht eine Chance, aber auch eine Gefahr für die weitere Entwicklung der Person. Man spricht von ökologischem Übergang (Bronfenbrenner), wenn eine Person ihre Position in der Umwelt durch einen Wechsel des Lebensbereichs und ihrer Rolle dauerhaft verändert. Ökologische Übergänge können Folge biologischer und psychischer Veränderungen sein, aber auch Folge von Veränderungen der Umgebung. Solche ökologischen Übergänge können Angst erzeugen. Viele Menschen versuchen, solchen Übergängen auszuweichen, was sogar zu lebensbedrohlichen Erkrankungen führen kann (z. B. Pubertätsmagersucht). Dennoch macht die weitere Entwicklung der Person den Wechsel des Beziehungssystems notwendig. Ökologische Übergänge sind also Folge wie Anstoß von Entwicklungsprozessen und zeigen, wie Person und Umweltsysteme sich laufend wechselseitig bedingen und in einem gemeinsamen Evolutionsprozeß stehen.

In den folgenden Kapiteln soll die Koevolution von Person und Beziehungssystemen zunächst an der Zweierbeziehung, der Beziehung zu einem Partner, mit dem sie in Lebensgemeinschaft steht, dargestellt werden, dann im zeitlichen Längsschnitt der familiären Evolution über die Generationen hinweg, um schließlich überzugehen zur Evolution von sie übergreifenden Ideenprozessen, von denen die Person Element und Artikulationsstätte ist.

ZWEITER TEIL

Die Koevolution der Person mit ihren Beziehungssystemen

4. Koevolution – die Kunst gemeinsamen Wachsens in Partnerschaft

Ich habe bisher recht pauschal von Umwelt, äußeren Realitäten oder von Beziehungssystemen gesprochen. Wie verhält es sich nun, wenn wir nicht nur allgemein von Umwelt sprechen, sondern davon ausgehen, daß diese Umwelt ein Du, ein Partner ist, der mir nicht passiv gegenübersteht, mir nicht einfach Widerstand entgegensetzt oder sich von mir formen läßt, sondern in der Begegnung und Beziehung selbst ebenso aktiv ist wie ich. Inwiefern ist dieses Du eine von mir geschaffene Umwelt, das «Werk» von mir? Inwiefern bin ich die von diesem Du geschaffene Umwelt, sein «Werk»? Was passiert, wenn das Geschaffenwerden von mir und von dir zu *einem* Prozeß verschmilzt, wenn ich ebenso als ich selbst wie als ein «Werk» des Du auf eben dieses Du einwirke, das mir wiederum als es selbst, wie auch als ein von mir geschaffenes Werk antwortet?

Da die in diesem Buch dargestellten Gedanken aus der praktischen Psychotherapie, insbesondere aus der Paar- und Familientherapie, erwachsen sind, soll in diesem wie auch in den zwei folgenden Kapiteln stärker auf konkrete psychotherapeutische Erfahrungen eingegangen werden, um die Grundlagen dieser Erfahrungen für den Leser nachvollziehbar zu machen.

Die kulturell veränderte Einstellung zu Bindung und Trennung

Wir leben in einer Zeit, da das Sichtrennen vom Partner und das Auflösen von Humansystemen von immer mehr Menschen als besondere Chance für den individuellen Wachstumsprozeß betrachtet werden. Richtig ist, daß Übergänge in der persönlichen Entwicklung zugleich immer Übergänge zu neuen oder transformierten Beziehungssystemen sind – und umgekehrt gilt natürlich dasselbe. Die Auflösung eines Beziehungssystems macht den Weg frei für eine andersartige Gestaltung der Person in neuen Beziehungssystemen. Diese positive Wertung der Trennung als Chance zu persönlichem Wachstum ist aber mittlerweile so weit getrieben worden, daß manche die Ehescheidung schon als einen «Leistungsnachweis» für Emanzipation ansehen und manche kaum noch erkennen können, worin denn die spezifischen wachstumsfördernden Möglichkeiten dauerhafter Lebensgemeinschaften liegen sollen. Wichtiger, als sich mit dem Thema der Trennung und des individuellen Wachstums zu befassen, scheint es mir heute, sich Gedanken zu machen, wie Wachstum der Person in ökologischen Humansystemen, in Lebensgemeinschaften, denkbar ist. Viele Menschen können sich das gar nicht mehr vorstellen, sondern fragen höchstens, wie persönliches Wachstum *trotz* Lebensgemeinschaft denkbar ist.

Die unterschiedlichen Beziehungsqualitäten von Begegnung und Lebensgemeinschaft

Nun betonen zwar alle, auch die individuumzentrierten psychologischen Konzepte, den hohen Wert von menschlichen Beziehungen für das persönliche Wachstum. Das Individuum – so wird gesagt – hat Bedürfnisse nach mitmenschlichem Austausch, nach mitmenschlicher Begegnung, es hat sexuelle, erotische und körperliche Bedürfnisse, es hat Bedürfnisse nach authentischer Beziehung, wo das Feedback, das es vom Partner erhält, die Selbstwahrnehmung fördert und das persönliche Wachstum stimuliert. Die Fähigkeit zu intensivem persönlichem Austausch, zu größtmöglicher Nähe, Offenheit und Akzeptation, wird heute in vielen Psycho-Workshops eingeübt. Man sieht in diesen Beziehungsaspekten die entscheidenden Qualitäten jeder wertvollen Beziehung, sei es eine einmalige Begegnung, eine vorübergehende Liebesbeziehung oder eine auf Dauer geplante Lebensgemeinschaft. Eine aus Liebe entstandene Lebensgemeinschaft wie die Ehe aber hat darüber hinaus noch ganz andere Qualitäten, die heute weitgehend negativ gewertet werden. Die Ehe – so wird gesagt – sei ein Gefängnis, die Bindung sei gekoppelt mit Stagnation im Wachstum, mit Besitzanspruch, Gewohnheitsrechten, Abhängigkeit und Repression. Die Institution Ehe wird abgelehnt, weil sie mit festen Rollenerwartungen, Regeln, Eingrenzungen und Zwängen einhergehe und das persönliche Sichentfalten einschränke. Die Lebensgemeinschaft ist aber nicht bloß die Begegnung zweier sich für unabhängig haltender Individuen, sondern sie bildet definitionsgemäß ein System, mit allen Qualitäten eines Systems, wozu die Qualität der Struktur, die der Regeln und die der Selbstregulation gehören. Mit der Lebensgemeinschaft wird ein gemeinsamer, zielorientierter Prozeß eingeleitet, der sich systemisch organisiert. Ich kann frei wählen, ob ich mich zum Teil einer Lebensgemeinschaft machen oder ob ich mich aus ihr heraushalten oder aus ihr aussteigen will. Innerhalb des Beziehungssystems werde ich in jedem Fall nicht frei und unabhängig sein können, sondern werde mein persönliches Wachstum den systemeigenen Gesetzmäßigkeiten unterordnen müssen. Wie kann nun aber ein Mensch, der aus äußeren Umständen nicht dazu gezwungen wäre, überhaupt ein Interesse daran haben, sich den Gesetzmäßigkeiten eines Systems unterzuordnen? Um das zu verstehen, müssen wir untersuchen, was Menschen äußern, deren Lebensgemeinschaft plötzlich und unerwartet zerschlagen wurde.

Die Umorganisation der Personen im gemeinsamen Prozeß

Struktur und Regeln von Systemen lassen sich häufig erst erfassen, wenn sie gestört und zerstört werden. So ist die medizinische Grundlagenforschung, etwa die Erforschung der Funktion von Zellen und Organen, oft erst durch die Zerstörung des Gesunden zu ihren Erkenntnissen gekommen. Was lehrt uns nun die Beobachtung von Lebensgemeinschaften, die durch den Tod eines Partners zerstört worden sind? Statistisch läßt sich belegen, daß der überlebende Partner unerwartet häufig ebenfalls in kurzem zeitlichen Abstand stirbt.[118] Wichtiger als Zahlen sind mir jedoch direkte Äußerungen von Betroffenen. Hier möchte ich mich vor allem auf Aussagen von Verena Kast in ihrem Buch ‹*Trauern*› beziehen. Sie zitiert Augustinus in seiner Verzweiflung nach dem Tod seines Freundes: «Denn ich habe meine und seine Seele als eine einzige in zwei Körpern empfunden, und deshalb schauderte mich vor dem Leben, weil ich nicht als Halber leben wollte.»[119] Sie zitiert Äußerungen von Hinterbliebenen: «Es ist, wie wenn man ihn (den Verstorbenen) von mir weggerissen hätte, ohne jede Vorwarnung – und ich fühle mich ganz verwundet, ich bin eine offene Wunde, ich blute, ich fürchte, ich blute aus.»[120] Wie Verena Kast zu Recht betont, handelte es sich bei diesen

Menschen nicht um unreife Personen, die sich in symbiotischen Beziehungen zu ihren Partnern aufgegeben und verloren haben, vielmehr aktualisierte sich das Selbsterleben dieser Personen im gemeinsamen Beziehungsraum, im miteinander gebildeten System. Sie sagt: «Es gehört zum menschlichen Leben, daß das Selbsterleben sich wesentlich aus den Beziehungen zu anderen Menschen ergibt, daß wir oft *als unser Selbst erleben, was andere Menschen in uns hervorgerufen haben* und immer wieder hervorrufen und daß unsere Beziehung zu unserer Tiefe, zu unserem innersten Selbst, durch die Beziehungen geprägt ist, die wir zu Menschen haben, insbesondere durch die Liebesbeziehungen.»[121]

> Unsere Partner geben uns also nicht nur Feedback, um uns selber besser wahrzunehmen, sie geben uns nicht nur Unterstützung und Akzeptation in unserer Selbstentfaltung, sondern der Beziehungsprozeß ist als solcher geeignet, uns intensiver zu realisieren, als wir dies auf uns selbst gestellt könnten. Wir erleben unser Selbst im Hervorgerufenwerden durch andere Menschen. Unsere persönlichen Eigenschaften, Gefühle und Handlungen treten erst oder zumindest intensiver in Erscheinung, wenn sie von anderen Menschen gebraucht werden.

Wenn aber behauptet wird, daß es sich bei jenen Personen, die sich nach Partnerverlust wie halbiert, wie entzweigeschnitten fühlen, nicht um unreife Menschen und auch nicht um unreife, symbiotische Beziehungen handelt, wie sollen wir das verstehen? Gehört nicht zum heutigen Menschenbild die Vorstellung von einer in sich zentrierten, ganzheitlichen, eigenständigen und unabhängigen Person? Versuchen wir einmal phänomenologisch zu beschreiben, was geschieht, wenn zwei Partner eine Lebensgemeinschaft bilden!

Sinnvollerweise werde ich innerhalb eines Beziehungsraumes nur jenes Verhalten zeigen, das vom anderen gesehen wird, und werde nur aussprechen, wofür der andere ansprechbar ist, weil nur dieses Verhalten vom Partner beantwortet wird. Ich werde also eher zeigen, was der andere sehen kann, und werde eher aussprechen, wovon er sich ansprechen läßt, also kann der andere durch seine Bereitschaft, mich zu sehen und zu hören, mich in meinem Michzeigen und Hörbarmachen (*per-sonare*) beeinflussen. Ich werde mich in der Beziehung also auf ihn bezogen verändern. Bin ich da noch ich selbst? Oder muß ich mich da für ihn aufgeben?

Aber das Sehen und Hören des anderen geschieht auch nicht nur von ihm her, vielmehr kann ich sein Mich-Sehen und Mich-Hören beeinflussen, so daß ich wiederum mich so zeigen und ausdrücken kann, wie ich den Partner wahrnehmungsbereit und ansprechbar gemacht habe. Ich muß mich dem Partner also nicht einfach anpassen, ich kann ihn verändern.

Aber meine Absicht, ihn wahrnehmungsbereit und ansprechbar zu machen, schöpfe ich auch nicht nur aus mir selbst, vielmehr ist diese meine Absicht wiederum bestimmt von meinem Partner und von dem gemeinsamen Prozeß, in dem wir uns befinden.

Geht es in der Liebschaft oft darum, sich in der Begegnung körperlich und seelisch zu erfahren, so hat die Lebensgemeinschaft darüber hinaus den Charakter eines zielgerichteten Prozesses, der Stiftung von gemeinsamer Geschichte, welche Zeichen setzt und Spuren hinterläßt. Man will gemeinsam etwas erarbeiten, etwas schaffen. Die Beziehung ist nicht Selbstzweck, die Partner genügen sich in ihrer Zweisamkeit nicht, sondern sie richten ihre Beziehung auf ein Drittes aus, auf eine gemeinsame Zielperspektive. Ihre Beziehung dient nicht der gegenseitigen Bedürfnisbefriedigung mit einer in gemeinsamen Prozessen ausweglosen Dimension der gegenseitigen Ausbeutung. Es geht nicht mehr so sehr um die Erkenntnis der anderen Person oder um das Erkanntwerden durch eine andere Person. Vielmehr bilden die beiden Partner ihr gemeinsames Ziel und ihren einmaligen geschichtlichen Prozeß aus der Erfahrung von Ich und Du heraus. Der Partner ist Bedingung der Erkenntnis dieses gemeinsamen Ziels. Er ist Voraussetzung, um eine gemeinsame Geschichte zu stiften, in die wir beide eingehen als Ich und Du.

Die Person im Beziehungssystem ist also nicht nur in ihrem Verhalten, sondern auch in ihrem Fühlen und Erleben nicht mehr unabhängig, nicht mehr ganzheitlich und nicht mehr in sich selbst zentriert.

Die manifeste Persönlichkeit der Partner ist Funktion des gemeinsamen zielgerichteten Prozesses, in dem das Verhalten des einen sich aus dem Verhalten des andern und des übergreifenden Ganzen ergibt. Aber nicht nur das Verhalten, sondern auch sein persönliches Fühlen und Erleben, ja sogar sein Traumleben wird von der Beziehung mitbestimmt. Ebenso bestimmt er das Fühlen, Denken, Phantasieren und Erleben des Partners mit. Jeder bleibt zwar ein Zentrum eigener Energie, eigenen Bewußtseins und eigener Verarbeitung und Verantwortung, aber die Art und Weise des Fühlens, Erfahrens und Phantasierens eines jeden ist nicht mehr unabhängig voneinander. Was er fühlt und erlebt, fühlt und erlebt er auch als Teil von beiden, als er selbst wie als Teil des anderen, genauso wie der Partner fühlt und erlebt als er selbst und als Teil von ihm.

Jene Anteile des Selbst, die in das Beziehungssystem verwickelt werden, werden vom übergreifenden Ganzen des Paarprozesses umorganisiert. Bei einer Lebensgemeinschaft von Mann und Frau können das große Anteile des eigenen Selbst sein, nie aber das ganze Selbst. Die Person ist ja nie nur Teil eines einzigen Beziehungssystems. Sie ist vielmehr in einer Vielzahl von flüchtigen oder längerdauernden, oberflächlicheren oder tiefergehenden Prozessen verwickelt, die sie mit anderen Personen teilt. Die Person muß über die Fähigkeit verfügen, ihre vielfältigen persönlichen Verwicklungen zu integrieren, sie zu gewichten und in eine Relation zueinander zu setzen. Für das Bilden und Erhalten ihrer Identität muß sie all diesen Verwicklungen eine auf das personale Ganze bezogene Bedeutung beimessen und sich zu ihnen in ein Verhältnis setzen. Da gemäß dem Konzept der Interaktionspersönlichkeit in jedem Beziehungssystem immer wieder andere persönliche Möglichkeiten stimuliert werden können, erscheint das Beziehungsverhalten der Person oft als widersprüchlich. Mann und Frau wollen sich oft in ihrer Beziehung nicht auf Teilbereiche beschränken, sondern meinen in ihrer Liebe zueinander die ganze Person. Dadurch entsteht eine Spannung innerhalb der Personen und in der Partnerschaft zwischen jenen Anteilen des Selbst, die sich zu einem dyadischen (paarigen) Ganzen umformen, und jenen, die nicht darin eingehen.

In der Systemtheorie gibt es den Begriff der Übersummation: Das Ganze ist mehr und etwas anderes als die Summe seiner Teile. Das gilt auch für die Paarbeziehung. Die Partner organisieren sich als Teile des dyadischen Ganzen nun anders, als wenn sie allein auf sich selbst gestellt wären. Beide Personen richten ihre Organisation zumindest teilweise auf den gemeinsamen, sie übergreifenden Prozeß aus.

Diese Ganzheit, welche die Partner bilden, könnte man als *dyadisches Selbst* (das Paar-Selbst) bezeichnen. Ich bezeichne damit ungefähr das gleiche wie Theodor Bovet mit dem Begriff «Eheperson» oder Ludwig Binswanger mit «wir beide» oder Martin Buber einfach mit «Wir». Ich meine *jene Anteile des persönlichen Selbst der Partner, welche in den dyadischen Prozeß eingebunden werden und sich dort zu einem übergreifenden Selbst vereinen*, welches anders ist als das persönliche Selbst der beiden Partner. Die Verwendung des Begriffes «Selbst» für die die Personen übergreifende Ganzheit ist vielleicht etwas gewagt. Ich halte sie jedoch insofern für berechtigt, als *die Partner große Anteile ihres Selbst, also des eigentlichen Wesenskerns der Person, nicht mehr unabhängig voneinander wahrnehmen und erfahren.* Es bildet sich so etwas wie ein gemeinsames, paarimmanentes Entwicklungsprinzip. Nur so ist es verständlich, daß die gewaltsame Trennung zweier Liebender als ein Entzweigeschnittenwerden, als Zerstörung nicht nur der Beziehung, sondern des eigenen Selbst erlebt werden kann, welches ausblutet und seiner Kräfte und Organisation verlustig geht. Das, was wir bei einer durch Tod zerbrochenen Beziehung beobachten, gilt für das, was wir bei Ehescheidungen sehen, häufig in ähnlicher Weise. Auch hier erkennen wir, welch eine große Anstrengung es für die Partner bedeutet, sich voneinander losgelöst wieder zu selbständigen Personen umzuorganisieren.

Der ganzheitliche Charakter des gemeinsamen Prozesses schließt in einer Liebesbeziehung die zwei Personen mit ihrem Wesenskern ein. In der Regel verlangt die Bildung des gemeinsamen Selbst eine Entscheidung, die in ihrer Absolutheit und Ernsthaftigkeit dem Eheversprechen gleichkommt. Die dyadische Umorganisation der beiden Partner macht sie durch Trennung in so hohem Maß verletzbar, daß eine derartige Entscheidung auch heute durchaus angemessen ist. Viele möchten sich heute jedoch nicht mehr auf Verbindlichkeit festlegen, sondern vertreten den Anspruch, Liebe sei etwas Spontanes, das durch irgendwelche Definitionen, Regeln und Strukturen zerstört werde und sich nur im Hier und Jetzt und in völliger Freiheit ereignen könne.

Es wird gefordert, man müsse in der Liebe jederzeit selbst entscheiden können, ob und wann man andere Beziehungen parallel führen wolle, ohne sich dabei festlegen zu müssen, ob und wann und wie stark diese Parallelbeziehungen die Ganzheitlichkeit des dyadischen Selbst stören. Viele Therapeuten neigen dazu, den Absolutheitsanspruch des einen Partners als Besitzanspruch, als unangemessene Eifersucht, als Verlustangst oder Unfähigkeit zum Loslassen zu entwerten. Mit zunehmender Erfahrung habe ich den Eindruck, daß dieser Absolutheitsanspruch genausowenig ein Zeichen von Unreife sein muß wie das beschriebene Gefühl von Selbstverlust beim Zerbrechen einer Beziehung. Jedem Menschen steht es heute frei, sich zu entscheiden, ob er eine Liebesbeziehung zu einer Lebensgemeinschaft werden lassen will oder nicht. Eine Lebensgemeinschaft hat aber in jedem Fall ihre systemeigenen Spielregeln und Strukturen. Dieses Faktum wird heute häufig verleugnet. Die Verschleierung der systemeigenen Gesetzmäßigkeiten einer Lebensgemeinschaft ist eine häufige Ursache destruktiver Entwicklungen von Partnerschaften. Um sich gegen die Verletzungen durch den Partner zu schützen, wie sie bei Ablehnung verbindlicher Spielregeln unvermeidbar sind, wird die Lebensgemeinschaft dann häufig zu einem Abgrenzungskampf ohne Ende. Man will dem andern durch Erzeugung von Eifersucht beweisen, daß er ebenso abhängig, schwach und ohnmächtig ist, wie man sich selbst fühlt. Man ist bemüht, ihm mindestens ebenso große Verletzungen zuzufügen, wie man sie selbst erfährt. Viele qualvolle und destruktive Entwicklungen beruhen darauf, daß die Partner sich krampfhaft gegen die Bildung eines gemeinsamen Prozesses wehren müssen, aus Angst, die in heutiger Zeit allgemein zu erwartende Auflösung der Beziehung nicht ertragen zu können. Statt sich an der Verliebtheit zu freuen, wird Verliebtheit zum Schreckgespenst, gegen das man sich wehren oder das man zumindest so weit kontrollieren muß, daß man jederzeit ohne Schaden aus der Beziehung aussteigen kann. Ich glaube, daß die heute so häufigen narzißtischen Partnerschaften nicht so sehr in narzißtischen Beziehungserfahrungen der frühen Kindheit begründet liegen als vielmehr in den narzißtischen Leitbildern der heutigen Zeit.

Dennoch wäre es verfehlt zu glauben, eine dauerhafte, vertraglich geregelte Zweierbeziehung wäre für jedermann die beste Form von Partnerschaft. Manche Menschen sind beziehungsfähiger ohne feste und längerdauernde Verpflichtungen, ohne Ausschließlichkeitsanspruch, ohne gemeinsame Wohnung, ohne gemeinsame Kinder. Die heutige Gesellschaft entspricht diesen Tatsachen, indem sie eine höhere Pluralität an Formen von Lebensgemeinschaften bejaht und damit auch der Verschiedenheit der Bereitschaft und Möglichkeit von Personen, Beziehungsprozesse einzugehen und aufrechtzuerhalten, Rechnung trägt.

Die Grenzen der Verständigung in der Partnerschaft

Aus dem bisher Gesagten könnte hervorgehen, die Umstrukturierung der zwei Personen auf einen gemeinsamen Entwicklungsprozeß hin würde idealerweise zu einer völligen Anpassung oder komplementären Ergänzung der beiden Persönlichkeiten führen. Das ist aber gerade nicht der Fall. Auch wenn ein gemeinsamer Prozeß beide Personen in sich einschließt, *fühlt sich in der Partnerschaft jeder in seinem innersten Wesenskern dennoch allein. Jeder spürt, daß die Fähigkeit des Partners, ihn zu verstehen, begrenzt ist. Die Sehnsucht, wenigstens von einem Men-*

schen umfassend und ganzheitlich verstanden zu werden, kann nicht voll erfüllt werden. Heute, wo eine Lebensgemeinschaft keine ökonomische Notwendigkeit mehr ist, sondern in erster Linie der Befriedigung emotionaler Bedürfnisse dienen will, wird diese begrenzte Möglichkeit eines Partners, einen zu akzeptieren und zu verstehen, immer weniger hingenommen. Es wird darauf mit *Wut und depressiver Resignation reagiert.* Man glaubt, für die Liebe einen *Anspruch auf Glück zu haben.* Doch ist Glück planbar? Eine Lebensgemeinschaft ist ein geschichtlicher Prozeß, der einmalig, unauslöschbar und nicht wiederholbar ist. Ob sich dieser *Prozeß glücklich* entwickelt, können Partner nur *in Grenzen selbst bestimmen.* Mit dem Eingehen einer Lebensgemeinschaft entschließt man sich, sich *gemeinsam seine Welt gestalten und sich in dieser Welt realisieren zu wollen.*

Ebenso verfehlt wie ein naiver Anspruch auf Glück ist der Anspruch, die Lebensgemeinschaft habe der gegenseitigen Bedürfnisbefriedigung zu dienen. Der Anspruch auf Bedürfnisbefriedigung führt zum dauernden *Abmessen, wer wessen Bedürfnisse mehr befriedigt* und wer wen mehr *ausbeutet.* Ebenso schwer zu realisieren ist das Ideal, der Partner habe fähig zu sein, einen in allen seinen Gefühlen, Bedürfnissen und Handlungen restlos zu akzeptieren und zu unterstützen, einen zu verstehen und zu fördern, *ohne eingrenzende Ansprüche und Erwartungen zu stellen.* Dient die Partnerschaft ihrem Selbstzweck, etwa der idealen Befriedigung gegenseitiger Bedürfnisse, oder dem umfassenden, gegenseitigen Verstehen und Akzeptieren, so wird dieses letztliche Nichtverstandenwerden in einer Partnerschaft zu *unüberwindlichen Frustrationen* führen. Wird das Ziel einer Lebensgemeinschaft jedoch in einem gemeinsamen zielgerichteten Prozeß gesehen, zu dessen Gestaltung ein gemeinsames *Wachsen in der gegenseitigen Herausforderung und Stimulation notwendig* ist, so wäre eine vollständige Entsprechung der beiden Personen geradezu eine *Gefahr. Evolution* ergibt sich nicht aus der völligen Entsprechung, sondern *aus der Spannung des Einander-nicht-voll-Verstehens und Einander-nicht-voll-Entsprechens.* «Völlige Angepaßtheit und völlige Nichtangepaßtheit sind tödlich. In der *Ökologie paßt die Nische hinreichend zur Spezies*, definiert sie aber nicht völlig. *Die Spezies paßt hinreichend in die Nische*, definiert sie aber nicht völlig.»[122] (CHRISTINE VON WEIZSÄCKER) So verhält es sich auch zwischen zwei Partnern. Völlige Angepaßtheit und völlige Nichtangepaßtheit sind für eine Partnerschaft nicht erträglich. *Die Partner müssen hinreichend zueinander passen*, ohne sich gegenseitig völlig zu entsprechen. Ein gewisses Ausmaß an Fremdheit und Nichtzueinanderpassen stimuliert die Entwicklung und provoziert ein ständiges Einander-Suchen.

Die Unerfüllbarkeit der oft vorhandenen symbiotischen Sehnsucht kann den Partnern eine unausweichliche Trauerarbeit abfordern. Man kann die Unerfüllbarkeit dieser Sehnsucht jedoch auch positiv deuten: Das Unverstandenbleiben durch den Partner birgt die positive Chance des besseren Selbstverständnisses in sich. Die Unfähigkeit des Partners läßt meine eigenen Fähigkeiten, mich zu spüren und zu verstehen, wachsen. Ich lerne mich am Widerstand und an der Begrenzung des Partners erfahren.

So schrieb mir kürzlich eine Frau: «Ich glaube nicht, daß die persönliche Entwicklung in einer Partnerschaft unbedingt dadurch eingeschränkt werden muß oder sinnlos wird, daß einer der beiden nicht mehr mitzieht oder mitziehen kann ... Ich glaube und habe es selbst erlebt, daß gerade durch die starke Einengung und den Druck, der unerträglich zu sein scheint, ungeheure Kräfte mobilisiert und eine größere Reife erreicht werden können. Meine eigene Entwicklung in den letzten Jahren und viele wesentliche Erkenntnisse habe ich allein den unendlichen Schwierigkeiten zu danken, an denen ich nur deshalb nicht zerbrochen bin, weil ich wieder und wieder unaufhörlich versucht habe zu verstehen und weiterzulieben ...» Bei jedem Paar sehen wir Bereiche, in denen sich die Partner nicht zu finden vermögen. Auch in einer intensiven Liebesbeziehung bleibt jeder in gewissen Bereichen einsam. Man kann darin eine Tragik erblicken, man kann darin aber auch einen weisen Schutz erkennen, der verhindert, daß zwei Personen ganz und ausschließlich in ihrer Gemeinschaft aufgehen. Das Ertragen der Frustration, in der Liebe doch auch zum Teil einsam zu bleiben, kann innerhalb gewisser Grenzen die persönliche Reifung anregen und einen für andere Beziehungen öffnen. Wie überall in einer systemischen Betrachtungsweise geht es um die Frage des Ausmaßes, um die Frage der Optimierung des Zusammenspiels verschiedener Faktoren. Manche fühlen sich in der Ehe einsamer und beziehungsloser als Alleinstehende.

In einer Lebensgemeinschaft formen sich die Partner gegenseitig

Innerhalb dieses Beziehungsraums sind die Partner in ihrem Denken, Fühlen und Handeln nicht mehr unabhängig voneinander, sondern direkt betroffen. Im begrenzten Beziehungsraum des Systems ist das Tun des einen das Tun des andern: Das Leben in einem gemeinsamen Heim, das Einrichten dieses Heims, das Ausgeben des Geldes, das Anschaffen von Besitz, das Entscheiden, ob man Kinder haben will, die Art und Weise der Kindererziehung – all das sind Realitäten im gemeinsamen Beziehungsraum. Darin ist es mir nicht möglich, den anderen einfach so zu akzeptieren, wie er ist, oder ihn bedingungslos zu unterstützen in dem, wie er sich verhält und handelt, weil das eigene Verhalten und Handeln davon direkt betroffen sind. Wie kommen dann aber vernünftige Menschen überhaupt dazu, aus freien Stücken eine derartige Einschränkung der eigenen Entfaltung auf sich nehmen zu wollen?

Das chinesische Yin-Yang-Symbol wird oft für die Darstellung einer Liebesbeziehung verwendet. Der Raum, das Feld, in dem sich Yin und Yang treffen, ist begrenzt. Er kann größer werden oder kleiner sein, er ist aber nie unbegrenzt. In diesen beschränkten Raum teilen sich die beiden polaren Zentren. Wo das eine sich ausdehnt, weicht das andere und nimmt sich zurück. Die beiden Pole stehen sich nicht statisch gegenüber, sondern in einer dynamischen Beziehung. Sie ergänzen sich gegenseitig. Die Form des einen ergibt die Form des anderen, die Grenze des einen ist zugleich die Grenze des anderen. Eine Liebesgemeinschaft ist gekennzeichnet durch ein spannungsvolles, dialektisches Verhältnis, in dem die Gestalt des gemeinsamen Selbst einer dauernden Auseinandersetzung unterworfen ist. Die Partner formen sich gegenseitig durch Widerstand und Standhalten, aber auch durch Hervorrufen und Herausfordern. Zu einer so verstandenen Lebensgemeinschaft gehören auch heftige Auseinandersetzungen. Aber das dauernde Reiben und Schleifen kann jedem auch Profil geben, eine Form, die beantwortet ist.

Gemäß dem personzentrierten Ansatz von ROGERS ist es die wichtigste Aufgabe einer Beziehung und eines Partners, sein persönliches Wachstum zu fördern durch Akzeptieren und Unterstützen. Ich glaube, daß Unterstützung nur *eine* Form von förderndem Verhalten ist. Oftmals wirken aber Widerstehen und Standhalten förderlicher, in anderen Fällen ist es dagegen Provokation, welche zwar wütende und trotzige Reaktionen hervorruft, aber auch entscheidende Entwicklungen auslösen kann. Das macht es für Außenstehende oftmals so schwierig, eheliche Streitigkeiten zu beurteilen. Sie werden oft für schlimmer gehalten als von den Streitenden selbst, die trotz aller Wut und Bitterkeit im Streit eine Stimulation zu spannungsvoller Interaktion erfahren. Wie belebend Streit sein kann, sieht man oft bei Geschwistern: Sind sie zusammen, ist das Leben wegen des dauernden Streitens kaum auszuhalten; ist eines ferienabwesend, so ist das Leben vor lauter Langeweile erst recht nicht mehr zum Aushalten. Wie lebensnotwendig für manche Ehepartner die dauernden Streitigkeiten sein können, zeigt sich nicht selten beim Tod des einen und dem anschließenden geistigen Absacken des anderen Partners.

Oftmals beruhen Meinungsverschiedenheiten zwischen Partnern nicht auf einem echten Unvermögen, einander zu verstehen, vielmehr provoziert jeder mehr oder weniger bewußt den anderen zu einer Haltung, die ihm die Einnahme der Gegenhaltung erlaubt. Die Polarisierung von Meinungen und Haltungen der Partner kann die dialektische Entwicklung gewisser Themen, um welche die beiden Partner in ihrem gemeinsamen Prozeß ringen, stimulieren.

Sosehr sich jeder scheinbar nach Reduktion der Spannung bei bestehenden Meinungsverschiedenheiten sehnt, sosehr wird oft ein Entgegenkommen des Partners verhindert, weil damit die belebende Wirkung des Kampfes zusammenbricht. Schon oft habe ich es in der Therapie von Streitpaaren erlebt, daß sie auf keinerlei Klärung ihrer Differenzen ansprechbar waren, bis ich schließlich bemerkte: Wenn zwei sich so intensiv streiten, muß ihnen an der Beziehung doch sehr viel liegen. Ich habe den Fehler gemacht, sie veranlassen zu wollen, weniger zu streiten. Erst jetzt geht mir auf, daß dies gefährlich wäre, könnte es doch als Zeichen nachlassenden Interesses oder nachlassender Liebe ausgelegt werden. Nicht selten führt dieser Aspektwechsel bei beiden Partnern zu einem Schmunzeln, so, als ob ich sie bei einem heimlichen Ritual ertappt hätte.

Das Beantwortetwerden ist nach Erik H. Erikson[123] eine wichtige Voraussetzung der Identitätsbildung. Der Lebenspartner wird den andern immer nur in einer beschränkten Weise beantworten können, und so wird man sich in einer Lebensgemeinschaft auch immer nur in einer begrenzten Weise ausformen. Viele Möglichkeiten, die einer Person grundsätzlich offenstünden, bleiben unentwickelt, weil sie nicht herausgefordert werden und ihnen keine Entfaltungsmöglichkeit zugestanden wird. Lohnt es sich nun, zugunsten eines Partners, mit dem man eine

Man soll die Ehe . . .

... nicht so ernst nehmen, wie sie ist, sagt ein bekannter Denker. Desgleichen ließe sich wohl auch vom Thema Geld behaupten. Oder, wo wir schon mal bei Sprüchen sind: Geld ist nicht alles im Leben, aber es ist alles nichts ohne Geld.

Lebensgemeinschaft eingegangen ist, auf so viele Möglichkeiten der weiteren Entfaltung und Ausformung von Möglichkeiten zu verzichten? Die einseitig am Individuum orientierte Wachstumsideologie wird dies verneinen. Die Grenzenlosigkeit des individuellen Wachstumsanspruchs bringt jedoch im Endeffekt leicht das Gegenteil von dem hervor, was sie anstrebt. Identität, das heißt die Gleichheit und Selbigkeit der Person, bedeutet ja gerade, daß ihr Wachstum eine innere Kontinuität, eine innere Linie findet und beibehält, daß die Person, indem sie sich definiert, sich gleichzeitig auch begrenzt. Auch der Anspruch, ganz im Hier und Jetzt zu leben, hat leicht die Konsequenz, die Geschichtlichkeit der eigenen Existenz zu verpassen und damit einem Gefühl der Sinn- und Orientierungslosigkeit zu verfallen. So kommt es letztlich auf die Frage an, was wir eigentlich unter Wachstum der Person verstehen. Verstehen wir darunter die Entfaltung möglichst vieler potentieller Eigenschaften und das Suchen nach möglichst vielen verschiedenen Erfahrungen? Oder verstehen wir darunter gerade auch das Sich-selbst-Finden an den Grenzen, die durch Beziehungssysteme, denen man zugehört, und durch Partner, mit denen man eine gemeinsame Geschichte teilt, gesetzt werden? «Es ist die Begrenzung, welche Form möglich macht», sagt Lama Govinda[124]. Eigentliche Reife und somit Ziel eigentlichen Wachstums liegt wohl gerade in der Fähigkeit, die Begrenztheit der eigenen Form zu akzeptieren und sie zu transzendieren als Teil einer sie übergreifenden Ganzheit.

Der Wert individueller Wachstumseinschränkung in Partnerschaft ergibt sich aus dem gemeinsamen Prozeß

Das Entwicklungspotential zweier Menschen kann ungleich sein. Nicht selten rennt einer gegen die starren Grenzen des anderen an, zerbricht und resigniert, da es ihm nicht gelingt, den anderen für ein weiteres Wachstum zu gewinnen. Der wachstumswillige Partner spürt hier das Dilemma, entweder die eigene Entfaltung zugunsten der Partnerschaft zurückzuhalten oder mit der vorangetriebenen persönlichen Entfaltung den Bestand der Beziehung zu gefährden. Manche finden eine Kompromißlösung, indem sie neben dem fortbestehenden, gemeinsamen Paarsystem andere Aktivitäten und Beziehungen finden, in denen sie sich entwickeln können. Nicht selten hatte ich jedoch auch Patientinnen, seltener Patienten, in Behandlung, die an phobischen Neurosen erkrankt waren, weil sie ihre persönliche Entfaltung über das Maß des Zuträglichen hinaus unterdrückten, um den Ehepartner in seiner begrenzten Entwicklungsmöglichkeit zu schonen.

Sicher gibt es auch Beziehungssituationen, in denen ein sinnvoller gemeinsamer Prozeß nicht mehr möglich ist. Besonders bei schwer neurotischen Kollusionen[125] spüren die Partner gelegentlich, daß sie trotz aller Entwicklungsbemühungen damit überfordert sind, sich gemeinsam aus ihren Schwierigkeiten herauszuarbeiten. Sie verfangen sich immer wieder in den gleichen destruktiven Spielen und kommen nicht davon los, einander zurückzubinden und zu verletzen.

Andererseits finden wir immer wieder Menschen, die Einschränkungen ihrer Entfaltung auf sich nehmen, die sich nicht verstehen lassen, wenn man annimmt, persönliches Wachstum und Selbstverwirklichung seien die einzigen, maßgeblichen Zielvorstellungen ihres Lebens. Das wird vor allem da faßbar, wo einer der Partner von einer schweren chronischen und invalidisierenden Krankheit befallen worden ist. Vom individualistischen Wachstumskonzept aus ist schwer ersichtlich, was den gesunden Partner veranlaßt, seine ganze persönliche Entwicklung in erheblichem Maß einzuschränken wegen lebenslanger Krankheit des Partners, die ja nicht die seine ist. Demgegenüber stellte Daniel Hell[126] in einer eingehenden Studie der Ehen von schizophrenen und (endogen) depressiven Kranken fest, daß die Belastung einer Ehe durch eine Psychose nicht in statistisch faßbarer Weise zur Scheidung beiträgt. Schizophrene Patienten werden ungefähr dreimal häufiger als die Durchschnittsbevölkerung geschieden. Es fällt jedoch kein größerer Anteil der Scheidungen in die Zeit *nach* der Erkrankung als in die Zeit vor der Erkrankung, wie angenommen werden müßte, wenn hauptsächlich die Krankheitsbelastung zur erhöhten Scheidungsquote führte. Endogen Depressive (Affektpsychose-Kranke) werden *nur vor* ihrer ersten Hospitalisation häufiger als die Durchschnittsbevölkerung geschieden. *Nach* Erkrankung sinkt ihre Scheidungsrate signifikant ab und entspricht dann der Quote der Durchschnittsbevölkerung. Hell kommt zu dem Schluß, daß die Ehescheidung eher eine (monopolare, endogene) Depression auslöst, als daß die depressive Erkrankung eine Scheidung bewirkt.

Man stelle sich das konkret vor: Es handelt sich bei diesen Kranken nicht um irgendwelche körperlich Invaliden, die im Bett gepflegt werden müssen, die eventuell an den Rollstuhl gebunden sind und in der Freizeit herumgeschoben werden müssen, sondern es handelt sich um Menschen, mit denen der gesunde Partner in den Krankheitsphasen nicht mehr vernünftig sprechen kann, mit denen ein persönlicher Austausch kaum mehr möglich ist, die eine belastende und erdrückende Stimmung verbreiten, die den Partner auch sozial isolieren, indem die Mitmenschen sich von ihm zurückziehen. Aus einer personzentrierten Perspektive ist kaum verstehbar, was Menschen veranlassen kann, so etwas auf sich zu nehmen. Manche Psychotherapeuten neigen dazu, dem in der Beziehung verbleibenden gesunden Partner pathologische Motive zuzuschreiben, etwa er benötige einen kranken, von ihm abhängigen Partner oder er harre nur aus Gründen gesellschaftlicher Verpflichtung aus oder die Krankheit lenke von ungelösten Partnerkonflikten ab. Befragte Angehörige (mündliche Mitteilung von Daniel Hell) geben etwa folgendes an: «Wir haben viele schöne Jahre miteinander verbracht, jetzt kann ich ihn (den Patienten) nicht einfach im Stich lassen. Unsere Beziehung hat mir über viele Jahre viel gegeben.» Oder: «Es war schon immer schwierig mit ihr. Aber ich habe mich nun einmal zur Ehe mit ihr entschieden und kann sie jetzt, wo es ihr schlecht geht, nicht einfach im Stich lassen.» Oder: «Nach so langem, schönem Zusammenleben will und kann ich nicht nochmals neu anfangen.» Aber gelegentlich hören wir sogar: «In der Pflege des Partners finde ich eine Aufgabe und einen Lebenssinn. Früher war ich zu sehr von ihm abhängig und ließ mich von ihm führen. Jetzt ist durch seine Krankheit eine Herausforderung entstanden, mehr eigene Verantwortung zu übernehmen.» Es entsteht der Eindruck der Treue zur gemeinsamen Geschichte, die identisch geworden ist mit der eigenen. Ob der Partner oder man selbst krank wird, scheint keinen entscheidenden Unterschied zu machen. Immer wieder hören wir, daß Angehörige sagen: «Jetzt hat es eben ihn getroffen. Es hätte ebensogut mich treffen können. Dann wäre ich auch froh gewesen, wenn er bei mir geblieben wäre.» Wir treffen dabei wieder auf das schwierige Problem, was denn eigentlich persönliches Wachstum ist.

Heißt Wachsen Qualitäten entfalten wie Kreativität, Unabhängigkeit, Selbständigkeit, Bewußtseinserweiterung, ganzheitliche Persönlichkeitsentfaltung? Oder heißt es eventuell gerade Treue zur eigenen und gemeinsamen Geschichte, Ansprechbarsein auf das, was unmittelbar in dieser Geschichte passiert, damit aber auch fähig sein, sich, wo nötig, in seiner Entfaltung zu begrenzen zugunsten der sinnhaften Teilhabe an Prozessen, in denen man gebraucht wird?

Der Anspruch auf andere Beziehungserfahrungen in uneingeschränkter Offenheit

Die Beobachtung FREUDS, daß bei Neurotikern die Phantasien den Vorrang vor den Ansprüchen der äußeren Realitäten haben, wurde später von manchen Vertretern der humanistischen Psychologie vereinseitigt zu einem generellen Vorrang der eigenen Ansprüche gegenüber jenen der Umwelt. Sie meinen, es sei der höchste Auftrag eines Menschen, ganz seine Bedürfnisse und die ihm eigenen Phantasien zu leben. Niemandem stehe das Recht zu, die Verwirklichung dieser Bedürfnisse durch eigene Ansprüche einzuschränken. Dies wird vor allem zum Problem bei parallel zu einer Lebensgemeinschaft laufenden Liebesbeziehungen. Es wird etwa argumentiert, man habe ein Recht auf die eigenen Gefühle, gegen die man ohnehin nichts machen könne. Wenn man schon so fühle, sei es ehrlicher, auch dazu zu stehen, da es ja keinen wesentlichen Unterschied bedeute, ob man etwas in der Phantasie oder in der Realität tue. Wenn man sich in eine andere Person verliebe, werde der Partner das ohnehin merken. So möchte man ihn in das Geschehen einbeziehen, damit er wisse, was man tue. Wenn er wisse, daß man sich in eine andere Person verliebt habe, sei das für ihn ohnehin kränkend und verletzend, und dann sei es nur eine Äußerlichkeit, ob man mit dieser Person die Liebe ganzheitlich, auch körperlich, lebe oder nicht. Man will den Mut aufbringen, zu sich und seinen Gefühlen zu stehen, will den Erfahrungen, die sich einem aufdrängen, nicht ausweichen, sondern sie offen zulassen. So läßt ROGERS[127] eine Gewährsfrau sprechen, «daß man ein Recht darauf hat, die Erfahrungen zu machen, die man durchlebt, und daß man nicht die Erlaubnis seines Partners dazu benötigt. Gleichzeitig bedeutet einem sein Partner genug, daß man bei ihm bleibt, wenn *ihn* seine Gefühle überwältigen, und ihm zuhört, ohne sich extrem verantwortlich für ihn zu fühlen und ohne sich sein Verhalten von ihm vorschreiben zu lassen ... Ich glaube, die Situation ist ideal, wenn man zu seinem Partner sagen kann: ‹Ich brauche jetzt die Erfahrung dieser anderen Beziehung, und ich schulde sie mir selbst. Ich bin deiner Verletztheit, deiner Eifersucht, deiner Angst und deines Zorns bewußt; ich freue mich nicht darüber, aber sie sind eine Konsequenz der Entscheidung, die ich getroffen habe, und ich liebe dich genug, um für dich dazusein und all dies mit dir durcharbeiten zu wollen. Wenn ich mich entschließe, auf diese andere Erfahrung zu verzichten, dann tue ich es aus freier Wahl und nicht, weil ich mich von dir daran hindern lasse.›» Die Begründung ist etwa: Was kann ich dafür, wenn sich in mir solche Bedürfnisse und Phantasien entfalten? Was kann ich Besseres tun, als ganz offen zu sein für alle Erfahrungen, die sich mir aufdrängen? Was kann ich dafür, wenn es sich um Erfahrungen handelt, die meinen Partner verletzen? Wenn ich aus bloßer Rücksicht zu ihm auf diese Erfahrungen verzichte, müßte ich in mir Bedürfnisse unterdrücken und Gefühle verdrängen. Wäre da der Schaden nicht noch viel größer? Es wird so getan, als sei man das Opfer seiner Bedürfnisse, Wünsche und Phantasien, denen man ohne eigene Wahl und Entscheidung ausgesetzt sei.

Durch die Popularisierung der Psychologie haben sich gerade auf diesem Gebiet viele Vorstellungen verbreitet, die sich auf manche Beziehungen verhängnisvoll auswirken. FREUD war nie der Meinung, man habe nur die Wahl, Impulse und Bedürfnisse entweder frei auszuleben oder zu verdrängen. Vielmehr ist es das Anliegen der Psychoanalyse, solche Bedürfnisse in der Phantasie zuzulassen. Es ist ein Kennzeichen des starken Ichs, daß es solche Bedürfnisse zu regulieren vermag gemäß den Bedingungen, die durch die Außenwelt auferlegt werden (Realitätsprinzip anstelle des Lustprinzips). «Das Ich trifft auf diese Weise die Entscheidung, ob der Versuch zur Befriedigung ausgeführt oder verschoben werden soll oder ob der Anspruch des Triebes nicht überhaupt als gefährlich unterdrückt werden muß.»[128] (FREUD, *‹Abriß der Psychoanalyse›*.) Allgemeiner akzeptiert sind diese Gesichtspunkte bezüglich aggressiver Impulse. Jeder muß lernen, mit seinen aggressiven Impulsen umzugehen in einer konstruktiven, seinen eigentlichen Zielen dienenden Weise. Dadurch, daß sie nicht ungebremst ausgelebt werden, kommt es nicht zwangsläufig zu «Triebstauungen». Es besteht ein entscheidender Unterschied, ob ich aus Wut jemanden lediglich in der Phantasie oder in der Realität umbringe. Real ist, was reale Folgen hat. Wenn jemand in der Realität und nicht nur in der Phantasie Liebesbeziehungen mit dritten Personen eingeht, so entstehen dadurch Realitäten für den Lebenspartner und für die «dritte Person», die zu einem selbsttätigen Prozeß werden können, dessen Kontrolle man nicht mehr in der Hand hat. Auf den entscheidenden Unterschied von Traum und Realitäten im Wachleben habe ich bereits früher hingewiesen[129]. Konfusion entsteht immer wieder durch die mangelnde Differenzierung zwischen Liebschaft und Lebensgemeinschaft. Es wird gesagt, die Liebschaft sei der Lebensgemeinschaft gleichwertig, und der Geliebte habe gleichberechtigte Beziehungsansprüche wie der Lebenspartner. Es sei deshalb unzulässig, bloß wegen der Verletztheit des Partners die Beziehung zum Geliebten abzubrechen.

Ich glaube, daß das Problem, wie wir mit unseren Bedürfnissen nach Intimbeziehungen zu anderen Partnern umgehen sollen, nicht ideal gelöst werden kann. Wie fast überall im Zusammenleben sind Extremlösungen auch bei diesem Problem verkehrt. Die meisten Lebenspartner spielen sich auf ein unausgesprochenes Einvernehmen ein, bei dem die Beachtung gewisser Spielregeln gefordert wird, jedoch eine Grauzone toleriert, wenn auch nicht offen deklariert und bejaht wird. Bei den meisten Paaren kommt es bezüglich dieser nie ganz lösbaren Probleme zu Spannungen. Verwirrung bereitet häufig das Problem der Offenheit. Bei Theologenehen habe ich viele Beispiele kennengelernt, in denen der idealistische Anspruch auf absolute gegenseitige Offenheit verhängnisvolle Folgen hatte. In oft geradezu puristischer, ja skrupelhafter Manier möchte man sich von der früher herrschenden Doppelmoral absetzen, nach der Außenbeziehungen – früher vorwiegend ein Privileg der Männer – im geheimen stattfanden, während man in der Öffentlichkeit absolute «eheliche Treue» heuchelte. Diese Doppelmoral verkehrte sich nun aber in eine Offenheitsmoral, die genauso verlogen und heuchlerisch sein kann. Oft wird so getan, als ginge es um Offenheit, tatsächlich benützt man jedoch Geständnisse, um den Partner zu verletzen und zu verunsichern oder um ihn zur Billigung der Realisierung anderer Beziehungswünsche zu erpressen. Reagiert der Partner eifersüchtig, so sieht man darin falsche Besitzansprüche, die man ihm austreiben muß. Der Schwarze Peter liegt dann in jedem Fall beim Partner.

> Offenheit kann nicht einseitig, sondern immer nur interaktionell gelebt werden. Man kann in einer Beziehung immer nur so offen sein, wie der Partner für einen offen ist. Offenheit ist ein gemeinsamer Prozeß des Sich-füreinander-Öffnens. Das Sich-füreinander-Öffnen ist immer begrenzt. Es gibt keine uneingeschränkte Offenheit.

Man hat den Partner in seinen begrenzten Möglichkeiten des Sich-Öffnens zu respektieren und soll ihn wegen seiner Grenzen nicht gleich als besitzbeanspruchend und egoistisch disqualifizieren. Man ist in seinem Sich-Öffnen vom Offensein des Partners mitbestimmt. Es ist nicht immer sinnvoll, ihm Vorkommnisse mitteilen zu wollen, wenn diese von ihm ganz anders erlebt werden als von einem selbst, wenn er sich also nicht für den Bedeutungsgehalt, den ein bestimmtes Vorkommnis für einen hat, öffnen kann. Sowenig man das Anrecht hat, dem Partner seine Offenheit aufzuzwingen, sowenig hat der Partner das Recht, einen zu absoluter Offenheit zu verpflichten. Offenheit ist wichtig in allem, was den gemeinsamen Prozeß, die gemeinsame Beziehung betrifft. Hier ist auf beiden Seiten das Bemühen um größtmögliches Sich-einander-Öffnen wichtig. Das Entscheidende ist jedoch nicht die wechselseitige Mitteilung von Fakten, sondern vielmehr die Schaffung einer Atmosphäre, eines Klimas der Offenheit. Die Begegnung zweier Partner bleibt jedoch immer begrenzt. Jeder hat Bereiche, die er nicht mit dem Partner teilt, und persönliche Seiten, in denen er von anderen Menschen besser verstanden wird als vom Partner. Mit dem Anspruch auf rückhaltlose Offenheit geht oft der Respekt vor dem Eigenbereich, auf den jeder ein Anrecht hat, verloren. Dieser Bereich ist ein Bestandteil persönlicher Freiheit. Keiner hat das Recht, den anderen zu Mitteilungen zu drängen, sofern diese nicht die gegenseitige Beziehung direkt betreffen.

Der Offenheitsanspruch wird der Komplexität der Person oft nicht gerecht. Ihr psychisches Leben und somit auch ihre Partnerbeziehungen entwickeln sich auf vielen Ebenen. Sie ist ein Wesen voller Widersprüche, mit ihren Licht- und Schattenseiten, wie C. G. JUNG es hervorgehoben hat. Die Person vermag sich in ihrer Widersprüchlichkeit oft selbst nicht zu verstehen. Die Partner bleiben sich in mancher Hinsicht ein Geheimnis und müssen das auch bleiben. Besonders im erotisch-sexuellen Bereich leben in der Person nicht selten Phantasien und Wünsche nach Triebbefriedigung, die sie faszinieren, obwohl sie sich deren schämt und die zu verstehen sie dem Partner nicht zumuten will. Oft braucht sie, besonders im erotisch-sexuellen Bereich, die Wahrung ihrer Geheimnisse und Phantasmen und kann daraus erotische Spannungen ableiten, die die Partnerschaft stimulieren.

Die wenigsten Menschen richten ihre erotischen Strebungen längerdauernd ausschließlich auf eine Person. Die erotischen Beziehungen zu verschiedenen Personen sind vielfältig und unterschiedlich und brauchen die erotische Qualität der Lebensgemeinschaft nicht zu beeinträchtigen, ja, können sie im Gegenteil oft erhöhen. Die Offenbarung und «Klärung» aller Geheimnisse droht, das Leben flach und eindimensional zu machen und ihm den Reichtum der Komplexität, des Phantastischen und Unauslotbaren zu rauben.

So bleibt insbesondere die erotische Beziehung zum Lebenspartner auch bei äußerer Stabilität innerlich meist fluktuierend in Nähe und Distanz, Zuwendung und Abwendung, Offenheit und Geheimnis, in Intensität und Abziehen der erotischen Strebungen auf andere Beziehungen. All diese Wechsel sind ein Teil des gemeinsamen Lebens und gehören zum Wechsel von Glück und Verletztheit. Höhepunkte und Tiefen sind Teil des gemeinsamen Lebens.

Paradoxerweise führt der Anspruch auf völlige Offenheit in der Praxis oft zu Verschlossenheit, die aber wegen Verschleierung und Verleugnung gar nicht angesprochen werden kann. Zwei Eltern, die beide in sehr triebunterdrückenden Familienverhältnissen aufgewachsen waren, nahmen sich vor, ihren eigenen Kindern gegenüber im Sexuellen total offen zu sein. Es sollte im Haus keine verschlossenen Türen geben, alles sollte allen offenstehen. Doch wozu führte diese Offenheit in der Realität? Die sexuellen Beziehungen der Partner wurden immer spärlicher. Sie fanden lediglich zu später Stunde statt, bei geöffneter Schlafzimmertür, jedoch gelöschtem Licht. Beide vollzogen den Geschlechtsakt mit angehaltenem Atem, um die tiefe regelmäßige Atmung ihrer Kinder zu hören und sich so von deren ununterbrochenem Tiefschlaf zu überzeugen. Ein anderes Paar meldete sich in der sexualmedizinischen Sprechstunde wegen sexueller Unlust der Frau. Der Mann war stolz darauf, einen Dachstock so umgebaut zu haben, daß sie darin ohne Türen, unter dauerndem Hörkontakt und weitgehend in Sichtkontakt, leben konnten. Nach langem Streit setzte die Frau durch, daß wenigstens für das WC eine Tür montiert wurde. Sie saß oft lange Zeit im WC, um wenigstens hier einen Ort der Privatheit zu haben. Der Mann registrierte genau, wie viele Minuten diese Sitzungen täglich dauerten. Die Überforderung bezüglich Offenheit bewirkte die sexuelle Verschlossenheit der Frau. Ein Architekt war stolz auf den Eigenbau eines Einraum- oder Fließraumhauses. Hier sollte sich das Familienleben ohne Abgrenzungen in völliger Offenheit und Transparenz abspielen können. Das Leben in diesem Haus wurde vor allem der Frau zur Qual. Sie mußte die Geschirrspülmaschine in Abwesenheit des Mannes laufen lassen und alles so vorbereiten, daß er, wenn er zu Hause war, sich durch ihren Lärm nicht gestört fühlte. Sie war sehr gesellig, er war abends lieber allein. Sie hätte gerne Freunde eingeladen, doch das war nicht möglich, ohne ihn zu stören. Sie ging gerne früh ins Bett, er hörte gerne abends Musik oder sah fern. Da sie keine Türen hatten, konnte keiner so leben, wie er wollte, ohne den anderen zu stören oder von ihm gestört zu sein.

Konstruktive und destruktive Entwicklungen des gemeinsamen Prozesses

Gibt es gewisse Spielregeln und Rahmenbedingungen, welche die Chance für ein konstruktives gemeinsames Sich-Entwickeln erhöhen? Halten wir uns noch einmal das Yin-Yang-Symbol vor Augen: ein Bild der dialektischen Spannung zwischen dem weiblichen und dem männlichen Prinzip. In diesem Symbol haben Yin und Yang die gleiche Wertigkeit. Jedes braucht das andere, um sich als eigenes ausformulieren zu können. Die beiden Prinzipien stehen in einem Spannungsverhältnis zueinander. Jedes muß dem Druck des anderen standhalten können, so daß eine Balance aufrechterhalten wird. Ähnlich verhält es sich zwischen zwei Partnern. Beide Partner wollen sich im Beziehungsraum ausdehnen, beide setzen einander Widerstand entgegen. Das Paradoxe liegt nun darin, daß jeder in diesem Spannungsverhältnis darum kämpft, sich auszudehnen, daß aber gleichzeitig jeder darum besorgt sein muß, nicht einseitig zu siegen. Es muß dauernd so gerungen werden, daß im Endeffekt beide gleich viel Anteil am Beziehungsraum bewahren. Das setzt eine etwa gleiche Stärke beider Partner voraus, denn nur so kann ein optimales Spannungsverhältnis aufrechterhalten werden, ohne daß der eine sich auf Kosten des anderen ausdehnt. Es ist durchaus möglich, in diesem dauernden Ringen zu siegen, es ist möglich, Gewalt anzuwenden, den anderen zu erpressen und zu unterdrükken. Nur stellt sich dem Sieger die Frage: Zu welchem Preis? *Wenn sich nämlich der eine auf Kosten des anderen im Beziehungsraum ausdehnt oder der andere nicht mehr standhält, sondern aufgibt, so degeneriert die Beziehung als Ganzes, und der gemeinsame Prozeß entdifferenziert sich: Verlierer sind beide.*

Das Gefährliche an ökologischen Systemen ist, daß sie oftmals flexibel und leicht manipulierbar sind und ihre Eigenregulation leicht unterbunden werden kann. Die Wirkungen zeigen sich erst mit der Zeit. In jenen

Bereichen, in denen ich selbst Teil eines gemeinsamen Systems bin, schädige ich mich durch Unterdrückung des Partners genauso wie ihn. Eine Grundhaltung, welche auf Maximierung der eigenen Selbstbehauptung und des Sich-Durchsetzens ausgerichtet ist, wird in jedem Fall die Beziehung degenerieren lassen. So litt ein Arzt unter der drückenden Last, drei Frauen finanzieren zu müssen. Zuerst war er verheiratet mit einer Frau, die drei Kinder von ihm hatte. Er hatte den Anspruch, zu Hause absoluter Alleinherrscher zu sein. Als die Frau sich dem etwas entgegenstellen wollte, ließ er sich von ihr scheiden, sorgte finanziell jedoch weiterhin für sie und die Kinder. Er heiratete seine Praxisgehilfin, eine tüchtige Frau, die schon aus dem Dienstverhältnis gewohnt war, ihm zu gehorchen und ihm keine Widerstände entgegenzusetzen. Sie sorgte treu und fleißig für ihn. Darüber hinaus kam es jedoch kaum zu einer persönlichen Beziehung. So nahm er sich noch eine zwanzig Jahre jüngere Geliebte, mit der er die Wochenenden und Ferien verbrachte und die quasi seinem Vergnügen dienen sollte. Er kaufte dieser eine eigene Wohnung und finanzierte ihr den Lebensunterhalt. Er beherrschte alle drei Frauen und duldete keinen Widerspruch. Alle drei Frauen waren völlig von ihm abhängig. Und was brachte ihm das ein? Er rackerte sich ab, um finanziell für die drei Frauen aufzukommen. Zunehmend fühlte er sich ausgebeutet und hatte den Eindruck, daß die drei Frauen sich gegen ihn verschworen hätten und ein gemeinsames Spiel mit ihm trieben. Wer war hier der Sieger? Wer beherrschte wen?

Wenn ich für mich Wachstum anstrebe, so muß ich mich im eigenen Interesse gleichzeitig darum kümmern, daß der Partner in diesem Prozeß mithalten kann, daß seine Ansprechbarkeit als Gegenpol meiner Ansprechbarkeit mitwächst. Nicht der Stärkere, sondern der Schwächere bestimmt die gemeinsame Gangart. Es ist wie bei einem Mannschaftslauf. Wenn der Schnellste der Gruppe einfach davonläuft, wirkt das auf die anderen Teilnehmer kaum stimulierend. Es besteht die Gefahr, daß sie entmutigt werden und noch mehr Mühe haben, mitzuhalten. Der Stärkere muß im eigenen Interesse das Mitziehen der Schwächeren unterstützen. Das kann gelegentlich zu erheblichen Einschränkungen der eigenen Entfaltung führen. So war bei einem Paar, das sich in unserer sexualmedizinischen Sprechstunde meldete, der Mann zwar liebenswert, aber scheu und lahm, während die Frau ein überschäumendes Temperament zeigte. Bei den sexuellen Beziehungen steigerte sie sich in ein ekstatisches Begehren hinein, über das der Mann so erschrocken war, daß er mit Potenzstörungen reagierte, worüber die Frau frustriert war, was wiederum seine Impotenz verstärkte. In der Therapie lernte die Frau, daß sie mehr bekommt, wenn sie weniger will. Im Interesse des gemeinsamen sexuellen Prozesses mußte sie sich in ihren Ansprüchen auf den Mann abstimmen und auf die volle Durchsetzung ihrer eigenen sexuellen Bedürfnisse verzichten. Sie konnte sich in der Beziehung daher sexuell nicht so entfalten, wie sie sich das erträumte. Da sie den Mann im übrigen aber sehr liebte, war ihr die Beziehung diese Einschränkung wert. Es war für sie aber auch eine positive Erfahrung zu sehen, wie sie durch verändertes Verhalten die Potenz ihres Mannes wesentlich zu verbessern vermochte. Indem sie weniger forderte, wurden die sexuellen Beziehungen auch für sie befriedigender.

Bei einer Fehlentwicklung in einer Paarbeziehung muß sich ein jeder der beiden fragen: «Was habe ich aus meinem Partner gemacht?» Besonders bei Arztehen, die zur Therapie kommen, sehe ich immer wieder, wie der Mann sich einseitig auf Kosten seiner Frau entwickelt hat und dann, wenn die Kinder sich von der Familie ablösen, er neben sich eine depressive Frau bemerkt. Er kann sich mit ihr nicht mehr konstruktiv auseinandersetzen, weil sie es zu lange gewohnt ist, ihm keinen Widerstand mehr entgegenzusetzen. So sagte ein Arzt, er habe zeitlebens nach der Devise gelebt: «Man and woman are one. But it is the man who is the one.» («Mann und Frau sind eins. Aber der Mann ist die Eins.») Aber nicht nur der Mann muß sich fragen: «Was habe ich aus meiner Frau gemacht?» Die Frau muß sich ebenso fragen: «Was habe ich in der Beziehung aus mir machen lassen? Was waren meine Motive, in unserem Kampf aufzugeben, dem Mann nichts mehr abzufordern, meinen Anteil im gemeinsamen Raum nicht mehr zu beanspruchen und mich ihm gegenüber nicht mehr zu behaupten?» George Bach[130] hat mit Recht darauf hingewiesen, daß es in ehelichen Streitigkeiten nicht Sieger und Besiegte geben kann. Entweder sind beide Verlierer oder beide Gewinner. *Jeder muß in eigener Verantwortung zur Entfaltung des dyadischen Selbst beitragen. Gemeinsames Wachstum heißt ein dauerndes Ringen miteinander, heißt dauernde gegenseitige Herausforderung und gegenseitigen Widerstand. Gemeinsames Wachstum ist alles andere, als sich für den Partner oder für die Partnerschaft aufzugeben, zu fusionieren oder sich aufzuopfern.* Yin und Yang verschmelzen nicht miteinander, sondern sie lassen sich gegenseitig entstehen. Ihre Formen sind aufeinander bezogen und bilden miteinander ein Ganzes. Entscheidend ist, daß dieses Ringen mit dem Partner nicht zum Selbstzweck wird, sondern zentriert ist auf die Erfüllung der Ziele und Aufgaben des gemeinsamen Prozesses.

Beide Partner haben recht

In meinen früheren Büchern[131] habe ich darauf hingewiesen, daß die Ursache oder «Schuld» in ehelichen Streitigkeiten sich zu je rund 50 Prozent auf beide Partner verteilt. Diese Fifty-fifty-Regel bewährt sich in der Paartherapie. Was mich jedoch in den letzten Jahren zunehmend beeindruckt, ist die tiefere Weisheit, die in den Vorhaltungen liegt, die jeder dem anderen macht. Vordergründig wirken die Vorwürfe oft maßlos und unberechtigt, sie treffen praktisch jedoch immer einen Gesichtspunkt von zentraler Bedeutung. Es verhält sich so wie in der bekannten Geschichte vom Rabbi:

Da geht eine Frau zum Rabbi und klagt über ihren Mann. Der Rabbi hört zu und sagt: «Du hast recht.» Die Frau geht heim und berichtet dem Mann: «Der Rabbi hat gesagt, ich habe recht.» Anderntags geht der Mann zum Rabbi und klagt ihm über seine Frau. Der Rabbi hört zu und sagt: «Du hast recht.» Der Mann geht heim und sagt der Frau: «Der Rabbi hat gesagt, ich habe recht.» Erbost geht daraufhin die Frau zum Rabbi und sagt: «Erst sagst du mir, ich habe recht, und dann sagst du meinem Mann, er habe recht.» Der Rabbi sagt: «Du hast recht.»

An sich ist die Treffsicherheit der Vorwürfe des Partners nicht erstaunlich, ist er doch jener Mensch, der sich in der Regel am intensivsten mit einem auseinandersetzt. Aus ökologischer Sicht ist seine Entwicklung in hohem Maß von meiner Entwicklung mitbestimmt so wie meine Entwicklung von der seinigen. Kein anderer Mensch ist so sehr von meiner Entwicklung betroffen wie mein Partner und umgekehrt. Ich habe in meinen Paartherapien noch kaum je erlebt, daß das, was die Frau dem Mann vorwirft, sich nicht genau mit dem deckt, was auch ich ihm vorwerfen würde. Was sie ihm an persönlicher Entwicklung abfordert, ist auch aus meiner Sicht das Richtige. Aber auch umgekehrt: Was der Mann seiner Frau vorwirft, stimmt meist mit meinen Beobachtungen genau überein. Im Grunde hält jeder dem anderen das Spiegelbild jener Seiten vor, die er selbst nicht gerne sehen möchte.

Einer der wesentlichsten Gründe, weshalb mir oft nicht wohl dabei ist, wenn zwei Partner im Lauf einer Therapie schon sehr schnell auseinandergehen, liegt in dieser Beobachtung. Oft habe ich den Eindruck, sie ergreifen die Flucht, bevor sie sich wirklich miteinander und mit sich selbst auseinandergesetzt haben. Die äußere Trennung ist ein Ausweichen vor der Herausforderung, die, wenn sie richtig verstanden würde, das persönliche Wachstum durchaus fördern könnte.

Weshalb fällt es den Partnern so schwer, die Wahrheiten, die sie einander sagen, voneinander zu hören? Teilweise hängt das mit der Art und Weise zusammen, wie sie miteinander kommunizieren. Je erpresserischer der eine vom anderen etwas fordert, desto trotziger verschließt sich der andere und verharrt stur auf dem Bisherigen, was wiederum das erpresserische Gebaren des ersteren verstärkt. So verhakeln sich zwei Partner in einen Clinch, wo keiner auch nur einen Millimeter nachgeben darf, weil er sich sonst bereits auf dem Verliererposten fühlen würde. Für den Therapeuten geht es dann um die Frage: Wie kann ich den Partnern dazu verhelfen, hellhöriger zu werden für das, was ihnen der andere sagen will? Wie kann ich die Partner dazu veranlassen hinzuhorchen, was ihnen das gemeinsame Selbst, der gemeinsame Prozeß offenbaren will? Wie kann ich erreichen, daß sie Kritik nicht einfach als Erniedrigung und Verletzung erfahren, sondern als eigentlichen Liebesdienst? Ist Kritik doch immer ein Zeichen dafür, daß sich andere für einen engagieren und sich mit einem auseinandersetzen möchten. Gelingt es, hellhöriger zu werden, so vernimmt man auf mysteriöse Weise in der Stimme des anderen die eigene Stimme und erkennt in der eigenen Stimme die Stimme des anderen. Ich löse im anderen das aus, was er mir sagt, genauso wie es der andere ist, der mich zu ihm sprechen läßt. Das, was der andere mir sagt, deckt sich mit dem, was eine innere Stimme mir sagt, der ich mich genauso verschließe wie der Stimme des Partners.

Ich glaube nicht, daß eine Lebensgemeinschaft langweilig wird, weil zwei Partner sich zu sehr aneinander gewöhnt haben und einander nichts mehr zu sagen haben. In den allermeisten Fällen haben sie sich nichts mehr zu sagen, weil sie einander nichts mehr sagen dürfen. Kritik, auf die mit persönlicher Gekränktheit und Gegenverletzung überschießend reagiert wird, unterbleibt. Damit wird aber dem gemeinsamen Prozeß die Kraft entzogen. Eine Beziehung wird langweilig, weil beide Partner voreinander resignieren und einander nichts mehr abfordern.

Gemäß dem früher dargestellten Kollusionskonzept (H. Dicks 1967, Willi 1975, Lemaire 1979) ist dieser Vorgang folgendermaßen verstehbar: Die Kollusion der Partner besteht darin, daß jeder einen Anteil von sich, den er nicht akzeptieren will, abspaltet und auf den Partner verlegt. Der progressive Partner delegiert dem regressiven seine Schwäche, seine Ängstlichkeit und Hilflosigkeit, der regressive Partner delegiert seinen

Anspruch auf Bewunderung, Stärke und Selbstbestätigung. Dieser abgespaltene, dem Partner delegierte eigene Anteil spricht nun aus dem Partner genauso, wie der mir übertragene Anteil des Partners aus mir zu ihm spricht.

Die Kunst gemeinsamen Wachsens ist eine Frage des Maßes

Das zu verstehen, ist bereits eine Kunst. Wir neigen in unserem westlichen Denken immer zu der Meinung: Wenn das eine richtig ist, muß das andere falsch sein. Diese Meinung verträgt sich nicht mit ökologischem Denken. Das Wahre wird nicht wahrer, wenn man es verabsolutiert; es wird dann meist falsch. Aus der Verabsolutierung der Gerechtigkeit entsteht das höchste Unrecht (summum ius, summa iniuria). Auch das Gute wird nicht besser, wenn man es verabsolutiert; es erzeugt vielmehr das Schlechte, das es zu seiner Profilierung benötigt. Der Starke wird nicht stärker, wenn er sich zuviel Macht aneignet; er wird von seiner Macht gelähmt.

Für all diese Aussagen gibt es in der Weltgeschichte unzählige Belege. Die Verabsolutierung von Werten und jede Form von Extremismus sind grundsätzlich falsch. Das erschwert die Darstellung psychologischer Probleme. Um etwas sichtbar zu machen, muß man es bis zu einem gewissen Grade überzeichnen, auf die Gefahr hin, daß es dann bereits wieder falsch ist. Um Werte zu verändern, muß man sie in gewissem Sinn verabsolutieren. Extremhaltungen und Revolutionen sind notwendig, um gesellschaftliche Prozesse in Gang zu bringen, obwohl die verabsolutierten Postulate fast immer falsch sind. Was richtig ist, läßt sich sehr schlecht in allgemeiner Form darstellen. Es läßt sich jedoch von den konkret Betroffenen in einer konkreten Situation erspüren, wenn sie hellhörig dafür sind. Den Partner unterstützen kann richtig sein, aber auch falsch; den Partner begrenzen kann richtig sein, aber auch falsch; den Partner provozieren kann richtig sein, aber auch falsch. Ob es richtig ist, ergibt sich aus den Wirkungen, aus dem Zusammenspiel, aus dem, was daraus entsteht. «An ihren Früchten sollt ihr sie erkennen.» Sicher können zuviel Unterstützung, zuviel Begrenzung, zuviel Provokation schädlich sein und genau das Gegenteil bewirken von dem, was damit intendiert war. Aber zuwenig Unterstützung, Begrenzung und Provokation können ebenso ungünstig sein. Entscheidend ist nicht das Maß an Glück und Harmonie, auch nicht das Maß der individuellen Entfaltung; entscheidend ist vielmehr die gemeinsame Geschichte, die entsteht. Entscheidend ist, ob diese Geschichte insgesamt als sinnvoll und fruchtbar erlebt werden kann, trotz aller Schwierigkeiten, allem Leid und Chaos, als die Geschichte, mit der ich identifiziert bin, als meine und unsere Geschichte.

All das, was in diesem Kapitel über das gemeinsame Wachsen in einer Zweierbeziehung gesagt wurde, läßt sich grundsätzlich auf jede Form von Lebensgemeinschaft übertragen, auf das Leben in der Familie, im Arbeitsteam, in einer religiösen, politischen oder weltanschaulichen Gruppe, bis hin zur Koevolution verschiedener Staaten und Machtblöcke.

Überall in der ökologischen Betrachtungsweise ist das «Was» weniger wichtig als das «Wie» und «Wieviel». Es geht fast nie um Maximierung irgendeiner Größe, sondern um deren Optimierung in der Wechselwirkung mit allen anderen Faktoren.

5. Korrektur neurotischen Verhaltens in Partnerschaft

Heute ist die Annahme weit verbreitet, die Ehe schränke nicht nur das persönliche Wachstum ein, sondern habe auch einen neurotisierenden Einfluß. In der therapeutischen Praxis begegnet man tatsächlich vielen Patienten, die sich außerhalb der Ehe vernünftig, konstruktiv und angepaßt verhalten, in der Ehebeziehung jedoch regressiv und neurotisch. Oder man sieht Patienten, die als Alleinstehende früher selbständig und selbstbewußt waren, in der Ehe jedoch abhängig, selbstunsicher und depressiv geworden sind. Der individuumzentrierte Therapeut sieht den Erfolg seiner Bemühungen oft durch den nicht behandelten Ehepartner in Frage gestellt. Es entsteht in ihm die Vorstellung, daß erst eine Trennung vom Partner den Weg für eine gesunde und reife Entwicklung freimache. Scheidung während einer Therapie wird dann oft als Erfolg gewertet – wie der Wegfall eines Krankheitssymptoms. Trennung und Scheidung können tatsächlich den Weg für eine positive Entwicklung eröffnen. Sie müssen es aber nicht. Ich möchte in diesem Kapitel die Gegenseite darstellen und zeigen, daß Partnerschaft auch wesentlich zur Gesundung einer zuvor neurotischen Persönlichkeit beitragen kann.

Es gibt heute viele epidemiologische Untersuchungen, die darin übereinstimmen, daß Neurose und Fehlen einer Lebensgemeinschaft statistisch miteinander korrelieren. Ich möchte dazu lediglich die neueste mir bekannte deutschsprachige Arbeit aufführen, das Mannheimer Kohortenprojekt unter der Leitung von Heinz Schepank[132]. Untersucht wurde das Vorkommen psychogener Erkrankungen in Mannheim. Es handelt sich um eine Felduntersuchung von je 200 nach Zufall ausgelesenen Probanden der Jahrgänge 1935, 1945 und 1955 aus der Allgemeinbevölkerung. Unter anderem ergab die Studie, daß die als psychogen krank identifizierten Probanden signifikant häufig ledig, getrennt lebend oder geschieden sind, während unter den verheirateten die Nichtfälle überrepräsentiert sind. Natürlich stellt sich die Frage:

Sind Verheiratete *statistisch* gesehen die Gesünderen, oder ist es die feste Beziehung, welche Menschen eher gesund erhält?

Psychoanalytische Annahmen über reife Beziehungsfähigkeit

Von der Psychoanalyse wurden immer wieder folgende Annahmen vertreten: Sofern neurotische Fixierungen und Regressionstendenzen vom Individuum nicht bewältigt werden, besteht ein neurotischer Wiederholungszwang, der dazu führt, daß die Partnerwahl immer wieder nach denselben Mustern vollzogen wird und immer wieder in denselben Enttäuschungen endet. Es wurde angenommen, daß eine neurotische Persönlichkeit in einer Partnerbeziehung dazu neigt, ihre neurotischen Wünsche auszuagieren, sich dabei in übermäßige Ängste vor deren Befriedigung hineinzusteigern und sich damit in Kollusionen zu verwickeln. Es wurde geglaubt, ein Selbstheilungsversuch durch Partnerschaft wäre von vornherein zum Scheitern bestimmt. Zuerst sollte jemand eine stabile Identität und eine reife Beziehungsfähigkeit entwickelt haben, bis er fähig sei, eine stabile, subjektiv und objektiv befriedigende Partnerschaft zu führen.

So müßte nach MICHAEL BALINT[133] die genitale oder postambivalente Liebe idealtypisch frei sein von Spuren von Ambivalenz oder prägenitaler Objektbeziehung. «... a) es ist dann keine Gier, keine Unersättlichkeit mehr vorhanden ... d. h., es dürfen keine oralen Züge mehr vorhanden sein; b) es darf kein Wunsch mehr vorhanden sein, dem Objekt weh zu tun, es zu ... beherrschen usw., d. h. keine sadistischen Züge; c) es darf nicht mehr der Wunsch bestehen, den Partner zu entwerten ... d. h., es sollten keine Reste analer Züge mehr vorhanden sein; d) ... es darf keine Spur der phallischen Phase oder des Kastrationskomplexes mehr vorhanden sein.» Als positive Eigenschaften der genitalen Liebe bezeichnet BALINT: «Man liebt seinen Partner, 1. weil er einen befriedigen kann; 2. weil man ihn befriedigen kann; 3. weil man mit ihm gemeinsam, fast oder völlig gleichzeitig, einen vollen Orgasmus erleben kann.» Nach KOHUT[134] ist die Fähigkeit zur Objektliebe gebunden an ein gefestigtes, kohärentes und scharf abgegrenztes Selbst. «Je sicherer ein Mensch sich seines eigenen Wertes ist, je gewisser er weiß, wer er ist ... – um so mehr wird er mit Selbstvertrauen und Erfolg in der Lage sein, seine Liebe zu geben (d. h. objckt-libidinöse Bindungen einzugehen), ohne Zurückweisung und Erniedrigung übermäßig befürchten zu müssen.» MEISSNER[135] schrieb eine sehr gute Darstellung der Psychodynamik der Ehe aus psychoanalytischer Sicht. Auch er meint, daß nur ein reifes Selbst fähig sei, eine funktionsfähige Beziehung einzugehen und aufrechtzuerhalten. «Bei starken Defekten der Identität wird der Mangel an Identität zur Unfähigkeit, auf andere zu hören, auf diese einzugehen und den eigenen Standpunkt zu differenzieren ... Eines der wichtigsten Charakteristika einer funktionierenden, reifen und individualisierten Persönlichkeit ist die Tatsache, daß *ihre emotionale Funktionsfähigkeit innerhalb der Grenzen des eigenen Selbst enthalten ist.* Sie ist nicht nur fähig, ihr eigenes emotionales Funktionieren innerhalb ihrer eigenen Grenzen aufrechtzuerhalten, sondern auch *sich selbst aufzufangen bei Verletzungen, Schmerz und Leiden durch andere.*» Für R. und G. BLANCK[136] ist ein Merkmal der reifen Liebe die Fähigkeit zu einer kontinuierlichen Beziehung, die auch unabhängig von der physischen Anwesenheit der anderen Person aufrechterhalten werden kann und die Anwesenheit des Partners nicht mehr zum Auftanken benötigt (Objektkonstanz, HARTMANN, auf der Grundlage einer konstanten internalisierten Objektrepräsentanz).

Die Psychoanalyse postuliert als Voraussetzung zum Eingehen einer funktionsfähigen Beziehung die Fähigkeit, sich selbst unabhängig vom Partner zu regulieren und den Partner nicht zur Selbststabilisierung zu brauchen. Die Beziehung sollte auf der Basis eines unabhängigen und autonomen Selbst stehen, das sich mit einem anderen unabhängigen und autonomen Selbst in Beziehung setzt. Auch die humanistische Psychologie stellt sich eine ganzheitliche Person als sich selbstregulierend und unabhängig von konkreten Partnern vor.

Mit dem Kollusionskonzept[137] habe ich eingehend und an Hand vieler Beispiele aus der Praxis dargestellt, wie es zwischen zwei Partnern zu einem neurotischen, weitgehend unbewußten Zusammenspiel kommen kann. Gleichartige, unbewältigte Schwierigkeiten üben in der Phase der Partnerwahl eine starke gegenseitige Anziehung aus. Beide Partner hoffen, einander all die unerfüllten Wünsche der Kindheit zu befriedigen und all die früheren Frustrationen und Verletzungen wiedergutzumachen, und zwar in der Weise, daß scheinbar keiner vor dem anderen Angst zu haben braucht, weil jeder den anderen in dem Verhalten benötigt, das dieser als eigenen Selbstheilungsversuch anstrebt. Diese scheinbar ideale, gegenseitige Entsprechung erweist sich im längeren Zusammenleben jedoch als ein starres Arrangement, das zwar hilft, die gemeinsamen Ängste abzuwehren, aber keinen gemeinsamen Entwicklungsprozeß zuläßt. Die kollusive Beziehung gerät deshalb früher oder später fast zwangsläufig in eine schwere Krise, die irgendeine Veränderung hervorruft, sei es das Herauswachsen aus der pathologischen Kollusion, sei es eine Neutralisierung der unlösbaren Konflikte mittels Krankheit, sei es die Auflösung der Beziehung durch Scheidung.

Die Ansichten und Haltungen der Psychoanalyse waren ein notwendiger Differenzierungsschritt gegenüber einer zuvor gerade auch unter Ärzten weit verbreiteten Tendenz, die Ehe als Heilmittel zu empfehlen, um Entwicklungsdefizite auszugleichen, Haltlose zu stabilisieren und Überspannte zu besänftigen. Und wenn die Ehe nicht die erhoffte Wirkung hatte, riet man zu einem Kind, und wenn dies noch nichts fruchtete, zu weiteren Kindern. Ich glaube nicht, daß heute noch jemand ernsthaft die Meinung vertritt, Ehepartner oder Kinder dürften zur Selbstheilung benutzt werden oder dürften überhaupt benutzt werden. Zu häufig ist das offensichtliche Scheitern solcher Selbstheilungsversuche.

Und doch: Mit zunehmender Erfahrung in der Beobachtung der Paardynamik geriet ich in Zweifel bezüglich der Allgemeingültigkeit dieser nie systematisch untersuchten Hypothesen der Psychoanalyse. Ich begegnete immer öfter behandelten und unbehandelten neurotischen Persönlichkeiten, welche in ihren Beziehungen keineswegs immer wieder das gleiche kollusive Arrangement inszenierten, sondern offensichtlich in der Lage waren, aus dem Scheitern einer Beziehung für die nächste etwas dazuzulernen. Ich sah immer häufiger schwer neurotische, ja sogar psychotische Persönlichkeiten, welche in der Lage waren, langdauernde, subjektiv befriedigende und objektiv funktionsfähige Beziehungen aufrechtzuerhalten. Immer wieder traf ich auch auf schwer neurotische Persönlichkeiten, die in einer Beziehung wesentlich glücklicher und stabiler wirkten und keineswegs der Annahme Balints entsprachen, daß die anstrengende und kräftekonsumierende Anpassungsarbeit an ein Liebesobjekt nur von einem gesunden Ich geleistet werden könne.

Bis jetzt konnte ich noch keine Literatur über positive Korrekturen neurotischen Verhaltens in ehelicher Partnerschaft finden. Bei der allgemeinen Tendenz, dem Pathologischen mehr Beachtung zu schenken als dem Gesunden, wird immer nur auf die Tendenz neurotischer Persönlichkeiten hingewiesen, ihre Konflikte an ihren Bezugspartnern auszutragen.

Im folgenden möchte ich über fünf Paare berichten, bei denen beide Partner klinisch gesichert eine schwer neurotische Persönlichkeit aufwiesen und von denen ich wußte, daß sie seit mehreren Jahren in gemeinsamer Wohnung zusammenleben. Es interessierte mich, inwiefern diese Beziehungen objektiv als funktionsfähig und subjektiv als befriedigend bezeichnet werden können.

Eigene Untersuchung von Ehen neurotisch gestörter Persönlichkeiten

Seit 1967 leite ich die Psychotherapiestation der Psychiatrischen Universitätspoliklinik Zürich. Es handelt sich dabei um eine Abteilung, wo ausschließlich schwer Neurosenkranke für rund drei Monate stationär behandelt werden in einer Kombination von Einzeltherapie, Gruppentherapie, Körpertherapie und Milieutherapie. Patienten, die zu uns kommen, hatten zuvor meist bereits eine oder mehrere ambulante Psychotherapien erlebt. Die stationäre Behandlung erfolgt in der Regel, weil eine ambulante Psychotherapie nicht durchführbar erscheint. Unsere Patienten weisen praktisch durchweg schwer neurotische Persönlichkeitsstörungen auf. Meist ist vor dem Eintritt über längere Zeit eine deutliche Beeinträchtigung der Arbeitsfähigkeit festzustellen. Unsere Patienten leiden insbesondere an schweren Störungen der Beziehungsfähigkeit.

Ich bezog in meine Untersuchung alle jene Probanden ein, die sich auf der Psychotherapiestation kennengelernt hatten und miteinander eine dauerhafte Lebensgemeinschaft eingegangen waren. Es handelt sich um fünf Paare, die verheiratet sind. Derartige Paarbildungen sind selten. Ich wählte die Paare wegen der schon vor der Partnerwahl bei beiden Partnern diagnostizierten neurotischen Persönlichkeitsstörung. Keiner der zehn Partner war bei mir persönlich in Psychotherapie, so daß ich nicht als Ehestifter vermutet werden kann. Von keinem Paar wußte ich genauer, wie es nach dem Stationsaufenthalt weitergegangen war. Nach der Stationsentlassung hatten vier der zehn Probanden keine weitere psychotherapeutische Behandlung mehr (F1, F3, M3, M2), drei absolvierten eine mehrjährige Psychoanalyse (F2, F4, M1). Im Zeitraum dieser fünfzehn Jahre (1967 bis 1982) kam es zu keiner anderen Eheschließung unter Stationspatienten.

Methodik: Ich hielt mit jedem der zehn Probanden einzeln ein halbstrukturiertes Interview. Danach führte Frau Dr. Linde Brassel-Am-

MANN mit jedem Paar den Gemeinsamen Rorschach-Versuch (WILLI 1973) durch und wertete ihn unabhängig von meinen Befunden aus. Ferner verfügte ich über eingehende Krankengeschichteneinträge aus der Zeit der stationären Behandlung.

Äußere Funktionsfähigkeit dieser Ehen

Das Zusammenleben der fünf Paare dauerte zur Zeit der Nachuntersuchung zwischen vier und sechzehn Jahren. Von keinem der fünf Paare wurde eine Scheidung je in Betracht gezogen. Beim ersten Paar nahm die Frau vor drei Jahren eine eigene Wohnung, weil sie die Zwangsrituale des Mannes nicht mehr aushielt. Sie besorgt jedoch weiterhin dem Mann den Haushalt, sieht ihn mindestens jeden zweiten Tag und möchte sich keinesfalls von ihm trennen. Die übrigen vier Paare führen eine äußerlich funktionsfähige Ehe, das heißt, beide Partner sind in der Lage, die Verantwortung, die ihnen die Partnerschaft abfordert, selbst zu übernehmen, sie sind arbeitsfähig, finanziell unabhängig und leben äußerlich in geordneten Verhältnissen. Bei neun von diesen zehn Probanden kam es seit dem Austritt aus der Psychotherapiestation zu einer wesentlichen Besserung der Symptomatik. Die Sexualbeziehungen sind bei zwei Paaren (3, 4) angeblich problemlos, bei einem Paar (5) kommt die Frau wegen ihrer sado-masochistischen Vorstellungen nur bei der Masturbation zum Orgasmus, bei zwei Paaren (2, 1) ist es nach Jahren funktionsfähigen Intimlebens seit mehreren Jahren (drei Jahre, sieben Jahre) nicht mehr zu sexuellen Beziehungen gekommen.

Keiner der zehn Probanden ist mit seiner Herkunftsfamilie in destruktive Interaktionen verstrickt, die das Eheleben belasten würden. Bei zwei der fünf Paare kam es zu Geburten (Paar 2 hat zwei Kinder, Paar 3 ein Kind). Die Kindererziehung bereitet dem Paar 2 eher Mühe. Beim ersten Kind wurde eine frühkindliche Hirnschädigung nachgewiesen (körperlicher Wachstumsstillstand im ersten Lebensjahr). Den Eltern fällt es schwer, diesem heute sechsjährigen Knaben Grenzen zu setzen und Strukturen zu geben. Der Knabe steht in kinderpsychiatrischer Behandlung. Die anderen Kinder scheinen sich gut zu entwickeln.

Bei allen fünf Paaren wirkt die Frau heute als die Gesündere, Ausgeglichenere und Tragfähigere. Mit einer Ausnahme (3) haben die Männer sich beruflich nicht so entfalten können, wie es von der Ausbildung her hätte erwartet werden können.

Tab.: Ehen von schwer neurotischen Persönlichkeiten, die sich während der Hospitalisation auf der Psychotherapiestation kennengelernt haben

Paare	Diagnose auf Psychotherapiestation	Symptomatik* Ausprägung auf der Station	Symptomatik* zur Zeit der Nach-untersuchung	Dauer der Beziehung bzw. Dauer des Zusammen-lebens
1. ♀ 48j.**	Magenulcus bei infantil-hysterischer Persönlichkeit	XXX >>	X	17 J./16 J.
♂ 50j.	invalidisierende Zwangskrankheit	XXX <	XXXX	
2. ♀ 36j.	Depression bei schizoider Persönlichkeit	XXX >>	0	10 J./ 8 J.
♂ 39j.	schizoide Persönlichkeit, Arbeitsstörungen, sexueller Sadomasochismus, Alkoholismus	XXX >	XX	
3. ♀ 26j.	neurotisches Lügen und Stehlen bei emotionaler Verwahrlosung	XXX >>	0	8 J./ 6 J.
♂ 32j.	psychosomatische Magen-Darmstörung	XXX >>	X	
4. ♀ 35j.	Herzneurose, Klaustro- und Agoraphobie	XXXX >>	X	8 J./ 6 J.
♂ 34j.	langjährige Arbeitsstörungen bei schizoider Persönlichkeit	XXX >	XX	
5. ♀ 30j.	Depression bei schizoider Persönlichkeit, sexueller Sadomasochismus	XXX >>	0	5 J./ 4 J.
♂ 34j.	Borderline case	XXX >>	X	

* Sympotmatik:
0 = gesund
X = leichte neurotische Störungen ohne Einschränkungen im Lebensvollzug
XX = mittelschwere neurotische Störungen mit sozialen Einschränkungen
XXX = schwere neurotische Störungen mit erheblichen sozialen Einschränkungen
XXXX = schwere neurotische Krankheit mit sozialer Funktionsunfähigkeit

** Alter zur Zeit der Nachuntersuchung

Subjektive Darstellung der Partnerschaft (Fallgeschichte von Paar 4)

Die jetzt fünfunddreißigjährige Frau war vor acht Jahren in unserer stationären Behandlung. Sie litt damals seit vier Jahren an Erschöpfungszuständen, deren Beginn mit der Wiederverheiratung ihres Vaters zusammenfiel. Die Mutter, an Schizophrenie leidend, hatte sich einige Monate zuvor erhängt. Die Patientin, welche ihre Mutter betreut hatte, machte sich deswegen schwere Vorwürfe. Ein Jahr vor Stationseintritt trat eine schwere Herzneurose auf, die schließlich dazu führte, daß die Patientin die Wohnung nicht mehr allein verließ und die größte Zeit des Tages im Bett verbrachte. Durch diese Krankheit wurde die geplante Heirat mit einem Juristen vereitelt.

Auf Grund dieser Vorgeschichte und des Verhaltens auf der Psychotherapiestation wäre etwa folgende Partnerbeziehung zu erwarten gewesen: Die Patientin zeigte ein typisch phobisches Sozialverhalten. Sie war äußerlich angepaßt und angenehm, hielt keine zwischenmenschlichen Spannungen und Konflikte aus, hatte Angst vor ihren aggressiven und sexuellen Strebungen und neigte zu Anklammerung und Vermeidung von Trennungen. In der Beziehung zu ihrem Verlobten war sie unglücklich. Er verhielt sich ihr gegenüber arrogant und lieblos. Sie wagte es jedoch nicht, an ihn irgendwelche Ansprüche zu stellen, sondern suchte in der Beziehung vor allem Sicherheit und Anlehnung. Schließlich sprach ihre Krankheit für sie, da sie es nicht gewagt hätte, dem Verlobten ihre Bedenken bezüglich der Heirat mitzuteilen. Sie hatte damals ein Bedürfnis nach einem sicheren, verläßlichen Vater bei gleichzeitiger Angst, diesem unterlegen zu sein und von ihm verlassen zu werden. Es wäre zu erwarten gewesen, daß sie vor allem eine anal-sadistische Kollusion[138] eingegangen wäre.

Jetzige Beziehung und persönliche Entwicklung. Die Patientin war zur Zeit des Stationsaufenthalts Studentin der Naturwissenschaft. Sie entwikkelte sich beruflich und ist heute Dozentin an einer Universität, hält Vorlesungen und nimmt Prüfungen ab. Die Beziehung zu ihrem Mann trägt keine Züge einer anal-sadistischen Kollusion. Er ist innerlich zerrissen und fühlt sich ihr gegenüber immer ambivalent. Es gab seinetwegen ein jahrelanges Hin und Her um die Entscheidung zur Heirat, und auch heute noch sind sie entscheidungsunfähig, ob sie eigene Kinder haben wollen oder nicht. In der Beziehung fällt sie die Entscheidungen und übt Führungsfunktionen aus. Er gibt ihr jedoch den emotionalen Halt und lockert auch ihre Ängstlichkeit und Übergewissenhaftigkeit. Sie äußert über die Beziehung: «Die gegenseitige Hilfe ist der Grundsatz unserer Beziehung. Es ist das Gefühl, gebraucht zu werden und für den Partner wichtig zu sein. Mit meinem früheren Verlobten war es ein dauerndes Hin und Her. Er hat mich nie richtig lieben können und gab mir keine Sicherheit. In der jetzigen Beziehung fühle ich mich vollwertig und bin sicher, daß mich mein Partner liebt. Wir sind sehr verschieden, in vielem fast das Gegenteil voneinander. Gelegentlich habe ich Angst vor meiner Arbeit, bei der ich ja eine ziemlich große Verantwortung übernehmen muß. Er ist dann ganz ruhig und sagt, ich solle telefonieren und mich krank melden. Von meiner Erziehung her würde ich so was nie wagen. Viermal habe ich das bisher gemacht, und es hat mir sehr gutgetan. Er hat jetzt weniger Arbeitsstörungen als früher. Ich kenne ihn gut. Ich weiß: Wenn er auch heute unheimlich jammert, er halte die Arbeit nicht mehr aus, so ist er morgen besser dran als ich. Manchmal muß ich ihn wie eine Mutter in meine Arme nehmen und ganz nah bei ihm sein. Dann wiederum macht er dasselbe mit mir. Er streichelt mir über den Kopf, so wie es früher mein Vater tat. Das habe ich sehr gerne. Als mein Vater vor einigen Jahren starb, hatte ich Angst, dieser Belastung nicht gewachsen zu sein. Mein Mann stützte mich, während mein Vater in meinen Armen starb. Wenn auch mein Mann noch viele persönliche Schwierigkeiten hat und beruflich bei weitem nicht voll leistungsfähig ist, so hat er dafür in anderen Bereichen anderen Männern viel voraus. Er ist viel spontaner, natürlicher und gefühlvoller und bleibt vor allem ruhig, wenn ich zu sehr in Angst gerate.»

Der Mann ist vierunddreißigjährig und kam auf die Psychotherapiestation wegen schwerer Arbeitsstörungen. Er war damals Student, hatte zweimal die Vorprüfungen verschoben und saß monatelang untätig herum. Schon sein Großvater und sein Vater litten an Arbeitsstörungen, konnten Termine nicht einhalten und sich beruflich nicht so entwickeln, wie sie es gewünscht und von der Anlage her vielleicht auch gekonnt hätten. Dieser Mann hatte immer Mühe, sich irgendwo einzufügen. Er empfand jede Erwartung und Verbindlichkeit als unerträglichen Zwang. In der Therapie war er nicht zu einem Arbeitsbündnis zu gewinnen, da ihm die mühevolle Kleinarbeit spießig und erniedrigend vorkam. In seiner Phantasie erwartete er eine großartige Offenbarung, die ihm zu einem Höhenflug verhelfen würde, der ihn aller Schwierigkeiten entheben sollte.

Bei ihm wäre etwa folgende Partnerbeziehung zu erwarten gewesen: Mit Frauen hatte er immer Pech gehabt. Er hatte immer das Gefühl, jene Frauen, die er begehrte, nicht erobern zu können, und jene, die ihn begehrten, hinzunehmen, weil er sich ihrer nicht zu erwehren verstand. Vor Stationseintritt lebte er mit einer Frau zusammen. Es gab ein dauerndes ambivalentes Hin und Her, bis sich diese Frau mit einem anderen Mann einließ, worüber er verzweifelt war und sich nun nichts anderes mehr wünschte, als diese Frau zurückzugewinnen. Er wurde ernsthaft suizidal, da sie sich von ihm endgültig abwandte. Nach seiner Beziehungsgeschichte war es fraglich, ob er je zu einer stabilen Beziehung fähig wäre und ob es eine Frau bei ihm aushalten könne. Am ehesten wäre eine narzißtische Kollusion zu erwarten gewesen mit dauerndem Nähe-Distanz-Konflikt, mit Phantasien von grandioser Verschmelzung bei gleichzeitiger Wut wegen der Unerfüllbarkeit seiner Sehnsüchte und gegenseitiger Verletzung und Zurückweisung aus Angst vor Verschmelzung.

Jetzige Beziehung und persönliche Entwicklung. Er hat sein Hochschulstudium mit Ach und Krach beendet und arbeitet jetzt in seinem Beruf in untergeordneter Stellung. Bei der Arbeit ist er langsam und versponnen, kann sich aber doch an seiner Arbeitsstelle längerfristig halten. Daneben hat er weiterhin phantastische Größenideen und träumt davon, mit einem Handstreich eine Großtat zu vollbringen, die ihm zur Weltberühmtheit verhelfe. In der Beziehung ist er äußerlich stabil, obwohl er innerlich weiterhin zerrissen ist und nicht anzugeben vermag, ob er seine Frau wirklich liebt. Er ist auch etwas eifersüchtig auf ihre Karriere, obwohl er gleichzeitig die Frau wegen ihres beruflichen Konformismus belächelt. Im Grunde ist er aber sehr froh, daß ihm die Frau Halt gibt und ihm einen festen äußeren Rahmen schafft. Er weiß, daß er diesen festen Rahmen braucht, obwohl er ihn gleichzeitig bekämpft und unter ihm leidet. Er ist von Selbstmitleid erfüllt, weil ihm seine Entwicklung nicht so gelingt, wie er sie sich erträumt. Im Interview bricht er deswegen in Tränen aus, um plötzlich wieder spitzbübisch zu lachen.

Im Gemeinsamen Rorschach-Versuch zeigt der Mann einen fast unerschöpflichen Vorrat an Ideen, er bringt mehr Leben in die Partnerschaft als die Frau, zeigt eine spielerische Phantasie, durchbricht die Regeln, aber er erweitert sie auch. Für ihn scheint das Leben zum großen Teil ein Spiel zu sein, ein Theater mit unbegrenzten Möglichkeiten. Er hat offensichtlich Schwierigkeiten, sich auf nur eine Möglichkeit festzulegen. Er zeigt eine ausgeprägt zwiespältige Willensrichtung (Ambitendenz) in fast allen Persönlichkeitsbereichen, so auch im Sexuellen, wo er gleichzeitig Mann und Frau sein möchte.

Die Frau setzt im gemeinsamen Test Struktur und Regeln. Sie engt ein, ist realitätsbezogener, hat einen hohen Leistungsanspruch und mehr Fähigkeit zur praktischen Verwirklichung. Sie zeigt aber auch phobische Tendenzen, mit denen sie sich mit Hilfe des Mannes stellen kann. Sie hält den Mann auf dem Boden der Realität, gibt ihm Halt und Bestätigung. Sie ist fasziniert von seinem Ideenreichtum.

Gemeinsam zeigen sie ein starkes Zuwendungs- und Zärtlichkeitsbedürfnis, welches sie offen äußern können und gegenseitig akzeptieren. Der Mann äußert Fusionswünsche, die er aber gleichzeitig selbst ablehnt, so wie sie auch von der Frau abgelehnt werden. Die Durchführung des Tests dauerte drei Stunden, was ein absoluter Rekord ist. Die durchschnittliche Zeit beträgt etwa 45 Minuten. Die Entscheidungsphase ist für dieses Paar eine zum Teil harte Auseinandersetzung. Aber sie ringen unermüdlich um eine gute Lösung und lassen sich nicht auf faule Kompromisse ein. Oft bilden sie gute Integrationslösungen aus den vorgeschlagenen Klecksdeutungen beider Partner. Beide gehen sehr aufmerksam aufeinander ein, interessieren sich für die Ideen des anderen. Keines gibt einfach zugunsten des anderen seine Meinung auf, keines entwertet den anderen massiv. So finden sie gemeinsame Lösungen, denen beide in hohem Maße zustimmen. Die intradyadische Abgrenzung ist klar. Jeder respektiert die Meinung des anderen.

Kurze Darstellung der vier anderen Paare

Paar 1

Die Frau: Zur Zeit der Behandlung, vor siebzehn Jahren, wurde die Diagnose einer infantil-hysterischen Persönlichkeit gestellt. Sie war einmal verlobt mit einem Betrüger und später fünf Jahre verheiratet mit einem ebenfalls kriminellen Mann. Von beiden Männern ließ sie sich finanziell ausbeuten und persönlich erniedrigen. Sie hatte Angst, den Männern nicht zu genügen, wenn sie sich nicht in ihrer Fürsorglichkeit von ihnen ausnützen ließ. In der nun sechzehn Jahre dauernden Ehe mit einem Zwangskranken wird sie zwar in ihrer Fürsorglichkeit auch beansprucht, sie wird jedoch von ihrem Mann hoch geschätzt. Sie hat in der Beziehung mehr Selbstvertrauen gewonnen. Sie weiß, daß ohne ihre Fürsorge der Mann längst ein chronischer Anstaltspatient wäre. Sie muß in der Beziehung auf Sexualität und körperliche Zärtlichkeit verzichten. Sie hat mit ihm viel durchgemacht, hat es jedoch nie bereut, ihn geheiratet zu haben. Trotz seiner Invalidität wegen Zwangskrankheit bewundert sie ihren Mann. Sie hat den Eindruck, er stehe geistig über ihr, und sie könne zu ihm emporblicken. Sie sagt: «Meine beiden früheren Männer waren total verschieden von ihm. Sie haben nichts anderes getan, als mich auszubeuten. Sexuell aber war vor allem die Beziehung mit dem ersten Mann sehr faszinierend. Die jetzige Beziehung ist viel tiefer. Wenn mein Mann als Mensch nicht so wertvoll wäre, könnte ich seine (Zwangs-)Krankheit nicht ertragen. Er hatte sexuell überhaupt keine Erfahrung. Ich mußte ihm alles beibringen, selbst wie er sein eigenes Glied anfassen müsse. Er war unheimlich glücklich darüber. Es gab eine Zeit, wo unsere sexuellen Beziehungen völlig normal waren. Nach mehreren Jahren begann er jedoch seine Waschungen am Glied wieder auszudehnen. Heute denke ich, ich hätte härter mit ihm sein müssen. Obwohl ich das Sexuelle sehr vermisse, bereue ich es nicht, ihn geheiratet zu haben. Ich habe mich in dieser Beziehung geistig weiterentwickelt. Ich kann meinen Mann bewundern, auch wenn er krank ist. Er ist viel belesener als ich und weiß sehr viel. Er versteht es auch, mein Selbstbewußtsein zu stärken, wenn ich im Geschäft an Minderwertigkeitsgefühlen leide.»

Der Mann litt zur Zeit der stationären Behandlung vor siebzehn Jahren bereits an einer schweren Zwangskrankheit mit stundenlangen Waschungen, derentwegen er drei Jahre arbeitsunfähig war, ja kaum das Bett verlassen konnte. Während der Behandlung und vor allem im Verlauf der nun siebzehn Jahre dauernden Beziehung mit seiner Frau kam es zunächst zu einer erstaunlichen Besserung. Er war wieder voll arbeitsfähig und litt nur noch subjektiv unter seinen Zwängen. In den letzten sieben Jahren hat sich seine Zwangskrankheit allerdings wieder verschlimmert, so daß er nun voll erwerbsunfähig ist und das Haus nur noch gelegentlich für Einkäufe verlassen kann. Da das Zusammenleben mit ihm wegen der Waschzwänge für die Frau zu belastend wurde, wohnt sie in einer eigenen Wohnung in der Nähe. Sie sehen sich jedoch täglich. Sie umsorgt ihn weiterhin. Sie dachte nie daran, sich von ihm scheiden zu lassen. Er hatte vorher überhaupt noch nie eine Beziehung zu einer Frau gehabt. Er war selbst überrascht, daß er sexuelle Beziehungen über viele Jahre ohne verstärkte Zwänge aufrechterhalten konnte. «Nach der Heirat ging es mir besser als je zuvor. Die Frau gab mir Anweisungen, wie ich mich zu waschen hatte. Das half mir sehr. Nach sieben Jahren traten die Schwierigkeiten jedoch wieder auf. Es war ein Fehler, daß ich nicht der Frau gehorchte und meinen Ängsten nachgab.»

Paar 2

Die damals sechsundzwanzigjährige *Frau* wurde wegen depressiver Verstimmungen und Kontaktstörungen bei schwer narzißtischer Persönlichkeitsstörung überwiesen. Sie war kaum arbeitsfähig, hatte immer wieder «depressive Löcher», in denen sie innerlich wie eingebrochen war, keinerlei Aktivität mehr entfalten konnte und sich nur noch ins Bett zurückzog. Sie ertrug den festen äußeren Rahmen der Station schlecht und empfand alle Regeln als Vergewaltigung. Sie hatte viele gescheiterte Beziehungen hinter sich. Immer wieder neigte sie dazu, schwärmerisch einen Partner anzuhimmeln und sich dabei persönlich völlig aufzugeben. Bei ihr wäre zu erwarten gewesen, daß sie sich einen narzißtischen Partner gesucht hätte, dem gegenüber sie die Position des Komplementärnarzißten (Willi 1975) hätte einnehmen können. Erstaunlich in der jetzigen Beziehung ist, daß sie auf eine narzißtische Partnerwahl verzichtet hat und einen Mann wählte, den sie nicht idealisieren kann, sondern der ihr eine realitätsverbundene Beziehung abfordert. Sie sagt: «Mein Mann ist oft so hoffnungslos. Ich liebe ihn sehr und will mein Leben mit ihm zusammenbleiben. Ich hoffe, daß wir auch unsere sexuelle Krise bewältigen. Ich habe meinen Mann nie so bewundert und idealisiert, wie ich das in früheren Beziehungen tat. Das Gute daran war, daß dadurch nie so eine Kluft zwischen uns entstand. Natürlich neige ich auch heute noch dazu, für Männer zu schwärmen. Das belebt mich, hat aber sonst keine weitere Bedeutung mehr für mich.» Die größte Schwierigkeit zeigt sie heute in der Beziehung zu den Kindern, denen gegenüber sie sich schlecht abgrenzen kann. Sie bemüht sich allzu verständnisvoll, auf alles einzugehen, und kann so den Kindern wenig Halt und Struktur geben.

Der Mann war als damals neunundzwanzigjähriger Student arbeitsunfähig wegen depressiver Krisen und Alkoholismus sowie allgemeiner Kontaktstörung. Frauen gegenüber war er beziehungsunfähig aus Angst vor sexuellem Versagen. Zudem war er belastet durch masochistische Wünsche. Um Frauen auszuweichen, flüchtete er in den Alkohol. Er zeigte auf der Psychotherapiestation die Tendenz, sich öffentlich zu erniedrigen. Bisher hatte er noch nie eine länger dauernde Frauenbekanntschaft gehabt. Wenn überhaupt, dann war am ehesten zu erwarten, daß er sich eine Mutterfigur suche, von der er sich hätte erniedrigen lassen können.

Seit dem Stationsaufenthalt hat er sein Studium abgeschlossen, hat sich beruflich jedoch wenig entwickelt. Er ist mit sich und der Welt unzufrieden. Dennoch hat er im Lauf der Ehe den Alkoholkonsum eingestellt. Die sexuellen Beziehungen zur Frau waren zunächst problemlos. Allmählich wurde er jedoch von seinen masochistischen Wünschen allzu sehr erfüllt, so daß er seit drei Jahren keine Sexualbeziehungen mit der Frau mehr durchführen kann. Der Mann äußert: «Ohne die Beziehung zur Frau wäre ich schon lange unter dem Boden. Die Ehe gibt mir den Rahmen, der mich fordert und hält. Die äußere Normalität gibt mir mehr Halt, als daß sie mir Zwang ist. Zeitweise fühle ich mich von der Frau überfordert und hätte Lust, mich gehenzulassen und aus allem auszubrechen. Aber ich weiß, daß das zu nichts führen würde. Es ist allgemein so, daß die Phantasien im Leben größer sind als die Realitäten.

Zu meinem Sohn habe ich eine besonders intensive Beziehung. Ich habe das Gefühl, er ist der Mensch, der mich am meisten braucht und dem ich auch viel geben kann. So bildet er das Gegengewicht zu all den Menschen, die zuviel von mir verlangen. Seit der Behandlung auf der Psychotherapiestation habe ich eine gewisse Linie gefunden. Vielleicht bezahle ich diese äußere Normalität mit einem gewissen Krankheitsgefühl. Doch wenn ich mich gehenließe, würde ich allen Halt verlieren. Die Frau hat für all das Verständnis.»

Paar 3

Als *die Frau* vor acht Jahren bei uns in Behandlung war, war sie erst achtzehnjährig. Sie ist unehelich geboren und war zeitlebens in der Stellung des Sündenbocks. Sie wurde insbesondere von ihrer Mutter dauernd entwertet und gedemütigt. Sie kam in unsere Behandlung wegen neurotischen Lügens und Stehlens bei emotionaler Verwahrlosung und konfliktgeladener Familiensituation. Sie sagt über ihre Ehe: «Wir könnten ohne einander nicht leben. Als ich wegen einer Fehlgeburt im Spital war, geriet mein Mann in Panik, ich könnte sterben. Auch die Schwiegermutter bestätigt, daß mein Mann ohne unsere Beziehung nicht so gut herausgekommen wäre. Sie findet, daß ich ihn gut umsorge. Für mich ist einfach wichtig, daß ich gebraucht werde. Meine Mutter sagte mir immer, du wirst nie fähig sein, einen Haushalt zu führen. Nun wollte ich es ihr und mir beweisen, daß ich das kann. Natürlich ärgerte es mich anfänglich oftmals, wenn mein Mann sich etwas wichtigtuerisch aufspielte. Jetzt kann ich mich eher darüber lustig machen. Sein Verhalten ist jedoch bei weitem nicht mehr so arrogant wie früher. Früher war er am Arbeitsplatz bei Auseinandersetzungen so hart. Jetzt zieht er sich eher zurück und sagt, er brauche Zeit, um zur Ruhe zu kommen. Er taucht dann erst wieder auf, wenn er sich gefangen hat. Man muß ihn halt zu nehmen wissen. Ich empfinde das Familienleben als eine dauernde Herausforderung.» Im Urteil des Mannes ist die Frau in der Haushaltsführung etwas pedantisch. Sie selbst hat den Eindruck, sie sei in der Erziehung ihres Knaben ängstlich, besonders wenn er gelegentlich einmal die Unwahrheit sage.

Der Mann litt zur Zeit der stationären Behandlung an einer funktionellen Magen-Darm-Störung. Er mußte praktisch jede Nahrung erbrechen, insbesondere wenn sie nicht von seiner Mutter gekocht worden war. Diese kindliche Mutterbindung führte zu einer Überkompensation in seinem übrigen Verhalten. Zumal im Geschäft zeigte er eine arrogante, harte Fassade. Auf der Psychotherapiestation erhielt er den Spitznamen «Pascha», weil er sich gerne von Frauen bedienen ließ und eine passiv-fordernde Haltung zeigte. Er hatte viele enttäuschende Erfahrungen mit Frauen hinter sich. Am ehesten wäre zu erwarten, daß er eine orale Kollusion einginge mit einer ihn mütterlich betreuenden Frau, die er gleichzeitig zu erniedrigen versuchte. Die Beziehung zu seiner damaligen Therapeutin hatte sich ganz in diesem Sinne entwickelt.

In der Ehe hat er 13 Kilo zugenommen, womit sich sein Gewicht normalisiert hat. Seine Eßstörungen haben sich völlig verloren. Er ist häuslich, wirkt weniger arrogant und ist offener gegenüber Kritik als zur Zeit der Behandlung. Er sagt: «Meine Frau weiß mich zu nehmen, wenn ich so überempfindlich reagiere. Mir hat es gutgetan zu heiraten. Das gibt mir einen stabilen Rahmen.»

Paar 5

Die Frau war vor fünf Jahren in Behandlung auf unserer Psychotherapiestation wegen einer schweren depressiv-neurotischen Entwicklung mit Arbeitsstörungen und Kontaktangst. Auf der Station war sie kaum äußerungsfähig, saß meist nur verschüchtert und wie betäubt herum und provozierte bei den Bezugspersonen den Wunsch, sie zu bedrängen und zu provozieren, um sie aus dem Busch zu klopfen. Sie hatte bis dahin überhaupt noch nie eine Beziehung zu einem Mann gehabt. Ihr kamen jedoch starke sadomasochistische Phantasien, insbesondere Wünsche, vergewaltigt zu werden. Es wäre bei ihr am ehesten zu erwarten gewesen, daß sie eine sadomasochistische Kollusion eingehen würde. Seit dem Stationsaufenthalt vor fünf Jahren hat sie sich erstaunlich positiv entwickelt. Sie ist beruflich selbständig und wirkt wesentlich aufgeschlossener und selbstbewußter. Sie sagte: «Früher war ich so stark mit mir selbst beschäftigt, daß ich gar keine Kräfte frei hatte für eine Beziehung. In unserer Beziehung finde ich es so wichtig, daß wir uns gegenseitig verstehen und helfen können. Die Schwierigkeiten schweißen uns zusammen. Wenn es ihm schlecht geht, werde ich stark. Ich habe erfahren, daß man immer die Kräfte bekommt, die man braucht. Wenn er deprimiert ist, höre ich ihm zu und gebe ihm Nähe und Körperkontakt. Ich kenne solche depressiven Verstimmungen ja von mir selbst. Wenn ich andererseits nervös bin, weiß er, wie er mich beruhigen kann. Meine sado-masochistischen Phantasien will ich nur in der Vorstellung, das heißt in der Onanie befriedigen. Ich könnte es ihm nicht zumuten, diese Phantasien auszuleben. Aber ich glaube, ich möchte das auch von mir aus nicht. Es würde am Ende wohl so ausgehen wie mit meinem Pferd. Früher hatte ich mir einmal dringend ein eigenes Pferd gewünscht. Als die Eltern mir dann tatsächlich eines kauften, wagte ich nicht mehr zu sagen, ich hätte dies nur in der Phantasie gewünscht. Das Pferd und ich mochten einander nicht. Ich machte dann das Pferd ganz neurotisch. So ist es manchmal besser, wenn Wünsche nicht erfüllt werden.»

Der damals neunundzwanzigjähre *Mann* wurde uns überwiesen wegen ernsthafter Suizidgedanken. Er zeigte eine schizoide Persönlichkeit mit Neigung zu Depersonalisationserlebnissen und schwerer Kontaktunfähigkeit, besonders Mädchen gegenüber. Er wirkte auch während des stationären Aufenthaltes auf die Bezugspersonen überaus verletzbar und kritikempfindlich. Er hatte viele gescheiterte Frauenbekanntschaften hinter sich, die noch nie zu einer länger dauernden Beziehung geführt hatten. Er lebte völlig isoliert und kontaktlos. Der Mann sagt: «Ich habe manchmal Zeiten, wo ich Mühe habe, an mich zu glauben. Ich fürchte dann auch, zu abhängig von meiner Frau zu werden. Es tut mir gut zu spüren, daß auch ich sie führen und stützen kann. Früher glaubte ich immer, daß ich, wenn ich in eine Krise falle, für einen Partner eine zu große Belastung wäre und er sich von mir zurückziehen würde. So zog ich äußerlich eine Show ab und spielte den starken Mann oder zog mich einfach zurück. Früher war ich ein Einsiedler und hatte keine Kollegen. Jetzt habe ich auch Freunde. Früher sagte ich immer, man darf keine Schwächen zeigen, man muß alle Konflikte vermeiden und auf Sicherheit gehen. In dieser Beziehung habe ich das Vertrauen gefunden, daß man immer wieder einen gemeinsamen Weg finden kann. Es hilft mir, daß jeder dem andern so viel bedeuten kann. Meine Frau sagt oft zu mir, wenn du immer so stark wärst, könntest du nicht zu mir stehen. Eigenartigerweise geraten wir nie gleichzeitig in eine Krise. Wenn der eine in eine Krise absackt, wird der andere gestärkt. Wenn sie in ein Loch fällt, stärkt das mein Selbstbewußtsein, weil ich ihr beistehen kann.»

Wie repräsentativ sind die beschriebenen Paare?

Die beschriebenen Paare sind wegen ihrer kleinen Zahl für Ehen neurotischer Persönlichkeiten nicht repräsentativ. Mein Anliegen war, Paare zu untersuchen, wo bei beiden Partnern schon vor Eingehen der Beziehung schwere neurotische Persönlichkeitsstörungen diagnostiziert worden waren. Es liegen bei den Paaren insofern spezielle Verhältnisse vor, als sie sich als Patienten und Mitglieder einer stationären Gruppentherapie kennenlernten, was möglicherweise projektive Tendenzen von vornherein verminderte und eine realitätsgerechte Wahrnehmung förderte. Wie erwähnt geht es jedoch bei dieser Untersuchung mehr um die Überprüfung einiger grundsätzlicher Annahmen der Psychoanalyse bezüglich Paardynamik. In diesem Sinn können die Befunde dieser fünf Paare trotz der geringen Probandenzahl bedeutsam sein. Sie decken sich übrigens mit Erfahrungen, über die mir viele Therapeuten berichtet haben, zum Beispiel über Ehen, die sich aus Teilnehmern von Gruppentherapien gebildet haben.

Interpretation der Ergebnisse

Die objektive Funktionsfähigkeit der Paare kann in zwei Fällen als gut bis sehr gut, in zwei Fällen als gut und in einem Fall als befriedigend bezeichnet werden. Im zeitlichen Zusammenhang mit der Partnerschaft ist die neurotische Symptomatik (neurotische Symptome, umschriebene neurotische Persönlichkeitsstörungen) bei vier der fünf Frauen praktisch ausgeheilt und bei vier von fünf Männern gebessert bis wesentlich gebessert. Die Sexualbeziehungen sind bei drei Paaren gut und bei zwei Paaren nach jahrelangem gutem Funktionieren vor einigen Jahren abgebrochen worden. Das scheint die Existenz der Beziehung und die Intensität der Beziehung jedoch kaum zu tangieren. Subjektiv wird von allen Befragten die Paarbeziehung als zentraler Wert ihres Lebens bezeichnet. Sie fühlen sich durch die Paarbeziehung persönlich herausgefordert und durch die Schwierigkeiten des Partners gebraucht. Sie schätzen am Partner sein Verständnis und seine Toleranz. Alle betonen, daß sie nach wie vor große persönliche Schwierigkeiten hätten, daß jedoch der Partner ihnen wesentlich behilflich sei beim Umgang mit ihren Schwierigkeiten.

Die strukturellen Merkmale

Mit besonderer Deutlichkeit bestätigen die fünf untersuchten Paare die Bedeutung der drei Funktionsprinzipien, welche ich in meinem Buch ‹*Die Zweierbeziehung*› beschrieben habe:

Das Abgrenzungsprinzip: Die Partner zeigen eine klare und eindeutige, aber durchlässige Abgrenzung in der Beziehung zueinander. Projektive Tendenzen sind kaum feststellbar. Keiner beschuldigt den anderen wegen seiner persönlichen Schwierigkeiten. Aber auch keiner fühlt sich für die Schwierigkeiten des anderen überverantwortlich. Die beiden Partner nehmen einander in ihren Schwierigkeiten in einer realistischen Weise wahr. Gegenüber den Herkunftsfamilien besteht ebenfalls eine klare Abgrenzung ohne konflikthafte Verwicklungen und Intrigenspiele. Ebenso klar sind die Abgrenzungen gegenüber Freunden (vier der fünf Paare haben individuelle und gemeinsame Freunde).

Die Gleichwertigkeitsbalance: Alle zehn Befragten betonten, wie wichtig es ihnen ist, in gleichem Maß gebraucht und gefordert zu werden, wie sie den Partner brauchen und fordern. Das Gefühl der Ebenbürtigkeit gibt ihnen Vertrauen und Sicherheit. Die Erfahrung, dem anderen effizient helfen zu können, stärkt das Selbstbewußtsein.

Ausgeglichene Regressiv-Progressiv-Balance: Jeder der Partner gibt regressive Krisen an, in denen er sich schwach und klein fühlt und die Hilfe des Partners benötigt. Dennoch findet sich in keinem der Paare eine einseitige Polarisierung, wo der eine Partner nur die regressive Rolle, der andere nur die progressive Rolle (Helfer, Führer, Starker usw.) übernimmt. Im zeitlichen Nacheinander und in verschiedenen Beziehungsbereichen gleichen sich progressives und regressives Beziehungsmuster für jeden der Befragten wieder aus. Es besteht bei den meisten Beziehungen eine Funktionsteilung, eine Symbiose im naturwissenschaftlichen Sinn, das heißt eine Lebensgemeinschaft zu beiderseitigem Nutzen. Es kommt dabei nicht zu einer Fusion.

Partnerschaftliches Coping statt kollusives Abwehrarrangement

Wie verhält es sich mit der Annahme, daß es ein starkes und gesundes Ich braucht, um gesunde Partnerbeziehungen aufrechterhalten zu können? Die zehn untersuchten Probanden weisen nach wie vor neurotische Persönlichkeitsstrukturen und Beziehungsdispositionen auf. Was sie wahrscheinlich in der Psychotherapie gelernt haben ist, mit ihren neurotischen Beziehungstendenzen so umzugehen, daß sie nicht destruktive Folgen haben. Es wurden Partner gewählt, mit denen es ihnen möglich ist, ihre regressiven und progressiven Bedürfnisse so zu steuern, daß sie in der Beziehung weder im Übermaß stimuliert noch im Übermaß frustriert werden. Die neurotischen Wünsche sind nach wie vor da, aber sie müssen nicht übermäßig abgewehrt werden, weil der Partner es versteht, diesen Wünschen standzuhalten und die Person mit diesen Wünschen zu akzeptieren. In keinem der fünf Paare kam es zu einer Kollusion. Der Partner zeigt auf die neurotischen Wünsche keine spezifische Ansprechbarkeit. Der Partner fühlt sich durch die neurotischen Wünsche weder spezifisch fasziniert noch spezifisch bedroht und geängstigt. Entscheidend dürfte es für das Gelingen der Partnerschaft sein, daß Partner gewählt und akzeptiert wurden, die sich für die phantasierte Befriedigung neurotischer Wünsche gerade nicht besonders gut eignen, sondern durch ihre beschränkte Beziehungsfähigkeit klarmachen, daß in dieser Beziehung die Bedürfnisse nicht voll zu befriedigen sind. Der Partner soll einem helfen, mit der Frustration der unerfüllten Bedürfnisbefriedigung umzugehen.

Einer der Männer und eine der Frauen haben ausgeprägte sado-masochistische Wünsche, die von den Partnern als Eigenheiten hingenommen werden, ohne daß sie selbst in dieser Hinsicht ansprechbar sind. Eine Frau mit der Tendenz zu narzißtischer Idealisierung und Verschmelzung mit einem Partner gibt diesen Tendenzen in gelegentlichen Schwärmereien für andere Männer nach, für die Ehe und eigene Familiengründung dagegen wählte sie einen Partner, der sich für die Idealisierung real nicht eignete, was die Beziehung aber auch nicht so gefährlich werden läßt. Eine Frau, die bislang in Männerbeziehungen die Tendenz hatte, sich ausbeuten und erniedrigen zu lassen, heiratete einen von Invalidität bedrohten Zwangskranken. Gerade diese Frau betont, wie die Beziehungen zu den Männern, die sie früher gekannt hatte, wesentlich aufregender und faszinierender gewesen seien, aber auch regelmäßig scheiterten. Zwei der Männer mit Borderline-Störungen leiden an einer tiefgehenden Ambivalenz gegenüber festen Bindungen und partnerschaftlichen Verpflichtungen, obwohl sie genau spüren, daß sie ohne diese Beziehung jeden Halt und jede Struktur verlieren würden. Ihre Frauen nehmen diese Ambivalenz hin, ohne übermäßig gekränkt oder verletzt zu reagieren, ohne das selbstbemitleidende Gejammer ihrer Männer überzuwerten, aber auch ohne es schroff abzuweisen. Vielmehr bleiben sie ruhig in ihrer realistischen Gewißheit, daß diese Männer bei all ihrer Instabilität doch ein hohes Maß an Stabilität aufweisen und daß sie ihren Männern bei der Erreichung dieser Stabilität viel bedeuten. Im Unterschied zu BALINTS Definition der genitalen Liebe, nach der man einen Partner liebe, weil er einen befriedigen könne oder weil man ihn befriedigen könne, würde ich eher sagen: Man liebt einen Partner, weil er einem helfen kann, mit der Frustration nicht befriedigter Wünsche fertig zu werden.

Wohl weniger auf Grund gereifter Objektbeziehungen waren die zehn Probanden fähig zu funktionierenden Beziehungen, sondern weil sie in der Lage waren, Partner zu wählen, die ihnen die Regulation ihrer neurotischen Dispositionen ermöglichten. Es wurden nicht Traumpartner gewählt, und so bestanden auch kaum idealisierte Erwartungen an ein Leben voll Glück und Seligkeit. Ich glaube, daß hier die Ich-Psychologie und die Objektbeziehungslehre der Psychoanalyse einer Ergänzung bedürfen. Es wird angenommen, daß die ersten frühkindlichen Erfahrungen des sich entwickelnden menschlichen Wesens mit seiner Mutter für das ganze Leben das Muster für seine Beziehungen zum eigenen Selbst wie zu anderen abgeben. Nach M. S. MAHLER[139] befindet sich der Säugling während der ersten drei Lebensmonate in der autistischen Phase, während der weder das eigene Selbst noch andere Personen wahrgenommen werden. Die schrittweise sich vollziehende Wahrnehmung, daß Bedürfnisse von außen befriedigt werden, führt den Säugling zur nächsten Phase, zur Symbiose. In der symbiotischen Phase hält der Säugling die zunächst nur undeutlich wahrgenommene Mutter für einen Teil des Selbst. Wenn die phasenspezifischen Bedürfnisse nach Nähe befriedigt werden, kann das Kind die nächste Phase erreichen, die Phase der Loslösung (Separation) und Individuation. Es ist auf die befriedigenden Erfahrungen in der Phase der Loslösung – Individuation zurückzuführen, wenn das Kind aus der «symbiotischen Membran» heraustritt und schrittweise die Identität eines von der Mutter getrennten Individuums erlangt.

Wenn Fixierungen mit irreversiblen Regressionen auf diese frühe Entwicklungsphase im späteren Leben fortbestehen, kommt es gemäß dieser Annahmen zu pathologischen Partnerbeziehungen. «Der Ehepartner, der das eigene Selbst als Teil des Gatten erlebt, befindet sich in einem pathologischen Zustand und verfügt nicht über die eigene Identität, die die normale Folge eines adäquaten Durchlaufens der symbiotischen Phase und der Phase der Loslösung und Individuation ist.»[140]

Es gibt aber nicht nur die Alternative zwischen Symbiose und Individuation, sondern es gibt zusätzlich Funktionsteilung und interdependente Autonomie, die in Partnerschaften wohl die wichtigste Beziehungsform ist. Die Partner nehmen sich als zwei getrennte Zentren von Bewußtsein, Verantwortung, Aktivität und Entwicklung wahr, aber sie erleben sich gleichzeitig als aufeinander bezogen und voneinander hervorgerufen und geformt. Sie brauchen den Partner ebenso für ihre Selbstregulation und Selbststabilisierung, wie sie sich von ihrem Partner brauchen lassen. Das Den-Partner-Brauchen und das Von-ihm-gebraucht-Werden führen zu einer zirkulären Regulation mit sich ergänzenden, in der Summe sich aufwiegenden Funktionsteilungen, die im günstigen Fall sich auf beide Partner ich-stärkend, angstabbauend, bedürfnisregulierend und entwicklungsfördernd auswirken. Vielleicht ist eines der wichtigsten Wirkprinzipien der Psychotherapie, daß der Patient in der Beziehung zum Therapeuten lernt, sich Umweltbedingungen zu schaffen, die seine neurotischen Dispositionen in Schach halten und so regulieren, daß er sich nicht in destruktive Eskalationen verwickelt. Es geht nicht so sehr darum, daß der Patient lernt, unabhängig von Bezugspersonen und Umwelt seine Konflikte zu lösen, sondern daß er lernt, seine Umwelt in konstruktivem Sinn zu seiner Konfliktregulation zu benützen. Man kann den Gesunden definieren als jenen Neurotiker, dem es gelingt, seine Umgebung so zu konstellieren, daß er von ihr gesunderhalten wird.

Auch König und Tischtau[141] vermerken, daß es ein Selbstheilungspotential in der Partnerschaft gibt. Aus der Kraft des Andersseins vermittle der Partner neue Erfahrungen, die einem helfen, seine bösen Objekte zu modifizieren und zusammen mit dem andersartigen Verhalten des realen Objekts zu reintegrieren. Sicher hat in unseren fünf Fällen die stationäre Psychotherapie wesentlich dazu beigetragen, auf die gegenseitige Projektion böser oder idealisierter Objekte zu verzichten und an der realen Beziehung zu gesunden.

Wahrscheinlich werden viele neurotische Dispositionen erst zum neurotischen Fehlverhalten, wenn sie eine darauf ansprechbare Umwelt finden. Eine derartige korrespondierende Ansprechbarkeit liegt bei Kollusionen vor. Hier wird nicht ein Partner gesucht, der eine gesunde Regulation eigener pathologischer Dispositionen ermöglicht, hier wird vielmehr ein Partner gesucht, der entweder die Befriedigung regressiver Tendenzen anbietet – Verwöhnung, Schutz, Sicherheit, sozialer Status, Verschmelzung – oder der einen narzißtischen Gewinn in Aussicht stellt und ermöglicht, sich progressiv zu bestätigen als überlegen, stark, als Helfer, Führer oder glanzvolles Statussymbol. Die Versuchung zu dieser kollusiven Wunscherfüllung ist bei neurotischen Dispositionen besonders groß. Es besteht ein Nachholbedarf, ein übermäßiger Bedarf nach Selbstbestätigung oder unrealistische Ansprüche auf märchenhaftes Glück.

Ein Mensch mit neurotischen Beziehungsschwierigkeiten ist diesen aber nicht einfach ausgeliefert, sondern kann zumindest bis zu einem gewissen Grad entscheiden, was er aus einer Beziehung machen will: ob sie der kollusiven Bedürfnisbefriedigung dienen soll oder einem gemeinsamen, zielgerichteten Prozeß, der ihm Wachstum und damit Frustrationen, Herausforderungen und ständige Veränderungen abverlangt.

Was können wir aus dieser Untersuchung lernen?

Gemäß den Ergebnissen dieser Untersuchung sind Menschen mit neurotischen Kontaktschwierigkeiten nicht von vornherein unfähig zu einer Lebensgemeinschaft. Es scheint nicht allgemein zuzutreffen, daß jemand zuerst ein hohes Maß an persönlicher Reife, Ich-Stärke und Selbstkonsistenz erreichen muß, um zu reifer Liebe befähigt zu sein. Die Ergebnisse sprechen dafür, daß Partnerschaften auch geglückte Selbstheilungsversuche sein können. Neurotische Persönlichkeiten geraten nicht zwangsläufig in Kollusionen.[142] Von entscheidender Bedeutung ist die Einstellung zum Wesen der Beziehung. Die beschriebenen Paare waren trotz fortdauernder Beziehungsschwierigkeiten motiviert, auf die Befriedigung regressiver Beziehungswünsche und überkompensatorischer Abwehrbildungen zu verzichten. Obwohl in der Beziehung die gegenseitige Hilfe einen sehr hohen Stellenwert hatte, handelte es sich nicht um eigentliche Helferkollusionen. In keinem Fall entstand der Eindruck, progressive Helferfunktionen würden zur Selbststabilisierung mißbraucht, indem man den anderen in der Position des Hilfebedürftigen festzuhalten versucht. In keinem Fall zeigte einer der Partner die Tendenz, den anderen mit Schwäche und Hilflosigkeit manipulieren zu wollen. So kam es zu einer Gesundung an der Beziehung.

Die Beziehungsschwierigkeiten neurotischer Persönlichkeiten sind nicht von grundsätzlich anderer Art als die aller Menschen. Sie sind höchstens ausgeprägter. Auch sogenannt Gesunde neigen dazu, in einer Partnerschaft einen paradiesischen Glückszustand zu erwarten, etwa die Erfüllung regressiver Wünsche nach Verwöhnung, Umsorgung oder Bewunderung. Oder sie erhoffen sich von der Verbindung mit einem bestimmten Partner die Verschonung von den Ängsten, verlassen, betrogen, unterdrückt oder ausgebeutet zu werden. Allzu schnell wird allgemein eine in Krise geratene Partnerschaft auf eine neurotische oder verfehlte Partnerwahl zurückgeführt. Eine Lebensgemeinschaft ist ein gemeinsamer Entwicklungsprozeß. Wachstum erfolgt im Durchgang und Bewältigen von Krisen. Die meisten Lebensgemeinschaften gehen durch eine Phase der Desillusionierung. Partner sind grundsätzlich wandlungsfähig. Sie können lernen, ihren ursprünglichen Anspruch auf gegenseitige Bedürfnisbefriedigung zurückzunehmen und ihre Kräfte stärker darauf zu konzentrieren, sich gegenseitig in der Entwicklung zu fördern und die Aufgaben und Schwierigkeiten des Lebens gemeinsam in konstruktiver Weise zu bewältigen. Die Motivation, diesen den meisten Lebensgemeinschaften auferlegten Wandel zu vollziehen, wird heute durch Leitbilder, welche sich allzu sehr auf die Bedürfnisbefriedigung und Verwirklichung des Individuums zentrieren, geschwächt.

Sind die hier geschilderten Beobachtungen nicht sehr ernüchternd? Wäre gemäß dieser Darstellung nicht die einzig sinnvolle Partnerschaft die «Vernunftehe»? Müßte nicht jede Form von Verliebtheit nach Möglichkeit vermieden werden? Nicht zufällig wird der Zustand der Verliebtheit auch als Verrücktheit oder geistige Krankheit erlebt und beschrieben. Die Verliebtheit verwandelt eine Person; sie bricht ihre Charakterschale auf und läßt eine Vielzahl von Gefühlen und Phantasien zum Strömen bringen, die bisher unterdrückt und abgewehrt werden mußten oder bloß in der Vorstellung zugelassen werden konnten. Gewisse bisher von der Realisierung abgehaltene Tendenzen werden nun in der Verliebtheit zugelassen; die Schleusen werden geöffnet; das Ich wendet weniger Energie auf, um Strebungen abzuwehren: die Vorstellung, daß so viele brachliegende Möglichkeiten in der Partnerschaft gebraucht und realisiert werden, vermittelt eine ungeheure Stimulation. Die Person fühlt sich belebt, verjüngt, oft wirkt sie auch äußerlich verändert, schöner, anmutiger, kräftiger und vitaler. Die Beziehung beginnt als ein gemeinsames Spiel mit gegenseitigen Herausforderungen. Die beflügelnden Initialerfahrungen legen den Grundstein zu einer gemeinsamen Geschichte. Allmählich müssen die Personen jedoch lernen zu unterscheiden, was von ihren Möglichkeiten im gemeinsamen Beziehungsraum realisiert werden kann und was erneut in die Phantasie zurückgedrängt werden muß. *Der Intensität der ursprünglichen Liebesgefühle wohnt eine hohe Reifungskraft inne, welche die Motivation zu diesem Differenzierungsprozeß enthält.*

Schwieriger zu ertragen ist die Desillusionierung, bei der die gegenseitige Idealisierung entzaubert wird und eine natürliche Ambivalenz in der Beziehung zueinander auftritt, ohne die auf Dauer keine Beziehung bestehen kann. Das Traumbild, das man sich vom Partner gemacht hatte, wird korrigiert. Es wird festgestellt, daß man die Gefühle und das Verhalten des Partners nur in Grenzen zu beeinflussen vermag. Diese Rückkehr auf den Boden nach dem Höhenflug der Verliebtheit kann ein wichtiger Reifungs- und Trauerprozeß sein. Die Kritik richtet sich oftmals nicht nur gegen den Partner, sondern auch gegen sich selbst. Man ist enttäuscht und frustriert, daß die schönen und idealen Gefühle, die einen in der Verliebtheit stimulierten, sich in der Lebensgemeinschaft in der ursprünglichen Form nicht erhalten lassen. So wie man den Partner entwertet, entwertet man sich selbst in den eigenen Gefühlen ihm gegenüber. Wütend wird dann festgestellt, er sei der Liebe gar nicht wert gewesen. Wer sich dieser Kritik jedoch stellt, dem eröffnen sich tiefere Blicke in sein eigenes Inneres und ein besserer Umgang mit seinem affektiven Leben, in dem Maß wie er seine eigenen Wünsche und Grenzen besser begreift. LEMAIRE hat diesen Reifungsprozeß sehr differenziert dargestellt.

6. Die Familiengeschichte als Evolution familiären Ideenguts

Wie im Kapitel über ein ökologisches Modell der Person dargestellt, kann die Person als ein autopoietisches System betrachtet werden (S. 83ff). Sie steht in einem dauernden Austausch mit ihrer Umwelt bezüglich Materie, Energie und Information beziehungsweise Ideen. Es ist nun nicht zufällig, welcher Art die Ideen einer Person sind, die sie aufnimmt, speichert, verarbeitet und produziert. Vielmehr ist die Person Teil von sie übergreifenden Systemen. So sind auch die Ideen einer Person zu einem wesentlichen Teil die Ideen von jenen Systemen, von denen sie Teil ist. Eines der wichtigsten Systeme, von denen eine Person Teil ist, ist ihre Familie. In diesem Kapitel soll dargestellt werden, daß die Person nicht nur in Koevolution steht im räumlichen Querschnitt mit ihren Partnern, sondern auch im zeitlichen Längsschnitt mit ihren Vorfahren und Nachkommen.

Die Familiengeschichte als Evolution des familiären Ideenguts

Großeltern, Eltern und Kinder haben Teil an einer gemeinsamen Geschichte. Ihr Bemühen richtet sich normalerweise darauf, das Wachstum der Kinder optimal zu fördern. Dieses Bemühen ist von seiten der Eltern weder rein egoistisch noch rein altruistisch. Aber auch die Kinder machen sich die elterliche Förderung weder rein egoistisch noch rein altruistisch zunutze. Eltern sind bestrebt, das, was sie ihren Kindern weitergeben, zu möglichst guter Entfaltung und Ausbreitung zu bringen. Das, was die Kinder entfalten, hat seine Wurzeln in einem geistig-ideellen Erbe, das ihnen von den Eltern und der Familie tradiert wird. Das Tradierte, das Mitglieder einer Familie im zeitlichen Längsschnitt und im aktuellen Ausbreitungsbereich der Familie verbindet, entfaltet sich als familiäres Ideengut. In dem Bestreben des einzelnen, sich möglichst voll zu entfalten, ist das Bestreben, damit das familiäre Ideengut weiterzuentwickeln, mitenthalten. Die Entwicklung des einzelnen geht aus der Entwicklung der Geschichte seiner Familie hervor und bleibt teilweise auf die Familie bezogen, selbst wenn er sich von der Familie abwendet. Selbstverständlich wirken noch andere Einflüsse auf ihn: Einflüsse der Peergroup, der Schule, des Arbeitskreises, der gesellschaftlichen Trends und Moden. Dennoch steht das, was der einzelne mit seinem Leben anstrebt, in Beziehung zur Geschichte seiner Familie. Das gilt auch dann, wenn er die Werte in Gegensatz zu jenen seiner Eltern stellt. Die Mitglieder einer Familie sind sich mehr oder minder, positiv oder negativ durch ein *familiäres Ideengut* verbunden. Sie entwickeln und verändern dieses familiäre Ideengut über die Generationen, in Wechselwirkung mit der kulturellen Umwelt. Die Familie ist die Artikulationsstätte und Übermittlungsinstanz kultureller Werte, Normen und Vorstellungen. Politiker und Religionsführer waren sich dessen immer bewußt und haben, je nach ihrem Anliegen, entweder den Einfluß der Familie unterstützt oder versucht, die Jugendlichen aus ihrer familiären Beziehungsgeschichte zu lösen.

In traditionsbewußten Familien enthält das familiäre Ideengut, das Bewußtsein der familiären Zugehörigkeit und Identität, die Vorstellung «wer wir sind», «woher wir kommen» und «wohin wir gehen». Es enthält familieneigene Einstellungen und Haltungen, Werte, Überzeugungen, Grundsätze und Normen, Gewohnheiten und Vorurteile, familiäre Vorstellungen und Bilder.

Gibt es heute überhaupt noch solche traditionsbewußten Familien? Oder sind sie höchstens noch Relikte der gesellschaftlichen Oberschicht, wo die Vererbung des Familienbesitzes oder Familienbetriebs eine sich über die Generationen entwickelnde Familiengeschichte entstehen läßt? Heute, wo so viele Familien durch Scheidung aufgelöst werden und wo zwischen den Generationen eine so hohe Entfremdung entstanden ist, hat die Herkunftsfamilie einen geringeren Einfluß auf Werthaltungen und Zielvorstellungen. Und dennoch: die Aufarbeitung der Beziehungserfahrungen mit der Herkunftsfamilie, besonders mit den Eltern, ist nach wie vor ein zentrales Thema der sich meist über Jahre dahinziehenden psychoanalytischen Behandlung. Nach wie vor sieht die konfliktorientierte Familientherapie Wachstum und Entwicklung der Kinder und jungen Erwachsenen durch elterliche Einflüsse blockiert. Sie weist dabei insbesondere auch immer wieder auf den hohen Einfluß bereits verstorbener Familienangehöriger hin[143] und auf die Notwendigkeit, Trauerarbeit über diesen Verlust zu leisten, um das eigene Leben weiterzuentwickeln. Die familiären Beziehungsnetze sind heute komplexer und unübersichtlicher. Beziehungen zu Familienmitgliedern sind jedoch auch heute für die Gestaltung des eigenen Lebensprozesses wie auch zur Findung der eigenen Identität von zentraler Bedeutung. Diese Beziehungen sind individuumzentrierter geworden, es entwickelt sich weniger deutlich eine in sich geschlossene Familiendynamik, Familiengeschichte oder familiäre Identität. Dennoch haben auch heute Familienmitglieder das Bewußtsein einer durch ihre gegenseitigen Beziehungen beeinflußte Geschichte und leiten ihre Zielsetzungen und Aufgaben des eigenen Lebens aus dieser Geschichte her. Familiäre Ideen sind wirksam, auch wenn die Familie zerstritten oder äußerlich aufgelöst ist, auch wenn sich die Familienmitglieder in vieler Hinsicht entfremdet haben, auch wenn jemand all sein Bestreben darauf verwendet, sich von der Familie zu distanzieren und in jeder Hinsicht das Gegenteil von seinen Eltern zu tun. Mit der Ideenwelt, die der einzelne entwickelt, wird er immer die Ideenwelt seiner Familienmitglieder mitentwickeln. Allen Familienmitgliedern ist gemeinsam, daß sie versuchen, ihr geistiges Erbe, das heißt das, was sie von der Familie mitbekommen haben, in eigener Erfahrung und in eigener Verantwortung so gut wie möglich weiter zu entwickeln und die Evolution der familiären Überlieferung voranzutreiben.

Der Begriff des familiären Ideengutes sollte dem psychoanalytischen Denken nicht unvertraut sein, steht es doch manchen *Formulierungen* FREUDS *über die Bildung des Über-Ichs nahe.* Gemäß FREUD[144] «folgen die Eltern ... in der Erziehung des Kindes den Vorschriften des eigenen Über-Ichs ... so wird das Über-Ich des Kindes eigentlich *nicht nach dem Vorbild der Eltern, sondern* [nach dem Vorbild] *des elterlichen Über-Ichs* aufgebaut; es erfüllt sich mit dem gleichen Inhalt, es wird zum *Träger der Tradition*, all der zeitbeständigen Wertungen, die sich auf diesem Weg über Generationen fortgepflanzt haben».

FREUD sieht also das Über-Ich als einen *Generationen übergreifenden Träger von familiärem Kulturgut und Tradition.* Die Eltern erziehen die Kinder nicht so sehr auf Grund eigener Vorstellungen, Bedürfnisse oder Wertungen, sondern geleitet und bezogen auf eine ihr persönliches Leben übergreifende Familienperspektive.

Das Über-Ich, die verinnerlichten Gesetze, Regeln, Verbote und Einschränkungen wie auch das Ich-Ideal als Vorbild, auf welches sich die Identifizierung mit den Eltern ausrichtet, wäre also eine *die Eltern-Kind-Bezie-*

hung übergreifende familiäre Instanz, auf welche Eltern und Kinder in gleicher Weise bezogen sind und der gegenüber sie sich in gleicher Weise verantwortlich fühlen.

Das, was ich mit familiärem Ideengut meine, steht auch dem Konzept der «inneren Objekte» der Psychoanalyse nahe. Die inneren Objekte repräsentieren abbildhaft äußere Objekte, also zum Beispiel die Eltern innerhalb der Psyche (Objektrepräsentanzen). Diese verinnerlichten Repräsentanzen der Eltern dienen als Wegweiser und üben eine dirigierende, steuernde und zielsetzende Funktion aus. Sie sind eine wichtige Voraussetzung, um dem Voranschreiten in der Lebensentwicklung Richtung, Ziel und Sinn zu geben. Nach Stierlin[145] bestimmen sie den Lebenskurs wie ein Gyroskop, eine Apparatur, die das Schiff auf Kurs hält und der abtreibenden Wirkung der Elemente entgegenwirkt. Die inneren Objekte spielen beim Aufbau des Über-Ichs eine wichtige Rolle. Die Psychoanalyse sieht eine Aufgabe darin, negative innere Objekte zu korrigieren. Wenn wir davon ausgehen, daß das Verhalten der Eltern selbst stark durch ihre inneren Objekte, das heißt durch die Repräsentanzen ihrer Eltern gesteuert und auf Ziele gerichtet wurde, so wird klar, daß in den Repräsentanzen der Eltern auch die Repräsentanzen der Großeltern und deren Vorfahren und der gesamten Familiengeschichte enthalten sind. Die inneren Objekte sind dann die Wegweiser der Entfaltung eines familiären Potentials. Die inneren Objekte machen ein Individuum relativ unabhängig von der Realpräsenz der äußeren Objekte. Man kann annehmen, daß der «Verlust» der realen Eltern in der Adoleszenz teilweise ersetzt wird durch die inneren Repräsentanzen der Eltern und der Familie.

Bei der Erziehung ihrer Kinder sind Eltern bestrebt, das familiäre Potential, das sie von ihrer Familie erhalten haben, in ihren Kindern möglichst gut zu entfalten. Nach Boszormenyi-Nagy und Spark ist die achtbarste und logischste Form, sich von den Verpflichtungen gegenüber den Eltern zu befreien, die eigene Elternschaft.[146] Das, was die Eltern ihren eigenen Eltern schulden, wird dynamisch aufgerechnet mit der Zuwendung, die sie ihren Kindern angedeihen lassen.[147] Junge Erwachsene sind bemüht, das, was sie von ihren Eltern «ererbt» haben, sich anzueignen und es in ihrem Leben – im Beruf, in ihren persönlichen Beziehungen, in ihrem sozialen und politischen Engagement – weiter zu entwickeln und zu differenzieren, wobei eine Möglichkeit dieses Bestrebens darin liegt, das, was sie bekommen und verarbeitet haben, einer nächsten Generation weiterzugeben und in dieser die Entwicklung zu stimulieren.

Eltern und Kinder können in der Bezogenheit auf das familiäre Erbe aneinander schuldig werden. Eltern können die Bereitschaft des Kindes, «Ideen» aufzunehmen, ausbeuten und das Kind für ihre eigenen Bedürfnisse mißbrauchen, anstatt *sich in den Dienst der Entfaltung des familiären Ideenerbes zu stellen*. Kinder können die Entwicklungsanforderungen, die die Entfaltung des familiären Erbes ihnen auferlegt, von sich schieben, indem sie die Bedürfnisse der Eltern, weiterhin für sie zu sorgen und sie an sich zu binden, ausbeuten.

Sind elterliche Erwartungen an das Kind schädlich?

Zu den negativsten Auswirkungen der modernen Klein- und Kleinstfamilie gehört, daß das einzelne Kind den elterlichen, besonders den mütterlichen Einflüssen viel isolierter ausgesetzt ist als in der Großfamilie, wo innerhalb des Sippenverbandes weit mehr Beziehungskorrekturen durch weitere Familienmitglieder ins Spiel kamen. Eltern sind deshalb heute vielleicht häufiger zu stark auf ihre Kinder ausgerichtet.

Die psychoanalytisch orientierte Einzel- und Familientherapie weist auf die krankmachenden Einflüsse neurotischer Eltern auf ihre Kinder hin. Kinder werden dann von ihren Eltern nicht so geliebt, wie sie sind, sondern sie werden nur so weit akzeptiert, wie sie die in sie gesetzten Erwartungen erfüllen und sich bereit finden, den Eltern gegenüber bestimmte Funktionen auszuüben. Eltern können ihre Kinder zur Erfüllung ihrer narzißtischen Bedürfnisse mißbrauchen, etwa zur Erledigung von Aufträgen und Missionen, womit die Kinder in ihrer echten Selbstentfaltung beeinträchtigt werden. Mit der schädlichen Auswirkung elterlicher Erwartungen hat sich in neuer Zeit vor allem die Psychoanalytikerin Alice Miller befaßt. In ihrem Buch ‹*Das Drama des begabten Kindes*› schreibt sie über Schicksale, die sie von Analysandinnen, seltener Analysanden, erfahren hat. Sie fand, daß Analysanden ein falsches Selbst aufweisen, weil sie als Kind keine Möglichkeit geboten bekamen, ein wahres Selbst zu entfalten. Sie fühlten sich gedrängt, für ihre Mutter dazusein, die Mutter zu befriedigen, sie zu umsorgen und zu bemuttern oder ihren Erwartungen zu entsprechen und sie narzißtisch aufzuwerten. Ist die Mutter emotional unsicher und ist sie für ihr narzißtisches Gleichgewicht auf ein bestimmtes Verhalten des Kindes angewiesen, so entwikkelt das Kind eine erstaunliche Fähigkeit, dieses Bedürfnis der Mutter zu beantworten. Diese Funktion sichert dem Kind die Liebe, das heißt die narzißtische Besetzung durch die Eltern. Es spürt, daß es gebraucht wird, was seinem Leben eine Existenzsicherung gibt. Solche Kinder werden zur Mutter der Mutter. Sie entwickeln ein besonderes Sensorium für unbewußte Signale der Bedürfnisse der anderen.

Alice Miller nimmt an, daß das Kind der Mutter völlig wehrlos ausgeliefert ist. «Ein Kind ist verfügbar. Ein Kind kann einem nicht davonlaufen, wie die eigene Mutter dazumal. Ein Kind kann man erziehen, daß es so wird, wie man es gerne hätte. Beim Kind kann man sich Respekt verschaffen, man kann ihm seine eigenen Gefühle zumuten, man kann sich in seiner Liebe und Bewunderung spiegeln, man kann sich neben ihm stark fühlen, man kann es einem fremden Menschen überlassen, wenn es einem zuviel ist, man fühlt sich endlich im Zentrum der Beachtung, denn die Kinderaugen verfolgen die Mutter auf Schritt und Tritt.»[148] – «Es gehört zu den Wendepunkten der Analyse, wenn narzißtisch gestörte Patienten zu der emotionalen Einsicht kommen, daß all die Liebe, die sie sich mit so viel Anstrengungen und Selbstaufgabe erobert haben, gar nicht dem galt, der sie in Wirklichkeit waren; daß die Bewunderung für ihre Schönheit und Leistungen der Schönheit und den Leistungen galt und nicht eigentlich dem Kind, das es war. Hinter der Leistung erwacht in der Analyse das kleine, einsame Kind und fragt sich: Wie wäre es, wenn ich böse, häßlich, zornig, eifersüchtig, faul, schmutzig, stinkend vor euch gestanden wäre? Wo wäre dann eure Liebe gewesen? Und all das war ich doch auch. Will das heißen, daß eigentlich nicht ich geliebt wurde, sondern das, was ich vorgab zu sein?»

In einer familienbezogenen Weise befassen sich H. E. Richter und Helm Stierlin[149] mit den elterlichen Erwartungen an das Kind. Eltern betrauen häufig ihre Kinder mit Aufträgen und Missionen und senden sie als Delegierte aus. Es kann sich dabei um Aufträge handeln, die affektiven Bedürfnissen eines Elternteils dienen; Eltern, die in ihrer normierten Bürgerlichkeit zu veröden drohen, können dem Kind den unbewußten Auftrag erteilen, sie mit Berichten über selbsterlebte Sexorgien, Drogenparties oder kriminelle Abenteuer zu beliefern und ihnen damit eine partizipative Befriedigung in Lebensbereichen zu ermöglichen, die ihnen verschlossen sind. Das Kind kann Aufträge erhalten, die die Ich-Stärke der Eltern stützen, indem das Kind die Eltern vor größeren Konflikten schützt und als Delegierter eines Elternteils Konflikte austrägt und ausficht. Das Kind kann aber auch Aufgaben übernehmen, die dem Ich-Ideal eines Elternteils dienen, indem es unerfüllte Strebungen und

Hoffnungen eines Elternteils erfüllt. Das Kind ist den Eltern auf der Grundlage einer unsichtbaren Loyalität verpflichtet. Der Begriff der Delegation, der heute von familiendynamisch orientierten Therapeuten so häufig verwendet wird, kann die Gefahr in sich bergen, ein Bild von einem linearen Vorgang entstehen zu lassen, so als ob es die Eltern gäbe als Auftraggeber und das Kind, das von ihnen mit einer Mission betraut und als Delegierter ausgesandt wird. Diese Betrachtungsweise mag manche Therapeuten veranlassen, die Eltern zu den alleinigen Verursachern der kindlichen Neurose oder Störung zu machen.

Unter Psychotherapeuten und psychologischen Forschern löste die Frage nach Grenzen und Möglichkeiten des elterlichen Einflusses auf die Entwicklung des Kindes große Kontroversen aus. Das Kind ist kein unbeschriebenes Blatt. Es ist für die Eltern nicht formbar wie Modellierton. Vielmehr ist es von Geburt an ein Zentrum eigener Aktivität und bringt manche Eltern bereits in den ersten Lebensmonaten oder -jahren durch seinen hartnäckigen Widerstand und Eigensinn zur Verzweiflung. Viele Kinder widersetzen sich erfolgreich den narzißtischen Manipulationen und Erwartungen ihrer Eltern, ohne sich neurotisieren zu lassen. Manche narzißtische Mütter machen am Widerstand des Kindes einen heilsamen Lernprozeß durch. Dennoch ist es denkbar, daß es subtile Strategien gibt, die Angst des Kindes vor Liebesverlust oder Verlassenwerden und der Wunsch des Kindes nach Bestätigung und Zuwendung der Eltern, so zu manipulieren, daß es geschädigt werden kann. Nach meiner Meinung werden die Einflußmöglichkeiten der Eltern, insbesondere der Mütter, auf das Kind zu einseitig gesehen und oft auch zu hoch eingeschätzt.

Der Delegationsmodus sollte um eine zirkuläre Perspektive erweitert werden, wofür in der neuesten Darstellung des Heidelberger Familientherapeutischen Konzepts[150] sich Hinweise finden. So wird erwähnt, daß die Gebundenheit des Kindes an seine Mutter auch als Kollusion gesehen werden könne. Der Delegierte übernehme nicht nur Pflichten, sondern damit einhergehend auch einen Anspruch auf Anerkennung seiner Leistungen durch die Familie. Ich glaube, daß die Kinder in ihrer Mitverantwortung für das Geschehen zu wenig wahrgenommen werden. In der Beobachtung von weit über hundert Familien mit Krisen der Ablösungsphase fiel mir immer wieder auf, daß es nicht zufällig ist, welches Kind in die Stellung des Delegierten gerät. Bei jenen Delegierten, die in einer nicht altersentsprechenden Abhängigkeit von ihren Eltern befangen und in ihrem Wachstum eingeschränkt bleiben, handelt es sich oft um

Kinder, die von Geburt an im Schatten ihrer Geschwister gestanden hatten. Im Vergleich zu den Geschwistern waren sie weniger vital, erfolgreich und durchsetzungsfähig und hatten Mühe, im Kreis von Gleichaltrigen mitzuhalten und sich mit den altersentsprechenden Entwicklungsanforderungen auseinanderzusetzen. Diese Kinder haben in der Adoleszenz eine besondere Angst, sich aus der Familie herauszulösen und sich auf eigene Füße zu stellen. Sehen diese Kinder nun eine Möglichkeit, sich den Eltern durch Übernahme einer bestimmten Funktion unentbehrlich zu machen, so kann sich in ihnen die Neigung zeigen, die Kräfte ganz auf die Erfüllung dieser Aufgaben zu konzentrieren und sich gleichzeitig von den Entwicklungsanforderungen unter Gleichaltrigen zu dispensieren. Ein Kind kann sich den Eltern beispielsweise anbieten zur Vermittlung in ehelichen Spannungen, zur Stützung des schwachen Selbstwertgefühls eines Elternteils, zur Bundesgenossenschaft, um den einen Elternteil gegen den anderen zu schützen und zu stützen. Es kann den Eltern eine sinnerfüllende Aufgabe anbieten, indem es Symptome produziert und sie von ihren Eheschwierigkeiten ablenkt. Wenn man das Geschehen auf der Ebene der Ausbeutung betrachten will, so sind es nicht nur die Eltern, die die Abhängigkeitsbedürfnisse der Kinder ausbeuten, sondern es sind ebenso die Kinder, die die Bedürftigkeit der vom *empty nest* bedrohten Eltern ausbeuten.

Wie sehr die Kinder am Aufrechterhalten eines Delegationsarrangements beteiligt sind, zeigt sich dann in der Familientherapie: Oftmals setzen die Kinder einer therapeutischen Veränderung weit mehr Widerstand entgegen als die Eltern selbst, obwohl man eigentlich erwarten müßte, daß die Kinder erleichtert wären, von einem bestimmten Auftrag entbunden zu werden.

Eltern und Kinder sollten in ihrer zirkulären Bezogenheit gesehen werden. Aufträge können Eltern nur erteilen, soweit ein potentieller Adressat diese Aufträge aufnimmt und sich mit deren Erfüllung identifiziert. Als geläufigstes Beispiel für dieses Zusammenspiel kann der *Ödipuskomplex* angeführt werden. Entscheidend für dessen Bewältigung ist, ob die Mutter den Liebesangeboten des Sohnes standhalten kann, ohne diese übermäßig zu stimulieren, aber auch ohne diese übermäßig zu frustrieren. Befindet sich die Mutter in einer unglücklichen Beziehung zum Vater, so wird sie eventuell in besonderer Weise für die Liebesangebote des Sohnes ansprechbar sein. Andererseits kann der Sohn angesichts der frustrierenden Situation seiner Mutter in seinem Bedürfnis, den Vater als Liebhaber auszustechen, besonders stimuliert werden. Der Sohn wird aber den Liebesangeboten seiner Mutter Schranken entgegensetzen, wenn er genügend Möglichkeiten sieht, altersentsprechende Beziehungen zu Mädchen einzugehen. Eine unlösbare ödipale Situation wird sich dann ergeben, wenn Mutter und Sohn im Zusammenschluß gegen den Vater im gleichen Sinn ansprechbar sind für ihre gegenseitigen Beziehungsangebote.

In jeder Familie stellen Eltern und Kinder eine Menge Erwartungen aneinander. Sie versuchen, sich ausgesprochene oder unausgesprochene Aufträge zu erteilen. In gesunden Familien setzen Kinder den Erwartungen der Eltern und Eltern jenen der Kinder Grenzen, soweit sie spüren, daß deren Erfüllung Anlaß zu destruktiven Entwicklungen gibt. Zu einem destruktiven, entwicklungshemmenden Delegationsprozeß braucht es meist eine *beiderseitige und gleichartige Ansprechbarkeit von Eltern und Kindern, die alle Qualitäten einer Kollusion hat.*

Meine Mitarbeiter BARBARA und CLAUS BUDDEBERG[151] haben solche familiäre Kollusionen beschrieben.

Ich glaube, es geht hier um denselben Unterschied zwischen partnerschaftlicher Kollusion und partnerschaftlichem Coping[152] (gegenseitige Unterstützung im Bewältigen von Lebensschwierigkeiten, siehe S. 167). Pathogen wirken Erwartungen dann, wenn sie der gemeinsamen Abwehr der Lebensängste von Eltern und Kindern dienen oder der Befriedigung regressiver Bedürfnisse. Die familiären Beziehungen tragen dann ihren Zweck in sich selbst. Eltern und Kind möchten mit- und aneinander ihre regressiven Bedürfnisse befriedigen, Bedürfnisse nach Verwöhnung, nach Schutz, nach Unterhaltung, nach Abschirmung gegen außen, nach Selbstaufwertung usw. Wird die Befriedigung solcher Bedürfnisse zum zentralen Anliegen einer Beziehung, so entspricht sie einer Verweigerungshaltung gegenüber den Anforderungen eines natürlichen, familiären Evolutionsprozesses. Die gesunde familiäre Evolution ist ein gemeinsamer Wachstumsprozeß von zwei oder drei Generationen, in dem jeder Entwicklungsschritt mit sinnvollen komplementären Entwicklungsschritten der anderen Generation korreliert ist. Ist dieser familiäre Evolutionsprozeß die übergreifende Perspektive, so werden Eltern stolz sein, wenn ihre herangewachsenen Kinder sich von ihnen lösen, um ihr Lebensgeschick in eigener Verantwortung in die Hände zu nehmen. Sie werden beunruhigt sein, wenn ihre volljährigen Kinder immer noch an ihnen kleben bleiben. Die Ablösung der Kinder von den Eltern ist jedoch auch die Ablösung der Eltern von den Kindern. Auch für die Eltern beginnt in dieser Zeit eine neue Lebensphase, in der sie wieder mehr Zeit für eigene Entwicklungen haben. Delegationen können, müssen sich jedoch in keiner Weise pathologisch auswirken. Viele berühmte Personen sind die Delegierten ihrer Eltern gewesen. Wahrscheinlich kann sich ein Kind ohne elterliche Erwartungen gar nicht entwickeln.

> Es gibt Familiengeschichten, wo Kinder Aufträge übernehmen, um familiäre Kränkungen auszumerzen, familiäre Beschädigungen zu reparieren und auszugleichen oder den Eltern tatkräftig zu helfen. In vielen Fällen geben solche Aufgaben Lebensziel und Lebenssinn. Sie können auf den einzelnen ich-stärkend und identitätsfördernd wirken und für die Familie ein erfolgreicher Bewältigungs- und Reparationsversuch sein. Es handelt sich um eine der vielen Möglichkeiten, wie Familien als autopoietische Systeme sich immer wieder selbst regulieren.

Als Beispiel möchte ich Henrik Ibsen anführen, der 1828 als reicher Kaufmannssohn in der Seehandelsstadt Skien geboren wurde. Als er sechsjährig war, veränderten sich die familiären Verhältnisse abrupt. Sein Vater hatte sich bei Geschäften finanziell übernommen. Die Familie verlor ihr stattliches Haus und mußte aufs Land ziehen. Diese Deklassierung muß bei dem kleinen Henrik seelische Wunden geschlagen haben, die zeit seines Lebens nicht ganz geheilt sind. So widmete er sich mit seinem Lebenswerk dem Versuch, die Lebenslüge der Gesellschaft aufzudecken. Er schrieb am 18. November 1877, nach dem Tod seines Vaters, an seinen Onkel Christian:

«Seit meinem 14. Jahre mußte ich für mich selbst sorgen; ich habe oft und lange hart kämpfen müssen, um mich durchzusetzen und dorthin zu gelangen, wo ich jetzt stehe. Der Grund dafür, daß ich in all diesen Jahren des Kampfes so äußerst selten heimschrieb, war hauptsächlich, daß ich meinen Eltern keine Hilfe und Stütze sein konnte. Schreiben schien mir sinnlos, wo ich nicht handeln konnte; ich hoffte immer, daß meine Verhältnisse sich bessern würden, doch das kam erst sehr spät und liegt noch nicht lange zurück. Ein großer Trost war es mir daher, meine Eltern und jetzt zuletzt meinen alten Vater von liebevollen Verwandten umgeben zu wissen. Mein Dank an alle, die dem Verstorbenen eine helfende Hand reichten, gilt somit auch der Hilfe und Erleichterung, die das für meinen eigenen Lebensweg bedeutete. Ja, lieber Onkel, lassen Sie es sich sagen und sagen Sie es den anderen Verwandten: Was Sie alle von meiner Pflicht und Schuldigkeit liebevoll übernahmen, *hat mich in meinem Sinnen und Trachten wesentlich unterstützt und das mitgefördert, was ich in dieser Welt ausgerichtet habe* ...»[153]

HENRIK IBSEN reparierte mit seinem Werk die familiäre Demütigung. Das forderte ihm jedoch den letzten Einsatz seiner Kräfte ab. Nach seinen Worten war ihm das nur möglich, weil gleichzeitig seine Verwandten die Aufgabe übernahmen, seine Eltern zu umsorgen. Familiäres Coping ergibt sich aus dem Zusammenspiel verschiedener Rollen.

Kinder wollen ihren Eltern oft helfen, auch ohne daß von diesen spezielle Erwartungen oder Aufträge erteilt worden wären. Mit dem folgenden Beispiel möchte ich zeigen, wie herangewachsene Kinder ihr Leben ganz in den Dienst der Hilfe für ihre Eltern stellen können und jedem therapeutischen Versuch trotzen, der sie von dieser Aufgabe abbringen möchte. Die Therapie führt erst zu einer Veränderung, wenn das kranke Kind die Überzeugung gewinnt, daß es mit gesundem Verhalten den Eltern effizienter hilft.

Heidi, eine zweiundzwanzigjährige Patientin, kam auf unsere Psychotherapiestation wegen anfallartiger Hyperventilationstetanie. In diesen Anfällen ließ sie sich zu Boden fallen, zeigte eine laut keuchende, beschleunigte Atmung, wirkte wie bewußtlos und verdrehte die Augen. Aus eigenem (unbewußtem) Antrieb steigerte sie sich in Zustände hinein, die äußerst bedrohlich aussahen und die Umgebung in höchsten Schrecken versetzten. Sie stand seit Jahren in Psychotherapie, ohne daß sich die Häufigkeit dieser Anfälle reduzieren ließ. Als Persönlichkeit machte sie den Eindruck einer Kümmerentwicklung. Sie war von klein auf ein Mauerblümchen, stets von Eifersucht gequält gegenüber ihrem jüngeren, vitalen und erfolgreichen Bruder. Sie spielte kaum je mit Altersgenossinnen, sondern zog sich immer ängstlich zurück. Sie mußte die Sonderschule besuchen. Man hielt sie allgemein für blöd und dümmlich, obwohl die Testuntersuchungen eine normale Intelligenz ergaben. Von Kind auf entwickelte sie immer wieder neurotische Symptome, Bettnässen, Dunkelangst, Platzangst und erreichte damit, daß sie im Schlafzimmer der Eltern übernachten konnte. Später kam es zu psychogenem Erbrechen, bis dann die jetzt zur Therapie anstehenden Atemanfälle auftraten. Als auslösendes Moment für diese Anfälle ergaben sich insbesondere familiäre Streßsituationen.

Zu Hause herrschten äußerst deprimierende Verhältnisse. Der Vater neigte seit je zum Trinken. Als Heidi zweijährig war, erlitt er einen schweren Schädelbruch mit langdauernder Bewußtlosigkeit. In der Folge blieb er affektlabil und wurde insbesondere unter Alkohol gewalttätig, zertrümmerte Mobiliar und schlug die Mutter. Diese ist eine verhärmte Dulderin. Sie nahm, angeblich den Kindern zuliebe, die Gewalttätigkeit des Vaters auf sich. Es entwickelte sich eine klassische Trinkerehe, wo die Duldsamkeit der Frau den Mann immer wieder demütigt und seine destruktiven Tendenzen anheizt und Anlaß zu erneuter Gewalttätigkeit gibt. Der Vater machte auch beruflich einen sozialen Abstieg durch und hat heute Mühe, irgendeine Arbeitsstelle zu finden. Die einzige Person, mit der sich der Vater aussprechen konnte, war Heidi. Es kam zu sexuellen Beziehungen zwischen dem Vater und Heidi, was dem Vater wohl das Gefühl vermittelte, wenigstens von einer Person geliebt zu werden, ihm andererseits wiederum Schuldgefühle erzeugte und seine Selbstachtung weiterhin untergrub. Die Mutter, die in den letzten Jahren in der Betreuung und Kontrolle der kranken Heidi eine Aufgabe hatte, war durch deren Hospitalisation bei uns sehr beunruhigt. Sie ertrug es insbesondere schlecht, daß sie von Heidi nicht bis in alle Details über die therapeutischen Gespräche unterrichtet wurde. Sie machte dem Pflegepersonal dauernd Vorwürfe, Heidi nicht genügend zu beaufsichtigen und steigerte sich in die Behauptung hinein, Heidi sei auf unserer Abteilung in sexuelle Haltlosigkeit abgesunken, was angesichts der extremen Kontakthemmungen von Heidi grotesk anmutete. In ihre wütenden Vorwürfe mischte sie die Bemerkung, es kümmere sich ja ohnehin niemand darum, wie es ihr ergehe. Sie könnte zu Hause von ihrem Mann totgeschlagen werden, ohne daß jemand davon Kenntnis nehme. Sie brach dann in Tränen aus, und wir versuchten, ihr unsere Anteilnahme zu zeigen für das, was sie alles für ihren Mann und ihre kranke Tochter auf sich nehmen müsse. Die Mutter wehrte sich jedoch vehement gegen jeden Versuch, sie für hilfebedürftig zu erklären. Sie deutete an, sie sei in ihrem Leben immer wieder auf das Schwerste enttäuscht worden, wenn sie einmal von jemandem Zuwendung beansprucht habe.

Wir führten mehrere Familiengespräche durch, die allerdings immer wieder in chaotische Destruktivität entarteten. Meist verliefen die Gespräche so, daß Vater, Mutter und der Bruder über Heidi herfielen, sie mit widersprüchlichen Vorwürfen blockierten und sich dann hoch erregten, daß sie ihnen trotz allen Druckversuchen nicht antwortete. Dauernd wurde sie aufgefordert, nun endlich einmal zu sagen, was ihr an der Familie nicht passe, um ihr gleichzeitig das Wort abzuschneiden, wenn sie zu sprechen anhob. Der Vater, der wie ein heruntergekommener Clochard und wesensveränderter Trinker wirkte, war offensichtlich voller Angst, seine inzestuöse Beziehung zu Heidi könnte zur Sprache kommen. In einer Flucht nach vorn forderte er Heidi auf, nun endlich einmal die volle Wahrheit auszusprechen, ohne Rücksicht auf Verluste. Dauernd wurde ihr kommuniziert: «Rede doch endlich, aber wehe, wenn du redest.» Für mich war am eindrücklichsten, wie Heidi trotz aller Provokationen nicht davon abließ, aus den Familiensitzungen konstruktive Gespräche zu machen. Hier sollte – so betonte sie – nun endlich einmal ein Gespräch stattfinden, an dem jeder sich beteiligen könne, ohne daß immer einer ausgeschlossen oder kaputtgemacht werden müsse. In Andeutungen zeigten alle Familienmitglieder, daß sie das Anliegen von Heidi verstanden und im Grunde mit ihr einiggingen. Der Vater deutete einmal an, daß er oftmals den Eindruck habe, die Mutter und die beiden Kinder hielten gegen ihn zusammen. Die Mutter, nachdem sie wütend aus der Sitzung davongelaufen war, kehrte nach einiger Zeit weinend wieder zurück. Sie bestätigte Heidis Aussage, alle vier hätten viel miteinander zu leiden, alle vier seien sie betroffen und bräuchten Hilfe. Den härtesten Widerstand leistete der Bruder, der uns Therapeuten gegenüber feindselig und zynisch war und erst nach einer intensiven Konfrontation kleinlaut äußerte, er habe selbst viele ungelöste Probleme, bringe es aber nicht über sich, darüber zu sprechen. All diese positiven Lichtblicke kamen nur in Andeutungen und wurden gleich wieder zurückgenommen, sobald wir näher darauf einzugehen versuchten. Immer wieder entarteten die Sitzungen in destruktives Chaos. In Andeutungen wurde auch deutlich, wie wichtig Heidi für die Funktionsfähigkeit der Familie war. Die Mutter erwähnte, als der Vater in einem Erregungszustand hatte psychiatrisch hospitalisiert werden müssen, sei Heidi die einzige gewesen, die in dieser turbulenten Situation einen kühlen Kopf bewahrt und betont habe, sie müßten jetzt zusammenhalten. Heidi habe sich damals als die Stärkste der Familie erwiesen.

Zuletzt kam es zu einer Sitzung, die völlig entartete. Der Vater rief aus, er werde nie mehr zu einem Familiengespräch erscheinen, auch die Mutter pflichtete ihm bei, unterstützt von Max. Im Anschluß an diese letzte Familiensitzung sagte ich zu Heidi, sie könne es sich nicht weiterhin leisten, immer wieder in Krankheit zu verfallen. Die Familie brauche in ihr eine gesunde Person, die ihre Kräfte für sie einsetze und ihr den Weg weise. Heidi beteuerte, sie befürchte, wenn sie nicht mehr krank wäre, würden alle über den Vater herfallen, und er könnte vollends absinken. Ich betonte erneut, es gehe nicht darum, ihren Einsatz für die Familie zu schmälern. Im Gegenteil müsse sie sich die Kompetenz erwerben, der Familie wirklich zu helfen. Zu meinem eigenen Erstaunen verschwanden daraufhin die Hyperventilationsanfälle. Heidi nahm eine eigene Wohnung und wurde wesentlich selbständiger. Dadurch fühlten sich offenbar auch die anderen Familienmitglieder mehr auf sich selbst gestellt. Insbesondere die Mutter begann nun, Kontakte mit gleichaltrigen Frauen aufzunehmen, mit denen sie sich ab und zu traf und ausging. Es ging ihr allgemein wesentlich besser. Der Vater trank weiterhin, verwickelte sich aber nur noch selten in gewalttätige Szenen mit der Mutter.

Heidi hatte versucht, den Vater vor dem Ausschluß aus der Familie zu schützen, indem sie sich selbst als Patientin anbot und durch ihre dramatischen Hyperventilationsanfälle die Aufmerksamkeit der Eltern auf sich zog und vom Vater fernhielt. Damit hatte sie aber ihre persönliche Entfaltung vernachlässigt. Teilweise neigte sie dazu, sich von Entwicklungsanforderungen zu dispensieren, eine Tendenz, die sie von Kindheit an immer wieder gezeigt hatte. Man kann auch sagen, sie sei das Opfer der Familie gewesen und sei von dieser zur Kranken gemacht worden. Was mich beeindruckt, ist die selbstverständliche Loyalität, die Heidi der Familie gegenüber empfindet, eine Loyalität, die allen bisherigen Therapieversuchen getrotzt hatte, in denen immer wieder versucht worden war, Heidis Autonomie zu fördern und sie aus der Familie zu lösen.

Ein sinnvolles Therapieziel kann in solchen Fällen nicht darin liegen, Patienten zur Unabhängigkeit zu ermutigen, sondern im Gegenteil: Das Therapieziel, das auch von den Patienten akzeptiert wird, ist, sich eine höhere Kompetenz zu erwerben, der Familie zu helfen. Voraussetzung dazu ist ein Leitbild des Therapeuten, wonach die Teilhabe und Mitverantwortung am übergeordneten, familiären Evolutionsprozeß etwas Ursprüngliches und Authentisches ist und nicht etwas, das wegzutherapieren wäre.

Heidi war erst bereit, ihre «Krankheit» aufzugeben, als ihr klar wurde, daß sie damit ihren Eltern weniger effizient hilft als mit Gesundheit.

Eltern versuchen natürlicherweise, ihr familiäres «Erbgut» in den Kindern möglichst gut zu verbreiten. Wenn Eltern an ihre Kinder die Erwartung stellen, manches zu entfalten, was zu entfalten ihnen selbst versagt geblieben ist, braucht das noch nicht auf eine narzißtische Beziehungsstörung hinzudeuten. Vielmehr können diese Erwartungen im Dienst der bestmöglichen Entfaltung und Weiterentwicklung des familiären Erbes stehen. So hat etwa die Elterngeneration in der Hochkonjunktur der Nachkriegsjahre die Gelegenheit gehabt, soziale und ökonomische Verhältnisse zu schaffen, die ihren Kindern den Zugang zu höherer Berufsbildung gaben, welche ihnen selbst versagt geblieben ist. Das Schaffen solcher Bedingungen gab ihrem Tun Sinn und Richtung. Sie haben damit Verdienste für die Familie erworben. Diese Verdienste setzen die Kinder

Erwartungen aus, sich wiederum eigene Verdienste in der Entfaltung des familiären Erbes zu schaffen. In Erfüllung der Erwartungen ihrer Eltern haben sie hohe Leistungen in akademischen Berufen erzielt oder waren im Geschäftsleben erfolgreich. Gleichzeitig haben sie Kinder großgezogen, welche die elterlichen Leistungen in Frage stellen und Lebensqualität vor Leistung, ökologisches Denken vor Konsum oder soziales Engagement vor individualistisches Sichdurchsetzen stellen. Ich glaube, daß diese transgenerationelle Familiendynamik nicht nur auf der Basis von Verpflichtung und Schuld[154] spielt, sondern daß *jeder das Erbe, das er von seinen Eltern erhalten hat, eigennützig zu entfalten bestrebt ist, womit er aber letztlich immer auch in Loyalität und Bezogenheit zu seiner Familie und seinen Ahnen handelt und nicht nur in egoistischem Interesse.*

Die transgenerationelle Korrektur des fehlentwickelten «Familienerbes»

Das familiäre Ideengut wird für den Heranwachsenden, unabhängig von elterlichen Erwartungen, zum inneren Bestandteil seiner Person. Er muß mit diesem Ideengut sein eigenes Leben bestreiten. Angesichts der bevorstehenden Herausforderung, selbst die Verantwortung für sein Leben zu übernehmen, hat er sich *mit dem internalisierten* Ideengut in seiner Lebensrealität zurechtzufinden. Dazu muß er es in einem ersten Schritt grundsätzlich in Frage stellen, ja, sich eventuell in Opposition begeben, um dann schrittweise und ohne äußeren Druck von seiten der Eltern die übernommenen Ideen zu prüfen und in eigener Erfahrung zu eigen machen.

Oft muß er dazu aus der Familie ausbrechen, muß auf Wanderschaft gehen, in ferne Kontinente oder in die Alternativszene, um Abstand von den Eltern zu schaffen. Dieses Prüfen, Erfahren und Aneignen vollzieht der Jugendliche nicht nur für sich allein, sondern auch als Mitglied der Familie. In ihm wird das Ideengut seiner Eltern einer Prüfung unterzogen, auf seine Brauchbarkeit untersucht, es wird gewichtet und gewertet. Für die Eltern ist die Überprüfung des familiären Ideengutes durch den

Jugendlichen oft eine verletzende Phase. Der Jugendliche geht mit ihnen rücksichtslos ins Gericht und neigt oft zu einer scheinbar übertriebenen Kritik. Der Jugendliche wird viele problematische Haltungen seiner Eltern, die sie aus Gewohnheit und Resignation nicht verändert haben, in Frage stellen.

Viele individuumzentrierte Therapeuten schaffen einen *unnötigen Gegensatz zwischen Ansprüchen auf Selbstentfaltung des Jugendlichen und Ansprüchen der Eltern auf familiäre Loyalität.* Geht man von der Bedürfnisbefriedigungsperspektive aus, dann können allerdings die Bedürfnisse des Jugendlichen nicht die Bedürfnisse der Eltern sein. Nimmt man jedoch an, der Jugendliche habe nicht nur negative, destruktive und entwicklungshemmende Aspekte seiner Eltern internalisiert, sondern seine Substanz, sein Potential als Ganzes habe sich wesentlich unter dem «Einfluß» seiner Eltern und Geschwister gebildet, so wird es bei seiner Selbstverwirklichung immer auch um die Fortentwicklung des familiären Ideengutes gehen.

Wenn der Pfarrerssohn ein atheistischer Marxist wird, so kann das die Korrektur des Sohnes gegenüber einer fehlentwickelten Religiosität seines Vaters sein. Der Eifer, mit dem der Sohn sich sozial engagiert, kann aber nicht losgelöst von der Auseinandersetzung mit seinem Vater verstanden werden. Wenn die Tochter zu einer fanatischen Kämpferin für die Frauenemanzipation wird und sich in scharfen Gegensatz zu ihrer bürgerlichen Mutter stellt, so ist ihr Fanatismus nicht ohne Familiengeschichte zu verstehen. Wenn der Sohn eines Bankdirektors in die Alternativszene ausbricht und jedes Denken an Profit als Ausbeutung ablehnt, ist auch seine Entwicklung nicht zu verstehen ohne die materialistische Haltung des Vaters. Oder wenn in einer Familie von erfolgreichen Akademikern ein Kind keinerlei Bereitschaft zeigt, Schulen zu besuchen und strebsam zu arbeiten, korrigiert es damit ein einseitig entwickeltes Familienpotential. Oder wenn aus verwahrlosten Familien Jugendliche extrem autoritäre Rockerbanden bilden, schaffen sie damit eine korrigierende, soziale Struktur. *Jugendliche vollziehen mit ihrer Abkehr von der Entwicklungslinie ihrer Eltern eine Korrekturbewegung, die letztlich nicht nur ihnen persönlich dient, sondern der Familie als Ganzem.* Oft allerdings sind Jugendliche überfordert, diese Korrektur in einem vernünftigen Ausmaß anzustreben. Oft müssen sie zumindest zunächst ins andere Extrem verfallen, in den politischen Radikalismus, in eine gesellschaftliche Verweigerungshaltung, in den Drogenkonsum oder religiösen Fanatismus. Die Radikalität, mit der sie mit ihren Eltern brechen, bekommt eine versöhnliche Dimension, wenn das bei aller Spaltung weiterhin Verbindende aufgezeigt werden kann. Die Radikalität, in der viele Jugendliche und junge Erwachsene sich in Gegensatz zu ihren Eltern stellen, zeigt oft die immense Anstrengung, die eine derartige Korrektur des inneren Erbes erfordert. Oft besteht eine fast magische Angst, man werde trotz aller Bemühungen letztlich Opfer des gleichen Schicksals wie die Eltern. Nicht selten sind familiäre Verfehlungen oder Katastrophen so gravierend, daß sie zu ihrer Korrektur mehrerer Generationen bedürfen. Die Extrementwicklung der einen Generation wird mit dem Gegenextrem der nächsten beantwortet, und es ist erst die dritte Generation, die einen unverkrampfteren Weg der Mitte findet. Solche Dreigenerationenentwicklungen sehen wir zum Beispiel nicht selten in Deutschland bei dem Versuch, Verfehlungen der Nazizeit zu bewältigen.[155]

Der Jugendliche versucht oftmals Fehlhaltungen der realen Eltern zu ändern

> Der Jugendliche setzt sich nicht nur mit dem internalisierten Familienerbe auseinander und versucht, seinen Anteil an der Geschichte seiner Familie zu korrigieren, sondern er setzt sich in der Regel gleichzeitig real mit seinen Eltern auseinander in dem Bestreben, deren Leben zu verändern.

Die «Strömungen» eines Jugendlichen stören oftmals besonders seine Familienangehörigen, und das liegt auch durchaus in seiner Intention. Er möchte in der Regel seine Eltern nicht einfach mit Aufregungen und Sensationen füttern, um damit ihren elementaren und affektiven Bedürfnissen zu dienen, sondern er hat oft das Bestreben, mit schockierendem Verhalten die festgefahrenen Haltungen der Eltern zu erschüttern, um sie damit zur Besinnung und Umkehr zu bringen. Die Intensität, mit der die Eltern auf sein provozierendes Verhalten ansprechbar sind, ist ihm ein Hinweis darauf, daß sich hinter ihrer oftmals starren Fassade eine Sehnsucht nach einem anderen Leben verbirgt. Fast wie ein Therapeut möchte mancher Jugendliche diese verborgene Ansprechbarkeit seiner

Eltern aktivieren, ihr zum Durchbruch verhelfen und den Eltern den Weg zu einem neuen Leben weisen. Dabei erfährt der Jugendliche allerdings, daß sich das Leben der Eltern nur in engen Grenzen verändern läßt und daß es seine Aufgabe sein wird, in seinem eigenen Leben diese von den Eltern offen oder heimlich ersehnte Veränderung zu realisieren. Trotz Ausstoßung und Bruch mit seinen Eltern kann er dabei letztlich in einer viel tieferen Loyalität den Eltern verbunden sein als seine mit der elterlichen Fassade konform lebenden Geschwister.

Beispiel:
Ein leitender Polizeibeamter wird mir zugewiesen wegen vielfältiger psychosomatischer Beschwerden bei chaotischen Familienverhältnissen. Er leidet an Magenbeschwerden, Schlaflosigkeit, Zittern, allgemeiner Nervosität, depressiver Verstimmung und Erschöpfung. Die eheliche Beziehung ist auf das äußerste gespannt. Die Frau verfällt immer wieder in psychogene Dämmerzustände, in denen sie tobt und um sich schlägt. Der Hauptstreitpunkt bildet die Erziehung der Kinder.

Die Älteste, eine zweiundzwanzigjährige Tochter, hatte eine Lehre abgeschlossen, geriet jedoch danach in Heroinsucht und hat gegenwärtig ca. 10000 Franken Schulden. Sie lebt allein. Der einundzwanzigjährige Sohn Bruno hat eine Mechanikerlehre absolviert und ist dann ausgestiegen. Er betätigt sich als Zeitungsverträger, wo er zwar wenig verdient, sich aber frei und unabhängig fühlt. Er lebt mit seiner neunzehnjährigen Freundin zusammen, einer ehemals Drogensüchtigen, die sich unter seinem starken Engagement aufgefangen hat. Sie hat vor sieben Monaten ein Kind von ihm geboren. Der Jüngste, der jetzt siebzehnjährige Sohn Peter ist der einzige, der noch zu Hause wohnt. Er ist eben aus seiner Lehre fristlos entlassen worden, weil er immer wieder die Arbeit schwänzte.

Schon rein äußerlich wirkt der Vater so, als ob er aus einer anderen Welt käme. Er ist so gekleidet, wie man es von einem Polizeibeamten in Zivil erwartet: etwas flott und sportlich, sauber und gepflegt, aber nicht aufdringlich. Die beiden Söhne bilden das Gegenstück: mit Punkfrisur, Stirnbändern und Bergschuhen wirken sie als Bürgerschreck. Am ersten Gespräch beteiligen sich nur die beiden Eltern und Bruno. Als Problem ergibt sich, daß der Vater sich in der Familie isoliert und ausgeschlossen fühlt, weil die drei Kinder mit der Mutter in Allianz gegen ihn stehen. Er engagiert sich beruflich im Übermaß und möchte dann, wenn er sich in der Familie aufhält, als Autorität respektiert werden und von den Kindern ein Zeichen der Anerkennung für seine Leistungen für die Familie spüren. Die Kinder aber lehnen seine Weltanschauung, welche auf Leistungsideologie, Konformität sowie Recht und Ordnung beruht, von Grund auf ab.

In den Familiengesprächen ist es für den Vater ein neues Erlebnis, daß er in der Familie sein persönliches Befinden ausdrücken kann, daß auch er einmal sagen darf: «Es scheißt mich alles an, ich möchte den Beruf aufstekken und ein anderes Leben führen ...» Die Familie gewinnt Verständnis für die Situation des Vaters. Er berichtet, daß er aus einer Trinkerfamilie stammt, selbst in Jugendjahren ein Luftikus gewesen sei und fristlos aus der Lehre entlassen und militärisch zurückgestellt wurde. Von der Schwiegermutter wurde er als lebensuntauglich abgelehnt. Er mußte überall unten durch und litt unter tiefen Minderwertigkeitsgefühlen. Mit eisernem Einsatz hat er sich dann emporgearbeitet und Karriere gemacht. Er leidet aber unter dem hohen Konformitätsdruck bei der Polizei, gleichzeitig findet er darin auch einen Halt und eine Linie. Er setzte nun alles daran, seine Kinder zu schulischen und beruflichen Höchstleistungen anzutreiben, um sie zu Angehörigen höherer Gesellschaftsschichten aufzubauen.

Für mich als Therapeut, aber auch für die Familie ist erstaunlich, wie sehr der Vater in Jugendjahren offenbar ähnlich war wie seine Kinder. Aber gerade deswegen hat der Vater Angst, wieder den Halt zu verlieren, und klammert sich so starr an die Konventionen. Er schämt sich seiner Kinder. Einmal sah er von der Straßenbahn aus seinen jüngsten Sohn in Punkmontur auf der Straße stehen. Leute neben ihm zeigten auf diesen jungen Mann und entsetzten sich. Er war heilfroh, daß niemand ihn als dessen Vater erkannte. Er leidet auch darunter, daß sein Karrierestreben von den Kindern nicht fortgesetzt, sondern ins Gegenteil verkehrt wird. Das gibt ihm ein Gefühl der Sinnlosigkeit all seiner Bemühungen. Die offenen Gespräche zwischen dem Vater und der Familie helfen, die Familienatmosphäre zu entkrampfen. Die Frau und die drei Kinder sind an sich engagierte und warmherzige Menschen, die aus Opposition gegen den Vater ins extreme Gegenteil geraten waren. Die älteste Tochter hat sich im Lauf der Therapie aus eigenen Kräften aus ihrer Drogensucht herausgearbeitet und hat ihre Schulden bereits weitgehend abbezahlt. Es ist zu einem harten Gespräch zwischen der Mutter, Bruno und der Tochter gekommen, in dem diese ihr gesagt haben, sie fänden es unsinnig, sich innerlich gegen die Mentalität des Vaters zu sträuben, weil sie im Grunde genommen ja genau so ehrgeizig und leistungsbewußt sei wie er, auch wenn sie es nicht wahrhaben wolle. Seither ist die Tochter wesentlich ausgeglichener und hat gelernt, mehr zu sich zu stehen. Bruno hat ebenfalls einen Wandel durchgemacht, indem er erklärt, er möchte wieder in die Gesellschaft einsteigen und etwas Richtiges aufbauen. Er habe mit seinen «Dummheiten» viele Jahre verloren, er bereue das aber nicht, habe er dabei doch auch viel erfahren und gelernt. Nun möchte er nicht mehr weiter so planlos leben. Er ist nach Australien ausgewandert, um dort ein eigenes Geschäft aufzubauen zusammen mit einem Freund, der bereits dort ist. Seine Freundin ist mit dem Kind nachgezogen. Auch zwischen den Ehepartnern ist es zu einer Verbesserung der Beziehung gekommen. Die Mutter hatte nie mehr die früher aufgetretenen psychischen Störungen. Die Partner unternehmen miteinander Wanderungen und Bergtouren und machen Fortschritte im gemeinsamen Gespräch. Lediglich der jüngste Sohn blieb vorläufig ein Sorgenkind.

Die Entwicklung dieser Familie könnte folgendermaßen interpretiert werden: In seinem forcierten Bemühen um Leistung und Konformität delegiert der Vater seine unbewußten Wünsche nach Freiheit, Nonkonformismus und Alternativleben an seine Kinder, welche diese Seiten für ihn ausleben und ihm die Möglichkeit verschaffen, sich darüber zu entsetzen und gleichzeitig daran zu partizipieren. Es scheint mir fragwürdig, ob eine derartige Interpretation, selbst wenn sie nur im Hinterkopf des Therapeuten existiert, zur Gestaltung einer konstruktiven therapeutischen Atmosphäre Wesentliches beitragen wird.

Die Familienentwicklung könnte auch so interpretiert werden: Die Mutter, in ihrer Frustration durch die berufliche Überbeanspruchung und das Leistungsstreben des Mannes, sucht in ihren Kindern emotionale Ersatzbefriedigungen und schürt unbewußt die Opposition der Kinder gegen den Vater, die stellvertretend für sie gegen ihn kämpfen. Bei dieser Interpretation bleibt für mich fragwürdig, ob die Loyalität zur Mutter bei den Kindern so intensiv ist, daß sie ihre ganze Existenz aufs Spiel setzen, um ihr im Konflikt mit dem Vater beizustehen. Auch zögere ich, Eltern vorschnell eine unbewußte diabolische Absicht zu unterschieben, ihre Kinder als Bundesgenossen so weit zu mißbrauchen, daß sie daran zugrunde gehen.

Nach meiner Ansicht verfielen die Kinder in ihre Fehlhaltungen nicht als Delegierte des Vaters oder der Mutter, aber auch nicht, um die Eltern von ihrem Ehekonflikt abzulenken. Vielmehr provozierten die extremen Verhaltensweisen des Vaters, mit denen er die Fehlhaltungen seiner eigenen Eltern zu korrigieren versucht hatte, bei seinen Kindern Fehlhaltungen des anderen Extrems. Die Kinder versuchten, wie in der Therapie deutlich herauskam, die fehlgeleitete Entwicklung des Vaters zu korrigieren. Zugleich damit versuchten sie aber auch in höchst eigenem Interesse, das, was sie vom Vater in sich aufgenommen hatten, zu korrigieren. Die Mutter begünstigte die Extrementwicklung der Kinder dadurch, daß sie ihnen keinen Widerstand entgegensetzte, weil sie sich ebenfalls gegen die Extremhaltungen des Mannes auflehnte. Die Therapie verhalf beiden Seiten zu einer Annäherung zur Mitte, durch welche für alle Beteiligten eine konstruktivere Entwicklung in die Wege geleitet werden konnte.

Beispiel:

Eine Familie wurde mir zur Therapie angemeldet, nachdem der jüngere Sohn, Andreas, ein zwanzigjähriger Jüngling, einen schweren und ernsthaften Suizidversuch begangen hatte. Bevor es zum ersten Familiengespräch kam, wollte der Vater mit mir ein Gespräch allein führen, um mich zu prüfen. Er hatte Angst, ich könnte mich mit den Vorwürfen des Sohnes gegen ihn identifizieren. Dieser warf ihm vor, er sei zu autoritär und wehre jede persönliche Auseinandersetzung mit rationalen Argumenten ab. Aus einem Gefühl der Ohnmacht reagierte der Sohn jeweils sehr emotional, verlor die Beherrschung und verhielt sich völlig irrational. Den Suizidversuch hatte der Sohn im Zusammenhang mit einem derartigen Streit begangen. Der Vater befürchtete nun, die Familiensitzungen könnten der Familie schaden.

Der Vater war 1956 anläßlich der Revolution aus Ungarn in die Schweiz geflohen. Gemeinsam mit seiner Frau hat er in harter Arbeit ein eigenes Geschäft aufgebaut. Die zwei Jahre ältere Schwester von Andreas ist in ihrem Studium erfolgreich. Sie ist sehr angepaßt und bereitet den Eltern wenig Sorgen. Andreas dagegen war als einziger in der Familie immer sehr impulsiv. Die Mutter versucht, zwischen dem Vater und Andreas zu vermitteln. Sie unterzieht sich im übrigen ganz dem Mann, stellt kaum eigene Ansprüche und wirkt durch die Spannungen in der Familie sehr beunruhigt.

Beim ersten Familiengespräch war ich erstaunt, wie familiengebunden beide Kinder sind. Obwohl die Eltern die Kinder angeblich freigeben oder sie sogar zum Ausgehen ermutigen, verbringen beide – zweiundzwanzig- und zwanzigjährig – ihre Freizeit nur mit der Familie und haben praktisch keinen Kontakt zu Gleichaltrigen.

In der dritten und letzten Familiensitzung kam es zu einem eindrücklichen Gespräch. Andreas erging sich lang und breit im Lamentieren über die Familie, wo sich jeder allein und unverstanden fühle, keine Wärme herrsche und alles wie ausgestorben sei. Der Vater war über die Klagen von Andreas sehr gekränkt. Er fand sie unberechtigt und ungerecht, hatte er sich doch immer sehr um die Kinder gekümmert. Er hatte Andreas in seinen Schulschwierigkeiten jede Nachhilfe und Ausbildungsmöglichkeit geboten. Er hatte persönlich an Schulstunden teilgenommen, um die Schwierigkeiten von Andreas besser wahrzunehmen. Offensichtlich hatte er immer alles pflichtbewußt geregelt und sich für seine Kinder sehr eingesetzt. Im Lauf der Therapiesitzung kam der Vater von sich aus darauf zu sprechen, daß tatsächlich nicht eine lockere und heitere Atmosphäre in der Familie vorherrsche. Ich fragte ihn, wie er das ertrage. Er wehrte gleich ab mit dem Hinweis, das mache ihm überhaupt nichts aus. Da habe er schon tausendmal Schlimmeres erlebt. Auf mein Nachfragen berichtete er, wie er zwar seit über zehn Jahren einen Schweizer Paß besitze, sich aber nicht als Schweizer fühle und auch nicht von Schweizern als Einheimischer angenommen werde. Mit dem Herzen sei er Ungar geblieben. Das Herz lasse sich nicht verpflanzen. Man könne nicht zwei Herzen haben. Er fahre gerne nach Ungarn auf Besuch, besuche dort Theater, erfreue sich an der ungarischen Sprache, die seine Kinder leider nicht verstehen. So geht er meist allein in seine Heimat auf Besuch. Ich sprach den Vater auf seine Einsamkeit in der Schweiz und in der Familie an. Er entschuldigte die Frau und die Kinder, die nichts dafür könnten, daß er sich innerlich nicht habe verpflanzen lassen. Ich fragte nun Andreas, ob er sich in seinen Vater einfühlen könne. Er äußerte, er fühle sich belastet, weil sein Vater die Vergangenheit nicht verdaut habe, das aber nicht zugeben wolle. Daraufhin fragte ich Beata, die ältere Schwester, wie sie die Situation erlebe. Beata war eben die Einsicht gekommen, daß sie im Grunde genommen auch nur mit dem Kopf Schweizerin sei, nicht aber in ihrem Fühlen. Es sei wie Vererbung. Man sei eben immer ein bißchen so wie die Eltern, aber das sei nicht die Schuld der Eltern. Ich erwiderte: «Nein, aber es sind die Kinder, die von den Eltern gewisse Probleme übernehmen, um sie im eigenen Leben zu lösen.» Beata berichtete dann über ihre Phantasien, einmal nach Südamerika auszureisen, wo das Leben gefühlvoller sei.

In dieser Sitzung wurde in der Familie erstmals ein Thema angesprochen, das bisher von allen verdrängt worden war. Es war wie etwas aufgebrochen. Der Vater zeigte sich erstmals in seiner eigenen Gefühlssituation. Er sagte dann die nächste Sitzung ab. Erst etwa zwei Monate später suchte mich Andreas auf, um mir über den weiteren Verlauf zu berichten. Er hatte nach dieser Sitzung Kontakt mit einer kirchlichen Jugendgruppe aufgenommen, wo er allwöchentlich einen Abend verbringt. Dort hat er, erstmals, eine Beziehung zu einem Mädchen gefunden. Mein Eindruck war, daß mit diesem Gespräch der familiäre Evolutionsprozeß, der lange Zeit blockiert gewesen war, wieder zum Fließen kam. Andreas hatte immer versucht, mit seinen Angriffen den Vater mehr zu Gefühlen zu provozieren. Er hatte damit immer nur das Gegenteil erreicht. Der Vater hatte sich nur noch mehr hinter rationalen Argumentationen verschanzt. Statt die Eltern verändern zu wollen, konzentrierte Andreas sich jetzt darauf, die von ihnen übernommenen, ungelösten Probleme in seinem Leben zu bewältigen.

Sündenbock und schwarzes Schaf

Der Sündenbock spielt in der familiendynamischen Literatur eine große Rolle.[156] Der Sündenbock ist eine Person, der die Schuld für das familiäre Mißgeschick aufgeladen werden kann und deren Bestrafung eine Entlastung von den eigenen Schuldgefühlen bewirkt. Herrscht in der Familie ein anspruchsvolles Wert- und Normensystem vor, dem die Familienmitglieder allesamt kaum oder nicht genügen können, so kann sich die Familie einen Sündenbock aufbauen, an dem sie ihre Enttäuschung über das Nichterfüllen der Normen austragen kann. Voraussetzung für den Aufbau eines Sündenbocks ist nach RICHTER[157] die allgemeine Tendenz zu narzißtischen Beziehungsformen. Das Kind wird von den Eltern vorwiegend als Fortsetzung des eigenen Selbst erlebt. Dabei wird oftmals dem Kind zuerst die Rolle des idealisierten Wunderkindes zugeschoben, das für eigene Mängel entschädigen soll, um es dann, wenn es in der Erfüllung dieser Erwartungen versagt, in die Rolle des Sündenbocks zu drängen und zu bestrafen. Oftmals beschwören Eltern das Unheil, das sie scheinbar abwenden möchten, geradezu herbei. Indem sie beispielsweise ein Kind in übertriebenem Maß vor einer bestimmten Triebgefahr warnen, verführen sie es unbewußt zu dem Verhalten, das sie scheinbar zu verhindern trachten. So provozieren Eltern etwa durch übertriebene Triebunterdrückung das Kind zu haltloser Sexualität oder durch übertriebene Leistungsideologie zu schulischem Versagen. Der Träger der negativen Familienidentität bietet den übrigen Familienmitgliedern die Gelegenheit, an seinen Eskapaden zu partizipieren und gleichzeitig sich in ihrer Lebensweise wiederum bestätigt zu fühlen.

Diese Sündenbockrolle finden wir bei Patienten einer psychotherapeutischen Praxis tatsächlich recht häufig. Widersprüchliche Erwartungen der Eltern, die das Kind zu etwas verführen, für das sie es nachträglich bestrafen, haben einen neurotisierenden Einfluß auf das Kind. Und doch sehen wir:

> Sündenböcke empfinden sich gegenüber der Familie oft nicht nur als Opfer oder als Versager, sondern bewahren ein Gefühl der Überlegenheit der Familie gegenüber. Wenn das Kind an den überzogenen Leistungsanforderungen seiner Eltern scheitert

oder wenn es gewaltsam aus der übertriebenen, moralischen Kontrolle ausbricht, so geschieht ihm das nicht einfach als passivem Opfer, sondern es versucht trotzig, die elterlichen Übertreibungen in ihr Gegenteil zu korrigieren.

Auch wenn Jugendliche bei ihrem abenteuerlichen Ausbruch aus der Familie scheitern, wenn zum Beispiel jugendliche Ausreißer mit Hilfe von gestohlenen Autos prompt «einen Unfall bauen», oder wenn andere eine besondere Begabung zeigen, von der Polizei wegen Besitz und Handel von Drogen aufgegriffen zu werden, so braucht das weder in Schuldgefühlen und Selbstbestrafungstendenzen begründet zu sein, noch im Auftrag, die verleugneten, schlechten Impulse der Eltern zu verkörpern, um sich stellvertretend für sie bestrafen zu lassen. Das Verlassen der Welt der Eltern erzeugt – das scheint naheliegender – Angst und Unsicherheit. Der Jugendliche begibt sich mit seinem Ausbruch aufs Glatteis, in einen Bereich, in dem er sich nicht auskennt. Er ist verunsichert, weil er für das Verhalten in diesem Bereich in der Familie kein Vorbild hat, an dem er sich orientieren könnte. In seiner Isolation bringt das Scheitern, das ihm von der Familie vorausgesagt wurde, ihn wieder in die gesicherte Obhut seiner Eltern zurück.

In vielen Fällen verkörpert der Jugendliche die «negative Identität»[158] seiner Eltern keineswegs in der Rolle des Sündenbocks, sondern als *schwarzes Schaf*. Das schwarze Schaf ist ein Familienmitglied, das aus der familiären Norm herausfällt und sich als «Mutante» oder Variation nicht in die Reihe seiner Geschwister einordnen läßt. Der Begriff des schwarzen Schafs hat eine andere Nuance als der des Sündenbocks. Es scheint mir für viele Fälle geeigneter als jener des Sündenbocks, weil er weniger eine negative als vielmehr eine ambivalente Wertung enthält. Das schwarze Schaf ist jenes Kind, das in der Familie halb Abneigung und Entsetzen, halb Faszination und Bewunderung hervorruft. Es sind die schwarzen Schafe, die oftmals besonders geliebt werden, was die Bibel am Beispiel des verlorenen Sohns besonders schön darstellt. Es sind aber auch die schwarzen Schafe, die oftmals einen neuen und kreativen Weg beschreiten. Viele berühmte Männer und Frauen sind die schwarzen Schafe ihrer Familie gewesen. Ähnlich wie in der Genetik kann das schwarze Schaf als eine Mutante angesehen werden, die in besonderem Maße geeignet ist, eine neue Entwicklung einzuleiten, die aber auch das Risiko in sich birgt, zu scheitern. Die schwarzen Schafe intensivieren die

Familiendynamik. Oftmals schließen sich insbesondere auch die Geschwister gegen das schwarze Schaf zusammen, rücken näher an die Eltern heran und zeigen die Tendenz, das schwarze Schaf auszuschließen. Das braucht nicht darin begründet zu sein, daß die Familie dem schwarzen Schaf eine spezielle Rolle zuschiebt. Vielmehr genügt es, daß das schwarze Schaf von sich aus etwas wagt, was die anderen ängstlich abwehren. Der Zusammenschluß gegen das schwarze Schaf dient dem Schutz vor der Versuchung, ihm nachzueifern und damit die Familie noch weiter in Gefahr zu bringen.

Die meisten Autoren der Soziologie des Außenseitertums stimmen mit Emile Dürkheim[159] überein, daß die Hauptfunktion des Außenseiters in der Gruppe darin besteht, Solidarität zu fördern und Regeln und Normen zu betonen. Auch von der Gruppendynamik ist dasselbe bekannt. Die Funktion des Abweichenden soll darin bestehen, das Selbstvertrauen der Gruppenmitglieder zu stärken und den Ausdruck von Gefühlen, von Angst und Feindseligkeit zu ermöglichen. So soll der Sündenbock die Aufgabe haben, ein nicht mehr funktionierendes System zu erhalten. Diese Sicht scheint mir sehr einseitig.

> Die Wirkung von Außenseitern, schwarzen Schafen und Sündenböcken besteht keineswegs nur darin, bestehende Strukturen einer Gruppe und den Zusammenhalt ihrer Mitglieder zu betonieren, sondern im Gegenteil: Sehr häufig sind sie Anlaß zu einer grundsätzlichen Umstrukturierung und Evolution eines bestehenden Beziehungssystems.

So wird aus dem Narr ein Genie, aus dem schwarzen Schaf ein Heiliger, aus dem Angeber eine wissenschaftliche Autorität usw. Die gleiche Person kann für die eine Gruppe der Sündenbock und für eine andere der Held sein. Schwarze Schafe erweisen sich häufig als die loyalsten Mitglieder einer Familie, weil sie auf Beliebtheit und Nestwärme verzichten, zugunsten des familiären Evolutionsprozesses. Sie müssen es dabei oft auf sich nehmen, von ihren Eltern und Geschwistern als illoyal bezeichnet zu werden. Das Bewußtsein, das Richtige zu tun, gibt ihnen häufig die Kraft, allen Anfeindungen zum Trotz den als richtig verspürten Weg zu gehen.

Beispiel:
Eine Familie wurde mir zugewiesen, nachdem die achtzehnjährige Tochter Ursula wegen Suizidalität psychiatrisch hospitalisiert gewesen war. Sie stand schon seit einem halben Jahr in ambulanter Einzeltherapie, litt an einer atypischen Anorexia nervosa (Magersucht), bestehend aus täglich auftretenden, dranghaften Freßanfällen, spontanem oder mit den Fingern provoziertem Erbrechen, Ausfall der Monatsregel, depressiver Verstimmbarkeit und Faulheit in der Schule. Das stark schwankende Gewicht hielt sich mehr oder weniger im Normbereich.

Die Familie bestand aus einem patriarchalischen Vater, der als Geschäftsmann so viel verdiente, daß die Familie im Geld zu ersticken glaubte. Er legte all seine Kräfte in die Arbeit, so daß er, wenn er abends heimkehrte, völlig ausgepumpt war und gepflegt und verwöhnt werden wollte. Er kümmerte sich wenig um die Erziehung der Kinder, sondern überließ diese Aufgabe der Frau, die sich von ihm als Dienstmagd behandelt fühlte. Sie war aus einfachen Verhältnissen. Sie glaubte sich in der Familie immer nur knapp geduldet. Der Vater hatte eine innige Bindung an seine eigene Mutter. Seine Frau wurde von dieser abgelehnt. Er machte seiner Frau gegenüber oft patriarchalische Bemerkungen, etwa daß Frauen dressiert werden müßten, da sie sonst nicht funktionsfähig seien. Sie ist eine differenzierte, intelligente und sensible Frau, die sich ihre Daseinsberechtigung in der Familie zu erwerben hoffte, wenn die Kinder in der Schule brillierten. Der älteste Sohn Thomas entwickelte sich zum eigentlichen Familienstar, indem er mühelos in der Schule die besten Leistungen aufwies und sich auch sonst als Musterknabe verhielt und den Eltern nie die geringsten Sorgen bereitete. Ursula stand ganz in seinem Schatten und wurde von ihrem älteren Bruder auch verächtlich und arrogant behandelt. In den Familiensitzungen wurde offenbar, daß es zwei Untergruppen in der Familie gab, nämlich den Männerclan, der sich in Überlegenheit gegenüber den abschätzig behandelten Frauen sonnte.

Im Vordergrund der Therapie stand zunächst das störende Verhalten von Ursula. Sie sorgte für große Aufregungen, indem sie sich laufend mit der Mutter in dramatische Kämpfe verwickelte, sich etwa das Messer an den Hals setzte mit der Drohung, sich umzubringen. Sie traktierte die Mutter dauernd mit Trotz- und Erpressungsmanövern. Oder sie schockierte die Familie, indem sie Erbrochenes nicht aufwischte. Nachdem sie schon mehrmals die Schule gewechselt hatte, war es der Familie ein großes Anliegen, daß sie das Gymnasium nun endlich absolviere. Sie verhielt sich jedoch auch in dieser Hinsicht verantwortungslos, mußte von der Mutter zu den Hausaufgaben angehalten und dabei kontrolliert werden oder von ihr morgens in die Schule gefahren werden, weil sie sonst zu spät gekommen wäre. Als erste therapeutische Maßnahme setzte ich durch, daß Ursula sich altersgemäß verhalte und besprach mit ihr einen konkreten Plan, wie sie fortan die Verantwortung für die Schule selbst übernehme. Ihre Hausaufgaben sollte sie selbst erledigen und sie fortan nicht mehr durch die Mutter, sondern durch den Vater kontrollieren lassen, damit dieser einen besseren Kontakt zu den Kindern aufbauen könne. Sie mußte die Verantwortung für pünktliches Erscheinen in der Schule selbst übernehmen und mir dazu in den Sitzungen eine selbstausgefüllte Kontrolliste vorlegen. In kurzer Zeit begann Ursula sich verantwortungsbewußter zu benehmen. Der Clinch mit der Mutter löste sich. Ursula zeigte sich nicht mehr depressiv, sondern war aufgeschlossener. Es wurde in der Sitzung auch besprochen, inwiefern sie die Verantwortung für ihre Freizeitgestaltung selbst übernehmen könnte, insbesondere was spätes Zurückkehren von Ausgängen betraf und die Gestaltung von Freundschaften mit jungen Männern. Sie hatte bisher die Eltern in ängstlicher Spannung gehalten, indem sie gerne tanzen ging, im Freundeskreis ausgelassen herumtollte, sich dabei aber bevorzugt mit normabweichenden Männern in Beziehung setzte, mit Drogengefährdeten, Ausgeflippten und gesellschaftlich Desintegrierten, denen sie helfen wollte.

In dem Ausmaß, in dem es Ursula besser ging, ging es jedoch der Mutter schlechter. Sie wurde zunehmend depressiv, bleich und schwach. Sie entwertete Ursulas Fortschritte und fühlte sich offensichtlich von der Familie nicht mehr gebraucht. Sie begann zwar berufliche Außenaktivitäten zu intensivieren, tat dies jedoch lustlos und mit offensichtlichem Vorwurf an die Familie. Nach sechs Sitzungen trat eine wichtige Veränderung ein. Ursula war aus eigenem Antrieb in eine andere Familie umgezogen, wo sie sich wohler fühlte. Die Freßanfälle waren dabei verschwunden, die Stimmung war aufgehellt, sie fühlte sich sehr gut. Durch diese selbständige Initiative von Ursula kam es bei der Mutter zu einer erstaunlichen Änderung. Sie äußerte, Ursula habe in der Familie zu wenig Raum gehabt, um ihre Qualitäten zu entfalten. Diese würden mehr im Gemüthaften liegen, wofür sie ein anderes Milieu brauche. Noch mehr erstaunte mich der Vater, der seiner Überzeugung Ausdruck verlieh, um die Tochter mache er sich keine Sorgen, sie würde ihren Weg in jedem Fall finden, viel mehr beunruhige ihn die Entwicklung des älteren Sohns. Dieser sei zu stark an die Mutter gebunden, habe noch nie eine Freundin gehabt und lebe auch von Kollegen isoliert.

Der Auszug der Schwester löste offensichtlich auch bei Thomas Bewegung aus. Er befand sich zu dieser Zeit gerade in der Rekrutenschule und äußerte jetzt überraschend die Absicht, danach nicht mehr in die Familie zurückzukehren, sondern mit Kollegen zusammen eine Dreizimmerwohnung zu beziehen. Plötzlich war Ursula nicht mehr in der Stellung des schwarzen Schafs, sondern wurde zum Familienidol, nämlich zur Verkörperung spontaner Emotionalität, Lebensfreude, Unbekümmertheit und Offenheit als Leitbild von einem Leben jenseits von Leistungsideologie und Konformismus. Zwischen der Tochter und den Eltern kamen erstaunliche Gespräche zustande, in denen ohne mein Zutun die Mutter äußerte, Ursula habe auch ihr Leben verändert. Sie habe ihr gezeigt, wie sie sich durch depressive Opferhaltung in der Familie durchsetze und nie direkt sage, was sie eigentlich wolle. Die Mutter nahm sich die Tochter als Vorbild, wurde wesentlich emotionaler und insbesondere dem Ehemann gegenüber aggressiver. Damit ging es ihr stimmungsmäßig deutlich besser. Auch körperlich blühte sie auf und begann der hübschen Tochter auch äußerlich zu gleichen.

Die Tochter gab das Gymnasium auf und zog ins Ausland, um dort eine Kunstakademie zu besuchen. Während eines ihrer Besuche zu Hause telefonierte sie mit mir, weil sie sehr besorgt über das Befinden der Mutter war. Sie bat mich, in ihrer Abwesenheit die Mutter aufmerksam zu beobachten und mich um sie zu kümmern, wenn es ihr schlecht gehe. Ich hatte den Eindruck, daß sie einen Auftrag, den sie bis dahin übernommen hatte, mir übertragen wollte. Ich sicherte ihr zu, das mir Mögliche zu tun. Es wurde immer offensichtlicher, daß Ursula in ihrer Entwicklung stagniert war, weil sie sich für die Mutter und den Vater verantwortlich fühlte und glaubte, sie dürfe die Eltern nicht sich selbst überlassen. Das Gefühl, die Eltern könnten durch die Therapie einen Halt an mir finden, gab ihr mehr Freiraum, um ihre eigene Entwicklung in die Hand zu nehmen.

Thomas hatte die Beziehung zu Ursula verändert, indem er ihr aus der Rekrutenschule schrieb, er müsse von ihr viel lernen. Er unterhielt sich mit ihr ernsthaft über Beziehungen zu Frauen und über Bewältigung der emotionalen, persönlichen Entwicklung. Er ging nun auch erstmals mit einer Freundin aus.

Die Mutter begann in der Therapie sich um ihre eigene Entwicklung zu kümmern, nicht nur aus eigenem Antrieb, sondern auch um den Kindern den Weg für die Ablösung freizugeben. Insbesondere zu Thomas hatte sie eine sehr intensive Beziehung. Sie sah in ihm teilweise einen Ersatzgatten, weil sie an ihrem Mann so wenig hatte. Thomas war immer sehr stark auf sie ausgerichtet gewesen und hatte versucht, ihren Erwartungen zu entsprechen. Innerhalb weniger Therapiestunden machte die Mutter erstaunliche Fortschritte. Sie berichtete über Träume, die ihre Situation veranschaulichten: Immer wieder hatte sie den Traum, daß ihr Rachen mit einer klebrigen Masse ausgefüllt sei, die sie nicht herauskriege und an der sie beinahe ersticke; sie ziehe mit der Hand an dieser kaugummiartigen Masse und gerate dabei immer mehr in Panik. Sie bringe immer mehr von diesem Zeug heraus, es seien auch Organe mit drin, und doch bleibe noch ein Rest. Nun hatte sie diesen Traum wieder, doch diesmal war ein Mann neben ihr, der die gleichen Schuhe trug wie ich. Es kamen viele innere Organe mit, und sie zeigte diese dem anwesenden Mann. Er sagte: «Das ist noch nicht alles, das ist erst die Leber; das Herz muß auch noch raus.» Sie hatte den Eindruck, in diesen Träumen reiße sie all das, was sie in dieser über zwanzigjährigen Ehe in sich hineingefressen habe, aus sich heraus. Alles, selbst das Herz, ihr zentraler Lebenspunkt, sei davon infiziert.

Ein anderer Traum, der sie sehr beeindruckte, war folgender: Sie sehe einen Sarg auf dem Friedhof im Krematorium. Der Friedhofswärter sei da. Sie sehe sein Gesicht nicht; er habe aber die gleichen Haare wie ich, so daß sie vermutet habe, ich sei es. Der Friedhofswärter öffne den Sarg. Es sei aber niemand drin, worüber sie sehr erschrocken sei. Nun sehe sie etwas von ihr entfernt am Boden ein Kind sitzen. Beim genaueren Hinschauen erkenne sie in diesem Kind ihre Tochter Ursula in den ersten Lebensjahren. Plötzlich stehe Ursula auf und werde größer und größer. Der Friedhofswärter sagt: «Ja, jetzt ist sie zu groß, jetzt kann man sie nicht mehr in den Sarg tun.» Die Mutter entnahm dem Traum die therapeutische Anweisung, ihre Tochter nicht mehr in den Sarg einzusperren, sondern sie leben zu lassen. Hatte das Emanzipationsstreben der Mutter zunächst noch eine starke Spitze gegen die Familie, so entwickelte sie sich nun zunehmend für sich selbst. Sie war nicht mehr depressiv, sondern wesentlich vitaler und fröhlicher und nahm die Kompromisse, welche das Leben ihr abforderte, auf sich. Der wunde Punkt blieb jedoch die Beziehung zu ihrem Mann.

Inzwischen war dieser zunehmend depressiv geworden, und die Frau hatte ernsthafte Bedenken, ob er nicht zusammenbrechen könnte. Er war keineswegs so stark und stabil, wie er sich äußerlich gab. Als die Frau vor zwei Jahren wegen einer Krankheit und Operation hospitalisiert gewesen war, mußte sie vorzeitig aus dem Spital zurückkehren, weil der Vater in eine schwere Depression verfallen war, in der er medikamentös behandelt werden mußte. Er hatte durch die Hospitalisation der Frau den Boden verloren. Er begab sich täglich in die Kirche, spendete dort Geld, weinte und war völlig hilflos. Es kam auch heraus, wie sehr der Vater unbefriedigt war über die familiäre Entwicklung der letzten Jahre. Nach seiner Vorstellung war es seine Aufgabe, der Familie materielle Sicherheit zu geben, so wie er es in seiner Herkunftsfamilie gelernt hatte. Er spürte aber, daß er mit der materiellen Sicherheit, ja mit dem materiellen Überfluß, den er der Familie bescherte, keine Anerkennung erntete. Die einzige, die ihm Verständnis und Gemütswärme in der Familie entgegenbrachte, war Ursula.

Es kam eine Phase, in der er sich offenbar noch mehr in die Vorstellung verrannte, daß materieller Reichtum ihm Glück und Befriedigung verschaffen könne. Er legte sich eine wertvolle Sammlung an, für deren Sicherung er einen regelrechten Sicherheitstrakt im Haus einbauen mußte, von dem die übrige Familie ausgeschlossen blieb. Er kaufte sich für mehr als 100000

Franken ein Spezialauto, das derart kostbar war, daß er nicht wagte, damit herumzufahren, aus Angst, es könnte beschädigt werden. Er glaubte, für die Therapie keine Zeit zu haben, war aber doch beunruhigt, daß die Frau die Therapie allein fortsetzte. «Ich bezahle damit mein eigenes Begräbnis», meinte er witzelnd. Er hatte sich aus einer Art Trotzreaktion nun noch mehr in seine Arbeit verbissen und machte den Eindruck, als ob er in der Arbeit den Tod suche. Ich bestellte ihn trotz seines Zeitmangels zu einer Sitzung, hörte mir seine Ausflüchte gelassen an und sagte so nebenher: «Es ist mir klar, daß Sie sich nicht aus eigenen Kräften mit Ihrer Situation befassen können.» Und nach einer Pause: «Warten wir, bis Ihnen der Herzinfarkt zu Hilfe kommt, dann werden Sie Zeit haben.» Das öffnete nun auch beim Vater eine Tür. Er gab an, wie tief es ihn kränke, daß niemand von der Familie seinen Arbeitseinsatz schätze und ihm seine Pflichttreue der Familie gegenüber anrechne.

Ganz allmählich konnte er auch zu seinen regressiven Seiten einen Zugang finden. Er hatte ein offenes Gespräch mit Ursula gehabt, die ihm gesagt habe, wie sie gefühlsmäßig zu ihm stehe. Ursula erkenne den weichen Kern hinter seiner harten Schale. Im Grunde hätte er das Bedürfnis, von der Frau besser verstanden zu werden. Er habe die Frau immer auf ein Piedestal gestellt – obwohl er sie äußerlich eher abschätzig behandelte –, sie sei für ihn unerreichbar, superintelligent, aber er habe in der Beziehung die Gemütswärme vermißt. Ursula habe genau das ausgesprochen, was er selbst empfinde, nämlich daß sie zu Hause keine Liebe empfangen habe, daß immer nur Leistung gefordert worden, aber keine Wärme dagewesen sei.

Die Tochter hatte die Familie mit ihrer Krankheit zur Therapie gebracht. Sie hatte versucht, gemäß dem Wunsch der Eltern das Gymnasium zu absolvieren und hatte auch den verborgenen Auftrag[160] wahrgenommen, den Eltern mit ihrer Krankheit emotionale Befriedigung und Wärme zu vermitteln, die diese in der Ehebeziehung nicht finden konnten. Sie verkörperte die negative Identität[161] der Familie als Frau, Versager, als emotional Haltlose und Triebhafte. In der Therapie bekam nun aber die Tochter eine völlig andere Position. Als sie die Familie verließ, fiel es plötzlich allen Familienmitgliedern wie Schuppen von den Augen, daß sie, die Kranke und Verhaltensgestörte, im Grunde die Gesundeste und Stärkste war, ja, das eigentliche Vorbild, die Verkörperung einer Lebensform, der nun der Bruder, die Mutter und der Vater nachzueifern begannen. So vollzog die Tochter, indem sie sich mit ihren authentischen Gefühlen durchsetzte, nicht nur für sich eine Korrektur des von den Eltern aufgenommenen Potentials, sondern in der Auseinandersetzung mit ihr korrigierte sich auch die Entwicklung der Familie und ihrer Angehörigen. Aus dem Versager wurde das Vorbild, aus der Verachteten die Bewunderte, aus der Patientin die «Therapeutin».

Korrektur familiärer Fehlentwicklungen durch Heirat, Familiengründung und Tod

Die Adoleszenz kann als die Lebensphase gesehen werden, in der ein Mensch das, was ihm von seinen Vorfahren mitgegeben wurde, sich aneignen muß, um damit in der eigenen Lebensrealität zu bestehen. Der Adoleszente ist bestrebt, das ihm mitgegebene Potential zu entfalten und in einer sich verändernden Welt zu entwickeln. Zwei Entscheidungen, die er als junger Erwachsener tätigen muß, können solche Korrekturbestrebungen in der Realität verankern, die Berufswahl und die Partnerwahl. Genauso wie die zweigeschlechtliche Fortpflanzung die Variabilität einer Art gegenüber der eingeschlechtlichen Fortpflanzung erhöht, weil sie durch die Kombination des Erbgutes zweier Genträger die Anpassungsfähigkeit dieser Art und den Fortpflanzungserfolg verbessern kann, genauso kann in der Sprache der Ethologie durch Heirat die Variabilität des Verhaltens der Mitglieder einer Familie erweitert und damit ihre Anpassungsfähigkeit und ihr «Fortpflanzungserfolg» gefördert werden. Die eheliche Partnerschaft ist wohl der intensivste Anreiz zu einer persönlichen Korrektur des familiären Ideengutes im Erwachsenenalter. Hier wird das familiäre Ideengut ein weiteres Mal einer intensiven Prüfung unterzogen. Die familieneigenen Einstellungen und Haltungen, Werte und Normen, Gewohnheiten und Stereotypien beider Partner müssen zumindest so weit aufeinander abgestimmt werden, daß sie einigermaßen kompatibel sind. Die Geschichte der einen Familie verknüpft sich mit der Geschichte einer anderen Familie in den Personen beider Partner. Das familiäre Ideengut beider Herkunftsfamilien wird in die Geschichte einer neuen Familie einverwoben. Vermag ein Mitglied einer Familie die familiäre Ideenkorrektur erst mit der Unterstützung seines Ehepartners zu erreichen, so wird dieser Partner von der Familie oft zum Sündenbock gemacht. Jede Veränderung des nun verheirateten Kindes wird dem schlechten Einfluß des Partners zugeschrieben, und die gekränkte Familie wartet auf das Scheitern dieser Ehe, um die damit verbundene Ideenkorrektur wieder rückgängig machen zu können und ihr Familienmitglied wieder zurückzugewinnen. Das Aufeinanderprallen der Weltanschauungen zweier Familien in der Ehe kann zu dauernden Spannungen und Auseinandersetzungen führen. Es ist aber auch möglich, daß daraus neue «Ideen» als kreative Lösungen hervorgehen. Einer der wichtigsten Unterschiede zwischen einer Ehe und einer nicht legalisierten Lebensgemeinschaft liegt darin, daß mit der Eheschließung nicht nur zwei Personen miteinander verbunden werden, sondern zwei Familien. Das Paar wird damit in das System der Großfamilie integriert mit dem Vorteil breiterer Bezogenheit und dem Nachteil der größeren Einmischung von Verwandten.

Im folgenden Beispiel soll dargestellt werden, wie durch Heiraten schrittweise versucht werden kann, gewisse familiäre «Ideen» zu korrigieren, wie diese Korrekturversuche jedoch oft schwierig sind und zum Teil scheitern.

Beispiel:
Ein Juristenehepaar, beide um 55 Jahre alt, meldete sich zur Behandlung, nachdem der Mann seit zwei Jahren eine außereheliche Beziehung zu einer früheren, rund 30 Jahre jüngeren Hausangestellten gehabt hatte. Die Frau hatte davon lange Zeit nichts gewußt. Der Mann gestand ihr die Beziehung schließlich auf Betreiben seiner Freundin. Die Frau war dadurch zutiefst verletzt. Sie konnte es nicht fassen, daß der Mann sich mit einer so primitiven «Hure» einlasse. Sie war aber auch zutiefst enttäuscht, weil sie selbst diese frühere Hausangestellte als unehelich Schwangere in die Familie aufgenommen hatte und sich damals außerordentlich für sie eingesetzt hatte. Dieses Mädchen stammte aus mißlichen familiären Verhältnissen und führte sich in der Familie als Enfant terrible auf. Ohne die geringsten Hemmungen benützte sie die Kosmetika der Frau des Hauses oder kleidete sich in deren Abendroben, um damit auf den Tanz zu gehen. Die Patientin und die Familie entsetzten sich über diese unerhörte Frechheit und Arroganz, und doch ließen sie sich das bieten, weil dieses Mädchen bei aller Aufregung in die Familie eine gewisse Stallwärme brachte und alle sie ins Herz geschlossen hatten.

Die generationenübergreifende Geschichte der Familie der Frau war folgende: Ihr Großvater, ein Geschäftsmann, war ein Sittenapostel gewesen. Ihr Vater studierte Jurisprudenz und versuchte sich etwas vom großväterlichen Einfluß zu distanzieren, indem er eine lebenslustige Frau aus der französischen Schweiz heiratete. Diese hatte offenbar früher ein eher lockeres Leben geführt. Jedenfalls wurde diese Frau zeitlebens von ihrem Schwiegervater als Luder tituliert und abgelehnt. Der Vater der Frau entwickelte sich in der Ehe ebenfalls zu einem sittenstrengen Juristen und streng moralischen Katholiken. Die Mutter paßte sich ihm in der Ehe an, ohne selbst großen Einfluß auf die «Ideen» der Familie zu nehmen. Aus dieser Ehe gingen vier Kinder hervor, wobei die Patientin das jüngste war. Die beiden älteren Schwestern zerstritten sich mit dem puritanischen Vater und zogen, sobald sie volljährig waren, von zu Hause weg in andere Landesteile. Der einzige Sohn wurde ebenfalls Jurist. Er wurde dann jedoch Morphinist und verlor wegen Delinquenz sein Anwaltspatent. Der Vater fühlte sich in der Familie sehr isoliert. Sein einziger Lichtblick war die Patientin, welche schon als Mädchen bemüht war, seine Erwartungen zu erfüllen. Sie war sein Lieblingskind. Sie absolvierte das Gymnasium in einem streng katholischen Internat, wo sie auch lernte, sich als gediegene Dame mit tadellosen Manieren aufzuführen. Sexuelles lehnte sie als tierisch ab und unterdrückte alle sexuellen Phantasien. Sie entwickelte sich zu einer sportlichen und attraktiven Frau. Während des Studiums der Jurisprudenz wurde sie immer von vielen Männern bedrängt, was sie sich gerne gefallen ließ. Sie ließ sich jedoch mit keinem in eine engere Beziehung ein.

Ihr jetziger Ehemann studierte mit ihr zusammen und war einer der vielen Anwärter, um sie zu ehelichen. Er ist ein sehr sympathischer, umgänglicher und humorvoller Mensch. Er stammt aus einfacheren Familienverhältnissen und setzte seinen ganzen Ehrgeiz darein, diese Frau zu erobern. Seinem Schwiegervater war er jedoch nicht genehm. Dieser hatte die Meinung, seine Lieblingstochter müsse entweder einen König heiraten oder ledig bleiben und eine Anwaltspraxis führen. Zeitlebens mußte der Ehemann um die Gunst seiner Schwiegereltern kämpfen. So erledigte er zum Beispiel für seinen Schwiegervater viele Arbeiten und war ihm in jeder Hinsicht behilflich. Um sich gesellschaftlich zu bestätigen, machte er noch eine militärische Karriere und war Mitglied verschiedener prestigeträchtiger Klubs. Dennoch ließen die Schwiegereltern ihn immer spüren, daß sie der Meinung waren, er stamme aus zu primitivem Hause. Mit großer Geduld versuchte der Mann, seine Frau sexuell zu erschließen. Das gelang ihm nur in Grenzen. Die Frau bewahrte ihren tiefsitzenden Ekel vor allem Sexuellen. Sie hatte in jungen Jahren vorübergehend eine Magersucht durchgemacht, in der Ehe war sie über mehrere Jahre nicht empfängnisfähig oder hatte Spontanaborte und Fehlgeburten. Schließlich kam es dann aber doch zur Geburt von zwei Kindern. Ihr Leben war sehr angespannt und hektisch, weil sie neben der Erziehung der Kinder noch eine Halbtagspraxis führte. Nie hätte sie sich vor den Kindern von ihrem Mann umarmen lassen. Kam der Mann abends von der Arbeit nach Hause und wollte sie küssen, entzog sie sich ihm gleich und sagte, sie müsse rasch zum Kochen gehen. Obwohl die Frau im Grunde die Hoffnung hatte, in der Beziehung mit ihrem Mann eine Korrektur der sittenstrengen Ideen ihres Vaters zu vollziehen, setzte sich der väterliche Puritanismus in dieser Familie doch wieder durch. Sie führte einen gediegenen, perfekten Haushalt, legte viel Wert darauf, daß der Tisch immer gepflegt gedeckt war und alle in tadelloser Kleidung erschienen. Fünf Jahre vor der jetzigen Behandlung begab sich die Patientin in Psychoanalyse. Nach dem Tod ihres Vaters war sie in eine Depression verfallen. In der Analyse befaßte sie sich intensiv mit der körperfeindlichen Haltung, die sie von ihrer Herkunftsfamilie übernommen hatte, und war der Meinung, daß sie sich sexuell wesentlich aufgeschlossener und bejahender entfaltet habe. Um so mehr war es ihr unverständlich, daß der Mann ausgerechnet jetzt, da sie glaubte, sexuell freier geworden zu sein, eine Beziehung mit diesem Mädchen eingegangen war.

In der Therapie setzten wir uns mit der Frage auseinander, inwiefern die Frau Gefahr laufe, den Mann mit ihren dauernden Beschuldigungen und Verdächtigungen sich vom Leib zu halten. Andererseits zeigte sich auch die Chance, das, was der Mann nun bei dieser anderen Frau gefunden hatte, stärker in die eigene Beziehung einzubringen. Die Frau war darauf durchaus ansprechbar, und sie hatten bessere sexuelle Beziehungen als je zuvor. Die Außenbeziehung schien wie ein Katalysator zu wirken, um eine stagnierende, eheliche Evolution zum Fließen zu bringen.

Ein anderes Problem bildeten die zwei herangewachsenen Kinder. Diese ärgerten die Patientin oft mit der Weigerung, sich so manierlich und ordentlich aufzuführen, wie sie es von ihnen verlangte. Die Kinder hatten in ihren Zimmern eine derartige Unordnung, daß die Frau es der Putzfrau nicht mehr zumuten wollte, diese Zimmer zu betreten. Die Ehefrau regte sich sehr darüber auf. Der Mann bemerkte dazu lachend, er sehe den Zeitpunkt kommen, wo die zukünftigen Schwiegertöchter sich an die Frau wenden würden mit der Frage, ob sie denn ihre Söhne nicht habe zur Ordnung erziehen können. Einer der Knaben schaffte sich ein Schlagzeug an, mit dem er einen ohrenbetäubenden Lärm machte und damit mehr Emotionalität ins Haus trug. Der Mann versuchte, in den Streitigkeiten zwischen den Kindern und der Frau zu vermitteln, es war jedoch offensichtlich, daß ihm die Opposition der Kinder nicht ungelegen kam. Die Frau lernte in gewissen Grenzen, die abweichende Haltung der Kinder zu tolerieren und sogar darüber zu lachen. Ob mit den Kindern die puritanischen Ideen dieser Familiengeschichte längerfristig korrigiert werden können, steht vorläufig noch offen.

Wenn durch die Ehe die Veränderung des fehlgeleiteten familiären Ideenguts nicht ausreichend gelingt, so ergibt sich für die jungen Erwachsenen eine zusätzliche Chance in der Erziehung eigener Kinder. Sie können versuchen, ihre Kinder ganz anders zu erziehen, als sie selbst erzogen worden sind, können ihnen andere Werte und Normen, andere Einstellungen und Haltungen, andere Gewohnheiten und Stereotypien nahebringen. Es sollen die Hypotheken, die einem von der Herkunftsfamilie aufgegeben worden sind, zumindest nicht noch einmal einer Generation weitergegeben werden. Eltern versuchen oft, in ihren Kindern jene Korrekturen der familiären Ideenentfaltung und der Familiengeschichte zu erreichen, die ihnen für ihr eigenes Leben noch nicht gelungen sind. Erzieherische Extremhaltungen der Eltern gründen oftmals in der Angst, in der Erziehung der Kinder in dieselben Fehler zu verfallen wie ihre Eltern. Tragischerweise führen zwei Extreme oft zum gleichen Ergebnis: Les extrêmes se touchent. Übertriebene Verwöhnung führt zu emotionaler Verwahrlosung und Frustrationsintoleranz genau so wie Liebesentzug; übertrieben permissive Erziehung kann die Entfaltung einer gesunden Selbstsicherheit ebenso behindern wie eine übertrieben autoritäre Erziehung; forcierte sexuelle Freizügigkeit wird leicht zu gleicher sexueller Verklemmung führen wie übertriebene sexuelle Tabuisierung. «Plus ça change, plus c'est la même chose» (Je mehr es sich ändert, desto eher bleibt es sich gleich), sagen die Franzosen. Oftmals entsteht der Eindruck, als ob ein Fluch eine Familie über Generationen hinweg belaste. Als Therapeuten bekommen wir allerdings nur jene Fälle zu sehen, wo derartige Korrekturversuche scheitern. Wahrscheinlich sind sie aber weit häufiger erfolgreich, als wir ahnen. Die Korrekturversuche von Ideen über die Erziehung der Kinder sind dann das, was wir in der Therapie oft als pathogene Erwartungen der Eltern an das Kind feststellen.

Eine weitere Chance für die Korrektur der Familiengeschichte ergibt sich mit dem Tod eines Familienmitglieds. Fällt ein Teil eines Systems weg, so führt das zu einer Neuorganisation des Ganzen, wobei es schwierig vorauszusagen ist, in welche Richtung eine derartige Veränderung zielt. Wie im obigen Beispiel dargestellt, kann der Tod eines puritanischen Moralisten seinen Kindern ein freieres Leben ermöglichen. Es kann jedoch ebenso sein, daß sie den Puritanismus des Verstorbenen jetzt erst recht als Vermächtnis annehmen, welches sie weiterführen müssen.

Versuch, die Familiengeschichte zu korrigieren durch Engagement für eine Ideologie oder soziale Tätigkeit

Das Leiden an der Familie und die Korrektur an der Familiengeschichte kann sich auch im Engagement für andere Menschen oder eine soziale Idee ausdrücken. Im Werk, das man vollbringt, möchte man vieles von dem, was sich einem selbst zum Stachel im Fleisch gebildet hat, abarbeiten und neue, bessere Realitäten schaffen. Man möchte Zeichen setzen und Spuren hinterlassen. Die Protagonisten von Ideologien und sozialen Bewegungen beziehen ihr Engagement und ihre Energie oft aus dem Versuch, Traumatisierungen durch die eigene Familie damit zu bewältigen. In den letzten Jahrzehnten sahen wir das bei der sexuellen Liberalisierungsbewegung, bei den antiautoritären Protestbewegungen, Studentenrevolten, bei der Frauenbewegung und zuletzt vor allem in der Friedensbewegung und in den neuen Religionsgemeinschaften. Die persönlich in der Familie erlebte sexuelle Triebfeindlichkeit, die patriarchalische, autoritäre und persönlich unnahbare Haltung mancher Väter, die rein auf Konsum und Ausbeutung ausgerichtete Lebenshaltung der Eltern – all dies motiviert viele junge Menschen, sich für die Veränderung der gesellschaftlichen Verhältnisse und damit auch der Einstellungen ihrer Eltern einzusetzen. Sicher besteht gelegentlich die Gefahr, daß jemand aus der Nichtbewältigung eigener Erfahrungen sich allzu fanatisch und distanzlos einer ideologischen Bewegung verschreibt. So konnte ich beispielsweise beobachten, wie die Leiterin eines Hauses für geschlagene Frauen zunächst über Jahre die Haltung hatte, sich mit den geschlagenen Frauen allzu stark gegen die Männer zu identifizieren. Sie verweigerte den Männern jeglichen Kontakt zu den Frauen, die bei ihr Zuflucht gesucht hatten. In der praktischen Erfahrung bei der Arbeit mit diesen Frauen wurde ihr allmählich klar, daß diese radikale Haltung ihrem Anliegen nicht dienlich war. Sie half damit weder den Frauen noch deren Kindern, ihre Probleme zu lösen. So begann sie sich vermehrt mit Paardynamik und Familiendynamik zu befassen.

Eine andere Frau, die sich um Frauengruppen sehr verdient gemacht hat, führt ihre Motivation auf den Suizid ihrer Mutter zurück, die starb, als sie selbst sechsjährig war. Sie ist überzeugt, daß ihre Mutter durch die patriarchalischen Verhältnisse kaputtgemacht worden war. Sie will sich und andere Frauen vor dem der Mutter angetanen Unrecht bewahren.

Sie hat das Gefühl, daß die Mutter bei allem, was sie tue, bei ihr sei und mit ihr in einem ständigen Dialog stehe. Wenn sie mit diesen Frauen spricht, spricht im Grunde genommen ihre Mutter zu ihnen.

Das Arbeiten in einem sozialen Beruf oder für eine Ideologie wird häufig zu einer inneren Bewältigung unerledigter Aspekte der Familiengeschichte. Das Werk gibt einem die Möglichkeit, das Gelingen der persönlichen Korrektur an seinen Früchten zu erkennen.

DRITTER TEIL

Die Evolution und Realisierung überpersönlicher Prozesse

7. Wie bildet sich eine zwischenmenschliche Beziehung?

In den vorangegangenen Kapiteln war bereits die Rede von der Person als Ideenträger, als Organismus, der fähig ist zu Auswahl, Aufnahme, Speicherung, Verarbeitung und Verbreitung von Ideen. Diese Sichtweise wurde im vorigen Kapitel an der Familie exemplifiziert, deren Geschichte als Evolution eines familiären Ideenguts dargestellt werden kann, in deren Fluß sich die Entwicklung der Person einreiht. In diesem Kapitel soll die Perspektive der Person nochmals erweitert werden: die Person als Träger und Artikulationsstätte von personübergreifenden Ideenprozessen. Es wird der Frage nachgegangen, wie sich solche Prozesse organisieren und entfalten.

«Personübergreifend» muß begrifflich unterschieden werden von «transpersonal». Die lateinische Vorsilbe «trans» bedeutet «darüber hinaus» im Sinn von «jenseits, hinüber». Die sogenannte «transpersonale Psychologie»[162] entstand in den sechziger Jahren in den USA und hat das Anliegen, Einsichten von Psychologie, Geisteswissenschaften und Religion aufeinander zu beziehen. Sie untersucht Erfahrungen, bei denen eine Ausweitung des Bewußtseins über die üblichen Ich-Grenzen und die Begrenzungen von Raum und Zeit hinaus erfolgt. Zu solchen veränderten Bewußtseinszuständen gehören Grenzerfahrungen, insbesondere auch mystischer und spiritueller Art.

> Den Begriff «personübergreifend» oder «überpersönlich» möchte ich systemisch verstehen. Er betrifft Prozesse, die über die Person als Einzelwesen hinausgehen und sich mit Prozessen anderer Personen ganzheitlich organisieren. Die Person ist Teil dieser Prozesse. Diese Prozesse sind mehr und etwas anderes als die Summe der personalen Anteile ihrer Teilnehmer. Personübergreifende Prozesse sind solche, welche die Person in ein übergeordnetes Ganzes einschließen.

Wie bildet sich eine Beziehung?

Wie bildet sich ein personübergreifender Prozeß? Oder einfacher gefragt: Wie bildet sich eine zwischenmenschliche Beziehung? Denn jede Beziehung besteht aus einem personübergreifenden Ideenprozeß, in der Regel aus einer Vielzahl solcher Prozesse. An einem fingierten Beispiel möchte ich darstellen, wie sich solche Prozesse bilden.

Nehmen wir an, ich steige in Zürich in den Zug nach Bern. Ich frage eine Frau, die allein in einem Abteil sitzt: «Ist hier noch Platz?» Sie antwortet: «Ja, bitte!» Ich setze mich, beginne in einer Zeitschrift zu blättern und schaue so nebenher auf die Frau mir gegenüber. Nach einer gewissen Zeit blickt sie auf ihre Armbanduhr, wirkt etwas erstaunt und vergleicht deren Zeit mit der Uhr auf dem Bahnsteig. Ich schaue ebenfalls auf diese Uhr und stelle fest, daß der Zug bereits vor zwei Minuten hätte abfahren sollen.

Ich: «Heute fährt er zu spät.»
Frau: «Ja, das habe ich auch gerade bemerkt.»
Ich: «Letzte Woche kam ich nur dreißig Sekunden zu spät, und da war der Zug schon weg. Das war sehr unangenehm für mich. Das alles nur, weil die Straßenbahn aufgehalten worden war wegen irgendeiner Demonstration.»

Das weitere Gespräch kann ganz unterschiedliche Verläufe nehmen.

Variante A

Frau: «Fahren Sie regelmäßig nach Bern?»
Ich: «Ja, eigentlich nicht, jetzt nur noch zweimal, ich habe jeweils am Dienstag einen Vortragszyklus dort.»
Frau: «Ah, Sie halten Vorlesungen?»
Ich: «Ja, das ist mehr so nebenbei, ein Kurs für Psychotherapeuten über Psychologie von Partnerbeziehungen, das ist so ein bißchen mein Spezialgebiet.»
Frau: «Ah, ja, wichtig wäre das ja schon, wenn man denkt, bei all den Scheidungen. Aber ob das auch etwas nützt?»
Ich: «Ja, das kann man sich natürlich fragen, zumindest interessiert es mich.»

Frau: «Ja, da hat eben jeder so seine Probleme. Meine Schwester hat sich jetzt auch getrennt nach zehnjähriger Ehe.»

Die Frau gibt mir Raum, um mich darzustellen als Dozent für Partnerpsychologie und stellt sich dar als jemand, der bereit ist, auf meine beruflichen Interessen einzugehen und darin ein gemeinsames Thema zu etablieren. Sie deutet an, daß jeder – also auch sie selbst – hier Probleme habe, und tastet meine Kompetenz und Ansprechbarkeit zunächst ab, indem sie von Eheschwierigkeiten ihrer Schwester zu berichten beginnt. Das Gespräch entwickelt sich persönlich, wobei ich als Therapeut mein fachliches Ideengut in ihr ausbreiten kann.

Variante B

Frau: «Ja, ja, immer wieder diese Demonstrationen. Das ist doch ein großer Leerlauf.»
Ich: «Vielleicht ist es doch wichtig.»
Frau: «Glauben Sie?»
Ich: «All diese Initiativen bringen doch auch viel Gutes in Bewegung.»
Frau: «Ich glaube halt nicht mehr dran. In der 68er Bewegung war ich auch dabei, damals hatte ich auch den Eindruck, man könne die Gesellschaft verändern, heute habe ich das aufgegeben und wohne auf dem Land.»
Ich: «Betreiben Sie Landwirtschaft?»
Frau: «Nichts Großes, Gemüse – biologisch –, Hühner, zwei Ziegen und zwei Kinder.»
Ich: «Ja, das wäre auch immer ein Traum von mir gewesen. Aber kann man davon leben?»

Hier nimmt das Gespräch einen anderen Verlauf. Ich habe keine Möglichkeit, mich als beruflicher Experte darzustellen. Dafür spricht die Frau durch Hinweise auf ihr Alternativleben in mir tiefere persönliche Sehnsüchte an, womit sich ein gemeinsames Thema etabliert. Die Frau hat da offensichtlich viele Erfahrungen, für die ich mich interessiere. Sie berichtet mir über ihre Lebensphilosophie und Erfahrung und findet bei mir einen aufnahmebereiten Boden für ihre Ideen.

Variante C

Frau: «Den Zug verpassen ist immer ärgerlich.»
Ich: «Ja, sonst passiert mir das an sich nicht.»
Frau: «Vor zwei Jahren wollte ich mit einer Freundin an einem Sonntag nach Davos zum Skilaufen. Sie sagte zunächst: Gehen wir doch mit dem Auto. Ich sagte: Nein, mit dem Zug ist es viel gemütlicher, keine Sorgen wegen Verkehrsstauungen und Parkplatzmangel. Die Freundin willigte dann ein, und so machten wir auf 6.30 Uhr im Bahnhof ab. Ich kam dann zwei Minuten zu spät, und der Zug war schon ab. Da war sie natürlich sehr sauer.»
Ich: «Aber sind Sie dann doch noch zum Skifahren gekommen?»
Frau: «Wir fuhren dann eben nach Engelberg. Dort gab es allerdings noch einmal Schwierigkeiten, weil eine Lawine unmittelbar vor dem Zug über die Schiene gegangen war, so daß wir zwei Stunden Zeit verloren, bis wir mit dem Bus abgeholt wurden.»
Ich: «So kann es halt immer wieder mal Unannehmlichkeiten geben. Das Schlimmste, was mir passiert ist, war vor zehn Jahren in Tunesien, als es ganz gewaltige Winde und Regenfälle gab, so daß alle Brücken weggeschwemmt waren. Wir waren an sich mit einer Reisegesellschaft dort, wir waren aber völlig von der Umwelt abgeschnitten und wußten kaum, wie wir zum Flugplatz kommen könnten ...»

Hier bleibt die Thematik im relativ unpersönlichen Geschichtenerzählen. Beide stellen sich dar als Menschen, die etwas unternehmen und dabei bereit sind, allerhand Unannehmlicheiten auf sich zu nehmen. Bis dahin hat sich jedoch kaum eine Basis für eine persönliche Begegnung gebildet.

Variante D

Frau: «Ewig diese Demonstrationen. Daß da die Polizei nicht endlich durchzugreifen vermag. Man müßte das viel entschiedener abstellen.»
Ich: «Glauben Sie, man könnte die Probleme mit Polizeimaßnahmen regeln?»
Frau: «Die sollen sich für das Vorbringen ihrer Probleme an die rechtlichen Mittel halten.»
Ich: «Wie meinen Sie das?»
Frau: «Sie können eine Initiative starten, Unterschriften sammeln, dann wird darüber abgestimmt, und dann weiß man, woran man ist.»

Ich: «Wobei mit praktischer Sicherheit alles bachab geschickt wird.»

Frau: «Ja, eben, weil die Mehrheit halt anderer Ansicht ist. Wir sind ja schließlich eine Demokratie, oder?»

Ich: «Aber mir ist es schon verschiedentlich so gegangen, daß ich erst durch diese Demonstrationen auf gewisse Probleme aufmerksam geworden bin.»

Frau: «Ich auch, aber im negativen Sinn. Wenn man mir etwas aufzwingen will, bin ich gerade von vornherein dagegen, ganz Wurst, was es ist.»

Hier ist die Frau sehr resolut und hat präzise Lebenseinstellungen, über die es für sie keine Unklarheiten gibt. Ich sehe mich vor die Alternative gestellt, das Gespräch abzubrechen mit der Feststellung, daß keine gemeinsame Grundlage vorliegt, kein Thema, über das ich mich mit ihr austauschen könnte, oder ich gerate gleich in Clinch mit ihr, weil jeder im anderen jenen Anteil des Themas repräsentiert findet, den er vehement bekämpft: sie in mir den Opportunisten, der durch allzu tolerante Haltung die Demonstranten noch ermutigt, ich in ihr die selbstgerechte Bürgerin, welche keinerlei Bereitschaft zeigt, sich mit einer sich transformierenden Welt auseinanderzusetzen. Jeder bietet dem anderen keinen aufnahmebereiten Boden für dessen Ideen an. Jeder erwartet höchstens vom anderen, in seinen eigenen Ansichten bestätigt zu werden. Es ergibt sich kein gemeinsamer Prozeß.

Wie lassen sich nun die vier Varianten eines möglichen Gesprächsablaufs verstehen? Man könnte nach dem Sender-Empfänger-Modell annehmen, es gehe darum, eine Nachricht von einer Quelle mit einem Sender zu einem Ziel mit einem Empfänger zu senden. Ich habe die Intention, der Frau eine Botschaft zuzusenden, die diese entgegennimmt, verarbeitet, worauf sich bei ihr die Intention bildet, mir zu antworten, indem sie eine neue Nachricht an meine Adresse sendet, so daß sich aus diesem Hin und Her von Senden und Empfangen ein Kommunikationsablauf ergibt. Das trifft jedoch nur für eine sehr oberflächliche Betrachtungsweise zu.

Phänomenologisch betrachtet, spielt es eine große Rolle, daß die Frau und ich in der gleichen äußeren Situation waren – das war die Voraussetzung dafür, daß ich sie überhaupt ansprach. Nachdem ich in ihr Territorium, das Eisenbahnabteil, eingedrungen war, zog ich mich zunächst zurück und blätterte in der Zeitschrift, um nicht zu aufdringlich zu wirken. Ich sprach sie auf deutsch an, in der Vermutung, daß wir die gleiche

Sprache haben. In der beiderseitigen Feststellung, daß der Zug nicht pünktlich abfährt, hatten wir eine gemeinsame Beunruhigung als ersten Anlaß zu Interaktionen. In der nebensächlichen Mitteilung, daß mir letzte Woche der Zug vor der Nase abgefahren sei, bot sich eine ganze Auswahl von möglichen Gesprächsverläufen an. Jeder Gesprächsverlauf enthält eine in mir bereitliegende thematische Möglichkeit, die sich mit der thematischen Möglichkeit des Gesprächspartners verwickelt und so einen gemeinsamen Prozeß bildet, in den jeder von beiden mehr oder weniger von seinem Potential eingeben kann. Jeder von beiden kann sich nur so weit in diesem Prozeß verwirklichen, wie es der andere zuläßt. In Variante A und B liegen grundsätzliche Möglichkeiten zu einem diese Begegnungssituation überdauernden Ideenprozeß.

Folgende Rahmenbedingungen und Voraussetzungen spielen bei der Bildung eines Beziehungsprozesses mit:

a) Es müssen zeitliche und örtliche Rahmenbedingungen vorliegen, in denen ein Gespräch stattfinden kann;
b) es müssen Bereiche gemeinsamer Ansprechbarkeit zwischen den Beziehungspersonen vorliegen, welche das Eingehen einer Beziehung ermöglichen;
c) die Beziehungspersonen müssen mittels einer gemeinsamen Sprache miteinander kommunizieren können, um damit
d) ein gemeinsames Thema etablieren zu können, das sich zur
e) dialektischen Ausdifferenzierung eignet.

a) Erste Bedingung für die Bildung einer Beziehung ist die gemeinsame Situation (zeitliche und örtliche Rahmenbedingungen)

Sie bildet quasi das *Biotop,* welches Interaktionen ermöglicht. Daß diese Frau und ich uns im gleichen Eisenbahnabteil vorfanden und wußten, daß wir darin mehr als die nächste Stunde zusammensein würden und aller Voraussicht nach keine weitere Person mehr dazukommen werde, bildete eine wichtige, interaktionsbegünstigende Situation. Wäre noch eine andere Person dazugekommen, hätte ich möglicherweise das Gespräch nicht begonnen, oder es hätte zumindest einen grundsätzlich anderen Verlauf genommen. Hätten wir uns in der Straßenbahn oder in einem Café auf dieselbe Distanz gegenüber gesessen, hätte ich das Gespräch ebenfalls nicht begonnen, zum einen, weil die Zeit zu kurz gewesen wäre, zum andern, weil es in unserer Kultur weniger üblich ist, jemanden im Café anzusprechen als in einem Bahncoupé. Die Befindlichkeit in der gleichen äußeren und durch nichts anderes gestörten Situation war eine wichtige Voraussetzung für den Beginn unseres Gesprächs. Auch das Wissen, daß unser Gespräch keine Folgen haben muß und daß sonst niemand in das Gespräch verwickelt ist, begünstigt eventuell eine sehr rasche gegenseitige persönliche Öffnung. Andererseits schränkt die Begrenzung der gemeinsamen Situation auch die Zielsetzung für einen allfälligen gemeinsamen Prozeß ein.

b) Zweite Bedingung ist die beidseitige Ansprechbarkeit für ein gemeinsames Thema

Vor dem Beginn der verbalen Interaktion erfolgte ein averbales Abtasten der grundsätzlichen Gesprächsbereitschaft. Als ich vor dem Abteil stehenblieb und hineinblickte, schaute die Frau kurz auf und zog ihre Handtasche etwas näher an sich heran, was ich als Hinweis auf ihre Erwartung verstand, es würde sich noch jemand zu ihr ins Abteil setzen. Auf meine Frage, ob noch Platz sei, blickten wir uns für einen Moment an und signalisierten uns dabei eine grundsätzliche Gesprächsbereitschaft. Der eigentliche Auslöser für das Gespräch war dann jedoch die Betroffenheit durch eine gemeinsame Beunruhigung. Diese gemeinsame Beunruhigung war an sich von geringer Bedeutung, nämlich die leichte Verspätung der Abfahrt des Zuges. Die meisten Gespräche beginnen mit einer derartigen gemeinsamen Betroffenheit. Es kann eine Diskussion über das Wetter sein – von dem alle Menschen in ungefähr gleicher Weise betroffen sind. Oder man kann dem andern sagen: «Fahren Sie auch nach Bern?» oder «Sie fahren offenbar auch in diesem Zug?» – Bemerkungen, die lächerlich klingen, im Grunde aber dazu da sind, die Gemeinsamkeit der Situation zu signalisieren. In der Literatur und im Film gibt es viele Beispiele, wo gerade die gemeinsame Betroffenheit auf einer Reise Anlaß zu dramatischen Geschichten ergibt, sei es ein Mord im Orientexpreß, sei es das Übernachten im Wartesaal eines sibirischen Bahnhofs. Völlig fremde Menschen fühlen sich in gemeinsamer Betroffenheit von einem Unglück oder Verbrechen plötzlich veranlaßt, in intensive Beziehungen einzutreten. Voraussetzung dafür ist die gemeinsame Ansprechbarkeit aller Betroffenen.

Der psychologische Raum, in dem eine Begegnung stattfinden kann, ist in jedem Fall begrenzt durch die beiderseitige thematische Ansprechbarkeit, quasi durch die *«Seelenverwandtschaft»*. Ist die situative Betroffenheit von großem Ausmaß, wie etwa bei einem Verkehrsunglück, so wird sich daraus eine recht umfassende Ansprechbarkeit auf beiden Seiten ergeben. Ist die Betroffenheit jedoch, wie in diesem fingierten Beispiel, von ziemlich nichtssagender Bedeutung, so kommt sie lediglich der Suche nach einer Förderung der gemeinsamen Ansprechbarkeiten entgegen. Bereits bei dieser Suche tauschen potentielle Partner auch Ich-Du-Definitionen aus, sie tasten sich gegenseitig ab, forschen neugierig (wenn auch taktvoll verhüllt) nach Interessen, Einstellungen, aber auch nach dem sozialen Status, Zivilstand und Beruf.

c) Die dritte Bedingung ist eine gemeinsame Sprache

Ohne diese wären ein Gedankenaustausch und eine differenzierte Begegnung nicht möglich. Auf dieses Thema werde ich im nächsten Abschnitt eingehen (siehe S. 223).

d) Sind diese Bedingungen erfüllt, so kann es zur Etablierung eines gemeinsamen Themas kommen

Je nachdem, in welchem Maße die eben genannten drei Bedingungen sich als erfüllt erweisen, wird sich der vierte Aspekt, die Etablierung eines gemeinsamen Themas, ereignen. Zwei einander Unbekannte bleiben meist, oft über längere Zeit, bei Suchbewegungen nach einem gemeinsamen Thema. Es gibt dafür Gemeinplätze, für Männer etwa Fußball oder Autos, für ältere Leute eventuell Krankheiten; beliebt ist vor allem das Suchen und Finden eines gemeinsamen Feindes, über den man schimpfen und somit auch einen gewissen Affekt in das Gespräch bringen kann, so etwa die erwähnten Demonstrationen, Schimpfen über Staat, Verkehr, Umweltschäden usw. Immer wird das Gespräch auf jene Bereiche beschränkt bleiben, in denen eine gemeinsame Ansprechbarkeit vorliegt. Vom griechischen Philosophen Pythagoras (um 580–500 v. Chr.) stammt der meist lateinisch zitierte Lehrsatz: «similia similibus comprehendi»[163], was besagt, daß Ähnliches nur von Ähnlichem erfaßt werden kann. Das, was uns im Innersten bewegt, das, was uns beunruhigt, was wir formulieren und weitergeben möchten, vermögen wir um so eher weiterzugeben, je geistig verwandter der Empfänger unserer Aussage ist. Wenn es gelingt, auf der Grundlage einer gemeinsamen Ansprechbarkeit ein reichhaltiges Thema zu etablieren, so besteht die Möglichkeit eines differenzierten gemeinsamen Prozesses.

e) Die dialektische Ausdifferenzierung des Themas

Eine relevante Interaktion wird sich in der Regel erst aus der Etablierung eines gemeinsamen Themas ausdifferenzieren können. BIN KIMURA sagt: «Bei jedem wirklichen Gespräch muß zunächst ... ein ‹Horizont› freigelegt werden, indem die Gesprächsteilnehmer eine gemeinsame ‹Atmosphäre› miteinander teilen, aus der sich erst dann eine interpersonale-intersubjektive Begegnung entfalten kann.»[164] An einer anderen Stelle sagt er: «Das Dasein hat ... sein eigenes Selbst aus dieser ursprünglichen Gemeinsamkeit herauszunehmen und sich eigens anzueignen. Das Herausnehmen des Selbst bringt aber zwangsläufig das Herausstellen dessen, was nicht zum Selbst gehört, d. h. des anderen aus derselben Gemeinsamkeit mit sich ... Ein und derselbe Akt, durch den ich mein Selbst aus der ursprünglichen Gemeinsamkeit vom potentiellen Ich und vom potentiellen Du herausnehme und zu mir selbst komme, stellt zugleich auch dich als den gerade jetzt mir begegnenden anderen aus derselben Gemeinsamkeit heraus.»[165]

Die Japaner haben für diesen gemeinsamen Grund oder Horizont ein besonderes Sensorium. Nach UEDA bedeutet die tiefe, gegenseitige Verbeugung im japanischen Begrüßungszeremoniell mehr als bloße Höflichkeit. Es geht darum, sich selbst vor dem anderen zu einem «Nichts» zu machen. Beide zeigen damit ihre Bereitschaft, in eine Tiefe zu steigen, in der es weder Ich noch Du gibt. Es geht um das Verstehen des ursprünglichen «Nichts», in dem und aus dem heraus sich erst die Möglichkeit der Dualität der Begegnung ergibt. Erst dann, sich wieder aufrichtend, aus dem Nichts erstehend, wenden sich die beiden Gesprächspartner als Ich und Du einander zu, aber in einer Weise, die zugleich «weder Ich noch Du» ist.[166] Zwischen dem Selbst und dem anderen ereignet sich etwas Neues, das nicht auf den einen oder den andern Gesprächspartner und auch nicht auf beide zusammen zurückgeführt werden kann. In der japanischen Begrüßung tritt man nicht unmittelbar in eine Ich-Du-Beziehung ein, sondern versenkt sich zuerst in ein Zwischen, um dann im Einander-Gegenüber aufzuerstehen. Es ist die Atmosphäre, die uns sprechen läßt. Es ist das uns verbindende Thema, das uns in Erscheinung treten läßt, als Ich selbst und Du selbst. Damit kann das Gespräch zu einer «Be-gegnung» werden. Oder es führt zu einer «Aus-einander-setzung», zu einer thematischen Differenzierung.

Voraussetzung für die Interaktionen ist eine Spannung zwischen den Interaktionspartnern, etwa ein Informationsgefälle, wo der eine etwas weiß, was der andere wissen möchte, oder eine «Versuch-und-Irrtum-Situation», wo der eine mit dem andern etwas versucht, auf das der andere mehr oder weniger anspricht, oder eine dialektische Situation, wo die These des einen und die Antithese des anderen nach einer Synthese streben. Ist das Spannungsgefälle aufgehoben, erlischt die Interaktion, oder es muß, wenn die Beziehung weiterbestehen soll, nach einem neuen Thema gesucht werden.

> Ein Gespräch und eine Beziehung bilden nicht bloß einen gegenseitigen Austausch von Botschaften zwischen zwei oder mehreren Personen. Vielmehr bestehen sie zunächst und zuallererst in der Etablierung eines gemeinsamen Themas, welches sich dann scheinbar wie selbsttätig in den Gesprächspartnern ausartikuliert und sich zu einem Prozeß entwickelt. Es ist, wie wenn das Thema sich der Gesprächspartner bediente, um sich auszuformulieren. Während das Thema das Zugrundegelegte ist, ist der Ideenprozeß ein daraus hervorgehendes, zielstrebiges, sich organisierendes Ganzes, die Personen übergreifend und einschließend.

Beim Eingehen einer Beziehung kommt es zu einer gegenseitigen Resonanz jener Saiten, welche die gleiche Schwingung aufweisen und deren Klänge nun beginnen, sich gegenseitig aufzuschaukeln. Wir spielen uns auf einen Zustand ein, in dem «wir sowohl unsere ‹Gedanken› als die ‹Gedanken› anderer denken, unsere Gefühle wie die anderer (im Mitfühlen) fühlen können»[167]. – «Ein in Hinsicht auf Ich-Du indifferenter Strom der Erlebnisse fließt zunächst dahin, der faktisch Eigenes und Fremdes ungeschieden und ineinander gemischt enthält; und in diesem Strom bilden sich erst allmählich fester gestaltete Wirbel, die langsam immer neue Elemente des Stroms in ihre Kreise ziehen und in diesem Prozeß sukzessive und sehr allmählich verschiedenen Individuen zugeordnet werden.»[168]

Eine Beziehung zwischen Menschen kann also auch als personübergreifender Ideenprozeß gesehen werden: Zwei oder mehrere Personen sind sich auf dem Boden eines Themas verbunden und ordnen sich auf die Gestaltung eines zielgerichteten Ideenprozesses hin. Dieser Ideenprozeß ist wie ein Drittes, bei dessen Gestaltung Ich und Du in Erscheinung treten, ein Drittes, das – nun von der anderen Seite her gesehen – selbst Gestalt annimmt im Ich und Du sich im Ich und Du ausartikuliert.

Angewandt auf das eingangs erwähnte Beispiel: In der Variante A wird sich das Thema «Paartherapie» so gut und so breit ausartikulieren, wie meine Mitreisende es aus mir heraustönen läßt oder wie ich sie für meine Aussagen aufnahmebereit mache. Für Variante B mit dem Thema «Alternativleben» gilt dasselbe mit umgekehrter Rollenverteilung, während bei Variante C und D nur wenige Saiten angeschlagen werden und auch die nicht voll zum Klingen kommen.

Die Sprache als Medium und Grundlage personübergreifender Ideenprozesse

Sprachen sind Phänomene, die gemeinsames Bewußtsein und gemeinsames Ideengut kennzeichnen. Sprache ermöglicht die Formulierung gemeinsamen Bewußtseins. Der Ausbreitungsbereich von Sprache ist der Ausbreitungsbereich gemeinsamen Bewußtseins.

Gedanken und damit auch Ideen brauchen Sprache. Es gibt nur beschränkte Möglichkeiten außersprachlichen Denkens und somit auch außersprachlicher Produktion von Ideen. Erkenntnisse sind weitgehend an sprachlichen Ausdruck geknüpft. Gedanken sind erst formbar und formulierbar als Sprache. Wie bereits auf Seite 101 erwähnt, braucht ein Gedanke, eine Idee, die Sprache, um gedacht zu werden. Die Sprache ist das bildende Organ der Idee. Die Idee wird mir erst in sprachlicher Formulierung faßbar.

Es gibt zwei grundsätzlich verschiedene Formen menschlicher Kommunikation[169], die digitale und die analoge. Die digitale Sprache (*digits* bedeuten in englischer Sprache Zahlen) ist eine Sprache, bei der die Informationen, die übermittelt werden sollen, mit Namen oder Zeichen versehen werden, die so eindeutig und unmißverständlich sind wie Zahlen. Das Wort wird zum Träger feststehender Bedeutungen, die Sprache ist das Werkzeug der Benennung. Die meisten naturwissenschaftlichen, technischen und wirtschaftlichen Errungenschaften wären ohne die Entwicklung digitaler Kommunikation undenkbar. Technische Daten, Pläne für Maschinenbau und Architektur, chemische und physikalische Anleitungen, finanzielle Transaktionen, ja sogar das Spielen von Musikstücken nach der Notenschrift, können in der entsprechenden digitalen Sprache mit so hoher Eindeutigkeit übermittelt werden, daß der Empfänger sie im gleichen Sinn nachvollziehen kann wie der Sender, ohne daß verbale Ergänzungen notwendig wären.

Die analoge Kommunikation hat jedoch im menschlichen Bereich eine ebenso hohe Bedeutung. Hier wird die Information in der Weise kommuniziert, daß der Empfänger die Botschaft entschlüsselt, indem er sie in Analogie zu etwas setzt, das er selbst schon erfahren hat, zu dem er eine Ähnlichkeitsbeziehung herstellen und dessen Bedeutung er interpretieren kann. Analoge Kommunikationsformen erwachsen aus dem Bereich der Beziehungen. Sie sind eine viel ursprünglichere Ausdrucksweise als die digitalen. Ausrufe, Ausdrucksbewegungen und Stimmungssignale sind analoge Kommunikationsformen, die auch von Tieren benützt und verstanden werden, die weniger auf Dinge und Abstraktes verweisen, als vielmehr die Beziehungen zu anderen signalisieren. Überall wo die Beziehung zum zentralen Thema der Kommunikation wird, erweist sich die digitale Kommunikation als unklar und insuffizient, so in Liebesbeziehungen, im Austragen von Feindschaften, in der Fürsorge usw. In der analogen Sprache schwingen archaische Momente des Stimmungsausdrucks, der Lautmalerei, des Anrufens und Aufrufens mit. Die analoge Sprache ist die Sprache der Poesie, der Literatur und des Liedes.

Der komplementäre Vorgang zum Sprechen ist das Hören. Der Empfänger digitaler Kommunikation muß die Zeichen und Bezeichnungen in ihrer Bedeutung decodieren können, was nur möglich ist, wenn er die Zeichenschrift – den Code – kennt, wenn er die Bedeutung der Zeichen gelernt hat. Die digitale Sprache verbindet in kognitiver Weise die Eingeweihten miteinander. So ermöglicht sie den wissenschaftlichen Austausch und ist Voraussetzung für den wissenschaftlichen Fortschritt. Wie bei der analogen Kommunikation das Wort nicht bloß Träger schon fertiger Gedanken ist, sondern das, was den Gedanken erst wahrhaft vollbringt[170], genauso ist das Hören nicht eine bloße digitale Rückübersetzung. Vielmehr ist es der Hörende, der die Gedanken den Worten entnimmt und ihnen Sinn gibt. So entwickelt sich zwischen den Dialogpartnern eine Verständigungsarbeit. «Es gibt demnach so etwas wie die Übernahme der Gedanken eines anderen im Durchgang durch das Wort ... Ein Vermögen dem anderen nach-zu-denken ...»[171]

«Denn das Wort ... ist nicht ein Abdruck des Gegenstands an sich, sondern des von diesem in der Seele erzeugten Bildes.»[172] Die Deutungsarbeit des Hörens ist in der analogen Sprache also nie eine bloße Reproduktion, sondern ein kreativer Akt, eine Innovation, die so weit reicht wie die Ansprechbarkeit und Betroffenheit des Hörers. So klärt sich ein Gedanke als Ergebnis der gemeinsamen Verständigungsarbeit. Die Erkenntnis, daß mittels analoger Sprache der Adressat viel persönlicher, emotionaler und archaischer angesprochen werden kann, wird neuerdings in der Psychotherapie methodisch angewandt mittels Körpersprache, Metaphern, Märchen oder psycholinguistischen Techniken. Es ist kein Zufall, daß die Analogiesprache, die Sprache der Beziehung, seit je vor allem in der Hypnosetechnik verwendet worden ist, nämlich da, wo dem Therapeuten Suggestionen dazu dienen, den Patienten in einen Zustand der Ansprechbarkeit zu versetzen. Die analoge Sprache wird ferner bewußt verwendet in der Werbung, in der Rhetorik und in der Demagogie.

Das gemeinsame Thema, welches sich zwischen zwei oder mehreren Personen als Idee formuliert, steht irgendwo im Feld zwischen digitaler und analoger Sprache, je nachdem ob die Idee eher kognitiven, abstrakten und rationalen Charakter hat oder eher emotionalen und beziehungsstiftenden. Sprache ist das Medium für die Ausbreitung kognitiven Ideengutes. Sie ist aber auch Raum und Artikulationsstätte gemeinsamer Befindlichkeit und Gestimmtheit.

Sprache ist das Medium, welches den Boden einer gemeinsamen Ansprechbarkeit bereitstellt und öffnet

Die Sprache ist das Produkt eines unermeßlichen Schatzes von geistigen Erfahrungen der Menschheitsgeschichte, der Ausdruck einer gemeinsamen Kultur, von gemeinsamen geschichtlichen Wurzeln in den Vorstellungen über Wesen und Sinn der Welt, des Lebens und des Menschen. Die Sprache gibt die Form, um solche Erfahrungen auszutauschen. Sie verbindet die Eingeweihten und trennt sie von den Uneingeweihten. Sprache grenzt die Verwandten gegenüber den Fremdlingen ab. Die Möglichkeiten der Sprache, Erfahrungen zu formulieren, ist jedoch begrenzt. So ist das Schweizerdeutsche eine archaische, analoge Sprache mit hohen lautmalerischen Ausdrucksmöglichkeiten, aber primitiver Grammatik. Das Schweizerdeutsche verfügt nur über die zwei Zeiten Präsens und Perfekt. Will ein Deutschschweizer etwas wissenschaftlich-präzise oder gewichtig ausdrücken, verwendet er die hochdeutsche Schriftsprache. Andererseits ist das Englische als wissenschaftliche Sprache für den Deutschsprachigen eine Herausforderung zu klarer, präziser und einfacher Formulierung. In der Regel wird die Übersetzung eines Textes vom Deutschen ins Englische um mindestens ein Viertel kürzer. Soll andererseits ein italienisches oder französisches Lied ins Deutsche übersetzt werden, so wird es zur Halskrankheit. Die stimmungsvollen französischen Filme der fünfziger und sechziger Jahre verlieren ihre Atmosphäre in deutscher Synchronisation. Es ist also das gemeinsame Bewußtsein, welches in der Sprache Gestalt annimmt und diesem Bewußtsein Gestalt gibt.

Sprache als Phänomen gemeinsamen Bewußtseins

Sprache ist nicht etwas Feststehendes und Unwandelbares, Sprache wird vielmehr laufend geschaffen und kreativ verändert. Sprachen haben ihre Stammbäume, sie haben sich geschichtlich auseinanderentwickelt. So entwickelte sich aus der indo-europäischen Ursprache der italo-keltische, der griechische und der germanische Stamm. Vom germanischen Stamm sind der gotische und der vandalische Zweig ausgestorben. Aus dem Nordgermanischen entwickelte sich die isländische, dänische und schwedische Sprache, aus dem Westgermanischen die deutsche, holländische und englische. Es gibt Sprachen, die aussterben, und Sprachen, die neu geschöpft werden. In all dem drückt sich ein gemeinsames menschliches Bewußtsein[173] aus, das seine Schöpfung, seine Entwicklung und sein Sterben hat.

> Der Ausbreitungsbereich einer Sprache signalisiert den Ausbreitungsbereich eines gemeinsamen Ideenguts. Jede Familie hat ihre Sprache, jede Arbeitsgemeinschaft, jeder Beruf, jedes Volk, jede soziale Schicht, jede Nation. Die Männer haben ihre Sprachen, die Frauen haben ihre Sprachen, die Jungen haben ihre Sprachen, die Alten haben ihre Sprachen, jede Zeit hat ihre Sprache. Die Sprache ist Ausdruck eines gemeinsamen Ideenguts und einer gemeinsamen Identität.

Nehmen wir als Beispiel die Wendung «sehr gut», so können wir für Zürich über die letzten zwanzig Jahre etwa folgende Varianten feststellen:

Von ca. 1950 bis 1965 sagte man vor allem «schaurig guet» oder «schandbar guet».

In den frühen siebziger Jahren sagte man eher «irre guet» oder «grausam guet».

Seit wenigen Jahren sagt man nun eher «total guet» oder «super», als Entlehnung aus dem Amerikanischen.

Im 60 km entfernten Luzern sagt man «rüdig gut», im 100 km entfernten Graubünden eher «uguat» (vom Hochdeutschen «urgut»). «Verreckt guet» oder «huereguet» ist eher für Männer und würde für Frauen als unschicklich betrachtet, während «schüli guet» und «grüseli guet» nur von Frauen, nie aber von Männern ausgesprochen würde. «Phantastisch» wird eher in oberen Gesellschaftsschichten verwendet, nie aber von Arbeitern. Wer erfindet diese Worte? Wer bestimmt, von welcher Sprachgruppe sie benützt werden? Es bestehen dafür keine Vorschriften, keine Gesetze, keine formulierten Übereinkünfte, und doch entwickelt sich in Bevölkerungsgruppen unausgesprochen ein gemeinsames Bewußtsein von Normen, aber auch eine gemeinsame Ansprechbarkeit auf Veränderung dieser Normen, ohne daß dies je ausformuliert würde.

Im Sprachatlas der deutschen Schweiz ist die geographische Ausbreitung gewisser Wörter in Landkarten aufgezeichnet worden. So braucht man für das Wort «Kuß» in Zürich und der Ostschweiz den Begriff «en Chuss», in der Zentralschweiz bis nach Basel «en Schmutz» oder «en Schmatz», im Kanton Bern jedoch «es Müntschi». «Es Müntschi» oder «en Schmatz» tönen doch wohl für jedermann viel sinnlicher und lautmalerischer als «ein Kuß». Weshalb können sich diese Begriffe dennoch geographisch nicht weiter ausbreiten? In diesem Atlas wird auch dargestellt, wie andere Wörter sich im Lauf der Zeit gegenüber konkurrierenden Wörtern durchsetzen.

Wilhelm von Humboldt sagte: «Die Sprache, in ihrem wirklichen Wesen aufgefaßt, ist etwas beständig und in jedem Augenblick Vorübergehendes ... Sie selbst ist kein Werk (ergon), sondern eine Tätigkeit (energeia) ... Sie ist nämlich die sich ewig wiederholende Arbeit des Geistes, den artikulierten Laut zum Ausdruck des Gedankens fähig zu machen ... Im wahren und wesentlichen Sinn kann man auch nur gleichsam die Totalität dieses Sprechens als die Sprache ansehen.»[174]

Sprachliche Eigenheiten einer Gruppe fallen vor allem dem Nichteingeweihten, von außen Kommenden auf. So erteilte ich einem Kreis von

Berliner Psychoanalytikern in zweijährigem Abstand einen Kurs in Paartherapie. Als ich das erste Mal dort war, fiel mir auf, daß die Teilnehmer in ihren Sätzen laufend die Formulierung «ein Stück weit» verwendeten. «Könnte die Ursache dieser Störung ein Stück weit darin liegen, daß ...» – «Die Therapie könnte ein Stück weit dazu verhelfen ...» – «Ein Stück weit bin ich der Meinung ...» Zwei Jahre später gab es kaum mehr eine Diskussion über Therapie, ohne die Formulierung «mit viel, viel Liebe ...» Wiederum zwei Jahre später war es mit der Liebe vorbei, dafür wurde der Terminus «delegieren» verwendet. Was immer dieser oder jener dachte oder fühlte oder wollte, delegierte er entweder jemandem anderen oder übernahm es als Delegation von einem anderen. Solche Formulierungen sind Ausdruck des allen Gruppenmitgliedern gemeinsamen Bewußtseins oder Ideenguts und deren dauernden Wandels.

Die eigene Sprache zeigt jedoch nicht nur die Identifizierung mit gleichem Kultur- und Ideengut an, sie ist nicht nur ein Kennzeichen von gemeinsamer Identität, sondern offenbart auch die Offenheit für fremde Einflüsse und fremdes Ideengut. Ein Gradmesser dafür sind die Entlehnungen von Formulierungen und Wörtern aus fremden Sprachen, welche die Anerkennung eines kulturellen Vorsprungs im allgemeinen oder auf bestimmten Gebieten kennzeichnen. Die Verbreitung und Akzeptation von «Fremdwörtern» oder «Fremdsprachen» zeigen somit die Expansion kultureller Einflüsse und Macht an. Gegenwärtig erleben wir im westlichen deutschen Sprachraum eine hohe Akzeptierung von amerikanischen Fremdwörtern, besonders bei Jugendlichen in der Pop- und Rockkultur, allgemein im Wirtschaftsleben, in der Technik und in den Naturwissenschaften, auch in der Medizin, wo früher Latein das Kennzeichen des Insiders war. Die Franzosen, die unter ihrem weltweit schwindenden Einfluß besonders leiden, haben das früh erkannt. In Quebec und in anderen Ländern versuchen sie, ihre frankophonen Einflußsphären zu behaupten, leider mit geringen Aussichten auf Erfolg.

In der Schweiz, zerklüftet in viele kleine Täler, erhielten sich bis in heutige Tage ausgeprägte Dialektunterschiede von Region zu Region. Dies wurde noch dadurch gefördert, daß die Schweiz nie das Zentrum einer überregional ausstrahlenden Kultur war und sich somit nie auf eine eigene nationale Sprache einigen mußte. Gesprochen werden Dialekte, geschrieben wird eine Schriftsprache, die in der Schule wie eine Fremdsprache gelernt werden muß. Andererseits war die Schweiz, weil sie kaum ein bedeutsames Zentrum eigenen kulturellen Ideengutes war, den Einflüssen von außen sehr zugänglich. A. Berner hat die Entlehnungsmechanismen romanischer Fremdworte im Schweizerdeutschen des 15. und 16. Jahrhunderts dargestellt. Schon damals zeigte sich das gleiche Problem wie heute: die Spannung zwischen dem Willen zur Selbstbehauptung und Wahrung des Eigenen und dem Willen, durch Öffnung mit den als überlegen empfundenen Romanen Schritt halten zu können. Die Berner erwiesen sich eher ansprechbar auf das französische Kulturgut, während die Zürcher und Ostschweizer stärker von Italien beeinflußt waren. Die Ausbreitung einer Sprache zeigt die Ausbreitung eines kulturellen Ideenguts an und schafft gleichzeitig die Grundlagen für die Ausbreitung von Macht und Einfluß einer Kultur. So ist es in den Naturwissenschaften, der Medizin und der Psychologie immer weniger möglich, in deutscher Sprache internationale Anerkennung zu finden. Man ist gezwungen, in Englisch zu publizieren. Begründet wird das damit, daß eine einheitliche Sprache, so wie es früher Latein gewesen ist, den internationalen Austausch erleichtere. Es ist jedoch klar, daß diese Erleichterung für die im englischen Sprachraum Aufwachsenden eine andere ist als für jene, für die das Englische eine Fremdsprache ist.

Die Akzeptation einer fremden Sprache ist ein Problem, welches sich insbesondere auch für die sogenannten Gastarbeiter stellt. So gibt es in der Schweiz italienische Familien, bei denen speziell die Frauen in über zwanzig Jahren kein Deutsch gelernt haben. Sie verkehren fast ausschließlich unter Italienern und assimilieren sich nur wenig an die Kultur der Deutschschweizer. Ähnliches sehen wir bei Mittel- und Oberschichtangehörigen, zum Beispiel bei Französinnen, die durch Heirat in die deutsche Schweiz verschlagen werden und die oftmals nach Jahrzehnten sich immer noch weigern, deutsch zu sprechen. Diese Verweigerung sprachlicher Adaptation ist ein Kennzeichen der Verweigerung kultureller Adaptation und Assimilierung des kulturellen Ideenguts. Oftmals sind diese Menschen sehr isoliert und unglücklich. In einer Therapie ist es in solchen Fällen die erste Aufgabe, sich mit dieser sprachlichen Assimilation zu befassen.

Die Person hat viele Sprachen

Dieselbe Person benützt sehr unterschiedliche Sprachen, je nachdem ob sie mit Kindern, Tieren, Schwerhörigen, Angehörigen der Oberschicht oder der Unterschicht spricht. Besonders deutlich wird dies auch im Bereich der Psychiatrie. Psychiater benutzen jeweils eine deutlich andere Sprache, wenn sie mit einem Depressiven, einem Alkoholiker oder einem Verwahrlosten sprechen. Dies ist ein besonders schönes Beispiel dafür, wie die Person nicht einfach von sich aus in Erscheinung tritt, sondern aus dem Beziehungsfeld, aus dem Dazwischen, aus dem Interesse. Am deutlichsten ist das in den Sprachbildungen Verliebter, welche wohl die kreativsten sprachschöpferischen Leistungen hervorbringen. Jedes Liebespaar hat seine eigene Sprache, und damit schafft es sich seine Identität, sein gemeinsames Selbst. In der Sexualtherapie wird das gelegentlich bewußt angewendet, indem man in der Beziehung zueinander besonders gehemmte Partner auffordert, gegenseitig Bezeichnungen ihrer Sexualorgane zu erfinden, damit sie über diese, ja mit diesen sprechen können.

Sprachliche Neuschöpfungen ergeben sich weitgehend unbewußt. Sie sind ein Kennzeichen gemeinsamer Ideenprozesse. Sie haben jedoch keine geistigen Väter oder Mütter, keine Führerfiguren, meist keine bekannten Erfinder. Sprachbildungen ergeben sich dadurch, daß etwas in der Luft liegt, daß Individuen auf der gleichen Wellenlänge schwingen, unter Gleichartigem leiden, von Gleichartigem beunruhigt sind und Gleichartiges suchen.

Die Ausbreitung der Sprache als Ideengut folgt grundsätzlich ähnlichen Gesetzmäßigkeiten, wie sie Darwin in bezug auf die Entstehung der Arten gefunden hat. Jene Ideen überleben, welche die beste Chance haben, ein gemeinsames Bewußtsein zwischen den Menschen zu erzeugen und aufrechtzuerhalten, die sich für Schaffung und Anpassung an «Umwelt» am besten eignen. Jene Ideen, die ein gemeinsames Bewußtsein nicht mehr wachhalten, gehen unter und werden durch neue Ideen verdrängt. In diesem Sinn gibt es auch einen geistigen und sprachlichen Evolutionsprozeß.

8. Die interaktionelle Evolution von Ideenprozessen

Ideen sprechen sich in ihren Protagonisten aus

Ein Ideenprozeß ist nicht einfach die Summe der Ideen ihrer Träger. Er weist vielmehr eine eigene Struktur auf. Die Ideenträger nehmen im Ideenraum unterschiedliche Funktionen ein. Häufig gruppieren sich Ideen um gewisse Protagonisten, welche eine Idee verkörpern. Je mehr es bei der Idee um Weltanschauliches oder Religiöses geht, desto mehr braucht die Idee Protagonisten zur idealisierten Verkörperung in Leib und Leben. Der Protagonist personifiziert die Idee, sein Leben besteht aus einer Folge von Geschichten und Anekdoten, welche die Umsetzung der Idee ins alltägliche Leben darstellen. Der Protagonist kämpft für die Idee, er leidet für sie, er stirbt womöglich für sie. Der Protagonist bietet sich als Identifikationsfigur an, als Guru, Führer, Held oder Märtyrer. Als Identifikationsfigur muß er jenen, die ihm folgen, einen hohen narzißtischen Gewinn anbieten, etwa die Aussicht, zu den Pionieren einer neuen Zeit zu gehören, die Welt zu retten oder zu heilen, sich aus der Masse der Gewöhnlichen herauszuheben usw. Diese Attraktion wird noch verstärkt durch Drohungen und Angsterzeugung an die Adresse all jener, welche den Protagonisten bekämpfen oder sich nicht zu ihm bekennen wollen.

Die Weltgeschichte, die Kulturgeschichte, die Geschichte der Kunst, Literatur und Wissenschaft werden weitgehend in der Geschichte ihrer Protagonisten beschrieben. Immer wieder besteht die Tendenz, diese Protagonisten als Personen hinzustellen, welche einsam und verkannt von ihrer Zeit aus eigener genialer Kraft Neues geschaffen hätten. So meint etwa Hans Joachim Störig[175], daß die «Großen im Reich des Geistes allein und weitgehend unabhängig von äußeren und gesellschaftlichen Umständen, ja, oft gegen diese» schaffen. Die Gesellschaft könne Sokrates vergiften, Jesus kreuzigen, Jeanne d'Arc verbrennen oder

Lavoisier enthaupten, aber sie könne nicht verursachen, daß solche Menschen geboren werden noch ihnen ihre Aufgabe vorschreiben. Betrachtet man nur das Einzelschicksal gewisser Entdecker, Erfinder und geistiger Führer, so mag diese Sicht voll überzeugen. Weniger aber, wenn man die persönliche Geschichte in größeren Zusammenhängen sieht. Dann entsteht vielmehr der Eindruck, als ob die Zeit, die Kultur es sei, welche gewisse Ideenträger hervorbringe, um sich in ihnen zu artikulieren. Selbstverständlich können einzelne besonders einfühlsame, ansprechbare Menschen der großen Masse voraus sein und das, was sich in der Zeitgeschichte aufdrängt, früher realisieren als andere. Sie können von ihren Zeitgenossen verkannt werden und lange unverstanden bleiben. Es ist etwa so wie im Frühling, wo einzelne Tulpen etwas früher kommen und die Zeit der Tulpenblüte ankündigen. Sie setzen sich damit einem erhöhten Risiko des Erfrierens aus. Die Tulpenzeit kommt aber in jedem Fall, bald etwas früher, bald etwas später. So ist auch in der Weltgeschichte das Wirken der Pioniere eine Manifestation des Zeitgeists.

Mit diesem Aspekt hat sich vor allem Hegel in seiner Geschichtsphilosophie auseinandergesetzt. Nach ihm handelt nicht der einzelne aus sich allein, sondern der Weltgeist handelt durch den einzelnen und benutzt ihn als Werkzeug. Was die großen geschichtlichen Persönlichkeiten zu solchen macht, sind nicht allein ihre persönlichen Eigenschaften wie Energie, Leidenschaft, Voraussicht oder Intelligenz; denn oft bedient sich der Weltgeist zur Ausführung seiner Zwecke gerade unwürdiger und schwacher Individuen. In ihnen verkörpert sich die historische Notwendigkeit, der «Geist der Zeit». Der Weltgeist handelt durch den einzelnen oft wider dessen persönliche Absichten und Zwecke. Der Handelnde mag glauben, er diene ganz bestimmten rein persönlichen Zwecken, zum Beispiel der Erweiterung seiner persönlichen Macht. Dennoch wirkt das historisch Notwendige durch den Handelnden als Werkzeug.[176] Nach Hegel stellen die großen Menschen nur scheinbar die Weichen des geschichtlichen Verlaufs. Es ist jedoch nicht ihr subjektives Planen und Wollen, das sie groß macht, sondern die geschichtliche Notwendigkeit, als deren Werkzeug sie handeln. Solche Menschen bringen das hervor, was an der Zeit, was notwendig ist. Sie schöpfen aus dem noch Unterirdischen, noch nicht Wirklichen, aber nach Verwirklichung Drängenden. Die Gedanken Hegels von dem historisch Notwendigen, das mit einem Volk passieren will, wurden leider von den Nazis für ihre Zwecke pervertiert, so daß Deutsche heute wohl eine besondere Abneigung haben, sich damit zu befassen.

C. G. JUNG hat sich zum gleichen Problem geäußert. Nach ihm kann durch soziale, politische und religiöse Einwirkungen das kollektive Unbewußte affiziert werden. Durch Unterdrückung von Meinungen sammeln sich diese im kollektiven Unbewußten an und beleben es. «Meistens ist es dann ein Individuum oder mehrere von besonders feiner Intuition, welche die Veränderungen im kollektiven Unbewußten wahrnehmen und sie in unmittelbare Ideen übersetzen. Diese Ideen breiten sich dann mehr oder weniger rasch aus, weil auch bei den anderen Menschen parallel Veränderungen im Unbewußten stattgefunden haben. Es herrscht darum eine allgemeine Bereitschaft, die neuen Ideen aufzunehmen, obschon andererseits auch ein heftiger Widerstand dagegen besteht.»[177]

Meist wird in der Geschichtsschreibung der Übergang von einer Epoche zur anderen oder der Geist einer bestimmten Epoche an Hand von bestimmten Persönlichkeiten charakterisiert, die einen maßgeblichen Einfluß auf Politik, Kultur, Kunst oder Wissenschaft hatten. Die Geschichtsschreiber neigen dazu, diesen Männern das entscheidende Verdienst zuzuschreiben, die Welt aus den Angeln gehoben und in eine neue Richtung gelenkt zu haben. Ich glaube, daß das Auftreten dieser Männer auch anders gesehen werden kann. Schon aus didaktischen Gründen ist es schwierig, Zeitströmungen in allgemeiner Weise zu beschreiben. Viel besser ist das möglich an Beispielen, wie sich eine bestimmte Epoche in bestimmten Menschen konkretisiert hat.

> Die «epochemachenden» Persönlichkeiten stehen als gelebte Veranschaulichung einer bestimmten Zeit. Sie schufen ihre Werke nicht aus sich allein. Ihre Außergewöhnlichkeit bestand in der Regel in der Fähigkeit, das Atmosphärische, das, was «in der Luft lag», herauszuspüren, «die Nase dafür zu haben», um es in sich zu verarbeiten, die Fäden zu verknüpfen, die Konsequenzen, die sich daraus ergaben, standfest zu vertreten und sich gegen die beharrenden Kräfte durchzusetzen. Bei allen großen persönlichen Verdiensten waren solche prägende Persönlichkeiten Kinder ihrer Zeit. Nicht nur wirkten sie an der Zeitwende mit, sondern die Zeitwende bediente sich auch ihrer, um sichtbare Form anzunehmen. In solchen Persönlichkeiten formulierte sich jeweils eine Botschaft aus, die den geschichtsbildenden Ideenprozeß in Gang setzte.

Claude Lévi-Strauss, der bekannte französische Ethnologe und Anthropologe, hat sehr schön formuliert, wie er immer gleich alles, was er geschrieben habe, vergesse, «da ich nämlich nicht das Gefühl habe, meine Bücher selbst geschrieben zu haben. Eher habe ich das Gefühl, daß ich eine Durchgangsstelle für meine Bücher bin; sobald sie durch mich hindurchgegangen sind, fühle ich mich leer, und nichts bleibt zurück ... Meine Arbeit wird in mir gedacht, ohne daß ich davon weiß. Ich habe nie ein Gefühl meiner persönlichen Identität gehabt, habe es auch jetzt nicht. Ich komme mir vor wie ein Ort, an dem etwas geschieht, an dem aber kein Ich vorhanden ist. Jeder von uns ist eine Art Straßenkreuzung, auf der sich Verschiedenes ereignet. Diese Straßenkreuzung selbst ist völlig passiv; etwas ereignet sich darauf. Etwas anderes, genauso Gültiges, ereignet sich anderswo. Es gibt keine Wahl, es ist einfach eine Sache des Zufalls ...»[178]

Daß es die Zeit ist, welche ihre Repräsentanten gebiert und nicht die Repräsentanten die Zeit, scheint zu der Feststellung im Widerspruch zu stehen, daß viele bedeutende Entdecker und Forscher introvertierte Einzelgänger waren, die scheinbar von der Umwelt und den anderen geistigen Strömungen kaum Kenntnis nahmen, weil sie nur für ihre Forschungen lebten. Teilweise ergaben sich ihre Entdeckungen sogar im Traum. Der deutsche Chemiker August Kekulé von Stradonitz (1829 bis 1896) kam zur Entdeckung sowohl der Atomketten wie auch des Benzolringes in einer Art Vision. Er schildert, wie sich in seinem Geist, als er vor dem Kamin in Halbschlaf versank, lange Reihen von Atomen zu schlangenartigen Gebilden formten. «Eine der Schlangen erfaßte den eigenen Schwanz, und höhnisch wirbelte das Gebilde vor meinen Augen. Wie durch einen Blitzstrahl erwachte ich ...»[179] Viele Forscher waren unverstanden, wurden sogar ausgestoßen, verfolgt und exkommuniziert. Viele Forscher lebten einsam und arm, waren verkannt, wurden eventuell erst posthum entdeckt. Das alles widerspricht der These nicht, daß sie Repräsentanten eines personübergreifenden Bewußtseins sind. Gerade in der ungestörten, durch nichts abgelenkten Konzentration konnten diese Forscher herausspüren, was zum Bewußtsein drängte, eventuell weit früher als alle jene, die in Tradition und Normen gefangenblieben und ihre Kräfte in Geselligkeit verpufften, so daß sie das erforderliche Ausmaß an Offenheit und Ansprechbarkeit für zum Bewußtsein Drängendes nicht aufbrachten. Die Weltgeschichte der Wissenschaft erscheint so, als ob ein konsequenter Faden zunehmender Bewußtheit gesponnen würde. Von der Weltgeschichte her betrachtet ist es irrelevant, ob Entdeckungen gewisser Forscher über Jahrzehnte, eventuell über Jahrhunderte von der Gesellschaft nicht anerkannt worden waren.

Auch religiöse und politische Führer zogen sich oftmals vor ihrem öffentlichen Wirken in die Einsamkeit zurück. Das war jedoch nicht nur ein Rückzug auf sich selbst, sondern jeweils auch ein Rückzug aus den alltäglichen Verwicklungen, um offen zu werden für das, was die Zeit in ihnen gebären wollte.

In der Geschichte der exakten Wissenschaft gibt es viele Belege dafür, wie wichtige Entdeckungen gleichzeitig an ganz verschiedenen Orten der Welt und offenbar ohne direkte Beeinflussungsmöglichkeiten der Forscher gemacht wurden. Dazu einige Beispiele: René Descartes gilt als Erfinder der analytischen Geometrie. Nun zeigte sich, daß ein Zeitgenosse und Landsmann Descartes', nämlich Pierre de Fermat, der sich nur in seinen Mußestunden mit Mathematik beschäftigte, die Grundlagen der analytischen Geometrie unabhängig von Descartes auch gefunden hatte. Seine Schriften wurden jedoch erst nach seinem Tod veröffentlicht. Weil Descartes seine Ergebnisse früher veröffentlichte, fiel ihm der Ruhm zu.[180] Der Engländer Sir Isaac Newton fand die Infinitesimalrechnung in den Jahren 1665 und 1666, veröffentlichte sie jedoch erst 1704. Inzwischen hatte in Hannover Gottfried Wilhelm von Leibniz die gleiche Entdeckung gemacht und bereits wesentlich früher als Newton veröffentlicht. Daran knüpfte sich eine der erbittertsten Prioritätsstreitigkeiten der Wissenschaftsgeschichte. Interessanterweise führten sowohl Newton als auch Leibniz falsche Beweise an und kamen trotzdem zu richtigen Ergebnissen. Instinkt und Intuition ergreifen oft das Richtige, auch da, wo eine strenge logische Beweisführung noch fehlt.[181]

Oder der Gedanke der universellen Gravitation: Die Kreisbewegung der Himmelskörper komme dadurch zustande, daß eine Kraft von der Sonne den Planeten mit genau der gleichen Stärke anziehe, wie sich der Planet vermöge seiner zentrifugalen Eigenbewegung von der Sonne zu entfernen strebe. Dieser Gedanke wurde 1666 – unabhängig – von dem Italiener Giovanni Alfonso Porelli wie von dem Engländer Robert Hooke beschrieben zur gleichen Zeit, da sich Newton mit diesen Überlegungen befaßte. Die nicht-euklidische Geometrie wurde 1826, ungefähr gleichzeitig und unabhängig von dem Deutschen Carl Friedrich Gauss, dem Russen Nikolai Iwanowitsch Lobatschewski und dem Ungarn János Bolyai entdeckt.[182] Über das Prinzip der Umwandlung von Wärme in mechanische Arbeit kamen gleich vier Forscher zur gleichen Zeit zu gleichen Ergebnissen: Der Deutsche ROBERT MAYER 1842, der Däne LUDWIG AUGUST COLDING 1843, der Engländer JAMES JOULE und der Deutsche HERMANN VON HELMHOLTZ 1847.[183] Die Einführung der Äthernarkose in der Medizin war eine Entdeckung, welche zu erbitterten Prioritätsstreitigkeiten unter den vier Amerikanern CRAWFORD WILLIAMSON LONG, WILLIAM THOMAS GREEN MORTON, CHARLES THOMAS JACKSON und HORACE WELLS führte. Im Grunde war es LONG gewesen, der die Äthernarkose entdeckte, er kam jedoch nicht zu seinem Ruhm, weil er diese Entdeckung erst drei Jahre später als andere veröffentlichte. Die bitteren Kämpfe um den Ruhm und die Patente führten dazu, daß einer im Wahnsinn endete, ein zweiter im Elend, ein dritter durch Selbstmord.[184]

Es kann aber auch sein, daß eine Zeit für die Aufnahme gewisser Entdeckungen noch nicht reif ist. So verfolgte BARON VON PERNAU über hundert Jahre vor GREGOR MENDEL mit Hilfe von Rückkreuzungen den Erbgang «mendelnder» Einzelmerkmale in aufeinanderfolgenden Generationen. Die gleichen Ergebnisse verhalfen dann MENDEL in einer wesentlich günstigeren Zeit zu dem Ruhm, der Vater der Genetik zu sein. So kann es sich auch im Leben des einzelnen ergeben, daß seine Stunde erst im hohen Alter kommt, so etwa für Papst JOHANNES XXIII. und teilweise für KONRAD ADENAUER und für CHARLES DE GAULLE, aber auch – aus unserer Sicht als Negativbeispiel – für Ajatollah KOMEINI, für den nach Jahrzehnten des Exils die Zeit reif geworden war. Diese Männer hatten die Bereitschaft zu außergewöhnlichen Taten, es war jedoch der Ruf der Stunde, der sie ihre Taten realisieren ließ.

Ansprechbarkeit und Berufung

Manche berühmte Persönlichkeiten wurden von Ideen be-geistert (inspiriert), auf die sie nicht vorbereitet waren. Es wurde ihnen etwas offenbar, dessen Bedeutung ihnen erst nachträglich bewußt wurde. «Die ich rief, die Geister, werd' ich nun nicht los», sagt der Zauberlehrling in GOETHES Ballade. Manche wurden von Angst ergriffen und zogen sich aus der Forschung zurück. Andere wuchsen persönlich an dem Auftrag, der mit der Idee verbunden war. Viele waren als Träger und Verbreiter der Idee objektiv gesehen wenig geeignet und verfügten nicht über ideale Voraussetzungen zur Erfüllung der Aufgabe. Die Bibel ist voll von Beispielen, wo Gott oder Jesus einen Ruf an Personen richten, die sich davon überfordert fühlen und auch überfordert waren. Das Verdienst dieser Personen, etwa Abrahams, des Propheten Jeremia, der Jungfrau Maria, der Apostel, liegt darin, ansprechbar für das Unmögliche gewesen zu sein, dem Aufruf zu folgen, ohne sich von der damit verbundenen Angst einschüchtern zu lassen. Der Begriff «Berufung» (lat. vocatio) bedeutete zunächst die als Gnade empfundene Beauftragung mit einem bestimmten Tun. Für die weltliche Arbeit wurde diese Bezeichnung erst seit LUTHER verwendet, der der Arbeit die Würde eines göttlichen Auftrags beimaß.[185] Im Unterschied zu dem englischen Begriff «job», der für Beruf als reine Zweckbetätigung gebraucht wird, hat «Berufung» eine die Person übergreifende Bezogenheit, des Angerufenwerdens und Ansprechbarseins.

Es braucht jemand nicht gut zu sein, um Gutes zu tun

Wie im Kapitel über die ökologische Selbstverwirklichung erwähnt (s. S. 73), braucht jemand nicht vollkommen zu sein, um vollkommene Werke zu schaffen.[186] Ja, es kann gerade das eigene Unvermögen dem Handeln Intensität und Spannung verleihen. Das Leiden an der eigenen Unvollkommenheit kann dazu motivieren, Werke zu schaffen, die das verwirklichen, was man ersehnt, persönlich aber nicht erreichen kann.

Es besteht in der Geschichtsschreibung wie auch im Alltagsleben eine starke Tendenz, Werk und Schöpfer miteinander zu identifizieren und anzunehmen, hinter einem idealen Werk müsse eine ideale Person stehen. Gerade weil die antreibende Motivation zum Werken das eigene Ungenügen, die eigene Unvollkommenheit und das eigene Ungleichgewicht sein können, geht die Gleichung meist nicht in diesem Sinn auf. Man ist in der persönlichen Begegnung nicht selten enttäuscht und nimmt am Schöpfer eines großen Werkes ganz alltägliche Eigenschaften wie Ehrgeiz, Geltungssucht, Rechthaberei, Überempfindlichkeit usw. wahr. 1962, zu Beginn meiner psychiatrischen Ausbildung, hatte ich die Gelegenheit, den berühmten ERNST KRETSCHMER, Schöpfer der weltweit bekannten Konstitutionslehre, in Tübingen zu besuchen. Er war eben emeritiert, hatte aber in der Universitätsnervenklinik noch ein Arbeitszimmer. Als er mich dort empfing, blieb er in seinem Sessel sitzen und ließ mich vor sich stehen. Ich schrieb dieses Gebaren der Zerstreutheit seines Alters zu und sah mich in seinem Zimmer um. In der entferntesten Ecke stand noch ein Stuhl, den ich herantrug, um mich darauf zu setzen. Kretschmer wirkte auf mich in uneinfühlbarer Weise verärgert. Er benützte das Gespräch fast ausschließlich dazu, mich herabzusetzen, indem er mir aufzählte, was er in meinem Alter bereits alles geleistet und publiziert hatte. Als ich mich danach ziemlich verwirrt an meine Tübinger Kollegen wandte, brachen diese in röhrendes Gelächter aus. In militärischer Manier war es Ernst Kretschmer gewohnt, Untergebene beim Gespräch stehen zu lassen. Mein Nichtbeachten dieses Rituals hatte ihn offensichtlich aus dem Gleichgewicht geworfen. Ich war über soviel Schwäche bei einem so berühmten Mann konsterniert. Dennoch blieb ich von dem, was Kretschmer geschrieben hatte, positiv berührt. Im Bereich der Psychotherapie, wo man unter den Pionieren am ehesten überragende Persönlichkeiten und überlegene Vorbilder der Selbstverwirklichung erwarten würde, ist die Diskrepanz zwischen Werk und Person oftmals besonders stark. Wird die Idealisierung dieser Person enttäuscht, besteht zu Unrecht die Neigung, auch das Werk als wertlos zu betrachten. Im Bereich der Psychotherapie, Philosophie und Religion drückt das geschriebene Werk oftmals die nicht realisierte Sehnsucht des Autors aus. Man sollte den Wert des Werkes jedoch nicht am Verhalten seines Schöpfers messen, wenn davon ausgegangen wird, daß er im Grunde ja lediglich der Träger und Kristallisationspunkt von ihn übergreifenden Ideenprozessen ist. Vielmehr glaube ich, man sollte das Werk an seinen Früchten messen, an den Stimulationen und Auswirkungen, die von ihm ausgehen.

Leider zeigen die Schöpfer eines Werkes gelegentlich die Tendenz, sich mit den Idealisierungen, die ihnen entgegengebracht werden, zu identifizieren. Manche berühmte Wissenschaftler und Künstler werden lächerlich und banal, wenn sie glauben, außerhalb ihres Zuständigkeitsgebiets sich über Gott und die Welt mit der gleichen Kompetenz äußern zu können wie über ihr umschriebenes Spezialgebiet, auf das sie jahrzehntelang alle ihre Kräfte konzentriert haben. Die einseitige Konzentration auf ein bestimmtes Thema hat oftmals eine einseitige und eingeschränkte persönliche Entwicklung zur Folge, welche berühmte Personen unfähiger machen kann, sich über Fragen des Alltagslebens zu äußern als irgendwelche Menschen, die sich ohne Anspruch auf Spezialisierung ganzheitlicher entwickeln.

Die Ideenentwicklung ist meist ein zwischenmenschlicher Prozeß

Sehr viele Ideen, wenn nicht überhaupt alle, entwickeln und realisieren sich nicht durch eine einzelne Person, sondern ergeben sich aus der Interaktion mehrerer Personen und sind genaugenommen in ihren Grundlagen nicht so sehr einer Person zuzuschreiben als vielmehr der Beziehung, aus der heraus sich diese Ideen ergeben haben. Ich möchte dafür als Beispiel die Geburtszeit der Psychoanalyse anführen. Aus den Beziehungen zwischen ANNA O., JOSEPH BREUER und SIGMUND FREUD ergaben sich grundlegende Ideen der Psychoanalyse: das Prinzip der Katharsis (des Abreagierens) eines aufgestauten und verdrängten Affekts; die Rückführung psychoneurotischer Symptome auf gewisse traumatisierende Situationen; die Beobachtung, daß solche Symptome durch das Wiedererinnern in der therapeutischen Sitzung zur Auflösung gebracht werden können sowie Ansätze für das Konzept der Übertragung und Gegenübertragung und der sexuellen Natur der Psychoneurosen.

Beispiel einer interaktionellen Ideenentwicklung

FREUD erhielt entscheidende Impulse für die Entwicklung der Psychoanalyse aus seiner Beziehung mit JOSEPH BREUER, einem vierzehn Jahre älteren, in Wien sehr anerkannten Internisten und Familienarzt. Er trat als Student und junger Arzt mit ihm in einen intensiven freundschaftlichen und wissenschaftlichen Austausch. FREUD nannte BREUER gelegentlich den Begründer der Psychoanalyse, andere Male jedoch bezeichnete er sich als alleinigen Schöpfer der Psychoanalyse.[187]

BREUER hatte 1880 im Alter von rund vierzig Jahren ANNA O. (mit richtigem Namen BERTHA PAPPENHEIM) in Behandlung, welche damals etwas über zwanzigjährig war: ein klassischer Fall von Hysterie. An ihr entdeckte und entwickelte BREUER den Begriff und die Methode der Katharsis. ANNA O. schilderte ihm das erste Auftreten eines bestimmten Symptoms in allen Einzelheiten, und zu BREUERS großer Verwunderung hatte dies bereits zur Folge, daß das Symptom vollständig verschwand. Die Patientin erkannte den Wert dieses Vorgehens und fuhr fort, BREUER ein Symptom nach dem anderen zu beschreiben. FREUDS Biograph ERNEST JONES bezeichnete denn auch ANNA O. als die eigentliche Entdeckerin der kathartischen Methode, welche mit ihren Worten als *«the talking cure»* oder *«chimney sweeping»* (Schornstein fegen) bezeichnet wurde.[188] Breuer hatte offensichtlich für diese Patientin eine starke Gegenübertragung entwickelt. Er sprach nach Freuds Aussagen von nichts anderem mehr als von Anna O., was seine Frau aus Eifersucht zunehmend mißmutig und reizbar machte. Als Breuer den Grund ihres Gemütszustandes erriet, kam es bei ihm zu einer heftigen Reaktion, und er beschloß, mit der Behandlung, für die er über ein Jahr lang täglich mehrere Stunden geopfert hatte, aufzuhören. Anna O., der es bereits viel besser gegangen war, verfiel daraufhin in einen Zustand höchster Erregung und produzierte die Symptome von Wehen einer hysterischen Geburt. Breuer gelang es, «sie durch Hypnose zu beruhigen, bevor er entsetzt das Weite suchte. Tags darauf fuhr er mit seiner Frau nach Venedig auf eine zweite Hochzeitsreise»[189]. Freud berichtete Martha Bernays, seiner damaligen Verlobten, über diesen Vorfall. Sie identifizierte sich sofort mit Breuers Frau und gab der Hoffnung Ausdruck, es werde ihr nie etwas Ähnliches passieren.

Dieses Vorkommnis bedeutete offensichtlich für Breuer ein lange nachwirkendes Trauma. Aber auch Anna O. war noch über Jahre in schlechter Verfassung und mußte sogar hospitalisiert werden. Mit dreißig Jahren begann sie jedoch, als «Mutter» in einem Waisenhaus zu wirken, was Jones in Zusammenhang mit dieser «Phantomschwangerschaft» bringt. Sie wurde eine Pionierin im Bereich sozialer Tätigkeit. Sie gründete Ausbildungsinstitute für soziale Arbeit. Sie widmete sich der Frauenemanzipation und der Rettung von Kindern. Sie blieb unverheiratet. Die intensive Erfahrung mit Breuer hatte möglicherweise bei ihr einen Ideenprozeß provoziert, der sich in diesem sozialen Engagement ausdifferenzierte und konkretisierte.

Breuer weihte Freud nur zögernd und schrittweise in die hypnotische Behandlung von Anna O. ein und ließ dabei vieles im Dunkeln. Freud war davon ungeheuer fasziniert und konnte es nicht verstehen, warum er seine «unschätzbare Erkenntnis so lange geheimgehalten hatte, anstatt die Wissenschaft durch sie zu bereichern»[190]. Die von Breuer entdeckten Befunde erschienen Freud von so fundamentaler Natur, daß er sich mit der Frage befaßte, ob sie sich als allgemeingültig erweisen und somit auch bei seinen Kranken feststellen ließen. Nachdem Freud über mehrere Jahre immer nur Bestätigungen für diese Entdeckungen erfahren hatte, schlug er Breuer eine gemeinsame Publikation vor, gegen die sich dieser anfänglich heftig sträubte. 1895 erschienen dann die von Breuer und Freud gemeinsam verfaßten «Studien über Hysterie». In diesem Buch beschrieben sie Erkenntnisse, die wesentliche Grundlagen für die Entwicklung der Psychoanalyse enthielten. Die Hysterie war bis kurz zuvor entweder als Simulation oder Einbildung aufgefaßt worden, mit der kein Arzt seine Zeit zu vertrödeln trachtete, oder als eine sonderbare Erkrankung der Gebärmutter. Es war das große Verdienst von Jean Martin Charcot, einem hervorragenden Professor für Neurologie an der Salpêtrière in Paris, die Hysterie zu einer anerkannten Krankheit des Nervensystems zu erklären, die zwar auf angeborener Degeneration des Gehirns beruhe, aber trotzdem Gegenstand eines ernsthaften Studiums sein könne.[191] CHARCOT bewies, daß er bei geeigneten Personen durch Anwendung der Hypnose hysterische Symptome wie Lähmungen, Zittern, Unempfindlichkeit usw. herbeiführen konnte, die bis in die kleinsten Einzelheiten mit der spontanen Hysterie identisch waren, wie seine anderen Patienten sie zeigten und wie man sie im Mittelalter dämonischer Besessenheit zugeschrieben hatte. Damit wußte man, daß die Symptome selber durch bloße Gedankenkräfte hervorgerufen und zum Verschwinden gebracht werden konnten, daß sie also seelischen Ursprungs waren. Jetzt hatte die Medizin einen vorzeigbaren Grund, sich mit der Psyche der Patienten zu befassen. FREUD hatte sich nach Paris zu CHARCOT begeben, um mit ihm den Fall ANNA O. zu besprechen, stieß jedoch bei ihm auf wenig Interesse. Er war dennoch von den Darstellungen CHARCOTS begeistert und widmete sich weiterhin gemeinsam mit BREUER den «Studien über Hysterie». Diese befaßten sich mit der Entstehung der hysterischen Symptome, betonten die «Bedeutung des Affektlebens, die Wichtigkeit der Unterscheidung zwischen unbewußten und bewußten seelischen Akten, führten einen dynamischen Faktor ein, indem sie das Symptom durch die Aufstauung eines Affekts entstehen lassen, und einen ökonomischen, indem sie dasselbe Symptom als das Ergebnis der Umsetzung einer sonst anderswie verwendeten Energiemenge betrachten (sogenannte Konversion)».[192] BREUER nannte das therapeutische Verfahren «kathartisch». «Als dessen therapeutische Absicht wurde angegeben, den zur Erhaltung des Symptoms verwendeten Affektbetrag, der auf falsche Bahnen geraten und dort gleichsam eingeklemmt war, auf die normalen Wege zu leiten, wo er zur Abfuhr gelangen konnte, abreagieren.»[193] Es wurde bereits in den «Studien» darauf hingewiesen, daß die Symptome der Hysterischen von eindrucksvollen, aber vergessenen Szenen ihres Lebens (Traumata) abhängen und daß das Wesen der Therapie darin bestand, diese Erlebnisse in der Hypnose erinnern und reproduzieren zu lassen. FREUD und BREUER versuchten, die Aufmerksamkeit des Kranken direkt auf die traumatische Szene zu lenken, in welcher das Symptom entstanden war. Sie suchten in dieser den psychischen Konflikt zu erraten und den unterdrückten Affekt freizumachen. Dabei entdeckten sie den für die psychischen Prozesse bei den Neurosen charakteristischen Vorgang, den FREUD später Regression nannte. Die Assoziationen des Kranken gingen von der Szene, die man aufklären wollte, auf frühere Erlebnisse zurück und nötigten die Analyse, welche die Gegenwart korrigieren sollte, sich mit der Vergangenheit zu beschäftigen.[194]

Zum Bruch zwischen BREUER und FREUD kam es wegen der sehr unterschiedlichen Art und Weise, mit ihren Entdeckungen umzugehen. BREUER hätte am liebsten seine Erfahrungen mit ANNA O. vergessen oder zumindest vertuscht. Sie waren ihm offensichtlich peinlich. Er empfand wohl auch Schuldgefühle, ANNA O. zu Liebesgefühlen verführt oder zumindest nicht davon abgehalten zu haben. Er schien deutlich erleichtert zu sein, als FREUD ihm erzählte, wie eine Patientin ihm selber einmal in einer zärtlichen Aufwallung plötzlich ihre Arme um den Hals geschlungen habe. FREUD erklärte ihm, weshalb solche unerwünschten Vorfälle nach seiner Ansicht als Übertragungsphänomene zu verstehen seien, die für bestimmte Arten von Hysterie charakteristisch seien.[195] Diese Ausführungen FREUDS schienen auf BREUER einen tiefen Eindruck zu machen. BREUER äußerte bei der Ausarbeitung der «Studien über Hysterie», er glaube, daß die Übertragung das Wichtigste sei, was sie zusammen der Welt mitzuteilen hätten.[196] Während es FREUD und seinen Nachfolgern recht gut gelang, mit den intensiven Liebesgefühlen, die sich häufig in der therapeutischen Beziehung bilden, umzugehen, indem sie diese auf ein Übertragungs- und Gegenübertragungsphänomen reduzierten, wagte es BREUER, vielleicht auch aus Rücksicht auf seine Frau, nicht, sich weiter mit der Ausarbeitung derartiger Ideen zu befassen. Der Konflikt zwischen dem zögernden, ängstlichen BREUER und dem revolutionären, vorwärtsstürmenden FREUD spitzte sich dann weiter zu bei der Frage nach der Bedeutung der Sexualität für die Entstehung der Neurosen. Im Grunde waren sie beide darauf gekommen, daß die Triebkräfte der Neurose aus dem Sexualleben herrühren. Während sich der peinlich berührte BREUER dieser Erkenntnis verschloß, sah FREUD darin das wissenschaftlich interessanteste Problem. Weil FREUD auch hinter die Maske des Hypnotismus sehen wollte, verließ er BREUERS kathartische Methode und wandte sich der psychoanalytischen zu, mit deren Bearbeitung von Widerstand und Übertragung mittels freier Assoziation. Zur Trennung von BREUER und FREUD kam es 1894, weil BREUER sich weigerte, FREUD bei den Schlüssen, die er aus seiner Erforschung des Sexuallebens zog, zu folgen. BREUER konnte sich der Meinung nicht anschließen, daß Störungen des Sexuallebens bei der Entstehung der Neurosen eine so entscheidende Rolle spielen sollten. Aus heutiger Sicht hatte BREUER damit wohl recht, und doch bedurfte es für die Ideenentwicklung der unbeirrbaren, mutigen Konsequenz und Übertreibung durch FREUD, um die viktorianische Moral zu erschüttern und die Medizin neuen Bereichen zu öffnen. FREUD war nun im Alter gegen vierzig Jahre, war voller Kampfeslust, fühlte sich als Revolutionär gegen die überlieferten Anschauungen in der Medizin und wollte gegen seine älteren Kollegen in Wien zu Felde ziehen. FREUD suchte die trotzige Auflehnung und empfand das ängstliche und zögernde Verhalten BREUERS immer mehr als lähmend und enervierend. FREUD äußerte einmal, er brauche immer einen intimen Freund und einen gehaßten Feind.

Wem fällt nun das Verdienst für die Entdeckung der Psychoanalyse zu? BREUER? FREUD? Oder der Patientin ANNA O.? Für das Geschehen zwischen

1880 und 1896 kann das Verdienst keinem der drei allein zugewiesen werden, sondern es lag in dem Prozeß, der sich zwischen diesen drei Personen ergab. Ohne ANNA O. kein JOSEPH BREUER, ohne JOSEPH BREUER kein SIGMUND FREUD. Ohne die intensive Beziehung zwischen ANNA O. und BREUER wäre es nicht zu jenen Ereignissen gekommen, die BREUER äußerst peinlich waren, für FREUD jedoch zum Anlaß des Übertragung-Gegenübertragungs-Konzeptes wurden. FREUD und BREUER waren offensichtlich bemüht, in sehr korrekter Weise das geistige Eigentum eines jeden zu kennzeichnen. So setzte BREUER in den «Studien über Hysterie» zum Beispiel hinter den Begriff «Konversion» in Klammern den Namen FREUD. FREUD seinerseits bezeichnete die «Studien über Hysterie» wegen ihres «materiellen Inhalts BREUERS geistiges Eigentum»[197]. Oder er sagt, nach dem Rückzug BREUERS aus ihrer Arbeitsgemeinschaft habe er dessen Erbe allein verwalten müssen. Verschiedentlich vermerkt auch FREUD, daß sich der Großteil ihrer Gedanken ihnen gleichzeitig und gemeinsam ergeben hätte.

Selbst die Idee der sexuellen Ätiologie der Neurosen schreibt FREUD sich nicht selbst zu, sondern dem Einfluß von drei wichtigen Personen. «Die Idee, für die ich verantwortlich gemacht wurde, war keineswegs in mir entstanden. Sie war mir von drei Personen zugetragen worden, deren Meinung auf meinen tiefsten Respekt rechnen durfte, von BREUER selbst, von CHARCOT und von dem Gynäkologen unserer Universität, CHROBAK, dem vielleicht hervorragendsten unserer Wiener Ärzte. Alle drei Männer hatten mir eine *Einsicht überliefert, die sie, streng genommen, selbst nicht besaßen.* Zwei von ihnen verleugneten ihre Mitteilung, als ich sie später daran mahnte, der Dritte (Meister CHARCOT) hätte es wahrscheinlich ebenso getan, wenn es mir vergönnt gewesen wäre, ihn wiederzusehen. In mir aber hatten diese ohne Verständnis aufgenommenen identischen Mitteilungen durch Jahre geschlummert, bis sie eines Tages als eine scheinbar originelle Erkenntnis erwachten.»[198]

War die Produktion der Ideen zu jener Zeit also nicht FREUDS alleiniges Verdienst, sondern ergab sich aus dem Interaktionsprozeß vor allem mit BREUER, so ist FREUDS Verdienst sicher die Artikulation dieser Ideen, deren Vertretung und Durchsetzung gegen eine sich dieser Revolution widersetzende Umwelt. FREUD stand im Kampf für diese Ideen weitgehend allein, insbesondere gegenüber dem medizinischen Establishment. Er war nach seinen Worten über zehn Jahre der einzige, der sich mit der Psychoanalyse beschäftigte und alles Mißvergnügen, welches die neue Lehre bei den Zeitgenossen hervorrief, sich als Kritik auf seinem Haupt entladen ließ.[199] BREUER entzog sich dieser Kritik, indem er sich von der weiteren Erforschung der Neurosen zurückzog. FREUD sagt denn auch zu Recht: «Ich weiß schon, daß es etwas anderes ist, eine Idee ein oder mehrere Male in Form eines flüchtigen Aperçus auszusprechen – als: ernst mit ihr zu machen, sie wörtlich zu nehmen, durch alle widerstrebenden Details hindurchzuführen und ihr ihre Stellung unter den anerkannten Wahrheiten zu erobern. Es ist der Unterschied zwischen einem leichten Flirt und einer rechtschaffenen Ehe mit all ihren Pflichten und Schwierigkeiten. Epouser les idées de ... ist eine wenigstens im Französischen gebräuchliche Redewendung.»[200]

Aus einem gemeinsamen Ideenprozeß schied also BREUER aus, weil er sich ängstlich zurückzog und kein fruchtbarer Boden mehr für deren weitere Entwicklung sein wollte, während sich die Ideen in FREUD weiterentwikkelten in all den vielfältigen Interaktionsprozessen seines Lebens.

9. Die ökologische Vernetzung und systemische Organisation von Ideenentwicklungen

Das Ökosystem der Ideen

> Ein Ökosystem bedeutet in der Biologie die Einheit von Lebensgemeinschaften in dem für sie charakteristischen Lebensraum. Das Ökosystem der Ideen will ich in Analogie zum biologischen Ökosystem behandeln. Ideen, also Bewußtseinsinhalte, die eine definierte, zielgerichtete Form annehmen, sollen so behandelt werden, als ob sie Lebewesen wären, mit der Tendenz zu wachsen, zu expandieren, nach Erfolg zu streben und sich zu vermehren.

Es ist – wie erwähnt – als ob Ideen sich gewisser Protagonisten bedienten, um sich zu artikulieren. PLATO sprach von einer Weltseele, HEGEL von einem Weltgeist, die Buddhisten sprechen von einem universellen Bewußtsein und meinen damit wohl alle die Gesamtheit von Ideen, welche zur Artikulation drängen und einen gewaltigen übergreifenden Evolutionsprozeß von Einzelideen bilden, die einander durchdringen, sich miteinander verbinden, einander hervorrufen und einander verdrängen und überformen. Dieser gewaltige Evolutionsprozeß läßt sich im historischen Rückblick etwa in der abendländischen Kulturgeschichte wie in der gesamten Menschheitsgeschichte erkennen. Dennoch kann man den weiteren Verlauf dieses Evolutionsprozesses kaum voraussagen, weil er sich aus einem dynamischen Einanderdurchdringen von Ideenprozessen ergibt, dessen Verlauf auch von vielen Zufälligkeiten abhängt, selbst wenn die Gesamtlinie – in großen Zeiträumen gesehen – konsequent und geradlinig aussehen mag.

Plato glaubte, es gebe eine Welt der Ideen, wobei er mit Ideen unvergängliche, in sich ruhende Urbilder meinte, die sich in einzelnen Dingen und besonderen Formen realisieren. Die Naturdinge sah er als Abbilder oder Erscheinungen dieser Ideen. In späteren Jahren nahm Plato an, es gebe eine Weltseele, die zwischen diesen Ideen als in sich ruhenden Urbildern und deren Abbildung in der Materie vermittle.[201] Hegel sah im gesamten geschichtlichen Weltprozeß eine Selbstentfaltung des Geistes, der sich dialektisch entwickelt in These und Antithese und in der Gegenwart die in der früheren Philosophie aufgetretenen Widersprüche in einer höheren Einheit, der Synthese, aufhebt. Der englische Mathematiker und Philosoph Alfred North Whitehead[202] nahm allgemeine Ideen im Hintergrund an, die in ihrer Allgemeinheit nur von wenigen Menschen und nur tastend und flüchtig erfaßt werden. Ob die Idee zu einem überzeugenden Ausdruck komme, hänge von den Zufälligkeiten des Genies ab. Die Idee gewinne oft erst in kleinen Schritten an Ausdruck, bleibe oft lange Zeit dicht unter der Oberfläche des Bewußtseins verborgen und verkörpere sich dann in verschiedenen Formen. Sie bilde eine verborgene Antriebskraft, die die Menschheit untergründig bewege. Whitehead hält die Geschichte der Ideen für eine Geschichte der Fehlgriffe. Große Ideen bringen bei ihrem Eintritt in die Wirklichkeit üble Gefährten und abstoßende Verbündete mit sich. Die Geschichte der Ideen ist eine Geschichte der Verbrechen, Mißverständnisse und Profanierungen.

> Ich nehme nicht eine Welt der Ideen als in sich ruhende Urbilder an, obwohl meine Ausführungen einer solchen Vorstellung auch nicht widersprechen. Ich sehe den Ursprung der Ideen im menschlichen Geist. Vom Menschen erzeugte Ideen entwickeln aber oft eine Dynamik, die den Eindruck entstehen läßt, als ob nicht der Mensch sich geeignete Ideen schaffe, sondern die Idee sich geeigneter Menschen bediene.

Der Buddhismus[203] sieht die Welt als Phänomen eines universellen Bewußtseins. Während im westlichen Denken die Tendenz bestand, den Geist als etwas dem Menschen Vorbehaltenes zu sehen, sieht der Osten den Kosmos als Ganzes von Geist durchdrungen und macht keinen grundsätzlichen Unterschied zwischen Geist und Materie, Mensch und Natur.

Folgt man diesem buddhistischen Denken, so ist die Welt der Ideen auch nicht anders strukturiert als die materiell-biologische Welt. Das Ökosystem der Ideen weist die gleichen Prinzipien auf wie lebende Ökosysteme allgemein. Allerdings besteht ein wesentlicher Unterschied darin, daß natürliche Ökosysteme die Selbstregulation dazu benützen, einen ungefähr gleichmäßigen Zustand aufrechtzuerhalten, während Ideenökosysteme in evolutiven Kulturen sich laufend verändern.

> Das Ökosystem einer Idee gleicht einem biologischen Ökosystem in dem Sinn, daß es ein offenes System ist, welches in einem dauernden Austauschprozeß mit seiner «Ideen-»Umgebung steht und, wie jedes Ökosystem, sich aus einer Einheit von Lebensgemeinschaften (Ideengemeinschaften) und Lebensraum (Kultur) zusammensetzt. Die Gesamtheit aller natürlichen Ökosysteme bildet die Biosphäre, die Gesamtheit der Ideen des Universums könnte man als *Ideosphäre* bezeichnen. Die Ideosphäre besteht aus einer großen Zahl miteinander vernetzter Ideensysteme. Als offene Systeme stehen Ökosysteme in einem dauernden Austausch mit ihrer Umgebung. Es werden ständig Stoffe (bzw. Ideeninhalte) zu- und abgeführt; man spricht von einem Fließgleichgewicht.

Kommt es zum Beispiel in einem Teich durch verstärkte Nährstoffzufuhr von außen zu einem vermehrten Wachstum von pflanzlichen Organismen, so können sich mehr Tiere davon ernähren. Mit deren Vermehrung nimmt aber die Menge der Nahrungspflanzen wieder ab, und die Zahl der Tiere muß infolge der schwindenden Nahrungsbasis ebenfalls zurückgehen. Der Teich hat also in einer gewissen Spielbreite die Fähigkeit zur Selbstregulation: Zahl und Art seiner Organismen bleiben nahezu gleich. Die Fähigkeit des Systems zur Selbstregulation ist aber nicht unbegrenzt. Durch eine starke Zufuhr von Nährstoffen, etwa durch Einleiten von Fäkalien, kommt es zu einem verstärkten und anhaltenden Wachstum von Pflanzen, und der ursprüngliche Gleichgewichtszustand kann nicht wieder erlangt werden. Es entstehen instabile Übergangsphasen, die sich dann wieder einspielen auf einen neuen stabilen Zustand, auf eine neue Homöostase. Dieser Übergang von einem stabilen Zustand in einen anderen geschieht oft nicht allmählich, sondern plötzlich.

Ökosysteme verändern sich also bei veränderten Einflüssen von außen. Ganz ähnlich verhält es sich mit Ideensystemen. Auch sie zeigen ein gewisses sich selbst regulierendes Beharrungsvermögen gegen äußere Einflüsse mit der Tendenz zu plötzlichem Umkippen und Transformation in ein neues Ideen-Ökosystem, wenn die Selbstregulationskräfte für ihre bisherige Organisationsform überfordert werden.

Ich möchte diese abstrakten Gedankengänge an Hand der Ökologie einer Idee etwas anschaulicher darstellen. Ich wähle die Idee der *«Frauenemanzipation»*, weil diese bereits einen geschichtlichen Verlauf überblicken läßt und doch an Aktualität noch wenig eingebüßt hat. Man könnte ebensogut eine andere Idee wählen, von den aktuellen Ideen etwa die der Friedensbewegung oder die der Umweltschutzbewegung. Man könnte den Kommunismus oder eine religiöse Idee wählen, aber auch eine Idee im professionellen Bereich, in der Psychotherapie beispielsweise die Entwicklung der Familientherapie oder einer anderen therapeutischen Methode.

Bezüglich der Idee «Frauenemanzipation» möchte ich lediglich auf einige Aspekte der zeitlichen und räumlichen Kohärenz hinweisen, um zu zeigen, wie Ideen sich in einem geeigneten Biotop (Kultur) im Zusammenwirken mit anderen benachbarten und verwandten Ideen entwickeln.

Beispiel der ökologischen Vernetzung einer Ideenentwicklung

Nach Kate Millet[204] hat die westliche Welt seit der Aufklärung eine Reihe ungeheurer Revolutionen erlebt. Es wurden die Bürgerrechte erweitert, die Gleichheit und Freiheit aller Menschen postuliert, es wurde die Demokratie im 18. und 19. Jahrhundert entwickelt und nach Formen der gerechteren Verteilung des Reichtums im Sinn des Sozialismus gesucht. Seit der Französischen Revolution wurde gefordert, um legitim zu sein, müsse eine Regierung auf der Zustimmung der zu Regierenden beruhen und habe unveräußerliche Menschenrechte dabei zu respektieren. Dennoch blieb die Stellung der Frau etwa bis um 1830 von diesen Veränderungen fast unberührt. Das alte Common Law von England und den USA machte die Frau mit der Eheschließung zur Leibeigenen des Mannes. Sie konnte ihr Einkommen nicht kontrollieren, mußte ihren Lohn dem Mann abgeben, der allein darüber verfügte, sie konnte ihren Besitz nicht verwalten, keine Urkunden unterzeichnen und keine Zeugenaussagen machen. Als Oberhaupt der Familie war der Mann der einzige Eigentümer von Frau und Kindern. Er hatte, wenn er sich von ihr scheiden ließ oder sie verließ, die Macht, sie ihrer

Kinder zu berauben, da sie sein rechtlicher Besitz waren. Interessanterweise begann die eigentliche Frauenbewegung nicht im Kampf für eigene Befreiung, sondern im Kampf der amerikanischen Frauen um die Abschaffung der offiziellen Sklaverei. Die Abolitionistenbewegung gab den amerikanischen Frauen die erste Gelegenheit zu politischer Aktion und Organisation. Die Sklaverei war so ungerecht, daß selbst die Frauen es wagen konnten, sich darüber zu erregen. Solange sie gegen die Sklaverei kämpften, konnten sie das Tabu dessen, was sich für eine Frau schickt, brechen. Sie kämpften für die Freilassung der Sklaven und machten dabei ihre ersten politischen Erfahrungen. Sie entwickelten Methoden, die sie später in fast allen ihren Propagandaschlachten bis zum Ende des Jahrhunderts verwendeten: die Petition und die Agitation, dazu bestimmt, die Öffentlichkeit zu unterrichten. Durch die Abolitionsbewegung lernten die Frauen zu organisieren, öffentliche Versammlungen abzuhalten und Petitionsfeldzüge zu unternehmen. Als Vertreterinnen des Abolitionismus gewannen sie das Recht, vor der Öffentlichkeit zu sprechen und eine Philosophie ihrer Rolle in der Gesellschaft und ihrer Grundrechte zu entwickeln. Während sie für die Freilassung der Sklaven kämpften – in Verschiebung ihrer eigenen Anliegen –, lernten sie auch, für ihre eigene Befreiung zu kämpfen, ja, sie leiteten damit bereits erste konkrete Veränderungen zu ihrer Befreiung ein. Ihre eigenen Ideen fingen erst im Kampf für andere, den eigenen aber nahe verwandte Ideen an, sich zu formieren.

Die Frauenbewegung der Vereinigten Staaten begann offiziell auf der Tagung von Seneca Falls, am 19. und 20. Juli 1848. Dieses Treffen wuchs aus dem Abolitionismus heraus, da zwei führende Frauen – LUCRETIA COFFIN MOTT und ELIZABETH CADY STANTON – auf der Welttagung gegen Sklaverei in London 1840 von den Verhandlungen ausgeschlossen worden waren wegen Verweigerung ihrer Anerkennung als Personen. Dieser Umstand brachte die Frauen zusammen. Die Gesinnungserklärung, die in Seneca Falls geschrieben wurde, begann mit einer Paraphrase der amerikanischen Unabhängigkeitserklärung. 75 Jahre nach der amerikanischen Revolution wagten die Frauen, dieses Dokument auf sich selbst anzuwenden und dehnten seine Voraussetzung, die Grundbedingung unveräußerlicher Menschenrechte, auf ihre eigene Sache aus. Sie forderten Kontrolle über ihre Einkünfte, das Recht, eigenen Besitz zu haben, das Recht auf Bildung, auf Ehescheidung, auf Vormundschaft über ihre Kinder und das Wahlrecht (engl. suffrage). Es folgte eine lange und schwierige Periode des Ringens um das Wahlrecht, mit Bemühungen, die Öffentlichkeit zu informieren und zu erziehen. Die Regierung versteckte sich hinter einer Verzögerungstaktik und unaufrichtigen Haltung. Die Zwecklosigkeit stiller Geduld rief nach Methoden, die mehr Aufsehen erregten, wie Massendemonstrationen und Streiks. Es waren offenbar militante Methoden notwendig, um über eine so lange und entmutigende Zeitspanne hinweg die Ziele lebendig zu halten. Neben den zornigen Ausbrüchen mit Gewalt und Sachbeschädigungen entwickelten die englischen und amerikanischen Suffragetten auch gewaltlose Taktiken, die möglicherweise Führern von Massenbewegungen, wie etwa GANDHI, Gewerkschaftsbewegungen und Kämpfen für Bürgerrechte als Beispiel dienten. Vor allem der Kampf um das Wahlrecht rief Opposition hervor und zog die höchste Aufmerksamkeit auf sich. Er dauerte über siebzig Jahre. Und als das Stimmrecht gewonnen war, fiel die Frauenbewegung «vor Erschöpfung zusammen». Offenbar war zunächst das Ziel erreicht, und neue Antriebe fehlten. Die USA und Europa waren von der Wirtschaftskrise und Arbeitslosigkeit der Jahre nach dem Ersten Weltkrieg betroffen. Die Frauen wurden womöglich wieder aus dem Berufsleben hinausgedrängt. 1920 kam es zum Zusammenbruch der organisierten Frauenbewegung. Man war zu der Überzeugung gekommen, daß das Patriarchat für das Familiensystem notwendig war, die Struktur der Kleinfamilie unveränderlich sei als Heim, wo menschliche Gefühle und Gemeinschaftssinn gepflegt werden können in einer Wirtschaftswelt der harten und aggressiven Konkurrenz.

Die deutsche Frauenbewegung hatte um die Jahrhundertwende begonnen. In der Weimarer Republik hatten Frauen das Wahlrecht und gewannen Sitze im Reichstag. Als dann die Nazis an die Macht kamen, wurden die Frauen aus den öffentlichen Ämtern entlassen. Die Frauenorganisationen waren der Nazibewegung ohnehin ein Dorn im Auge, weil sie nicht nur feministisch, sondern auch pazifistisch, international und sozialistisch eingestellt waren. HITLER stellte in ‹*Mein Kampf*› fest, «das Ziel aller weiblichen Erziehung hat unverrückbar die kommende Mutter zu sein»[205]. Es kam zu einer mystischen Idealisierung der heiligen Mutterschaft. Sexualität sollte wieder an Zeugung gebunden werden. Verhütungsmittel und Abtreibungen waren verboten. Die Frauenschaftsführerin, Frau SCHOLTZ-KLINK, behauptete, daß die einzige Aufgabe der deutschen Frau darin bestehe, dem deutschen Mann zu dienen – sein Heim zu verwalten, die Pflege des Mannes an Seele, Körper und Geist zu übernehmen, und zwar beständig, vom ersten bis zum letzten Augenblick im Leben des Mannes. So entwickelte sich im nationalsozialistischen Deutschland ein Männlichkeitskult mit Betonung des Führertums und der männlichen Gemeinschaft.

Auf die durch LENIN und die bolschewistische Revolution in Rußland nach 1917 sich entwickelnde Frauenbewegung will ich hier nicht eingehen. In den fünfziger Jahren überwog in Europa und den USA ein starker Konservatismus. Erst im Lauf der sechziger Jahre belebte sich die Frauenbewegung erneut, aber auch dann nicht als isolierte Ideenbewegung, sondern in der Vernetzung mit anderen, gleichgerichteten Bewegungen sowie im Zusammenhang mit der Bereitstellung eines geeigneten kulturellen Nährbodens. Eine wesentliche Wurzel des kulturellen Biotops war ein medizinisch-wissenschaftlicher Fortschritt, nämlich die «Pille». Damit verlagerte sich die Entscheidungsgewalt über Schwangerschaften weitgehend vom Mann auf die Frau. Die zuvor am häufigsten ausgeübten Schwangerschaftsverhütungsmethoden (Coitus interruptus, Kondom) waren in ihrer Anwendung und Zuverlässigkeit der Rücksichtnahme der Männer überlassen. Mit der Pille konnte die Frau nun weitgehend selbst entscheiden, ob und wann sie Kinder haben wollte. In zeitlichem Zusammenhang damit entwickelte sich die sexuelle Liberalisierung. Sexualität wurde losgelöst von kirchlicher oder staatlicher Moral der Entscheidungsbefugnis des einzelnen übertragen. Sie wurde von Ehe und Zeugung abgekoppelt. Gleichzeitig kam es aber auch zu einer psychischen und sexuellen Befreiung der Frau. War zuvor die Meinung Freuds und der Psychoanalytiker vorherrschend, daß eine Frau, die den sogenannten vaginalen Orgasmus nicht erreiche, bei Penisneid und Kastrationskomplex stehengeblieben sei, so setzte sich mit den Befunden von Masters und Johnson 1961 die Erkenntnis durch, daß die Unterscheidung von vaginalem und klitoralem Orgasmus auf einem Irrtum beruhe und jede Form von Orgasmus für die Frau vollwertig sei, der ihr selbst Befriedigung verschaffe.

Gleichzeitig begann sich ein Wohlstandsüberdruß breitzumachen. Die autoritäre und hierarchische Ordnung, welche den wirtschaftlichen Aufschwung der Nachkriegsjahre ermöglicht hatte, wurde zunehmend in Frage gestellt. Es kam zu den antiautoritären Bewegungen, den Studentenaufständen, aber auch zur Propagierung der antiautoritären Erziehung, der Forderung nach Selbstverwaltung und Selbstbestimmung, welche in Europa 1968 insbesondere in der Bundesrepublik Deutschland und in Frankreich ihre Höhepunkte erlebte. Diese Bewegung beflügelte auch erneut die Frauenbewegung.

Profitierte die Idee der Frauenbewegung einerseits von ihren «Verwandten», so befruchtete sie andererseits viele andere Ideenprozesse unserer gegenwärtigen Zeit. Frauen haben einen maßgeblichen Einfluß auf die Entwicklung der Friedensbewegung und der Umweltschutzbewegung. Der Feminismus wandelte sich vom Kampf um die Gleichberechtigung mit den Männern zum Bewußtsein, die Welt vor den Männern retten zu müssen, da die Welt ihnen nicht weiterhin überlassen werden könne, ohne daß sie von diesen zerstört werde durch Krieg oder wirtschaftliche Ausbeutung. Was in Zeiten männlicher Vorherrschaft als weibliche Schwäche abgetan worden war, wurde immer mehr zu Zielwerten persönlicher Entwicklung: Zugang zu den eigenen Gefühlen, Mut zu eigenen Schwächen, zu Betroffenheit, zu Trauer und Angst, hegendes und mütterliches Umgehen mit der Natur, sanfte Technologie, sanfte medizinische Maßnahmen, ganzheitliche Betrachtungsweisen in Ökologie und im Gesundheitsbereich, Abkehr von der Verherrlichung von Heldentum und Verteidigung der eigenen Ehre, stärkere

Betonung der Lebensqualität gegenüber einseitigem Erstreben von Karriere, Besitz und beruflichem Status. Insbesondere Friedensbewegung und Umweltschutzbewegung, wozu auch die Antiatom-Initiativen gehören, sind deutliche Beispiele, wie sich feministisches Denken in nichtfeministisch deklarierten Ideenbewegungen ausbreiten und auch Männer ergreift, vor allem solche, die auch sonst positiv zur Frauenbewegung stehen.

Am Beispiel der Frauenemanzipation kann dargestellt werden, wie eine bestimmte Idee sich geschichtlich nicht geradlinig-kontinuierlich entwikkelt, sondern in Unterbrechungen, in Revolutionen und Katastrophen, um dann wieder zu stagnieren, das Erworbene zum Teil zu stabilisieren und zu integrieren, zum Teil aber auch wieder zu verlieren. Wenn die Bewegung aber eingebettet ist in die evolutionäre Bewegung des universellen Bewußtseins, wenn sie vernetzt ist in globaler Ideengemeinschaft, so können Rückschläge den Prozeß zwar vorübergehend verlangsamen, ohne aber die Idee als solche zu gefährden. Die Idee der Frauenemanzipation zeigt jedoch auch, wie abhängig die Ausbreitung der Idee vom Biotop, vom kulturellen Lebensraum, ist. Die Frauenemanzipationsbewegung hätte sich nicht in einem früheren Jahrhundert unserer Kultur entwickeln können. Wichtige Voraussetzungen des ideellen Biotops waren unter anderem die industrielle Revolution, durch die mittels Lohnarbeit die Abhängigkeit von der patriarchalischen Großfamilie und später von der Kleinfamilie gelockert werden konnte, flankiert von sozialer Sicherung mittels Krankenkasse, Unfall-, Lebens-, Invaliden- und Altersversicherung, die den einzelnen unabhängiger machen von der materiellen Unterstützung seiner weiteren Familie. Voraussetzung für die Frauenemanzipationsbewegung war außerdem die Veränderung der Arbeitsverhältnisse. Durch die Verringerung der schweren Körperarbeit mit Hilfe von Maschinen gab es immer weniger Arbeitsbereiche, die an sich von Frauen nicht ebenso gut ausgefüllt werden konnten wie von Männern. Zusätzlich wurde die Hausarbeit immer mehr mechanisiert und verlor im gleichen Maß an Prestige. Die Wegwerf- und Konsummentalität ließ das Ausbessern und Reparieren von Kleidern und Haushaltsgegenständen hinfällig werden, die neuen Konservierungsmaßnahmen machten das Aufbewahren, Lagern und Einmachen von Früchten und Gemüsen überflüssig, das tägliche Einkaufen entfiel, als man sich wöchentlich im Selbstbedienungsladen in kurzer Zeit mit allem Nötigen versorgen konnte. Es bestanden somit immer weniger rationale Gründe, Frauen nicht in allen Lebensbereichen Männern wirklich gleichzustellen.

Ein weiterer entscheidender Punkt war die wirksame Geburtenkontrolle und nachfolgend die Liberalisierung der Abtreibung. Ohne diese technischen, medizinischen und wirtschaftlichen Entwicklungen wäre die Frauenemanzipation in der heutigen Form nicht denkbar.

Interessant ist die Frage, ob die heutige Arbeitslosigkeit wie in der Rezession der zwanziger und dreißiger Jahre zu einem Rückfall in die traditionelle Rollenaufteilung zwischen Mann und Frau führen wird. Dies wird von Frauen häufig befürchtet und mag in Ansätzen auch so sein. Gesamthaft gesehen zeichnet sich jedoch – zumindest bis jetzt – eine völlig andere, die Frauenbewegung sogar unterstützende Entwicklung ab: Die Arbeitslosigkeit wird nicht damit bekämpft, daß Frauen vom Berufsbereich ausgeschlossen werden, als vielmehr durch generelle Verkürzung der Arbeitszeit. Damit ergäbe sich die Chance, daß das in der Frauenemanzipation noch nicht bewältigte Hauptproblem, nämlich die Erziehung von Kindern, eine wirklich partnerschaftliche Lösung finden könnte. Durch Verkürzung der Arbeitszeit auf rund dreißig Stunden wäre es ohne weiteres möglich, daß Mann und Frau gleichwertige Berufsarbeit leisten, gleichzeitig miteinander Kinder erziehen und dabei über genügend finanzielle und zeitliche Flexibilität verfügen, um Kinder nicht als unzumutbare finanzielle und arbeitsmäßige Last zu empfinden. So können ähnliche Ausgangszustände – Arbeitslosigkeit – in unterschiedlichem Kontext das eine Mal eine Ideenentwicklung – Frauenemanzipation – einschränken, das andere Mal fördern.

All diese Ideenprozesse beginnen als Utopien, die etwas fordern, was als unmöglich betrachtet wird. Im mühevollen Realisierungsprozeß differenziert sich die Idee in kleinen Schritten und schafft eine Welt von zunehmender Komplexität, höherer Bewußtheit, höherer Selbstverantwortung und Mitbestimmung der Person. Auch hier sehen wir dasselbe Prinzip wie bei der Entfaltung der Person: Die Idee entfaltet sich an den Widerständen, die ihr entgegengesetzt werden. Sie schafft ihre Realität, ihre Verwirklichung in der Auseinandersetzung mit ihren Gegnern. Ohne Widerstand, ohne Gegner keine Differenzierung. Diese Auseinandersetzung mit den Gegnern vollzieht sich in zwei grundsätzlich verschiedenen Formen: in der revolutionären, oft chaotischen, oft überbordend emotionalen und aggressiven Massenbewegung und in der institutionalisierten, organisierten, sich auf Kleinarbeit und Realisierung der Idee konzentrierenden Konsolidierung. Die erste schafft Veränderung des Bewußtseins – der Ideen –, die zweite Veränderung der gesellschaftlichen Realitäten und systemischen Organisationen – der kulturellen Umwelt.

Beide Formen sind für die Evolution und Etablierung einer Idee notwendig. Analog zu den Ökosystemen der Natur zeigt sich auch in der Evolution der Ideen: Je vielschichtiger Ideensysteme sind, desto bessere Überlebenschancen haben sie. Wenn Untersysteme dieser Ideen stagnieren oder aufgelöst werden, wird die Idee deswegen noch nicht völlig zerstört, sondern ihre Evolution höchstens vorübergehend aufgehalten. Jede Idee ist ein Untersystem und Bestandteil eines größeren Ideenorganismus und gliedert sich selbst wieder in Untersysteme. In der spezifischen Idee manifestieren sich ihre spezifischen Eigenschaften sowie die Eigenschaften des übergreifenden Ganzen. So läßt sich eine Idee als Teil einer alles durchdringenden, universellen Evolution verstehen.

Grundsätzliche Überlegungen zur systemischen Organisation von Ideenprozessen

Eine Idee kann sich nur realisieren in und durch Personen, die sich von ihr ansprechen lassen. Sie hat meist einen gestaltenden Einfluß auf das Leben der Ideenträger und drängt diese, ihr ein geeignetes Biotop für weiteres Wachstum zu bilden.

> Potentielle Ideenträger sind motiviert, sich von einer Idee ansprechen zu lassen durch vorbestehendes Leiden und Not, durch Demütigungen und Unbehagen, deren Bewältigung eine Idee in Aussicht stellt. Menschen sind bereit, große Entbehrungen, Leiden und Belastungen in Kauf zu nehmen, die der Kampf um die Realisierung einer Idee ihnen abfordert. Entscheidend ist die Aussicht auf letztendlichen Erfolg der Idee oder zumindest die Gewißheit, mit der Idee für eine gerechte, wahre und wertvolle Sache zu kämpfen und sich so als Teil eines sinnvollen, zielgerichteten Prozesses zu erfahren. Der Mensch ist ein Wesen, das relativ leicht dafür zu gewinnen ist, sich mit einer Idee so stark zu identifizieren, daß seine Wünsche nach Glück, Wohlbehagen und Gesundheit ganz in den Hintergrund treten.

In diesem Sinn haben die vom englischen Philosophen und Nationalökonomen John Stewart Mill (1806–1873) aufgestellten Wirtschaftsgesetze für die Psychologie des Zusammenlebens nur eine sehr beschränkte Gültigkeit. Sein erstes Gesetz, auch als hedonistisches Prinzip bezeichnet, sagt, jeder Mensch strebe mit einem Minimum an Arbeit und Opfern ein Maximum von Gütern, von Glück und Reichtum an. Dieses Gesetz hat in der angelsächsischen Psychologie, vor allem im frühen Behaviorismus, aber auch in der Betriebspsychologie, eine große und oft verhängnisvolle Rolle gespielt. Man glaubte, ein Mensch sei durch Belohnung und Bestrafung beliebig manipulierbar. Dabei waren es in der Weltgeschichte aller Zeiten und Kulturen Millionen und aber Millionen von Menschen, die mit Begeisterung die schwersten Strapazen, ja sogar den Tod in Kauf nahmen für irgendeine Idee, oft eine absurde. Menschen begeistern sich etwa für Kriege, sie sind bereit, für politische und religiöse Ideen ihr Leben im Gefängnis zu verbringen und sich Folterungen zu unterziehen. Im Christentum, im Islam, im Shintoismus gibt es viele Beispiele von Gläubigen, die den innigsten Wunsch hatten, für ihren Glauben zu leiden und als Märtyrer zu sterben. Der Mensch ist ein Wesen, das zu Be-geist-erung (lateinisch: inspiratio) neigt, zu Enthusiasmus (griechisch: entheos: in Gott sein), zu Fanatismus (fanaticus ist ein lateinisches Sakralwort und bedeutet «von der Gottheit ergriffen», verwandt mit dem lateinischen Wort fanum = «der Gottheit geweihter Ort, Tempel»). Kollektive Kränkungen, Spannungen und Notlagen machen ganze Völker empfänglich für gewisse Ideen und deren Repräsentanten, die ihnen Heil, Ehre, Erlösung oder Rettung in Aussicht stellen. Der Fanatismus kennt dabei oft keine Grenzen.

Viele Ideen entwickeln sich aber nicht durch Fanatismus und revolutionäres Chaos. Dieselbe Person ist in der Regel gleichzeitiger Träger einer Vielfalt miteinander verwobener Ideen. Gehen wir von der Vorstellung aus, die Idee sei ein eigenes, zur Realisierung drängendes Wesen, so sind die Ideenträger der Ort der Realisierung. Die Ideenträger stehen untereinander in Beziehung, die sich aus der gemeinsamen Ansprechbarkeit ergibt. Diese Beziehungen organisieren sich systematisch. Die Familientherapie hat sich speziell mit der Organisation von Beziehungen im System Familie beschäftigt unter Verwendung der allgemeinen Systemtheorie, die Ludwig von Bertalanffy 1962 für physikalische und biologische Systeme entwickelt hatte. So fruchtbar manche dieser Gedanken für die Therapie sind, bestehen doch auch Gefahren bei der Annahme, was aus der Systemtheorie für physikalische und biologische Systeme richtig ist, müsse auch auf soziale Systeme übertragbar sein, so als ob überall die gleichen Gesetzmäßigkeiten gültig wären. Dabei entstehen leicht gewisse Fehlüberlegungen oder zumindest ein Reduktionismus in der psychologischen Beobachtung.

> Unter einem *System* versteht man einen Komplex von Komponenten in einer sich selbst regulierenden Interaktion mit der Fähigkeit, im Zusammenspiel der Teilkomponenten und in Wechselbeziehung mit der Umwelt sich selbst als Einheit zu erhalten. Jedes System gliedert sich in Subsysteme und ist selbst Subsystem des nächstgrößeren Systems.

Die General Living Systems Theory[206] sieht die Zusammensetzung des Universums als eine Hierarchie von konkreten Systemen, welche Materie, Energie und Information organisieren. Sie sucht nach Gesetzmäßigkeiten, die in gleicher Weise für physikalische, biologische, psychologische und soziale Systeme Gültigkeit haben. Sie sieht die Hierarchie von Systemen im Universum darin, daß Atome sich aus Partikeln zusammensetzen, Moleküle aus Atomen, Kristalle und Organellen aus Molekülen. Zellen sind die kleinsten Einheiten eines lebenden Systems und setzen sich aus Atomen, Molekülen und multimolekularen Organellen zusammen. Organe sind zusammengesetzt aus Zellen, die sich zu Geweben vereinigen. Organismen setzen sich aus Organen zusammen. Gruppen (Familien, Arbeitsteams) aus Organismen oder Individuen, Gesellschaften (Staat, Nation) aus Gruppen; übernationale Systeme aus Staaten. Für all diese Systeme findet die General Living Systems Theory die gleiche Organisation, welche die Funktion hat, Materie, Energie und Information aufzunehmen, zu verarbeiten und abzugeben, das System abzugrenzen, zu schützen und zu reproduzieren.[207]

Beschränken wir uns auf Humansysteme. Der Gedanke, die Gesellschaft als sozialen Organismus in Analogie zu setzen mit lebenden Organismen, ist bereits von den Griechen, dann vom Christentum, später von den Romantikern, von AUGUSTE COMTE (1798–1857) und von HERBERT SPENCER (1820–1903) entwickelt, aber auch schon kritisch durchdacht worden. HERBERT SPENCER (1873), einer der Begründer der Soziologie, befaßte sich erstmals systematisch mit der Gesellschaft als Organismus. Er fand als wichtige Unterschiede, daß im Organismus Denken und Bewußtsein auf bestimmte Teile des Körpers konzentriert sind, was in der

Gesellschaft nicht der Fall ist. Im lebenden Organismus existieren die einzelnen Teile für das Ganze. In der Gesellschaft ist es umgekehrt: Das Ganze sollte für das Wohl der einzelnen Glieder existieren.

Es ist verführerisch, Analogien zu suchen zwischen der Reihe Atom–Molekül–Kristall, der Reihe Zelle–Organ–Organismus und der Reihe Person–Familie–Gesellschaft. Diese Analogiesetzung wird auch von Ackoff und Emery[208] kritisiert: Bestrebungen, soziale Gruppen als Organismen zu behandeln, erscheinen immer wieder, obwohl ihre Untauglichkeit längst bewiesen ist. Sowohl Organismen wie soziale Gruppen sind Organisationen, aber der entscheidende Unterschied liegt darin, daß die Elemente, die einen Organismus bilden, keine zielbewußten Elemente sind. In einem Organismus kann nur das Ganze einen Willen zeigen, aber keines seiner Teile. Die Organe, aus denen sich der Organismus zusammensetzt, sind zwar für das Funktionieren des Organismus notwendig, aber nicht ausreichend für das Erfüllen seiner Ziele. Humansysteme unterscheiden sich von allen anderen Systemen durch die Fähigkeit ihrer Komponenten, Entscheidungen zu fällen, Ziele zu formulieren und zwischen verschiedenen Zielen zu wählen.[209] Das System besteht nicht an sich, sondern wird von Personen definiert, welche das System für gewisse, sie verbindende Ziele, Aufgaben und Zwecke benützen. Dies ist grundsätzlich anders in einem Organismus. Das Bein benützt nicht das Nervensystem oder den Organismus, um sich zu kontrahieren, sondern der Organismus bedient sich der Beine, um sich fortbewegen zu können. Eine Muskelfaser ist immer nur eine Muskelfaser und wird nie eine Hirnzelle. Sie hat ihre Funktion, ohne diese wählen und mitbestimmen zu können und ohne Bewußtheit für das Ganze des Organismus. Das Modell eines Organismus für soziale Systeme würde am ehesten zutreffen für eine straff geführte militärische Truppe, wo nach der Idealvorstellung der Offiziere der Soldat zumindest in früheren Zeiten wie eine Zelle und nur wie eine Zelle zu funktionieren hatte, das heißt zu gehorchen, ohne selbst mitzuentscheiden. Es trifft auch nicht zu, daß Sozialsysteme sich aufbauen nach der Stufung Individuum–Gruppe–Organisation–Gesellschaft. Vielmehr ist die Person fast überall das alleinige Subsystem des sozialen Organismus: Die Person ist das alleinige Subsystem der Familie, das Subsystem des Arbeitsteams, das Subsystem einer politischen Partei oder einer ideologischen oder religiösen Bewegung. Die Person ist als Bürger, Wähler und Steuerzahler das Subsystem des Staates.

Die verschiedenen Systeme, an denen eine Person teilhat, bestehen weitgehend nebeneinander und verstehen sich nicht einander hierarchisch zugeordnet. Sie beeinflussen einander oft nur wenig und oft nur indirekt über die Person. So beeinflussen sich Arbeitsteam und Familie über die arbeitende Person, doch nur selten und meist nur in beschränktem Ausmaß durch direkte Kontakte aller Systemangehörigen. Die Person versteht sich als Teil des Staates. Nicht die Familie ist Teil des Staates, sondern Personen fühlen sich auch als Familienmitglieder als Teil des Staates. Die Person hat teil an verschiedenen Ideensystemen, in der Familie als Vater, im Arbeitsteam als Hilfskraft, in einer politischen Partei als Passivmitglied, im Staat als Steuerzahler und in einem übernationalen System als Angehöriger der Friedensbewegung.

Was ist nun eigentlich ein Humansystem? Eine Zelle ist ein substantielles System, ein Organismus ebenso, ein Humansystem jedoch existiert nicht greifbar als solches. Wir können nur fragen: Wer bildet ein Humansystem? Wer bildet eine Familie? Wer bildet ein Arbeitsteam? Wer bildet eine Nation?

Ein Humansystem besteht nicht einfach aus Personen. Es bildet sich vielmehr aus den ideenbezogenen Anteilen einer Person, welche sich mit entsprechenden Anteilen anderer Personen zielgerichtet zur Realisierung eines gemeinsamen Ideenprozesses organisieren.

Die Familientherapie hat sich intensiv mit der systemischen Organisation der Beziehungen in Familien befaßt. Ist es nach Auffassung der Psychoanalyse der Inhalt (Phantasien, Vorstellungen, Bedürfnisse), welcher die Form von Beziehungen bestimmte, so sieht die systemische Familientherapie die Form (die Organisation) als das Bestimmende für den Inhalt. Sie ist der Meinung, es seien nicht so sehr Individuen gestört, sondern Beziehungen. Viele Konflikte ergeben sich als strukturelle Fehlorganisationen des Systems, fehlerhafte Strukturen, ungeklärte Abgrenzungen, doppelbödige Hierarchien, paradoxe Regeln oder Regulationsmechanismen. Die systemische Familientherapie verschloß sich bis heute bewußt einer psychodynamischen Perspektive. Sie will nichts wissen von Phantasien, Gefühlen, Ängsten oder individuellen Konflikten, um sich ganz auf die systemische Organisation der Beziehungen zu konzentrieren. Als Reaktion auf die zuvor herrschende psychodynamische Perspektive war das vielleicht notwendig.

Was sind Beziehungen? Beziehungen ergeben sich aus der korrespondierenden thematischen Ansprechbarkeit von zwei oder mehr Personen. Ein Humansystem ist nicht einfach die Organisation von Beziehungen, vielmehr beruht ein Humansystem auf gemeinsamen Ideenprozessen. Das Wesen der Familie als System ist die Organisation der familienbezogenen Ideen ihrer Teilnehmer. Fehlerhafte systemische Organisation in der Familie entsteht aus der gestörten Evolution des familiären Ideenguts.[210] Systemisch sich organisierende Beziehungen sind nicht Selbstzweck, sondern stehen im Dienst eines zielgerichteten Ideenprozesses. Das System bildet bloß die Organisationsform dieses Prozesses!

Evolution von Ideenprozessen

Ein Ideenprozeß ist ein zielgerichteter Prozeß, der sich aus der gemeinsamen Beunruhigung der Ideenträger bildet, welche ihre ideenbezogenen Aktivitäten und Energien auf ein Ziel hin verbinden und systemisch organisieren. Diese systemische Organisation weist gewisse Strukturen und Ordnungen auf, um das Verhalten der Ideenträger auf das Ziel hin zu koordinieren. Der Prozeß kann somit auch als eine Abfolge von Systemzuständen, von Ordnungen in einer geschichtlichen, irreversiblen Folge gesehen werden.

Wie lebende Systeme bilden auch Ideenprozesse offene Systeme, das heißt, sie müssen in einem dauernden Austausch mit der Kultur und mit konkurrierenden Ideen stehen, um am Leben zu bleiben. Ein Ideensystem stirbt ab, wenn es sich zu starr abgrenzt, es löst sich jedoch auch auf, wenn es sich nicht ausreichend zu definieren vermag. Die Evolution einer Idee zeigt sich also als Abfolge zeitweiser, stabilisierter Organisation der Ideenträger. So zeigt der Ideenprozeß eine Ordnung in seinen Wandlungen. Wie jedes lebende System zeigt auch der Ideenprozeß eine Abfolge von Phasen der Bewahrung und Phasen der Veränderung. Zuviel Bewahrung, aber auch zuviel Veränderung gefährden seine Überlebenschance. «Zwei Gefahren bedrohen die Welt: die Ordnung und die Unordnung», sagt Paul Valéry.[211]

Wie lebende Systeme bestehen Ideenprozesse grundsätzlich nur in einem Zustand von Ungleichgewicht, in dem sie dauernd an der Arbeit sind. Wenn eine Idee allgemein akzeptiert und in die Kultur voll integriert ist, löst sie keine Prozesse mehr aus. Die Hypothese (Idee) von KOPERNIKUS, daß die Erde nicht das Zentrum des Universums ist, sondern einer unter mehreren Planeten, die um die Sonne kreisen, hob die Erde förmlich aus den Angeln, und sie löste gewaltige Ideenprozesse aus. Heute ist diese Idee in unsere Kultur integriert und löst keine Prozesse mehr aus. Der Ideenprozeß des Stimm- und Wahlrechts für Frauen neigt sich seinem Ende zu. Man kann annehmen, daß er in wenigen Jahren kein ausreichendes Ungleichgewicht mehr erzeugt, um als Prozeß weiter Energien umzusetzen. Gedanken und Ideen haben nicht einen Bestand an sich, sondern nur insofern, als sie von Menschen immer wieder aufs neue gedacht werden. Die Evolution einer Idee vollzieht sich in der HEGELschen Dialektik. Die Idee ist eine These, die einen Prozeß nur auslösen kann in der Interaktion mit einer Antithese. Je größer die Spannung zwischen These und Antithese, desto intensiver und energiereicher der dialektische Prozeß. Der Prozeß strebt nach Spannungsreduktion und nach der Aufhebung von These und Antithese in einer Synthese. Ist die Synthese gefunden, so stirbt der Ideenprozeß, es sei denn, er differenziere sich weiter aus in neue Thesen und Antithesen. Ist dies der Fall, so entwickelt sich die Idee in Richtung auf immer höhere Komplexität und Differenzierung. Diese höhere Komplexität und Differenzierung erfordern und schaffen immer wieder neue Organisationsstrukturen und -systeme.

> Ordnung ergibt sich im Systemprozeß paradoxerweise nicht durch Gleichgewicht, sondern sie wird provoziert durch abweichende Fluktuationen, durch drohendes Chaos, durch die Notwendigkeit, die Kräfte immer wieder neu zu einem zielgerichteten Prozeß zu ordnen. Die Ordnung wird in diesem Wachstumsprozeß durch den Ungleichgewichtszustand aufrechterhalten, durch das Erfordernis, das System immer wieder neu zu schaffen.

ILYA PRIGOGINE[212] fand dieses Prinzip der Ordnung durch Fluktuation in chemischen Reaktionssystemen und bezeichnete sie als dissipative Strukturen. Nach PRIGOGINE ist das Ungleichgewicht eine Quelle von Ordnung und Organisation. Auf biologische Systeme übertragen entspricht Gleichgewicht dem Tod und Stillstand. Dasselbe trifft für Ideenprozesse zu: Stabilisiertes Gleichgewicht und feste Strukturen führen langfristig zur Zersetzung und zum Untergang eines Systems. Betrachten wir die Weltgeschichte als Evolution eines gewaltigen Ideenprozesses, so stellen wir fest, daß sich die Menschheitsgeschichte aus dauerndem Ungleichgewicht ergab. Menschen und Völker strebten laufend nach Ordnung und deren Erhaltung. Aber die Ideenprozesse strebten dauernd nach weiterer Differenzierung. Die Gesellschaftsstrukturen wurden entsprechend immer komplexer. Es entwikkelte sich weltweit ein höheres Maß an Pluralismus. Es ergab sich die immer komplexere Dynamik der heutigen globalen Evolution. Konventionelle, verhaltenswissenschaftlich orientierte Weltmodelle gingen lange Zeit immer von homogenisierten Gleichgewichtszuständen aus, für welche jede Fluktuation und jede positive Rückkopplung als strukturgefährdend erscheinen mußte. Sie postulierten mechanistische Systeme und interessierten sich bloß für die Prozesse, welche die Struktur erhalten können. Die neuere Systemtheorie und damit auch die neuere Form der Familientherapie interessieren sich jedoch mehr für die Veränderungen von Strukturen als für deren Erhaltung. Sie interessieren sich weniger für die forcierte Stabilisierung von Gleichgewichtszuständen als für Begünstigung von Evolution, weniger für Struktur als für Prozeß.[213]

In Analogie zu PRIGOGINES dissipativen Strukturen erzeugt der Ideenprozeß fern vom Gleichgewichtszustand Ordnung. Er hält diese Ordnung aufrecht, oder es kommt, wenn die Fluktuationen zu stark werden, zu einer «Katastrophe», zur Auflösung der bestehenden Ideenstruktur und zum Übergang in eine ideelle Neuordnung. Solange Ideenträger interagieren, werden sie sich immer systemisch organisieren. Es wird sich immer ein Ordnungsprinzip durchsetzen. Über größere Zeiträume gesehen evolviert ein Ideenprozeß, über kleinere Zeiträume gesehen stagniert er allerdings häufig oder wird durch systemische Organisation fehlgeleitet. Über längere Zeiträume gesehen zeigen Ideenprozesse jedoch ein erstaunliches Maß an innewohnender Tendenz, sich sinnvoll auszukorrigieren und sinnvoll zu differenzieren.

Diese «längeren Zeiträume» dauern allerdings oft länger als ein Menschenleben. Für jene, die ihr Hab und Gut, ihr Wohlbefinden und ihre Gesundheit, ja ihr Leben für eine Idee opfern, liegt eine gewisse Tragik darin, daß sie den Durchbruch ihrer Idee oft nicht erleben, ja sogar oft sterben im Gefühl, ihr ganzer Einsatz habe sich nicht gelohnt. Was für einen besseren Trost gibt es da als die Fähigkeit, sich als Teil personübergreifender Prozesse zu wissen und die Gewißheit zu haben, daß langfristig doch meist das Wahre, Gute und Gerechte sich durchsetzt und die Früchte des Intendierten anderen Menschen zugute kommen werden?

Die Organisationsentwicklung von Ideen

Ideen entwickeln sich meist in der Dialektik von These und Antithese und streben auf eine Synthese hin. Die von einer Idee Angesprochenen, das heißt die Vertreter der These, polarisieren sich zunächst gegen die Vertreter einer Antithese. In dieser Phase der Ideenentwicklung entsteht unter den Angesprochenen meist ein hohes Maß von Solidarität. Sie haben einen definierten Außenfeind, gegen den sie ihre Kräfte ausrichten. Sie müssen oft Opfer, Entbehrungen und Demütigungen auf sich nehmen, was ihnen durch die gegenseitige Unterstützung der Gesinnungsgenossen wesentlich erleichtert wird. Die Ideenträger sind von Sehnsucht erfüllt, die Idee werde sich durchsetzen und realisieren lassen, und glauben, das Erreichen des Ziels werde sie mit Glück und Zufriedenheit erfüllen. Meist tritt das Gegenteil ein. Es ist, als ob die Idee wüßte, daß sie nur so lange überlebt, wie sie in der Lage ist, psychische Energien zu mobilisieren und interaktionelle Spannungen zu erzeugen. Gelingt es den Ideenträgern, sich gesellschaftlich durchzusetzen und der Idee zur allgemeinen Anerkennung zu verhelfen, so dauert der Jubel der Ideenträger meist nur kurze Zeit. Oft schon während der Siegesfeier verändert sich die bisherige Dynamik grundlegend. Ehemalige Kampfgefährten werden zu Gegnern, ehemalige Freunde zu erbitterten Rivalen. Die ursprünglich äußere Polarisierung der Ideenträger gegen ihre Gegenspieler hat sich nach innen verlagert. Das System spaltet sich in zwei oder mehrere konkurrierende Fraktionen, die sich nun um einen Teilaspekt der Idee zu streiten beginnen. Dieser Verlauf der Ideenentwicklung ist so schicksalhaft vorprogrammiert, daß er mit den Ideenträgern passiert, gleichgültig ob sie das wollen oder nicht, gleichgültig ob es unter den Gruppenangehörigen Menschen speziellen Ehrgeizes, hoher Aggressivität, geringer Frustrationstoleranz oder Neigung zu narzißtischen Größenideen hat oder nicht. Es sind nicht die Ideenträger, die den Ideenprozeß schaffen, vielmehr bedient sich der Ideenprozeß seiner Träger und macht mit ihnen, was er für seine

Evolution und Differenzierung braucht. Er nimmt keine Rücksicht auf das, was eine «anständige Idee» ihren Trägern gegenüber an Dank schuldig wäre.

> Sobald sich Ideenträger gegen ihre Außenfeinde durchgesetzt haben, kommt es zu Spaltungen innerhalb ihres Systems. Diese sind für die Betroffenen oft schmerzlich, stehen aber durchaus im Interesse der Idee. Sie erhalten die Ungleichgewichtsstruktur, die für das Überleben der Idee notwendig ist, und bewirken durch immer neue Polarisierungen unter den Ideenträgern eine fortlaufende, dialektische Evolution und Differenzierung der Idee.

Solche Ideenentwicklungen sind im Bereich der Entwicklung der Psychotherapie besonders schön darstellbar. Im Grunde müßte man ja erwarten, daß Psychotherapeuten in besonderem Maß befähigt wären, Ideenprozesse konstruktiv zu steuern und Konflikte zwischen den Ideenträgern zu bewältigen. Der Ideenprozeß ist jedoch stärker und setzt sich über all die geballte therapeutische Kompetenz hinweg. So kam es in der Entwicklung der Psychoanalyse Freuds laufend zu schweren Konflikten und Spaltungen. Zuerst die Abspaltung von Adler, dann von Jung, die je ihre bedeutenden Schulen entwickelten, später die Abspaltungen zum Beispiel von Schultz-Henke, dann aber auch der Daseinsanalyse oder der Schicksalsanalyse. All diese Abspaltungen wirkten aber auch stimulierend auf die Psychoanalyse zurück und forderten von ihr eine laufende Neuanpassung und Weiterentwicklung.

Ähnliches erfuhr ich selbst als Ideenträger der Paar- und Familientherapie. 1968 äußerte Theodor Bovet die Vision, an der Universität Zürich eine Fakultät für Ehekunde ins Leben zu rufen. Er stellte sich dafür die interdisziplinäre Zusammenarbeit einer theologischen, medizinischen und juristischen Abteilung vor. Theodor Bovet führte mich mit Josef Duss-von Werdt zusammen, der sich damals vor allem mit philosophischen und anthropologischen Fragen von Ehe und Familie befaßte. Sobald Theodor Bovet spürte, daß zwischen Josef Duss und mir ein tragfähiger Kontakt zustande gekommen war, zog er sich zurück, um uns die volle Freiheit für den Aufbau und die Realisierung seiner Ideen zu überlassen. Zwischen Josef Duss und mir entwickelte sich eine Art Lebensgemeinschaft zu beiderseitigem Vorteil. Jeder brauchte die Unterstützung des anderen, auch für seine berufliche Entfaltung. Ich war damals unsicher, ob ich mich am Universitätsspital weiter entwickeln könnte. Er interessierte sich für den Zugang zum psychotherapeutischen Metier. Ab 1970 organisierten wir miteinander Ausbildungskurse in Paar- und Familientherapie. Josef Duss baute als institutionelle Grundlage das Institut für Ehe und Familie auf. Ich widmete mich wissenschaftlich der Ausarbeitung des Kollusionskonzepts, welches ich 1975 in Buchform (*‹Die Zweierbeziehung›*) veröffentlichte. Wir ergänzten uns ideal und gaben uns gegenseitig jede mögliche Unterstützung. Wir waren beide erfüllt von dem Anliegen, die Paar- und Familientherapie gegen die damals vorherrschende Einzeltherapie durchzusetzen. Unseren Bemühungen war Erfolg beschieden. Doch in dem Ausmaß, in dem wir allgemeine Anerkennung fanden, wurde unsere Beziehung schwieriger. So kam es 1979 zur Trennung. Ich zog an der psychiatrischen Poliklinik mit meinen Mitarbeitern eigene Ausbildungskurse auf, was die Entwicklung der Paar- und Familientherapie an unserer Institution stimulierte. Der ideelle Anlaß zur Trennung war von außen gesehen ein geringfügiger, für unser damaliges Verständnis jedoch ein tiefreichender. Die für die Ausbildung zuständigen Mitarbeiter des Instituts für Ehe und Familie waren identifiziert mit einer konsequenten Anwendung der Systemtheorie in der therapeutischen Praxis, während ich weiterhin eine Integration von systemischen und psychodynamischen Perspektiven anstrebte. Die Trennung war für beide Seiten ein schmerzhafter Prozeß. Sie stand aber durchaus im Dienst der Differenzierung und Weiterverbreitung der Idee der Familientherapie. Jüngere Kräfte konnten in die Position von Dozenten nachrücken. Psychotherapeuten unterschiedlicher Herkunft konnten sich mit der Idee der Familientherapie identifizieren. Zwischen den beiden Institutionen besteht eine faire, stimulierende und konstruktive Konkurrenz. Vielleicht hatte uns die Erfahrung als Familientherapeuten befähigt, uns vor destruktiven Entwicklungen in diesem Differenzierungsprozeß zu bewahren. Ich fühle mich Josef Duss heute genauso freundschaftlich verbunden wie früher. Oftmals kam es mir vor, als ob dieser Prozeß sich ohne unser Wollen mit uns ereigne.

Ähnliche Prozesse lassen sich bei den meisten psychotherapeutischen Teams und Institutionen feststellen. Historisch bedeutsam waren die Abspaltungen von der Psychoanalyse, die oft nach Jahren besonders fruchtbarer Zusammenarbeit erfolgten, Adler, Jung u. a. m. Man spricht von der Halbwertzeit kreativer Kooperation von drei bis fünf Jahren.

Hierarchie und Struktur von Ideenprozessen

Die Organisation eines Ideenprozesses ist die Organisation der ideenbezogenen Anteile ihrer Träger. Die ideenbezogenen Anteile der Träger können sehr unterschiedlich sein. Es gibt Ideenträger, die dazu neigen, sich sehr stark mit einer Idee zu identifizieren und sich für deren Verwirklichung zu engagieren. Andere fühlen Interesse oder Sympathie für eine Idee, ohne sich selbst aktiv für sie einzusetzen. Schon aus dem unterschiedlichen Engagement, dem unterschiedlichen Identifikationsgrad, aber auch aus der unterschiedlichen Kompetenz für die Entwicklung und Verbreitung einer Idee, ergeben sich Unterschiede in der Funktion bei der Ideenverbreitung und in den Verdiensten bei deren Realisierung. Diese Unterschiede sind insbesondere für jene Ideenträger, die sich hochgradig für die Idee einsetzen, von persönlicher Bedeutung. Sie können ihnen ein hohes Maß an Anerkennung, an Funktionen und Aufgaben, an Rollen und Status verleihen. Wenn die Realisierung der Idee organisierte Arbeit erfordert und die Idee allgemein zu Anerkennung gelangt, werden die Inhaber jener Funktionen, die Ansehen und Macht verleihen, dazu neigen, Veränderungen in der systemischen Organisation zu verhindern, welche mit Schmälerung ihrer Funktion und ihres Status einhergehen könnten. Jede Infragestellung des Ideensystems ist zugleich eine Bedrohung ihrer Funktion und Aufgabe. Begreiflicherweise neigen die Etablierten deshalb dazu, abweichende Ideenfluktuationen einzuschränken und Strukturveränderungen des Ideenprozesses Widerstand entgegenzusetzen. Institutionalisierte Ideen tendieren oft in Richtung geschlossener Systeme, die nicht mehr in einem flexiblen Austausch mit der Umwelt, mit der Kultur, aber auch mit konkurrierenden Ideen stehen, sondern zum Selbstzweck werden, um Positionen von Macht, Besitz und Ehre einzelner Träger zu erhalten. Sie entfernen sich damit immer mehr vom Zustand des Ungleichgewichts und nähern sich dem Zustand des «inneren Gleichgewichts». Paradoxerweise erreichen sie damit höchstens vorübergehend ein höheres Maß an Stabilität. Sie werden gleichzeitig zerbrechlicher und anpassungs- und entwicklungsunfähiger. Früher oder später kommt es dann zur «Katastrophe», zu einer Revolution, in der die erstarrten Strukturen gesprengt werden und sich das Ideengut in neue Formen auskristallisieren muß.

Nun gibt es Ideen, die es sich nicht leisten können, in all den personengebundenen Fluktuationen, Spannungen und Ungleichgewichten immer wieder andere Organisationsformen anzunehmen. Das sind die staatlichen Institutionen. Sie bedürfen einer kontinuierlichen Struktur, eines großen Beharrungsvermögens gegen Schwankungen und Katastrophen, weil ihre Funktionsfähigkeit einen existentiellen Bereich der Gesellschaft betrifft. Jedes staatliche Gebilde hat Bereiche gesellschaftlichen Ideenguts, deren effiziente Organisation kontinuierlich gewährleistet werden muß, so etwa die Aufgaben des Gesundheitswesens, Erziehungswesens, der Justiz und Polizei, des Wirtschaftswesens, des staatlichen Finanzwesens usw. All diese Bereiche sind institutionalisiert und in ihrer Funktionsweise durch vielfältige Gesetze festgelegt. Die relativ starre und feste Organisation ist notwendig, weil in all diesen Bereichen handfeste Interessen verschiedener Gruppen miteinander kollidieren. So geht es im Gesundheitswesen etwa um die Konflikte zwischen Krankenkassen und ärztlichen Honoraransprüchen, um Konflikte zwischen frei praktizierenden Ärzten und Kliniken, um Konflikte zwischen staatlich approbierten Ärzten und nichtärztlichen Therapeuten und Heilern. Die Institutionalisierung und Gesetze sollen grobe mißbräuchliche Entwicklungen verhindern. Gelegentlich drohen sie allerdings auch mißbräuchliche Entwicklungen zu schützen und beim Gesetzerlaß nicht vorgesehene, positive Entwicklungen zu hemmen. Heute besteht die Gefahr, jede Form von Institutionalisierung als negatives Phänomen zu sehen. Überall da, wo eine kontinuierliche Arbeit geleistet werden muß, wo über längere Zeit umschriebene Aufgaben erfüllt werden sollen, braucht es Institutionen. Mit der Institutionalisierung wird eine Idee mit einem offiziellen Namen bezeichnet. Es wird ein nach außen sichtbares System errichtet, welches sich gegen innen und gegen außen mit Statuten bezüglich seiner Zielsetzungen, Spielregeln und Verantwortungen definiert. Innerhalb der Institution werden die mit der Idee verbundenen Aufgaben in Funktionsbereiche unterteilt und die Verantwortungen der Funktionsträger definiert. Außersystemische Kontrollen überwachen die Einhaltung der statutarisch festgelegten Zielsetzungen und sollen vor Machtmißbrauch schützen. Die Institution muß in einem vernünftigen Kosten-Nutzen-Verhältnis ihre Aufgaben erfüllen und regelmäßig in Form eines Jahresberichts über ihre Effizienz Rechnung ablegen. Diese Kontrollen und Statuten machen die Weiterentwicklung eines Ideenprozesses schwerfällig, sie schützen jedoch auch vor Zusammenbruch und Auflösung eines Ideenprozesses, wie sie bei nicht institutionalisierten Ideenprozessen häufig vorkommen.

Der Anspruch auf Selbstbestimmung und Unabhängigkeit läßt sich nicht leicht in Einklang bringen mit den Anforderungen zur Einordnung in Institutionen. So sagt Carl Rogers[214]: «Eine der tiefsten Antipathien des neuen Menschen gilt den Institutionen. Er lehnt alle strukturierten ... Institutionen ab ... Was wird für diesen neuen Menschen an die Stelle der Institutionen treten? ... Ein Trend, den ich sehe, verläuft zu kleinen, informellen, nicht hierarchischen Gruppen.» Ich glaube, Rogers spricht damit eine Einstellung aus, die gerade unter den geistig aktiven Teilen der Bevölkerung weit verbreitet ist. Nachdem ich auf die Gefahren der Institutionalisierung für die Ideen«entwicklung» hingewiesen habe wie auch auf die Gefahr des Machtmißbrauchs der Etablierten, möchte ich eine andere Seite nicht unerwähnt lassen: Der eigentliche Sinn und Zweck staatlicher Institutionen ist es, dem einzelnen Bürger ein Leben in Gerechtigkeit und Freiheit zu ermöglichen und die Schwachen und Hilflosen zu schützen. Die staatlichen Institutionen sind auf das Engagement der Starken und Privilegierten angewiesen. Die Konzentration der Kräfte auf die eigene Selbstverwirklichung droht den Tüchtigen und Durchsetzungsfähigen mehr Unabhängigkeit und Freiheit zu bescheren, weil die Schwächeren vermehrt der Obhut der staatlichen Institutionen überlassen werden. Man kann nicht auf der einen Seite immer zentralere Aufgaben des Lebens wie Betreuung von Kindern, Alten, Invaliden, charakterlich Schwierigen und geistig Gestörten an Professionelle und Institutionen delegieren und sich gleichzeitig über deren zunehmende Macht beschweren. Institutionen sind für den Bürger da und sind auf die aktive Mitwirkung von Bürgern angewiesen. Es ist einfach, sich von Institutionen kritisch zu distanzieren, ohne sich für eine bessere Lösung ihrer Aufgaben zu engagieren. Durch dieses Abstandnehmen werden den Institutionen immer mehr Kräfte entzogen, und sie werden zu Sündenböcken gemacht: Es sind dann die psychiatrischen Kliniken, welche die Leute psychisch krank machen, es ist dann die Polizei, welche die Jugendlichen aggressiv macht, es sind dann die Gefängnisse, welche die Insassen kriminell machen, es sind die Lehrer, welche die Schüler dumm machen. Statt solche Kritik anzubringen, ginge es darum, die Bereitschaft zu erhöhen, mit Geisteskranken zusammenzuleben, für Jugendliche akzeptable Lebensverhältnisse und Gemeinschaftsformen zu schaffen, Straffällige in die Gesellschaft zu integrieren und die Gestaltung des Schulsystems nicht von den Universitäten und der Wirtschaft diktieren zu lassen.

Besteht die Gefahr der Institutionalisierung in der Erstarrung des Ideenprozesses und in dessen Zweckentfremdung, so führt die Ablehnung jeglicher Organisation zu einer Erstarrung im Chaotischen und Lähmung der Produktivität durch andauernde, personengebundene Richtungskämpfe. Die Organisation bringt eine gewisse Ordnung in das Kräftespiel des Ideenprozesses. Es ist heute eine verbreitete, aber leider gefährliche oder zumindest oft enttäuschende Illusion, daß Ideenprozesse fern von jeder Institutionalisierung für die Beteiligten befriedigender, kreativer und bezüglich ihrer Effekte produktiver ablaufen als Prozesse, bei denen klare Strukturen und Verantwortungsbereiche ausgehandelt werden.

Beispiel des Scheiterns eines Ideenprozesses an seiner mangelhaften Organisation

Das möchte ich am Beispiel der *Zürcher Jugendbewegung 1980/81* kurz darstellen. Diese Bewegung begann mit dem Opernhauskrawall im Mai 1980, aus einem in der Bevölkerung weitverbreiteten Unwillen darüber, daß die Regierung lediglich die offizielle, institutionalisierte Kultur in Theater, Musik und Kunst mit hohen Geldbeiträgen fördere, fern von den wirklichen Bedürfnissen der Bevölkerung. Da die Polizei gleich mit massiven Einsätzen auf die demonstrierende Menge losging, explodierte eine kollektive Wut, die viele Tausende von Jungen, aber auch Ältere mobilisierte, um in einen Machtkampf mit der Regierung und der Polizei einzutreten. Alle paar Tage kam es zu riesigen Demonstrationen mit erheblichen Sachbeschädigungen und vielen Verletzten. Die Zürcher Bewegung wurde anfänglich von den Massenmedien unterstützt. Die Bewegung gewann viele Sympathisanten durch ihre witzigen, provokanten und oft auch drolligen Einfälle bei ihren Aktionen. Sie mobilisierte in weiten Kreisen der Bevölkerung die Hoffnung, es würde nun in dieser Stadt mehr Bewegung, Wärme und Spontaneität Einzug halten. Es war auch ein bewußter Angriff auf die im Geld erstickende Banken- und Wirtschaftsmetropole, die immer mehr an Lebensqualität verlor, um sich den wirtschaftlichen Sachzwängen zu beugen. Die Bewegung bezeichnete Zürich als Grönland, als Packeis. Sie hatte eine eigene Zeitung «Eisbrecher». Bezeichnend für die anfängliche idealistische Einstellung war, daß die Redaktoren nach einigen Monaten auf eigenen Wunsch zurücktraten, weil sie besorgt waren, sie könnten sich durch ihre Tätigkeit in der Bewegung eine Vormachtstellung schaffen. Die Zeitung erschien weiter und hieß fortan «Brecheisen». Die Bewegung lief sich allmählich tot, weil die «Actions» immer stereotyper in bloße Sachbeschädigung mit anschließenden Schlägereien mit der Polizei mündeten. Immerhin erkämpfte sich die Bewegung eine zentral gelegene Liegenschaft, das *Autonome Jugendzentrum (AJZ)*, und bekam vom Zürcher Stadtrat 1,5 Millionen Franken zugesprochen, um selbst deren Renovation durchzuführen. Mit der Aufgabe, dieses Zentrum selbst zu verwalten und darin und daran zu arbeiten, war die Bewegung mit ihrem Credo an die Spontaneität von Ideenprozessen rasch überfordert. Der Anspruch auf einen «rechtsfreien» Raum zog in kürzester Zeit Drogensüchtige, Dealer und entlaufene Strafgefangene an, die hier Schutz vor polizeilichen Belästigungen fanden. Das Problem wurde wohl erkannt, aber es hatte niemand die Kompetenz, dagegen effizient einzuschreiten. Die Polizei begünstigte diese destruktive Entwicklung durch betonte Passivität. Ein weiteres Problem bildeten die 1,5 Millionen Franken für die Renovation und Instandsetzung der Liegenschaft. Auch hier besaß niemand die Kompetenz, das Geld zu verwalten und eine zielgerichtete Arbeit zu organisieren, die angemessen und gerecht hätte entlöhnt werden können. Mit dauernden bald jammernden, bald wütenden Appellen an mehr Solidarität sank das Stimmungsbarometer immer mehr ab, bis sich die Bewegung allmählich von selbst auflöste. Als im April 1982 die Liegenschaft über Nacht von den Behörden geschleift wurde, wehrte sich kaum jemand dagegen. Ich entnehme die folgende Schilderung der Mai-Nummer 1981 einer Zeitschrift der Bewegung mit dem Namen *Kamikaze*. Unter der Überschrift «Die autonomen Lemminge» steht: «Manchmal ist für mich die Bewegung wie eine Herde Lemminge, die rennt und rennt anstatt einem Leithammel einer imaginären Ideologie hinterher. Autonomie, aber niemand weiß so genau, was das für UNS, UNTER UNS heißt; darum rennen wir mal weiter von Action zu Action, von Demo zu Demo, und wenn wir nicht mehr weiter wissen, stellen wir eine neue Forderung auf, die noch größer und noch schöner ist als alle bisherigen, und vielleicht mal wieder ein Ultimatum dazu – und rennen weiter – weiter bis zur Klippe und über die Klippe hinaus ins Meer, in den kollektiven Selbstmord der Selbstzerfleischung und Selbstzerstümmelung. Die Lust am Sterben ist ja so schön, und wenn wir's alle zusammen machen, ist's schon fast orgastisch. Die Erfahrungen des letzten Sommers haben meine politische Identität ziemlich in Frage gestellt: Früher träumte ich davon, wie schön es wäre, wenn es eine neue Bewegung geben würde. Ich hatte all die Ideale von Anarchismus, Autonomie, Selbstverwaltung und direkter Demokratie ohne hierarchische Strukturen. Aber es kam ganz anders. Es gab ein Riesengerangel um Macht und Einfluß, um Positionen in der Hackordnung der Aktiven. Man löste z.B. die ARF (Arbeitsgemeinschaft Rote Fabrik) auf, mit der Begründung, man wolle die Bewegung nicht dominieren. In Wirklichkeit änderte sich aber nichts. Im Gegenteil! Als die formellen Strukturen aufgelöst wurden, traten die informellen an ihre Stelle, und informelle Strukturen (persönliche Kontakte, Sitzungen, zu denen nur Leute eingeladen werden, die sich dem Verhaltens- und Moralkodex des innern Klüngels anpassen, kriechen) sind für die große Mehrheit noch schwieriger zu durchschauen und zu kontrollieren. Noch schlimmer finde ich es aber, wie die Sache auf der persönlichen Ebene abläuft. Ich habe das Gefühl, die Atmosphäre wird immer aggressiver, die Wortführer und Mikrophonlutscher immer dogmatischer, die VV (Vollversammlungen) immer intoleranter. Es braucht, wie in der bürgerlichen Gesellschaft, unheimlich viel Energie, Durchsetzungsvermögen und Ellbogen, um z.B. an der VV oder an der KO (Koordinations-Sitzung) etwas zu melden. Es kommt mir manchmal vor, als befände ich mich mitten in einem Wettschreien. Oft hätte ich Lust, diesen Schreihälsen die Kehle durchzuschneiden: Immer diese Ohnmacht, die brutale Schmier (Polizei), der arrogante Stadtrat – aber *am meisten nervt mich die Ohnmacht gegenüber den Mechanismen, die unter uns ablaufen, daß wir unter uns kein anderes Verhalten hinkriegen, als dieses chaotische, selbstzerfleischende Gehacke*... Es hat wohl nichts die Bewegung so sehr geschlissen wie diese 1½ Millionen, die fürs AJZ zur Verfügung stehen. Kaum war das AJZ wieder offen, ging auch schon das große Gerangel ums Geld los. Es sind eine Menge Leute eingefahren, in der Renogruppe (Renovationsgruppe) und anderswo, denen es einfach oder vor allem um den Stutz (Geld) geht, denen das AJZ nicht sehr am Herzen liegt, die sich, möglichst einfach, ein möglichst großes Stück vom Kuchen abschneiden wollen.

Die Art und Weise, wie mit solchen Problemen an der VV umgegangen wird, finde ich unehrlich und verlogen, erinnert mich wieder an das dogmatische Verhalten einer Sekte, in der nicht ist, was nicht sein darf. Konkret: es lief so, daß ein riesiges Chaos herrscht und in den letzten Wochen, die das AJZ jetzt offen ist, erschreckend wenig gelaufen ist ... In der Zwischenzeit hört man immer mehr Geschichten, was alles krumm läuft und was mit ‹unserem› Stutz alles passiert ... Ein paar Leute vom Spunten (Restaurant) finden, die Bar brauche eine neue Theke aus Marmor. Soweit so gut – ich war schon immer für eine Marmortheke. Aber man kann nicht einfach ins Brokkenhaus gehen und Marmorplatten von ein paar alten Kommoden holen und zuschneiden lassen. Es muß unbedingt teurer rosaroter Marmor sein. Ohne abzuklären, was das Ganze kostet, gibt man ein paar Leuten 5000 in bar auf die Hand, damit diese nach Italien fahren, um Marmor zu kaufen ... Da wurde an einer VV beschlossen, daß von den 15 Stutz (Franken) Stundenlohn deren zwei für die Knastgruppe abgezweigt werden sollen. Als der Bauleiter bei der nächsten Lohnauszahlung 13 Fr. auszahlen wollte, gingen die Kids mit dem Beilhammer auf den Typ los. Er solle den ganzen Stutz rausrücken, denn dieser VV-Beschluß interessiere sie nicht, das sei Selbstausbeutung. (Sie waren nicht an jener VV.) Daß der Bauleiter nach diesem Vorfall für eine gewisse Zeit die Nase voll hatte, versteht sich da fast von selbst. Was ich aber am schlimmsten finde, ist, daß durch dieses aggressive Auftreten einer kleinen Gruppe ein großer Teil der Leute überfahren wird, weil sie nicht so laut schreien können oder wollen, daß durch dieses schlitzohrige Verhalten die ganze Atmosphäre vergiftet wird. Schlußendlich läuft das darauf hinaus, daß sich der durchsetzt, der die stärksten Ellbogen hat, der am aggressivsten ausruft, der das größte Schlitzohr ist – genau wie in der bürgerlichen Gesellschaft! Und dabei ist gerade die Renovation des AJZ eine Möglichkeit, wo die Leute einmal andere Erfahrungen machen könnten als auf einer normalen Baustelle, wo irgend etwas wie ein Gruppenfeeling entstehen könnte, wo die herkömmlichen hierarchischen Strukturen anders gestaltet werden könnten, wo positive Erfahrungen und Bewußtseinsprozesse gemacht werden könnten ...»

Ich führe diesen Bericht an, weil er für viele ähnliche Entwicklungen gilt, in Genossenschaftsbetrieben, Kommunen, kulturellen Bewegungen, Kooperativen und therapeutischen Gemeinschaften. Man begann mit großem Enthusiasmus, großer Opferbereitschaft und viel gutem Willen und endete nach monatelangen zermürbenden Kämpfen in Resignation. Der Grund für das Scheitern des Unternehmens wird meist in der bürgerlichen Erziehung gesucht. Man kommt zu dem Schluß, man könne nicht zwanzig oder dreißig Jahre in einer kapitalistischen Gesellschaft gelebt haben, um dann in wenigen Monaten ganz andere Ideale zu verwirklichen. Doch es bleibt der Glaube, durch Umerziehung werde man die dazu notwendige Solidarität erlernen.

Wer systemtherapeutisch mit Familien arbeitet, kann sich solchen Anklagen und Begründungen nicht anschließen, weil er viel vordergründigere, banalere Ursachen für das Scheitern sieht:

Ein soziales System, das zielgerichtet konkrete Arbeit leisten will, braucht für seine Funktionsfähigkeit geklärte Strukturen und Funktionsteilungen, weil sonst die Beteiligten nach kurzer Zeit in ein hochgradiges gegenseitiges Mißtrauen, in gegenseitige Rivalität, Angst und Aggressivität verfallen. Sie werden an sich selbst irre, weil sie den hohen Idealen trotz gutem Willen nicht zu entsprechen vermögen. Glauben sie zunächst, ohne Strukturen und Regeln, ohne Funktionsteilungen und Organisation, einfach aus spontaner Mitmenschlichkeit miteinander arbeiten zu können, so stellen sie meist bald fest, daß sie beginnen, hintenherum zu intrigieren, einander zu manipulieren und sich gegenseitig Solidarität vorzuheucheln. Die Gruppe wird tyrannisiert nicht von Mächtigen kraft ihres Amtes, sondern von jenen, die sich mit geistigem oder körperlichem Faustrecht am besten durchzusetzen verstehen. Geklärte Regeln und Funktionen, geklärte Verantwortungsbereiche und Strukturen, geklärte Abgrenzungen sind nicht einfach Delikte von Kapitalismus oder bürgerlicher Herrschaftsstrukturen, sondern sind eine Hilfe für eine geordnete Kooperation. Sie vermitteln auch Schutz und Sicherheit insbesondere für die Schwachen.

Eine Illusion ist die Wunschvorstellung einer Kooperation ohne Rangunterschiede. In jedem Gruppengespräch gibt es gleich von der ersten Minute an große Unterschiede zwischen den Teilnehmern in bezug auf Redezeit, auf Ideenproduktionen, auf Kompetenz, in bezug auf die Bereitschaft der übrigen Teilnehmer, dem einen oder dem anderen mehr oder weniger Gehör zu schenken und mehr oder weniger auf ihn einzugehen.[215] Ein Leiter oder Führer, dem der Prozeß und nicht sein eigener Status das Hauptanliegen ist, wird seine Aufgabe darin sehen, die Aktivitäten der Teilnehmer so zu koordinieren, daß die Kräfte der Schwächeren unterstützt und die Kräfte der Stärkeren so kanalisiert werden, daß eine optimale Entfaltung des in der Gruppe liegenden Potentials ermöglicht wird. Die entscheidende Frage ist nicht, ob Hierarchie oder nicht, entscheidend ist die Art des Umgangs einer Gruppe mit ihrer Hierarchie.

Ungleichheiten unter Gruppenangehörigen bezüglich Kompetenz, Einfluß und Macht gibt es in jedem Fall. Eine deklarierte Hierarchie macht diese Unterschiede sichtbar und damit auch angreifbar. Die Ablehnung sichtbarer Hierarchie führt oft lediglich zu deren Verschleierung.

Für einen gemeinsamen Arbeitsprozeß ist es in der Regel am günstigsten, wenn Verantwortungsbereiche definiert sind, diese jedoch gleichzeitig so miteinander vernetzt sind, daß kritische Auseinandersetzungen, insbesondere von unten nach oben, jederzeit und ohne Angst und Unterdrückung möglich sind. Das Arbeiten in einer strukturlosen, jede Hierarchie ablehnenden Gemeinschaft kann wesentlich frustrierender und insbesondere kräfteraubender sein als in einer klar strukturierten Organisation, weil in der unstrukturierten Gruppe ein Großteil der Kräfte in sinnlosem persönlichem Gerangel verpufft wird. Entscheidend sollte nicht sein, ob der eine mehr Macht hat als der andere, entscheidend sollte der gemeinsame Prozeß, der entsteht, sein. Dieser kann nur nach seinen Früchten beurteilt werden. Es geht um die Frage, ob das Potential der Ideenträger im Prozeß optimal genutzt wird. Eine Grundvoraussetzung dazu ist, daß die Teilnehmer des Ideenprozesses mit diesem identifiziert bleiben. Diese Identifikation geht verloren, wenn zu viele Kräfte in persönliches Gezänke gebunden werden, aber auch wenn bei deklarierter Hierarchie korrigierende Rückkoppelungsmöglichkeiten im System nicht laufend ermutigt und zugelassen werden. Machtausübung durch Gewalt ist heute leider in politischen Systemen immer noch die häufigste Form. Sie wirkt sich auf den Ideenprozeß des Systems destruktiv aus. Das zeigt sich an den kärglichen Früchten.

> Mit Gewalt kann man Ideenprozesse unterdrücken, man kann konstruktive Ideenprozesse aber nicht mit Gewalt aktivieren.

Die Anwendung von militärischer Gewalt zur Aufrechterhaltung der inneren Ordnung weist auf die Entwicklung von Ideenprozessen hin, die die bisherige Herrschaftsordnung gefährden und nach neuen Organisationsformen rufen.

10. Die Dynamik des gemeinsamen Unbewußten

Unbewußte, personübergreifende Ideenprozesse

Im Vorangehenden habe ich Ideenprozesse so dargestellt, als ob deren Träger sich bewußt in den Dienst der Ausbreitung der Idee stellten. Da aber die meisten Ideen, Phantasien und Vorstellungen einer Person unbewußt oder vorbewußt sind, ergibt sich die Frage, ob es auch Ideenprozesse gibt, die sich unbewußter Anteile der Träger bedienen, um sich zu entfalten, ob es also unbewußte, personübergreifende Ideenprozesse gibt.

Wie oben erwähnt, ist Ideenaustausch nur auf der Basis der kommunikativen Entsprechung der Bezugspersonen möglich. Der Ideenaustausch bedarf einer die Partner einschließenden kulturellen Situation, in der er sich entfalten kann, er bedarf einer Sprache als Werkzeug, und er setzt eine beiderseitige Ansprechbarkeit auf ein gemeinsames Thema voraus. Es muß ein gemeinsames Thema oder ein gemeinsamer Grund etabliert werden, aus dem heraus der Ideenprozeß sich dialektisch entwickeln kann.

Die psychotherapeutische Situation ist ein besonders geeignetes Feld, um vorbewußte und unbewußte, personübergreifende Ideenprozesse zu beobachten. Man versucht in der tiefenpsychologischen Therapie, die bewußte, rationale Kontrolle der Kommunikation zu reduzieren, um einen Zugang zu den tieferen, teilweise unbewußten Schichten der Person zu schaffen. Dabei soll nicht nur der Patient die bewußte Kontrolle aus den Händen geben, sondern auch der Therapeut muß sich so in den Prozeß eingeben, daß etwas geschehen kann, was er rational zunächst weder bewußt erkennen noch steuern kann. Therapeut und Patient stimmen sich auf ein gemeinsames Thema, einen gemeinsamen Grund ein, aus dem der therapeutische Ideenprozeß wie von selbst einer gemeinsamen Lösung zustrebt, ohne daß klar ersichtlich wird, wer nun was bewirkt hat. Oft nach einer lähmenden Phase in der Therapie, wo alles hoffnungslos erschien, ist im unerwartetsten Augenblick eine Lösung da, an die zuvor keiner der Teilhabenden gedacht hatte. Es ist, als ob die Kräfte sich aufeinander eingespielt hätten und nun plötzlich koordiniert alle Teilnehmer durchströmen, ja manchmal gleichsam elektrisch durchzucken. Mir fällt immer wieder auf, wie ich in Therapien ein Verhalten annehme oder Dinge ausspreche, ohne zu wissen weshalb, ja, oftmals mit einem gewissen Befremden dem zuhöre, was aus mir spricht, und wie sich das Ausgesprochene vielfach erst nachträglich in seiner Wirkung als richtig erweist. Es ist, als wenn die Situation mich handeln und sprechen ließe, als wenn sich zwischen allen Teilnehmern ein Prozeß ergeben hätte, der selbsttätig einer Lösung zustrebt.

Ich möchte das an einem alltäglichen Beispiel darstellen: In einer Studenten-Balintgruppe, also einer wöchentlich einmal stattfindenden Gruppenbesprechung von Medizinstudenten im Praktikum (5. Studienjahr), gestalteten sich die vier ersten Sitzungen so, daß die Studenten sehr offen und engagiert über ihre Schwierigkeiten bei der Eingliederung in die Spitalhierarchie berichteten. Ich konnte gut akzeptieren, daß die Studenten vorerst ganz von ihrer persönlichen Situation im Spital in Anspruch genommen waren und kaum Kräfte frei hatten für die Beziehung zu den Patienten. In der vierten Sitzung jedoch kam mir ein zunehmendes Unbehagen hoch, ein Gefühl, daß hier etwas nicht richtig laufe. Ich fragte, weshalb bisher noch keiner der Studenten über irgendwelche Probleme in der Beziehung zu Patienten berichtet habe. Einer der Teilnehmer entgegnete, ich hätte sie ja schließlich aufgefordert, über das zu berichten, was sie an den ersten beruflichen Erfahrungen persönlich bewege. Weshalb ich mich jetzt plötzlich so stur an die Regeln halten wolle, Balintgruppen hätten sich mit der Arzt-Patienten-Beziehung zu befassen. Verstandesmäßig konnte ich ihm recht geben, blieb jedoch beim Ausdruck meines Unbehagens, das ich mir selbst nicht recht erklären konnte. Eine Studentin stellte nun dar, es könne bei ihr ja gar keine Probleme in der Arzt-Patienten-Beziehung geben, weil sie zu den Patienten gar keine Beziehung habe. Beim Aufnehmen einer Krankengeschichte beispielsweise gehe sie nach einem bestimmten, von der Klinik gewünschten Raster vor und konzentriere sich ganz darauf, alles richtig zu fragen und nichts zu vergessen. Sie habe den Eindruck, sie übe diese Tätigkeit bereits als Job aus, ohne innere Beteiligung, ohne Freude, nur darauf bedacht, keine Fehler zu machen. Sie belegte diese Aussage am Beispiel einer Patientin mit unklarem Durchfall. Sie hatte diese Patientin exakt nach der Art des Durchfalls befragt, wie häufig dieser auftrete, wie der Stuhl genau aussehe, welche Konsistenz er habe, welche Farbe usw. Der Klinikleiter sei sehr zufrieden gewesen über die Details, die sie über diesen Stuhl berichten konnte. Auf meine Nachfrage erklärte die Studentin, der Stuhl trete in unregelmäßiger Häufigkeit auf, manchmal könne die Patientin das WC den ganzen Tag lang kaum verlassen, an anderen Tagen sei der Stuhl normal, an wieder anderen neige sie zu Verstopfung. Die Patientin sei 60 Jahre alt. Ein Karzinom habe man nicht nachweisen können und sie deshalb wieder in hausärztliche Betreuung entlassen. Wie unsere Besprechung zeigte, hatte es die Studentin aber unterlassen, diesem situativen Auftreten des Durchfalls nachzuspüren. Sie hatte die Patientin nicht gefragt, aus welcher Gesamtverfassung heraus Durchfälle bei ihr aufträten und ob die Patientin den Eindruck habe, unter nervöser Spannung zu leiden, die sich eventuell in Durchfall ausdrücke. Wie die Studentin an sich wußte, war diese sechzigjährige Frau seit einem Jahr verwitwet und lebte seit rund vier Monaten mit einem Freund zusammen. Der Durchfall dauerte ebenfalls etwa vier Monate. Die Studentin hatte sich angesichts ihres jungen Alters und ihrer Unerfahrenheit nicht getraut, mit dieser Frau eingehender über Zusammenhänge zu sprechen. So wurde diese Frau entlassen, ohne nach allfälligen psychischen Ursachen der Krankheit befragt worden zu sein.

Doch was war mit uns in diesem Gruppenprozeß geschehen? In mir war zu Beginn der Sitzung die Frage nach der Beziehung der Studenten zu den Patienten aufgetaucht, was den Widerstand der Gruppe gegen dieses Thema mobilisierte. Eine der Studentinnen wollte mir dann mit einem praktischen Beispiel die Berechtigung ihres gemeinsamen Widerstandes belegen. Sie wählte dazu aber ausgerechnet einen Fall, der zeigte, wie hier eine Behandlung an der mangelnden Reflexion der Arzt-Patient-Beziehung möglicherweise verpaßt worden war. Die Studenten waren betroffen. Die Studentin hatte mir mit diesem Fall die Situation der Gesamtgruppe angeboten. Alle Studenten bestätigten danach ihre bisherige Angst, sich mit Patienten persönlicher einzulassen. Sie glaubten, die Intimsphäre der Patienten damit zu verletzen und befürchteten, für ärztliche Ratschläge inkompetent zu sein. Sie waren aber zunächst nicht bereit, über diese Angst zu sprechen, sondern schützten diese hinter der Behauptung, es gebe zwischen ihnen und den Patienten überhaupt keine Probleme. In dieser dialektischen Spannung entwickelte sich unbewußt ein Prozeß, welcher der Evolution der Grundidee solcher Balintgruppen diente.

Das ist ein einfaches, wenig spektakuläres Beispiel aus unserem Alltag. Es zeigt, wie das gemeinsame Thema sich in verschiedenen Teilnehmern so auskristallisiert, daß sich ein zielgerichteter Prozeß ergibt. Es war mir nicht voll bewußt, weshalb ich dieses Thema der fehlenden Patientenbeziehung aufbrachte, noch viel weniger war es der Studentin bewußt, daß sie mir mit ihrem Patientenbeispiel ausgerechnet jenen Fall in die Hände spielte, der geeignet war, das, was in mir aufgedämmert war, weiter zu entwickeln in einer Weise, die allen Beteiligten unter die Haut ging.

Nach Enid Balint und ihrer Arbeitsgruppe geht es darum, sich als Arzt vom Patienten benutzen zu lassen. Wenn dem Arzt ein *tuning-in*, eine Einstimmung, gelingt, so kann sich ein *flash* ergeben, eine blitzartige Erhellung der Situation und eines für den Patienten wichtigen Aspekts. Dieses Begreifen ist eine Leistung sowohl des Patienten wie des Arztes, da sie «nicht erfolgt wäre, hätte er nicht auch die Kompetenz besessen, den Arzt zu seiner Reaktion zu stimulieren, d.h. auch von ihm Gebrauch zu machen». Der «flash» ist kein isoliertes Ereignis im Arzt, er kann auf der Seite des Arztes oder des Patienten vorkommen oder sich gleichzeitig in beiden ergeben. Er ist eine Kommunikation auf einer gemeinsamen, psychotherapeutischen Wellenlänge. Therapie geschieht *nicht im* Arzt, aber auch *nicht im* Patienten, sondern *zwischen* beiden. Sie ist das Erlebnis, daß es zwischen zwei Personen plötzlich funkt. Vom Arzt setzt das ein hohes Maß an Identifikationsvermögen voraus, eine Gleichsetzung aus der Situation der Wesensverwandtschaft. Zu dieser Identifikation ist ein Arzt oder Therapeut allerdings nur befähigt, wenn sein Ich genügend stark ist, um die Identifikation so zu regulieren, daß es nicht zu einer Verschmelzung oder zu einem Clinch mit dem Patienten kommt, sondern die Ich-Du-Differenzierung aufrechterhalten bleibt.

Zu Anfang seiner Tätigkeit konzentriert sich ein Therapeut in der Regel auf das Diagnostizieren von Sachverhalten oder auf das lehrbuchgemäße Anwenden einer therapeutischen Technik. Erst mit der Zeit gewinnt er die Fähigkeit, sich und das Gelernte zu vergessen und sich vom Prozeß ergreifen zu lassen, ohne sich dem Patienten allzusehr auszuliefern. Soweit er Teil wird von einem gemeinsamen Prozeß, wird er auch immer weniger so intervenieren, wie er es als richtig gelernt hat, sondern mehr und mehr so, wie es sich aus der Situation und den Bereitschaften des Patienten ergibt. Es ist dann nicht mehr so sehr er selbst, der handelt, sondern es ist die Situation, die ihn handeln läßt. Carl Rogers[216] beschreibt dieses Erlebnis folgendermaßen: «Wenn ich als Gruppenleiter oder als Therapeut in meiner besten Form bin, entdecke ich ein weiteres Charakteristikum. Ich stelle fest, daß von allem, was ich tue, eine heilende Wirkung auszugehen scheint, wenn ich meinem inneren, intuitiven Selbst am nächsten bin, wenn ich gewissermaßen mit dem Unbekannten in mir in Kontakt bin, wenn ich mich vielleicht in einem etwas veränderten Bewußtseinszustand befinde. Dann ist allein schon meine Anwesenheit für den anderen befreiend und hilfreich. Ich kann nichts tun, um dieses Erlebnis zu forcieren, aber wenn ich mich entspanne und dem transzendentalen Kern von mir nahekomme, dann verhalte ich mich manchmal etwas merkwürdig und impulsiv in der jeweiligen Beziehung, ich verhalte mich auf eine Weise, die ich rational nicht begründen kann und die nichts mit meinen Denkprozessen zu tun hat. Aber dieses seltsame Verhalten erweist sich merkwürdigerweise als richtig: Es ist, als habe meine Seele Fühler ausgestreckt und die Seele des anderen berührt. Unsere Beziehung transzendiert sich selbst und wird ein Teil von etwas Größerem. Starke Wachstums- und Heilungskräfte und große Energien sind vorhanden. Transzendente Phänomene dieser Art sind schon manchmal in Gruppen vorgekommen, mit denen ich gearbeitet habe, und haben das Leben mancher Beteiligten verändert. Ein Teilnehmer eines Workshops drückte es recht beredsam aus: ‹Für mich war es eine tiefe spirituelle Erfahrung. Ich spürte die seelische Einheit unserer Gemeinschaft. Wir atmeten gemeinsam, fühlten gemeinsam, ja, wir sprachen sogar füreinander. Ich spürte die Macht der ‹Lebenskraft›, die jeden von uns erfüllt – was immer das ist. Ich fühlte ihr Vorhandensein ohne die üblichen Barrikaden des ‹Ich-Seins› oder ‹Du-Seins› – es war wie ein Meditationserlebnis, bei dem ich mich als ein Bewußtseinszentrum empfinde, das ganz und gar *Teil eines umfassenderen universellen Bewußtseins* ist. Und trotz dieses außerordentlichen Gefühls des Einsseins blieb die Eigenständigkeit jedes einzelnen der Anwesenden voll und ganz gewahrt.›»

Es ist, als ob sich zwischen den Beteiligten gemeinsames Unbewußtes bilde, ein untergründiger Prozeß, an dem alle Seelenverwandten teilhaben, ohne daß jemand diesen Prozeß eigenständig steuert, ja, oft sogar ohne daß jemand das Ziel dieses Prozesses formulieren könnte. Der Prozeß bedient sich der Teilnehmer, um sich zu artikulieren. Für jeden Teilnehmer ist spürbar, wie er nicht aus sich heraus allein agiert, sondern sich dem Prozeß zur Verfügung stellt, ohne sich deswegen im Prozeß zu verlieren oder aufzulösen. Es herrscht eine starke Bezogenheit unter den Teilnehmern dieses Prozesses, eine Intensivierung von Energien und Wachheit.

Als Therapeut erlebt man immer wieder, daß man «falsch» handelt und damit intuitiv das Richtige tut. Therapeutische Ausbildung wird oft zu einer Schulung des «richtigen» Verhaltens in therapeutischen Situationen. Erfahrene Therapeuten bestätigen aber immer wieder, daß man in der konkreten Therapiesituation all das Gelernte und Angelernte vergessen und verlassen muß und oftmals gerade das Durchbrechen der Regeln des «richtigen» Verhaltens sich als das Richtige erweist. Vielleicht braucht es zunächst diese Schulung des «richtigen» Verhaltens, denn es scheint viel Erfahrung vorauszusetzen, um zu spüren, wann und inwieweit «falsches» Verhalten richtig sein kann. Es braucht Erfahrung, um einen Therapieprozeß sich in die «falsche» Richtung entfalten zu lassen und doch den Überblick so weit zu bewahren, daß man dann einzugreifen vermag, wenn die Korrektur nicht von den Patienten selbst kommt. Häufig entwickelt sich die Therapie zu einem Prozeß, in dessen Verlauf Patienten von sich aus das aussprechen, was der Therapeut eben gerade sagen wollte. Oder zwischen den Sitzungen ergeben sich bei den Patienten wichtige Veränderungen, die in den Sitzungen selbst aber gar nicht vorbesprochen worden waren.

Synchronizität in zwischenmenschlichen Prozessen

> Das Sich-Einstimmen auf einen gemeinsamen Prozeß, das Handeln und Fühlen aus gemeinsamem Unbewußten heraus, kann Formen annehmen, bei welchen in zwei oder mehreren aufeinander bezogenen Personen gleichzeitig innere Prozesse ablaufen, ohne daß diese Personen zu diesem Zeitpunkt bewußt über ihre fünf Sinne kommunizieren. Es bildet sich eine Synchronizität (Gleichzeitigkeit) der Ideenentwicklung – nicht durch direkte Kommunikation, sondern über den Gleichklang zweier Seelen, durch das Schwingen mit derselben Wellenlänge.

Mit *Synchronizität* meine ich eine Gleichzeitigkeit psychischer Prozesse mehrer Personen, die nicht auf eine direkte Kommunikation über die fünf Sinne zurückzuführen ist. Ich verwende den Begriff somit eingeschränkter als C. G. JUNG[217]. JUNG versteht unter Synchronizität die sinnvolle, aber nicht kausale Koinzidenz mehrerer Ereignisse, wobei er mit Ereignissen nicht nur psychische Prozesse meint, sondern auch objektive, äußere Ereignisse in der Umwelt, die scheinbar nicht psychischer Natur sind, aber dem psychischen Zustand des Beobachters entsprechen. Dafür gibt JUNG folgendes Beispiel[218]: «Am 1. April 1949 habe ich mir am Vormittag eine Inschrift notiert, in welcher es sich um eine Figur handelt, die oben Mensch, unten Fisch ist. Beim Mittagessen gab es Fisch. Jemand erwähnte den Brauch des ‹Aprilfisches›. Am Nachmittag zeigte mir eine frühere Patientin, die ich seit Monaten nicht mehr gesehen hatte, einige eindrucksvolle Fischbilder. Am Abend zeigte mir jemand eine Stickerei, die Meeresungeheuer und Fische darstellte. Früh am nächsten Morgen sah ich eine frühere Patientin, die mir nach zehn Jahren zum erstenmal wieder begegnete. Sie hatte in der Nacht vorher von einem großen Fisch geträumt. Als ich einige Monate später diese Serie in einer größeren Arbeit verwendete und eben die Niederschrift beendet hatte, begab ich mich vors Haus an den See an eine Stelle, wo ich am selben Morgen schon mehrere Male gewesen war. Diesmal lag ein fußlanger Fisch auf der Seemauer. Da niemand dort gewesen sein konnte, weiß ich nicht, wie der Fisch dorthin gelangt ist.» Bei JUNG besteht die Synchronizität also in einer Übereinstimmung zwischen dem, was uns persönlich bewegt und dazu passenden, *äußeren* Entsprechungen. In JUNGS Überlegungen zur Synchronizität spielten vorübergehend auch Konzepte wie das gnostische Pleroma eine Rolle. Pleroma war in der Gnosis der Begriff für den Ort Gottes und aller Offenbarungen. Nimmt man einen intermediären Raum an, weder innen (psychisch) noch außen (Umwelt), so könnte man das synchronistische Phänomen begreifen als ein Teilnehmen des Innerseelischen und der äußeren Realität an den Geschehnissen dieser intermediären Welt.[219]

Nun ist es nicht einfach, bei einer angenommenen Gleichzeitigkeit psychischer Prozesse zwischen mehreren Personen unbewußte Kommunikationen völlig auszuschließen. Ich nehme an, daß es fließende Übergänge zwischen bewußter Kommunikation, unbewußter Kommunikation und eigentlicher Gleichzeitigkeit psychischer Prozesse ohne direkte Kommunikation gibt.

W. FURRER[220] hat das Einstimmen von Therapeut und Patient in der Psychoanalyse sehr schön dargestellt. Eine seiner Analysandinnen, die an einer chronischen Depression litt, war zeitweise sprechunfähig. In einer Sitzung, in welcher sie von Anfang an geschwiegen hatte, machte er ihr den Vorschlag, sie könne ein wenig zu zeichnen versuchen. Er überreichte ihr Papier und Farbkreide mit der Bemerkung: «Lassen Sie ohne jede Überlegung Ihre Hand auf dem Papier herumfahren, kritzeln Sie bloß, ohne eine Zeichnung zu machen.» Die Analysandin, die sich ihm gegenüber gehemmt fühlte, willigte ein unter der Bedingung, daß er währenddessen ebenfalls etwas zeichne, damit er ihr nicht zusehen könne. So begann er gleichzeitig mit ihr, aber von ihr weggewendet, auf einem eigenen Blatt zu kritzeln, wie es ihm gerade von der Hand ging, ohne jede Überlegung. Diese Art des getrennten Kritzelns von Analytiker und Analysandin wiederholte er im Lauf mehrerer Monate noch einige Male. Später entstanden derartige paarweise Kritzeleien auch mit fünf anderen Analysanden, jedoch immer nur wenn ihm diese Kritzeleien therapeutisch sinnvoll erschienen und wenn zuvor in der betreffenden Sitzung keine verbale Interaktion erfolgt war, welche über die innere Verfassung des Analysanden hätte orientieren können. Das Ergebnis war sehr interessant: Die in der therapeutischen Schweigesituation entstandenen Kritzeleien von Analytiker und Analysand sind trotz des Fehlens verbaler Information einander derart ähnlich, daß jeder Laie mit Sicherheit erkennen kann, welche Bilder zueinander gehören. FURRER machte zwei Reihen von je zehn Bildern, die eine von seiner Hand, die andere von der Hand mehrerer Patienten, und legte diese Zeichnungen verschiedenen Beurteilern vor mit der Aufgabe, die Kritzeleien auf Grund ihrer Ähnlichkeit einander so zuzuordnen, daß zusammengehörige Paare entstanden. Erstaunlicherweise wurden in mehr als hundert solchen Verifikationsversuchen mit einer Treffsicherheit von hundert Prozent die richtigen Zeichnungen einander paarig zugeordnet. Offensichtlich wurden in der psychoanalytischen Schweigesituation bei beiden Partnern auf unbewußtem Weg je verwandte seelische Bereitschaften zur Resonanz gebracht. Es handelte sich nicht um die Übertragung von einzelnen Gedanken oder begrifflich ausdrückbaren Inhalten, sondern um ein synchrones Handeln aus der gemeinsamen Gestimmtheit.

Persönlich erlebe ich solche Synchronizitäten in zwischenmenschlichen Prozessen am ehesten in der *Supervision von Therapeuten*. Häufig wiederholt sich etwa folgender Prozeß: Der Therapeut kommt in depressiver Verfassung zu mir in Therapiebesprechung, klagt darüber, daß die Therapie nicht vom Fleck komme, daß er sich wie gelähmt fühle und nicht mehr weiter wisse. Diese Lähmungsphase dauert schon Wochen, ja, eventuell mehrere Monate. Wir besprechen dann eingehend den therapeutischen Prozeß (in Abwesenheit des Patienten, ja sogar ohne daß der Patient überhaupt weiß, daß diese Besprechung stattfindet). Wir ergründen, was der Patient im Therapeuten auslöst und womit es wohl zusammenhängen könnte, daß beide in diese Sackgasse geraten sind. Im positiven Fall führt die Besprechung beim Therapeuten zu einem Aha-Erlebnis. Es geht ihm ein Licht auf, und er sieht nun plötzlich, was er in der nächsten Stunde mit dem Patienten anders machen möchte. Das führt bis zu einer konkreten Formulierung, mit der der Therapeut die nächstfolgende Sitzung beginnen will. Doch dann passiert Folgendes: Der Therapeut kommt gar nicht dazu, diese Formulierung anzubringen, weil der Patient selbst die Stunde mit der gleichen Formulierung einleitet. Der Therapeut ist in höchstem Maß verdutzt und kann sich nicht erklären, wie so etwas möglich ist. Offensichtlich ist synchron zum Therapeuten beim Patienten derselbe Prozeß abgelaufen; auch er hat unter der schon Wochen bis Monate dauernden therapeutischen Stagnation gelitten, auch bei ihm kulminierte das Unbehagen gleichzeitig zu einem Punkt, wo sich plötzlich etwas löste und eine neue Phase in der Therapie eingeleitet werden konnte.

So war auf unserer stationären Psychotherapie-Abteilung ein über 40 Jahre alter Mann bei einem meiner Kollegen in Behandlung. Der Patient war in eine depressive Entwicklung hineingeraten, die bis zu Selbstmordabsichten führte. Auf unserer Abteilung blühte er relativ rasch auf, wurde fröhlich, ja oftmals direkt ausgelassen. Die Aufnahme einer Beziehung zu einer Mitpatientin trug zu dieser Stimulierung wesentlich bei. Dies wiederum paßte der Ehefrau, die zu Hause weilte, nicht, und zwar um so weniger, als der Patient ihr dauernd von dieser Mitpatientin vorschwärmte. Der Therapeut führte in unserer Supervisionsgruppe das Videoband eines Gesprächs mit dem Patienten und seiner Frau vor (aufgenommen mit Wissen und Einverständnis der Patienten). Überzeugt vom gelungenen Verlauf seiner Therapie war er erstaunt, daß die vorgespielte Sitzung bei uns Unbehagen auslöste. Wir hatten den Eindruck, daß der Therapeut sich zu sehr auf den Patienten konzentrierte. Er schrieb das Abklingen der Depression und das Aufblühen des Patienten seinen therapeutischen Bemühungen zu. Er legte sich zuwenig Rechenschaft darüber ab, in welch benachteiligter Position die Ehefrau stand, wenn sie ohne Therapie allein zu Hause war, während der Mann wohlaufgehoben auf der Station, umgeben von Mitpatienten und Mitpatientinnen, ausgestattet mit den Unterstützungen und Segnungen des Therapeuten in jeder Hinsicht im Vorteil war. Offensichtlich hatte der Therapeut wenig Sympathie für die Ehefrau, die er als besitzergreifend und einengend empfand. Wir stellten die Frage, ob und inwiefern der Therapeut dieses Verhalten der Frau noch verstärke.

Der Therapeut war auf unsere Bedenken durchaus ansprechbar und hatte die Absicht, das Problem mit dem Patienten in der nächstfolgenden Therapiestunde zu besprechen. Zu seinem großen Erstaunen begann jedoch der Patient diese Sitzung mit der Bemerkung, er habe den Eindruck, sein Verhalten der Frau gegenüber sei unfair. Man sollte seiner Frau in ihrer Gereiztheit über die stationäre Behandlung mehr Verständnis entgegenbringen, da sie doch tatsächlich benachteiligt und ausgeschlossen sei.

Ein anderer Therapeut war in der Supervision deprimiert, weil er in der Behandlung eines jungen Mädchens nicht mehr weiterkam. Dieses Mädchen hatte zwei ernsthafte Suizidversuche gemacht und war weiterhin schwer depressiv. Sie saß in der Therapiestunde schweigend da und äußerte kaum je ein Wort. Nur wenn er sie konkret nach etwas fragte, gab sie kurze, einsilbige Antworten. Der Therapeut fühlte sich zunehmend unter Druck gesetzt. Auf der einen Seite bestand weiterhin eine schwere Suizidgefahr, so daß die Patientin aus ärztlicher Sicht Zuwendung benötigte. Auf der anderen Seite hatte er den Eindruck, daß seine Zuwendung bei ihr nichts in Bewegung bringe. In der Supervision besprachen wir, weshalb er es nicht wage, mit der Patientin offen zu besprechen, was denn eigentlich zwischen ihnen beiden los sei, so daß es nicht mehr weitergehe. Er hatte diese Frage vermieden, aus Angst, sie könne sich sonst etwas antun. In der Supervision entschloß er sich, in der nächstfolgenden Sitzung mit der Patientin dieses Thema direkt anzusprechen. Er kam aber gar nicht dazu. Zu seinem großen Erstaunen entwickelte die Patientin gleich zu Beginn der nächsten Sitzung erstmals in der Therapie eigene Gesprächsinitiative, indem sie spontan einen Traum erzählte: «Ich bin mit Ihnen an einem Fluß. Sie versuchen mich dauernd davon abzuhalten, ins Wasser zu springen. Ich entschlüpfe Ihnen aber und stürze mich ins Wasser, wobei ich erst im Sprung merke, daß die steil ins Wasser abfallenden Klippen viel höher sind, als ich zuvor gemeint hatte. Ich sehe Sie oben mit erstauntem Gesicht stehen. Ich schwimme Ihnen davon und lache Sie aus.»

Solche Synchronizitäten ereignen sich jedoch keineswegs nur im Bereich der Psychotherapie, sondern wohl überall, wo in zwischenmenschlichen Prozessen starke psychische Energien mobilisiert werden. So berichtet eine Studentin in der Balintgruppe verzweifelt über ihre Schwierigkeiten, sich in einen Spitalbetrieb zu integrieren. Sie findet die hierarchische Organisation unmenschlich, sie hat das Gefühl, als Unterassistentin ein Niemand zu sein, sie fühlt sich bloßgestellt und sadistisch gequält, wenn der Chefarzt vor versammelter Belegschaft sie über einen konkreten Fall ausfragt. Sie fühlt sich so strapaziert, daß die Beziehung zu ihrem Freund, mit dem sie zusammenlebt, in die Brüche zu gehen droht und sie in dieser Krise sich ernsthaft fragt, ob sie nicht das Studium aufgeben wolle. Die Gruppe hatte ihrem Bericht teilnahmsvoll zugehört, ohne ihr neue Erkenntnisse vermitteln zu können. Das nächste Mal berichtet sie zu unserem Erstaunen, am Tag nach dieser Sitzung sei der Chefarzt ihr gegenüber ganz verändert gewesen. Ohne daß sie etwas hatte verlauten lassen, habe er sie angesprochen und ihr einen freien halben Tag pro Woche angeboten, damit sie sich besser erholen könne. Ohne daß sie eine Bemerkung hätte fallen lassen, verzichtete er darauf, sie mit seiner Ausfragerei weiterhin bloßzustellen. Offenbar hatte der Chefarzt durchaus wahrgenommen, wie sehr diese Studentin unter ihrer Situation litt. Es war bei ihm synchron der gleiche Prozeß abgelaufen, der auf eine Veränderung der Beziehung und der Situation hinzielte.

Diese Beispiele sind so alltäglich, daß jeder sie erlebt, wenn er darauf achtet. Eigenartiger sind Erlebnisse wie das folgende: Im Oktober 1979 bewarb sich ein Kollege um eine Assistenzarztstelle auf unserer Psychotherapiestation, die damals in zwei Abteilungen geführt wurde. Ich sagte ihm, ich könne ihm erst im März 1980 Bescheid sagen, weil vorgesehen war, daß dann eine Kollegin aus den USA, die sich ebenfalls für eine Stelle bei uns interessierte, sich bei mir vorstellen würde und ich gegebenenfalls die Stelle lieber ihr zugeteilt hätte. In der Zwischenzeit reifte dann allerdings bei mir ein Plan, eine der beiden Abteilungen der Psychotherapiestation umzustrukturieren in eine Lehr- und Forschungsabteilung für Psychosoziale Medizin. Damit sollten die Betten dieser Abteilung aufgehoben werden und die betreffende Assistenzarztstelle umgewandelt werden. Ich teilte diesen Plan den Mitarbeitern der Psychotherapiestation Anfang März 1980 mit. Einer unserer Mitarbeiter, der mit dem Bewerber vom Oktober bekannt war, erzählte dabei verwundert folgende Geschichte: Zwei Wochen zuvor habe dieser Kollege mit ihm telefoniert, weil er über einen Traum beunruhigt gewesen sei. Er habe nämlich geträumt, auf der vorgesehenen Abteilung der Psychotherapiestation gebe es keine Patienten mehr, dafür seien jetzt Neger dort mit einem Negerhäuptling. Er wollte nun in Erfahrung bringen, ob irgendwelche Veränderungen mit dieser Abteilung geplant seien. Mein Mitarbeiter verneinte dies zu jenem Zeitpunkt, weil bis dahin noch niemand etwas von meinen Plänen wußte. Es ist mir nicht erklärbar, wie dieser Kollege im Traum zu dieser Information kommen konnte.

Auch in der psychoanalytischen Literatur gibt es, vor allem aus den dreißiger Jahren, eine Fülle von Arbeiten, die sich mit solchen synchronen Phänomenen befassen. Sie wurden ausgelöst durch das Interesse, welches FREUD in seinen späten Jahren für «Telepathie» entwickelte. Die Psychoanalyse eignet sich ideal für das Auftreten solcher Phänomene, weil sie eine Situation schafft, die in der Literatur als Telepathie begünstigend beschrieben wird. Analytiker und Analysand befinden sich in einem Zustand herabgesetzten Bewußtseins; der Analytiker soll sich nach Freuds Anweisung in einen Zustand gleichschwebender Aufmerksamkeit versetzen, der Analysand soll frei assoziieren, das heißt bei beiden wird ein Zustand angestrebt, in dem die bewußte, rationale Kontrolle des Ideenflusses möglichst ausgeschaltet ist. Freud[221] gibt die Anweisung, daß sich der Analytiker passiv dem Unbewußten des Patienten aussetzen soll, eine Anweisung, die in ähnlicher Weise dem Medium bei einem telepathischen Experiment erteilt wird. Nach Freud soll der Analytiker dem gebenden Unbewußten des Kranken sein eigenes Unbewußtes als empfangendes Organ zuwenden. Wie der Receiver eines Telefonapparats die von Schallwellen angeregten elektrischen Schwankungen der Leitung wieder in Schallwellen verwandelt, so ist das Unbewußte des Arztes befähigt, die ihm mitgeteilten Abkömmlinge des Unbewußten wieder herzustellen. Aber nicht nur der Analytiker artikuliert wie ein Medium unbewußte Botschaften des Patienten. In der Literatur werden viele Arbeiten aufgeführt, wo Patienten offensichtlich Empfänger unbewußter Botschaften des Analytikers waren. Dies ist um so erstaunlicher, als Analytiker bemüht sind, sich dem Patienten gegenüber als Spiegel seiner Projektionen zu verhalten und durch Vermeidung persönlicher Aussagen sich vor intimen Wahrnehmungen ihrer Patienten zu schützen. Der Psychoanalytiker Hollos[222] berichtet, wie seine Patienten oft gerade das, was er im Moment dachte, aussprachen und die Gleichheit des Gedankens sich ohne jede Vermittlung der Sinneswerkzeuge, also nicht aus dem Gespräch heraus, ergab. Zum Beispiel beschäftigte er sich auf dem Weg zur Arbeit mit gewissen Gedanken, die der Patient in der ersten Stunde mit dem ersten Satz aussprach. Es wird in der Literatur insbesondere auch von Träumen berichtet, die in spezifischer Weise die dem Patienten nicht bekannte private Situation des Analytikers darstellten. Helene Deutsch[223] feierte ihren achten Hochzeitstag und war deshalb in einer Analysenstunde nicht ganz bei der Sache. Eine Patientin berichtete in dieser Stunde folgenden Traum: In einer Familie wird der achte Hochzeitstag gefeiert. An einem runden Tisch sitzt das Ehepaar. Die Frau ist sehr traurig, der Mann böse und gereizt. Die Frau ist traurig wegen ihrer Kinderlosigkeit, mit der sie sich nun endgültig abfinden muß. Tatsächlich war die Analytikerin an diesem Tag besonders traurig über ihre Kinderlosigkeit.

Servadio[224] berichtet über einen Traum eines Patienten: Der Patient befindet sich in der Nähe des Hauses des Analytikers, das jedoch verändert aussieht, nämlich wie ein Haus am Meer mit einem kleinen Garten.

Eine Hausangestellte bringt eine Schüssel mit Nudeln, die sie in die Nähe des Gartentors stellt. Der Analysand ist sehr hungrig und möchte die Nudeln an sich nehmen. In dem Moment kommt jedoch der Analytiker mit seiner Frau im Auto hergefahren, so daß der Patient verschwindet. Er ist nun plötzlich im Innern des Hauses, wo die Frau des Analytikers ihm den Rücken zudreht und sich um drei Kinder kümmert, von denen zwei hübsche blonde kleine Mädchen sind im Alter von acht und vier Jahren. Der Analysand fühlt sich frustriert, unglücklich und verlassen. Dieser Traum paßt genau zur gegenwärtigen Situation des Analytikers. Dessen Frau ist nämlich tatsächlich am Meer in den Ferien mit ihrer eigenen Tochter und zwei Nichten, zwei blonden Mädchen im Alter von acht und vier Jahren. Der Analytiker ist zur Zeit frustriert, weil er sich von seiner Frau verlassen fühlt. Er hat deshalb Kollegen zu einem Nudelessen eingeladen und hat die Hausangestellte zu dem Patienten geschickt, um die Therapiesitzung abzusagen. SERVADIO interpretiert den Traum folgendermaßen: Alles geschah so, als ob der Analysand mit der affektiven Sprache seines Traumes gesagt hätte: «Weiß ich nicht, daß Sie mehr an Ihre Frau denken als an mich? Weiß ich nicht, daß Sie angenehme Speisen Fremden anbieten und nicht mir? Weiß ich nicht, daß Ihre Frau ihre Liebe und ihr Gefühl kleinen Kindern widmet, während ich selbst kein mütterliches Wesen habe, das sich mit mir abgibt und das ich in Anspruch nehmen kann? Weiß ich nicht, daß Sie meine Bedürfnisse vernachlässigen und eine Hausangestellte schicken, um mir meine Nahrung zu entziehen? Weiß ich nicht, daß dies alles Gefühlen und ähnlichen Reaktionen bei Ihnen entspricht, die aber die Ihren sind und die nicht meine Behandlung durchkreuzen dürfen?»

Nun ist hier nicht der Ort, um sich über die Natur solcher Phänomene zu äußern. Persönlich bin ich der Meinung, daß man mit der Annahme paranormaler außersinnlicher Wahrnehmungen wie Telepathie zurückhaltend sein soll. Die Parapsychologie beschäftigt sich nach meiner Ansicht einseitig mit außergewöhnlichen Phänomenen. Mich dagegen interessiert die «Parapsychologie des Alltags». Erstaunlicherweise hat die parapsychologische Forschung dieses Gebiet bisher vernachlässigt. Ein Großteil der als telepathisch oder paranormal bezeichneten Phänomene scheinen mir normalpsychologisch erklärbar zu sein. In der Parapsychologie bezeichnet man mit «Psi» eine psychische Fähigkeit, die einem Menschen Kontakt mit der Umwelt ohne die normale sensorische oder muskuläre Betätigung ermöglichen soll.

Ich glaube, daß viele telepathisch anmutende Phänomene Synchronizitäten entsprechen. Ein Gleichklang zweier Herzen auf der Basis einer gleichartigen Ansprechbarkeit und Gestimmtheit ergibt, auch ohne direkte Vermittlung der Sinnesorgane, korrespondierende, aufeinander bezogene psychische Prozesse. In solchen alltäglichen Ereignissen kann jede Person, die darauf achtet, sich immer wieder konkret als Teil übergreifender Prozesse erfahren. Dieses Bewußtsein ist anderen Kulturen selbstverständlich, während es bei uns aus Angst vor innerer Abhängigkeit abgewehrt wird. In unserer westlichen Kultur neigen wir dazu, das Individuum als ein auf seinen Körper und die bewußten Leistungen seiner Sinnesorgane reduziertes Wesen zu sehen. Was nicht den unmittelbaren Sinneswahrnehmungen entspricht, wird vorschnell als «Psi-Phänomen» bezeichnet.

Destruktive und pathologische Entwicklungen aus gemeinsamem Unbewußten

Synchronizitäten und Handlungen aus gemeinsamem Unbewußten heraus können beglückende Erfahrungen sein und ein Gefühl höherer Verbundenheit und Sinnhaftigkeit eigenen Handelns vermitteln. Es gibt aber auch unheimliche Entwicklungen, in denen kollektives Unbewußtes in einer eigengesetzlichen Zwangsläufigkeit ins Verderben führt.

Georges Simenon ist ein Meister in der Darstellung solcher Prozesse, die scheinbar ganz alltäglich und banal beginnen, in einer Weise, wie sie jeder erlebt, und allmählich zeichnet sich ein Gefangensein in einem Netz ab, das sich ganz langsam auf einen Punkt hin zusammenzieht, wobei die Protagonisten Zug für Zug sich so verhalten, daß das Unvermeidbare eintreten muß. Es entwickeln sich destruktive Kollusionen, in denen korrespondierende Bedürfnisse und Ängste mehrerer Personen sich gegenseitig aufschaukeln und keiner die Kraft oder den Mut hat, dieser Entwicklung Widerstand zu leisten.

So ereignet sich in dem Roman ‹*Bellas Tod*›[225] folgendes: Der brave

Mittelschullehrer Ashby, der ein friedliches und harmonisches Leben in einer Kleinstadt führt, ist plötzlich mit folgender Situation konfrontiert: Seit einem Monat lebt in seinem Haushalt ein achtzehnjähriges Mädchen, Bella, zur Untermiete. Er hatte sich nie um sie gekümmert und von ihrer Anwesenheit kaum Kenntnis genommen. Während am entscheidenden Abend seine Frau bei Freunden Bridge spielt und er allein im Hause in der Werkstatt im Keller arbeitet, schaut Bella für einen kurzen Moment zur Tür herein, offenbar um gute Nacht zu sagen. Am anderen Vormittag wird er aus der Schule nach Hause gerufen. Bella war tot in ihrem Zimmer aufgefunden worden, erwürgt und wahrscheinlich vergewaltigt. Ashby sowie allen Umstehenden schießt blitzartig der von allen zwar abgewehrte, aber sich immer zwangsläufiger aufdrängende Gedanke durch den Kopf, daß er der Mörder sei. Er war allein mit Bella im Haus gewesen. Es lagen keine Spuren vor, daß jemand anders das Haus betreten hätte. Daß er sie nicht umgebracht hatte, konnte außer ihm niemand wissen. Nun setzt ein grausamer Prozeß ein, in dem Ashby, fixiert auf den Gedanken, für den Mörder gehalten zu werden, sich immer mehr in ein Verhalten hineinsteigert, das die Verdächtigungen bestätigt. Zwischen seiner Frau, dem Rektor, seinen Lehrerkollegen, seinen Schülern, seinen Nachbarn und den Bewohnern der Stadt entwickelt sich ganz allmählich ein kollektives, unausgesprochenes Einvernehmen über seine Täterschaft. Wie hypnotisiert beginnt nun auch Ashby, sich mit diesen Phantasien zu identifizieren, die immer mehr jenen des Mörders gleichen. So beginnt Ashby, bisher ein sittenstrenger Spießbürger von untadeligem Leumund, im Einklang mit der Mitwelt, in seinen Phantasien ein Würger zu sein, und schaukelt sich so weit auf, bis er der unerträglichen Situation ein Ende setzt, indem er an der Sekretärin seines Untersuchungsrichters zum Würger und Lustmörder wird. So kann jeder zum Mörder werden, wenn er sich im Strom eines unbewußten Ideenprozesses in den Strudel ziehen läßt.

Ähnliches ereignet sich im Roman ‹*Die Witwe Couderc*›[226]: Jean, ein junger Mann, der eben aus dem Gefängnis entlassen worden ist, nistet sich bei der Witwe Couderc, einer Bäuerin, ein. Er fühlt sich dort zuerst unbeschwert und frei bei der Arbeit als Knecht. Die Witwe Couderc steht in starken Spannungen zu ihren in der Nachbarschaft wohnenden Verwandten. Diese haben ein herangewachsenes hübsches Mädchen, das bereits ein Kind hat und das Jean nachstellt, ohne daß er je genauer wüßte, was sie von ihm erwartet. Die Witwe Couderc, die unter ihrer Einsamkeit als Frau leidet, spürt, was sich zwischen dem Mädchen und

Jean abspielt, und will Jean verpflichten, ganz bei ihr zu sein. Sie kontrolliert jede seiner Bewegungen und reagiert eifersüchtig auf jeden Blick, den er nach dem Mädchen wirft. Immer mehr verwickelt er sich mit der Witwe Couderc in einen Clinch, bis er schließlich das ausführt, was sie, aber auch alle Verwandten und Nachbarn immer befürchtet hatten: Er erschlägt sie. So ist er als der Verbrecher bestätigt, für den er gehalten worden war.

Solche Prozesse sind in der Sozialpsychologie als *labeling approach* und als Stigmatisierung bekannt. Normabweichende Etiketten (*label*) wie «kriminell» oder «geistesgestört» werden sowohl von der Umwelt wahrgenommen wie vom Betroffenen in sein Selbstbild eingegliedert. Die gemeinsame, oft unbewußte Erwartungshaltung von Betroffenem und Bezugspersonen fixiert die Entwicklung einer abweichenden «Karriere», obwohl scheinbar durch professionelle Helfer wie Psychiater, Fürsorger oder Institutionen wie Polizei und Strafvollzug alles getan wird, um eine derartige Entwicklung zu verhindern.

Prozesse, in deren Verlauf jeder aus dem anderen etwas macht, was scheinbar keiner will, zeigen sich natürlich besonders häufig in der destruktiven Entwicklung von Ehepaaren. Ich habe das in meinem Buch *‹Die Zweierbeziehung›*[227] eingehend beschrieben und möchte mich hier nicht wiederholen. Mit dem dort beschriebenen *Kollusionskonzept* ist folgender Ablauf gemeint: Gleichartige unbewußte Ängste und unrealisierbare Wünsche können zwei Partner zum Eingehen einer Lebensgemeinschaft veranlassen mit der Erwartung, in der Zweisamkeit gegen alle früheren Frustrationen und Verletzungen geschützt zu werden. Die Gleichartigkeit der Ängste und irrealen Wünsche bringt jedoch über kurz oder lang die Partner in ihre früheren Schwierigkeiten hinein. Die Wut über diese Enttäuschung veranlaßt sie, zunächst das erwartete Glück erpressen zu wollen oder dann durch destruktives Verhalten sich zumindest am Partner zu rächen. Derartige destruktive, unbewußte Entwicklungen können sich jedoch auch in größeren Kollektiven ergeben, ja sie können ganz andere Völker erfassen, wie es die Geschichte des Nationalsozialismus besonders eindrücklich zeigt. Der Prozeß wird oft so erlebt, als ob er von einer fremden Macht und nicht vom Betroffenen selbst gesteuert würde. Die verhängnisvolle Entwicklung geschieht mit ihm. Kein Wunder, daß in primitiven Kulturen oft angenommen wird, es liege eine Verzauberung oder Verhexung vor oder man sei von einem fremden Geist besessen usw.

Psychologische Massenphänomene haben in der Weltgeschichte immer wieder zu entsetzlichen Katastrophen und Ungerechtigkeiten geführt. Sie werden deshalb zu Recht gefürchtet. Die abgrenzende, an die Autonomie und Eigenverantwortung appellierende Selbstverwirklichungsbewegung nach dem Zweiten Weltkrieg kann zum Teil als Reaktion auf die Massenphänomene des Dritten Reiches verstanden werden. Es ist die Angst, die auch C.G. JUNG geäußert hat, daß Menschen in kollektiven Prozessen zu primitiven Reaktionen neigen, ihre Kontrolle aufgeben, hoch verführbar sind, ihre ethischen Haltungen verlieren und rein aus dem Emotionalen handeln. Massenphänomene werden oft als lustvoll erlebt. Sie dürften eine wesentliche Motivation für die Teilnahme an Sportanlässen sein, um an den brodelnden Emotionen des Publikums teilzuhaben. Das regressive Verhalten von Zuschauern bei Sportveranstaltungen läßt das Handeln aus gemeinsamem Unbewußten besonders schön studieren. Ähnliche Ereignisse sind Rock- und Popkonzerte. Das Thema der unbewußten Ideenprozesse der Massen ist ein weites und faszinierendes Gebiet, auf das ich hier nicht weiter eingehen kann.

Gemeinsames Unbewußtes ist ähnlich konstituiert wie individuelles Unbewußtes. Nach psychoanalytischer Auffassung sind die Inhalte des Unbewußten die Triebrepräsentanzen. Die Phantasien und imaginierten Szenarien beziehen ihre Energien aus Trieben. Das Unbewußte handelt nach dem Primärvorgang, nach dem Lustprinzip. Die psychische Energie will frei abströmen, ohne daß Hindernisse sich ihr entgegenstellen, welche die Triebbefriedigung aufschieben oder einschränken. Die Psychoanalyse strebt eine Bewußtwerdung unbewußter Strebungen an und damit eine größere Meisterung und Kontrolle, um diese Triebenergien nicht zu unterdrücken, sondern vielmehr sich zunutze zu machen. Ich glaube, daß es sich mit gemeinsamen unbewußten Strebungen ähnlich verhält. In unserem westlichen Bestreben nach Individualismus und bewußter Abgrenzung und Unabhängigkeit gegenüber Mitmenschen drohen die Strebungen des gemeinsamen Unbewußten unterdrückt, verdrängt zu werden. Sie verschaffen sich dann aber in um so primitiverer Form Geltung. Ähnlich wie die Psychoanalyse es für das Individuum anstrebt, ginge es darum, die Triebkräfte, die sich zu personübergreifenden Prozessen verbinden, nicht zu verleugnen, sondern sie für personübergreifende Prozesse fruchtbar zu machen. Da gegenwärtig die Tendenz vorherrscht, die nach personübergreifenden Prozessen drängenden Triebkräfte leichthin als regressiv und primitiv abzutun, kommt es etwa im Bereich religiöser Gruppen oft zu unkontrollierten und destruktiven Entwicklungen: zu schamloser Ausbeutung der Gemeinschaftswilligkeit und Bereitschaft, sich personübergreifenden Prozessen zur Verfügung zu stellen, zu Tyrannei bis zu kollektivem Selbstmord.

11. Der Beitrag des einzelnen zur Evolution universellen Bewußtseins

Ein Ideenprozeß ergibt sich aus den ideenbezogenen Anteilen seiner Träger. Für sein ökologisches Wachstum bedarf er eines geeigneten Biotops, das heißt: einer Kultur. Die Kultur ist aber nicht ein Nährboden von grundsätzlich anderer Struktur als der Ideenprozeß. Die Kultur ist vielmehr selbst die Gesamtheit der Ideenprozesse zu einer bestimmten Zeit an einem bestimmten Ort. Die Kultur ist ein gewaltiges Ideengut, welches geschichtet ist in zeitlich kurzfristige Ideenwellen, die jedoch heftige Fluktuationen bewirken können, in längerdauernde, allmähliche Entwicklungen und schließlich in einen Grund aus integrierten, sich in der Zeit nur allmählich verändernden Ideen, welche den Boden und Schatz einer Kultur ausmachen. All diese verschiedenen Ideen sind untereinander vernetzt und miteinander in ständigem Austausch. Aber auch die verschiedenen Kulturen sind untereinander vernetzt und in ständigem Austausch und bilden so eine Welt-Kultur. Diese globale Kultur wird dank der heutigen Kommunikationsmittel und der Internationalisierung der Wirtschaft immer faßbarer und dominanter.

Die Beziehung von Personen zur Kultur kann man sich folgendermaßen vorstellen: Die ideenbezogenen Anteile von Personen organisieren sich zu Ideenprozessen, die sich ihrerseits zu Kulturen organisieren.

Die Vernetzung der Ideenprozesse besteht jedoch nicht nur räumlich, sondern ebenso zeitlich. Ideenprozesse gehen aus früheren hervor und zielen auf zukünftige hin. Es ergibt sich eine Kulturgeschichte, in der jede Epoche vernetzt ist mit den früheren und aus diesen hervorgeht.

Die Kultur wird vom einzelnen als eine ihm gegenüberstehende Umwelt erlebt, der er sich anzupassen hat. Auch die Welt- und Kulturgeschichte erlebt der einzelne so, als ob er ihr ausgesetzt wäre und sie mit ihm passiere. Doch die Geschichte ist das Ganze, das sich aus dem Zusammenwirken der Anteile aller Ideenträger ergibt. Die Protagonisten der Weltgeschichte handeln als Repräsentanten solcher Ideenprozesse. Ein Hitler, ein Stalin, ein Komeini sind Repräsentanten ihrer Kulturen und nicht einfach unliebsame Einzelpersonen, die man sich wegwünscht, auf daß alles wieder gut wäre. Die Weltgeschichte wird in ihren längerfristigen Entwicklungen wohl weit weniger von einzelnen Politikern bestimmt, als der einzelne Bürger meint.

Von der hier beschriebenen Vorstellung einer geschichteten Kultur, die in ihrem Grund integrierte, zeitlich beständigere Bilder und Ideen enthält, besteht ein fließender Übergang zum *kollektiven Unbewußten* C.G. JUNGS. JUNG nahm an, daß die Welt der seelischen Natur eine unermeßliche Fülle von Bildern birgt, welche Jahrmillionen lebendiger Entwicklungen aufgehäuft und organisch verdichtet hat. Diese Bilder sind Niederschläge vieltausendjähriger Erfahrungen des Anpassungs- und Daseinskampfes. Von der Auffassung JUNGS ist es wiederum nur ein kleiner Schritt zur *Ideenlehre* PLATOS, nach der die Ideen in sich ruhende (göttliche) Urbilder sind, die sich in einzelnen Dingen und Formen realisieren. Die Unterschiede zu meiner Sicht ergeben sich aus der Zeitperspektive: Sollen Jahrhunderte oder Zehntausende von Jahren in Betracht gezogen werden? PLATO spricht von einer Weltseele, HEGEL von Weltgeist. HEGEL nimmt eine Selbstentfaltung des Geistes an. Ich sehe diese Entfaltung des Geistes als einen globalen, gewaltigen Evolutionsprozeß von Ideen, produziert von ihren Trägern.

Der Mensch ist nicht ein von der übrigen Natur grundsätzlich unterschiedenes Wesen, sondern ein Teil von ihr. Er ist nicht von einem anderen Geist beseelt, sondern Träger eines allumfassenden Geistes. Es ist ein universelles Bewußtsein, das sich in allem Lebendigen auskristallisiert und auch alle geistigen Bewegungen nährt. Das Bewußtsein der Individuen bildet ein großes gemeinsames Bewußtsein, von dem jeder nur ein Teil ist. Es besteht eine zirkuläre Bewegung vom Individuum zum Kosmos zum Individuum, vom menschlichen Geist zum universellen Bewußtsein zum menschlichen Geist. Nach LAMA GOVINDA[228] ist die Welt ein System unendlicher Beziehungen, ein organisches Ganzes, in dem jeder einzelne Teil bedingt ist durch alle anderen Teile. Leben heißt, sich dem Rhythmus des Lebens einordnen. Wer sich weigert, sich dem Ganzen einzufügen, stirbt seinen geistigen Tod.

GOVINDA[230] nimmt ein allumfassendes, stets gegenwärtiges Tiefenbewußtsein als Quelle aller göttlichen Kräfte an, in dem die Erfahrungen einer anfanglosen Vergangenheit aufbewahrt sind und durch das jeder Mensch an einem größeren Leben teilnehmen kann, welches das ganze Universum umschließt und es mit allen lebenden Wesen verbindet.

Alle Kräfte und Fähigkeiten des Universums liegen in uns beschlossen. Aber wenn sie nicht durch ständige Praxis in uns erweckt und aktiviert werden, kommen sie nicht zur Verwirklichung. In uns westlichen Menschen ist die Vorstellung tief verwurzelt, nach der das Individuum das Zentrum und die Quelle von Triebkräften, von eigener Bewußtheit und Unbewußtheit, von eigener Verarbeitung und Aktivität ist. Es fällt uns schwer, uns nicht als Individuen, nicht als in sich geschlossene, abgegrenzte Einheiten zu sehen, sondern als Artikulationsmedien und Kristallisationspunkte eines universellen Lebensstroms. Dieser nimmt in uns Gestalt an, spricht sich durch uns aus und realisiert sich in unserem Verhalten und Handeln. Es ist nicht nur ein individualisiertes Selbst, das sich in uns verwirklicht, sondern ein gewaltiger, übergreifender Prozeß, von dem das Individuum immer nur Teil sein kann. Ökologische Selbstverwirklichung heißt, sich der Verwirklichung dieses Prozesses zur Verfügung zu stellen.

Das Individuum kann an diesem universellen Lebensstrom teilhaben, ohne ihn sich zu eigen machen zu können. Das Universum wird sich in Individuen bewußt, und die Individuen werden sich ihrer Universalität bewußt. Das Universelle bedarf des Individuellen, um sich zu verwirklichen[231], und das Individuelle bezieht seine Kräfte aus dem Universellen. Kein Ding besteht unabhängig in sich selbst, sondern nur im Bezug auf das ganze Universum.

Selbstverwirklichung ist in jeder Lebensform möglich. Jeder trifft in seinem Leben gewisse, nicht wieder rückgängig zu machende Entscheidungen. So wie es in einem Eisenbahnnetz Weichen gibt, welche die Wahl zwischen verschiedenen Wegen ermöglichen, so bieten sich auch dem Menschen Entscheidungen an, ob er auf diesem oder jenem Gleis fahren will. Doch wenn er sich einmal für einen Weg entschieden hat, geht die Fahrt nur noch vorwärts und nicht mehr rückwärts. Er muß sich dann mit all dem in Beziehung setzen, was ihm auf dieser Fahrt entgegenkommt und sich als Teil der mitmenschlichen Landschaft und der Kultur entfaltet, von der er ein Teil ist. Unsere Entfaltung ist immer nur ein Werden und nie ein Sein. Zu einem wesentlichen Teil werden wir nur in der Interaktion mit unserer unmittelbaren Umgebung. Wir müssen unsere Umgebung entfalten, damit sie uns entfaltet. Wir müssen uns gemeinsam entfalten, damit sich unsere Kultur entfaltet.

Anmerkungen

1 Lasch 1979.
2 Wangh 1983.
3 Mahler 1968/72, s.a. in diesem Buch, S. 192/193.
4 S. dazu auch die Kritik des Psychoanalytikers Wangh 1983.
5 May 1979, S. 8.
6 Lasch 1979, S. 21.
7 S. Häsing, Stubenrauch und Ziehe 1981.
8 von Hentig 1976, S. 52.
9 Willi und Grossmann 1984.
10 S. dazu z. B. Kernberg 1978.
11 S. Richter und Beckmann 1969.
12 Zit. Capra 1983, S. 56.
13 Ebd. S. 61.
14 Zit. Böckenhoff 1970, S. 35–37.
15 S. Kern: Das Problem der Intersubjektivität in der phänomenologischen Philosophie Ed. Husserls. Vortrag 1963, zit. a. a. O., S. 64.
16 Ausnahmen sind von der Psychoanalyse abgeleitete Theorien der Familientherapie etwa von Stierlein 1975 und 1978 und von Richter 1967 und 1970.
17 Rogers: Entwicklung der Persönlichkeit 1961/73, S. 164 bis 176.
18 Laing 1960, 1961, Richter 1967, Miller 1979 u. v. a. m.
19 Miller 1979, S. 32 u. 33.
20 Laing: Das geteilte Selbst 1972, S. 121.
21 Winnicott 1965.
22 Maslow 1973, S. 179.
23 Ebd. S. 62.
24 Rogers 1973, S. 99 und 100.
25 Barz 1981, S. 73.
26 Jung, GW XII, S. 46.
27 Ferguson 1982, S. 452.
28 Rogers: Der neue Mensch, 1980, S. 51/52.
29 Maslow 1973, S. 49.
30 Ebd. S. 55.
31 Sartre: L'Etre et le néant, Paris 1980, zit. Böckenhoff.
32 Jung, Psychologische Typen, GW Bd. 6, 1960, S. 513.
33 Lilly 1976, S. 35/36.
34 Ebd. S. 56.
35 Lama Govinda 1977, S. 53, 59, 126, 128, 182, 229, 245.
36 Capra 1983, S. 293 f.
37 Ebd. S. 316 ff.
38 Bateson 1981, S. 593.
39 Capra 1983, S. 304.
40 Lama Govinda, 1977, S. 243.
41 Ebd., S. 125.
42 Zit. Störig 1969, Bd. 2, S. 125.
43 Hegel: Philosophie der Weltgeschichte. Meiner, Hamburg 1955.
44 Feuerbach: Grundsätze der Philosophie der Zukunft, § 64 [62]. In: Werke in sechs Bänden, hg. von

E. Thies. Suhrkamp, Frankfurt a. M. 1975, Bd. 3, S. 321.
45 Ebd., § 42 [41], S. 306 f.
46 Ebd., § 52 [51], S. 316.
47 Ebd., § 61 [59], S. 321.
48 Buber 1973, S. 19.
49 Ebd.
50 Ebd., S. 15.
51 Ebd., S. 65.
52 Ebd., S. 66.
53 Ebd., S. 65.
54 Ebd., S. 66/67.
55 Binswanger 1962, S. 29.
56 Ebd., S. 137.
57 Ebd., S. 128.
58 Ebd., S. 138.
59 Zit. Walsh, Newsletter, 1982, S. 5.
60 Lama Govinda 1984, S. 105.
61 Schmid 1981, S. 143.
62 Perls, Hefferline & Goodman 1981, S. 164.
63 Willi, Die Zweierbeziehung 1975.
64 Zit. Hoffmeister 1955, S. 326.
65 Buchholz in: Rexilius & Grubitsch 1981, S. 487.
66 Fuchs u. a.: Lexikon der Soziologie, S. 293.
67 Jung, Psychologische Typen 1960, S. 477.
68 Jung, Die Psychotherapie der Gegenwart 1941, S. 14.
69 Jung, Die schweizerische Linie im Spektrum Europas 1928.
70 Dorsch: Psychologisches Wörterbuch.
71 Jannaras 1982, S. 16 – den Hinweis verdanke ich A. Berner.
72 Hoffmeister, S. 457.
73 S. u. a. Jantsch 1982.
74 Weitere Ausführungen über die Systemtheorie siehe S. 293 ff.
75 Skinner 1953, 1957.
76 Herrmann, Handbuch Psychologischer Grundbegriffe, S. 342.
77 Mischel 1973, Endler/Magnusson 1976.
78 Bowers 1973, S. 327.
79 Willi 1973, 1975.
80 Willi 1973, Manika 1978.
81 Vgl. dazu Kimura 1971.
82 Ich danke Herrn Heinz Brasch für diese Ergänzungen.
83 Freud, GW Bd. XI, S. 383.
84 Stierlin 1978, S. 172.
85 Krüll 1978.
86 Stierlin 1978.
87 Perls, Hefferline & Goodman 1981, S. 177.
88 Boss 1953.
89 Freud, GW Bd. VIII, S. 320 ff.
90 Laplanche & Pontalis: Vokabular der Psychoanalyse 1967/1973.
91 Stierlin 1978, S. 176 ff.
92 Fischer 1978.
93 Jung: Brief vom 29. 9. 1934 an Dr. James Kirsch – (Den Hinweis verdanke ich Verena Kast). Aus C. G. Jung 1972.
94 Freud, GW Bd. XIII, S. 306 und S. 307/308.
95 A. a. O., S. 309.
96 Humboldt 1968, S. 374, zit. Thamm 1982, S. 273.
97 Merleau-Ponty 1966, S. 211, zit. Thamm 1982, S. 273.
98 Humboldt 1968, S. 377, zit. Thamm 1982, S. 276.
99 Jäger 1980/81: Vorlesung zur poetischen Sprache, zit. Thamm 1982, S. 275.
100 Dürckheim 1983.
101 Capra 1982, S. 342 ff.
102 Merleau-Ponty: Phénoménologie

de la perception 1945 m, S. 404, zit. Böckenhoff, S. 251.
103 Merleau-Ponty: Les relations avec autrui chez l'enfant 1960, S. 24, zit. Böckenhoff, S. 251.
104 Piaget & Inhelder 1977.
105 Blenker, Bloom & Nielson 1971.
106 S. Ulich 1978.
107 McGregor 1960, S. 56, zit. Bruggemann 1975.
108 Herbst 1975, zit. Ulich 1978.
109 Bronfenbrenner 1979/1981.
110 Frisch 1975, S. 125, zit. Thamm 1982, S. 270.
111 Michaux zit. Schelling 1983.
112 Frisch 1975, S. 156, zit. Thamm 1982, S. 270/271.
113 Humboldt, vgl. Anm. 96.
114 Humboldt 1968, S. 377, zit. Thamm 1982, S. 276.
115 Marx, Frühe Schriften Bd. 1, S. 562, zit. Böckenhoff S. 86/87.
116 Ebd., S. 569 u. 570, zit. Böckenhoff S. 87.
117 Bronfenbrenner 1979/1981.
118 Vgl. z. B. Parkes et al. 1969.
119 Augustinus, zit. V. Kast 1982, S. 14.
120 Ebd., S. 19.
121 Ebd., S. 16.
122 v. Weizsäcker 1975, zit. Jantsch 1982, S. 269.
123 Erikson 1956/1957.
124 Lama Govinda 1977.
125 Vgl. Willi 1975 und 1978.
126 Hell 1982.
127 Rogers, Die Kraft des Guten, S. 70/71.
128 Freud, Abriß der Psychoanalyse, GW Bd. XVII, S. 129.
129 S. S. 93 ff.
130 Bach: Streiten verbindet, 1970.
131 Willi 1975 u. 1978.
132 Schepank 1984.
133 Balint 1947.
134 Kohut 1971.
135 Meissner 1978.
136 Blanck 1972/1968.
137 Willi 1972, 1975 u. 1978.
138 Willi 1975.
139 Mahler 1972/1968.
140 Blanck 1978, S. 55.
141 König und Tischtau 1982.
142 Willi 1975.
143 Paul 1975, Boszormenyi-Nagy & Spark 1973/1981, Wirsching & Stierlin 1982, Sperling et al. 1982.
144 Freud GW Bd. XV, S. 73.
145 Stierlin 1975, A. 103.
146 Boszormenyi-Nagy & Spark 1973/1981, S. 155.
147 Ebd., S. 187.
148 Miller 1979, S. 27 u. S. 33.
149 Richter 1967, 1970; Stierlin 1975, 1978, 1982.
150 Wirsching und Stierlin 1982, S. 97 u. S. 115.
151 B. und C. Buddeberg 1981.
152 Coping = gegenseitige Unterstützung im Bewältigen von Lebensschwierigkeiten, s. Kap. 5.
153 Zit. Rieger: Ibsen 1981, S. 7.
154 Boszormenyi-Nagy 1973, 1975.
155 Vgl. Sperling et al. 1982.
156 S. u. a. Allport 1951, Boszormenyi-Nagy 1975, Richter 1967, Stierlin 1975 u. 1978, Sperling et al. 1982, Hoffman 1982.
157 Richter 1967.
158 Ebd.
159 Dürckheim, zit. Hoffman 1982, S. 57 ff.
160 I. S. v. Stierlin 1975.

161 Richter 1967.
162 Tart 1978/1975.
163 Pythagoras, zit. Grassi & Schmale 1982, S. 26.
164 Grassi & Schmale 1982, S. 35.
165 Kimura 1974.
166 Grassi & Schmale 1982, S. 49ff.
167 Scheler 1948, S. 264, zit. Böckenhoff, S. 249.
168 Ebd., S. 265f, zit. Böckenhoff, S. 249.
169 Watzlawick, Beavin & Jackson 1969, S. 61ff.
170 Merleau-Ponty 1966, S. 211, zit. Thamm 1982, S. 274.
171 Thamm 1982, S. 274.
172 Humboldt 1968, S. 387, zit. Thamm 1982, S. 274.
173 Zit. Wickler und Seibt 1977, S. 351ff.
174 Humboldt 1903.
175 Störig: Kleine Weltgeschichte der Wissenschaft, S. 30.
176 Störig: Kleine Weltgeschichte der Philosophie, Bd. II, S. 132.
177 Jung: Über die Energetik der Seele, Psycholog. Abhandlungen Bd. 2, Rascher Verlag, Zürich 1919.
178 Lévi-Strauss 1980.
179 Zit. Störig: Kleine Weltgeschichte der Wissenschaft, S. 442.
180 Ebd., S. 248.
181 Ebd., S. 251.
182 Ebd., S. 385.
183 Ebd., S. 408.
184 Ebd., S. 476.
185 Hoffmeister.
186 Vgl. S. 73ff.
187 Freud, GW Bd. X, S. 44/45.
188 Jones 1962, Band I, S. 267.
189 Ebd., Band I, S. 268.
190 Freud, GW Bd. XIV, S. 45.
191 Jones 1962.
192 Freud, GW Bd. XIV, S. 46.
193 Ebd., S. 46/47.
194 Freud, GW Bd. X, S. 47.
195 Jones 1962, Band I, S. 296.
196 Freud, GW Bd. XIV, S. 563.
197 Ebd., S. 46.
198 Freud, GW Bd. X, S. 50.
199 Ebd., S. 44.
200 Ebd., S. 52.
201 Zit. Störig, Kleine Weltgeschichte der Philosophie, Bd. I.
202 Whitehead 1971/1933.
203 Lama Govinda 1977.
204 Millett 1971/1969.
205 Hitler 1943, S. 460.
206 Vgl. Miller 1980.
207 Vgl. S. 92.
208 Ackoff & Emery 1975.
209 Zeleny & Pierre 1976.
210 S. Kap. 6.
211 Valéry, zit. Jantsch 1982.
212 Prigogine 1976.
213 Hoffman 1982.
214 Rogers: Die Kraft des Guten, S. 296/297.
215 S. dazu die Ergebnisse mit dem Gemeinsamen Rorschach-Versuch mit Gruppen, Willi 1973.
216 Rogers: Der neue Mensch, S. 79/80.
217 Jung: Naturerklärung und Psyche. Rascher, Zürich, 1952.
218 Ebd., S. 8f.
219 Bonin 1981, S. 477.
220 Furrer, 1969.
221 Freud, GW XII, S. 215.
222 Hollos 1963.
223 Deutsch 1926.
224 Servadio 1956.

225 Simenon: Bellas Tod.
226 Simenon: Die Witwe Couderc.
227 Willi 1975.
228 Lama Govinda: Schöpferische Meditation und Multidimensionales Bewußtsein, S. 253.
229 Gibran: Der Prophet, S. 51.
230 Lama Govinda 1977, S. 165.
231 Ebd., S. 242.

Literatur

ACKOFF, K. L. und EMERY, F. E.: Zielbewußte Systeme. Anwendung der Systemforschung auf gesellschaftliche Vorgänge. Campus Verlag, Frankfurt a. M. 1975 (amerikanische Ausgabe: On Purposeful Systems. Aldine Atherton, Chicago 1972).

ALLPORT, G.: Treibjagd auf Sündenböcke. Christian, Berlin 1951 (amerikanische Ausgabe: ABC of Scapegoating. ADL).

BACH, G. und WYDEN, P.: Streiten verbindet. Bertelsmann, Gütersloh 1970 (amerikanische Ausgabe: The Intimate Enemy: How to Fight Fair in Love and Marriage. W. Morrow, New York 1969).

BALINT, E. und NORELL, J. S. (Hg.): Fünf Minuten pro Patient. Suhrkamp, Frankfurt a. M. 1975 (englische Ausgabe: Six Minutes for the Patient. Tavistock Publ., London, 1976).

BALINT, M.: Die Urformen der Liebe und die Technik der Psychoanalyse. Klett-Cotta, Stuttgart 1966 (englische Ausgabe: Primary Love and Psychoanalytic Technique. Tavistock Publ., London 1965).

BALINT, M.: Über genitale Liebe. In: M. BALINT: Die Urformen der Liebe und die Technik der Psychoanalyse. Klett, Stuttgart, 1966, S. 136–150.

BARZ, H.: Stichwort: Selbstverwirklichung. Ehrenrettung eines Modewortes. Kreuz, Stuttgart, 1981.

BATESON, G.: Ökologie des Geistes. Suhrkamp, Frankfurt a. M, 1981 (amerikanische Ausgabe: Step to an Ecology of Mind. Chandler Publications, Novato 1972).

BERMAN, M.: Wiederverzauberung der Welt. Dianus-Trikont, München 1983 (amerikanische Ausgabe: The Reenchantment of the World. Cornell Univ. Press, Ithaca 1981).

BERNER-HÜRBIN, A.: Psycholinguistik der Romanismen im älteren Schweizerdeutschen. Huber, Frauenfeld 1974.

BIERMANN-RATJEN, E. M. und SCHWARTZ, J.: Zum Empathiebegriff in der Gesprächspsychotherapie. GwG-info 43: 42–48, 1981.

BINSWANGER, L.: Grundformen und Erkenntnis menschlichen Daseins. Reinhardt, München 1962.

BITTNER, G.: Gruppendynamik – ein ziemlich sicherer Weg, sich selbst zu verfehlen. Psychosozial 1: 41–65, 1980.

Blanck, G. und R.: Ehe und seelische Entwicklung. Klett-Cotta, Stuttgart 1972 (amerikanische Ausgabe: Marriage and Personal Development. Columbia Univ. Press, New York 1968).

Blenkner, M., Bloom, M. und Nielsen, M.: A Research and Demonstration Project of Protective Services. Social Casework 52: 483–499, 1971.

Böckenhoff, J.: Die Begegnungsphilosophie. Alber, Freiburg 1970.

Bonin, W. F.: Lexikon der Parapsychologie. Fischer, Frankfurt a. M 1981.

Boss, M.: Der Traum und seine Auslegung. Huber, Bern 1953.

Boszormenyi-Nagy, I.: Dialektische Betrachtung der Intergenerationen – Familientherapie. Ehe 12: 117–131, 1975.

Boszormenyi-Nagy, I. und Spark, G.: Unsichtbare Bindungen. Klett-Cotta, Stuttgart 1981 (amerikanische Ausgabe: Invisible Loyalities. Harper & Row, New York 1973).

Bovet, T.: Kompendium der Ehekunde. Haupt, Bern 1969.

Bowers, K.S.: Situationism in Psychology: An Analysis and a Critique. Psychol Rev. 80: 307–336, 1973.

Braunmühl, E. v.: Antipädagogik. Beltz, Weinheim 1975.

Bronfenbrenner, U.: Die Ökologie der menschlichen Entwicklung. Klett-Cotta, Stuttgart 1981 (amerkanische Ausgabe: The Ecology of Human Development. Harvard Univ. Press, Cambridge 1979).

Bruggemann, Grosskurth und Ulich: Arbeitszufriedenheit. Schriften zur Arbeitspsychologie Nr. 17, Huber, Bern 1975.

Buber, M.: Das dialogische Prinzip. 3. Auflage. Lambert Schneider, Heidelberg 1973.

Buddeberg, C. und B.: Familienkonflikte als Kollusion – eine psychodynamische Perspektive für die Familientherapie. Prax. Kinderpsychol. 143–150, 1982.

Bühler, C.: The First Year of Life. John Day, New York 1932.

Capra, F.: Wendezeit. Bausteine für ein neues Weltbild. Scherz, Bern 1983 (amerikanische Ausgabe: The Turning Point: Science, Society and the Rising Culture. Simon + Schuster, New York 1982).

De Mause, L. (Hg.): Hört ihr die Kinder weinen. Frankfurt a. M. 1977 (amerikanische Ausgabe: The History of Childhood. The Psychohistory Press, New York 1974).

Deutsch, H.: Okkulte Vorgänge während der Psychoanalyse. Imago XII: 418 bis 433, 1926.

Dollard, J., Doob, L. W., Miller, N. E., Mowrer, O. H. und Sears, R. R.: Frustration und Aggression. Beltz, Weinheim 1971 (amerikanische Ausgabe: Frustration and Aggression. Yale Univ. Press, New Haven 1939).

Döpp, H. J.: Narziß: Ein neuer Sozialisationstyp? In: H. Häsing, H. Stubenrauch und T. Ziehe (Hg.): Narziß – ein neuer Sozialisationstypus? päd-extra Buchverlag, Bensheim 81.

Dürckheim, K. Graf: Der Körper, den ich habe – der Leib, der ich bin. Vortrag 33. Lindauer Psychotherapiewochen, 27. 4. 1983 (Tonbandkassette).

Eisenbud, J.: Telepathy and Problems of Psychoanalysis. Psa. Quart. 15: 32 bis 87, 1964.

Endler, N. S. und Magnusson, D.: Toward an Interactional Psychology of Personality. Psychol. Bull. 83: 956–974, 1976.

Erikson, E. H.: Das Problem der Identität. Psyche (10): 114–176, 1956/57.

Ferguson, M.: Beziehungen. Sphinx 25: 17–23, 1984.

Ferguson, M.: Die sanfte Verschwörung. Sphinx, Basel 1982 (amerikanische Ausgabe: The Aquarian Conspiracy. Tarcher, Los Angeles 1980).

Feuerbach, L.: Werke in sechs Bänden. Hg. v. E. Thies, Suhrkamp, Frankfurt a. M. 1975.

Fischer, C.: Der Traum in der Psychotherapie. Minerva Publ., München 1978.

Freud, S.: Zur Geschichte der psychoanalytischen Bewegung. GW X, Imago, London 1946, S. 163–191.

Freud, S.: Traum und Telepathie. GW XIII, Imago, London 1940, S. 163–191.

Freud, S.: Psychoanalyse und Libidotheorie. GW XIII, Imago, London 1940, S. 211–233.

Freud, S.: Bemerkungen zur Theorie und Praxis der Traumdeutung. GW XIII, Imago, London 1940, S. 299–314.

Freud, S.: Neue Folge der Vorlesungen zur Einführung in die Psychoanalyse. GW XV, Imago, London 1940.

Freud, S.: Psychoanalyse und Telepathie. GW XVII, Imago, London 1946, S. 27–46.

Frisch, M.: Stichworte. Suhrkamp, Frankfurt a. M. 1975.

Fuchs, W., Klima, R., Lautmann, R., Rammstedt, O. und Wienhold, H. (Hg.): Lexikon zur Soziologie. Westdeutscher Verlag, Opladen 1973.

Furrer, W.: Objektivierung des Unbewußten. Psychotherapeutische Kommunikation, sichtbar gemacht in Zeichnungen von Analytiker und Patient. Huber, Bern 1969.

Furrer, W.: Unbewußte Kommunikation zwischen Arzt und Patient. Imago Roche 51: 17–14, 1972.

Gibran, K.: Der Prophet. Walter, Olten 1984 (amerikanische Ausgabe: The Prophet. Knopf, New York 1972).

Govinda, L. A.: Der Weg der weißen Wolke. Scherz, Bern 1973.

Govinda, L. A.: Schöpferische Meditation und multidimensionales Bewußtsein. Aurum, Freiburg 1977.

Govinda, L. A.: Mandala. Origo, Bern 1984.

Grassi, E. und Schmale, H.: Das Gespräch als Ereignis. Fink, München 1982.

Häsing, H., Stubenrauch, H. und Ziehe, T. (Hg.): Narziß – Ein neuer Sozialisationstypus? päd-extra Buchverlag, Bensheim 1981.

Haley, J.: Direktive Familientherapie. Pfeiffer, München 1977 (amerikanische

Ausgabe: Problem Solving Therapy: New Strategies for Effective Family Therapy. Jossey-Bass, San Francisco 1976).

HALEY, J.: Ablösungsprobleme Jugendlicher. Pfeiffer, München 1981 (amerikanische Ausgabe: Leaving Home: The Therapy of Disturbed Young People. McGraw-Hill, New York 1980).

HANDSCHUH, D., HOTZENKÖCHERLE, R., SCHLÄPFER, R. et al. (Hg.): Sprachatlas der deutschen Schweiz. Bd. V, Wortgeographie II. Francke, Bern 1983.

HARTMANN, H.: Ich-Psychologie und Anpassungsproblem. Klett, Stuttgart 1975 (amerikanische Ausgabe: Ego Psychology and the Problem of Adaptation. Intern. Univ. Press, New York 1964).

HAYEK, F. A. VON: Kinds of Order in Society. Studies in Social Theory. Institute for Humane Studies, Menlo Park 1975.

HEGEL, G. W. F.: Philosophie der Weltgeschichte. Meiner, Hamburg 1955.

HELL, D.: Ehen depressiver und schizophrener Menschen. Springer, Berlin 1982.

HENTIG, H. VON: Was ist eine humane Schule? Hanser, München 1976.

HERBST, P.: The Product of Work is People. In: L. L. DAVIS and A. B. CHERNS (Hg.): The Quality of Working Life, Vol I. Free Press, New York 1975, S. 439 bis 442.

HERRMANN, T., HOFSTÄTTER, P. R., HUBER, H. P. et al. (Hg.): Handbuch psychologischer Grundbegriffe. Kösel, München 1977.

HITLER, A.: Mein Kampf. Ungekürzte Volksausgabe, 1935.

HOFF, R.: Wilhelm Reich und die körperorientierte Psychotherapie. In: Berkeley Holistic Health Center (Hg.): Das Buch der ganzheitlichen Gesundheit. Scherz, Bern 1982, S. 208–217 (amerikanische Ausgabe: Berkeley Holistic Health Handbook. AND/OR PRESS, Berkeley 1978).

HOFFMAN, L.: Grundlagen der Familientherapie. ISKO-Press, Hamburg 1982.

HOFFMEISTER, J.: Wörterbuch der philosophischen Begriffe. 2. Auflage. Meiner, Hamburg 1955.

HOLLOS, I.: Psychopathologie alltäglicher telepathischer Erscheinungen. Imago XIX: 529–546, 1933.

HOLZHEY, A.: Jenseits des Bedürfnisprinzips. Schweiz. Monatshefte 63: 997 bis 1006, 1983.

HUMBOLDT, W. VON: Über die Verschiedenheit des Sprachbaues und ihren Einfluß auf die geistige Entwicklung des Menschengeschlechtes. Ges. Schriften, Bd. 7, Hg. Preußische Akademie der Wissenschaften, Berlin 1903.

HUMBOLDT, W. VON: Grundzüge des allgemeinen Sprachtypes. de Gruyter, Berlin 1968.

JACOBSON, E.: Das Selbst und die Welt der Objekte. Suhrkamp, Frankfurt 1973 (amerikanische Ausgabe: The Self and the Object World. Intern. Univ. Press, New York 1964).

JANTSCH, E.: Die Selbstorganisation des Universums. Deutscher Taschenbuchverlag, München 1982.

JONES, E.: Das Leben und Werk von Sigmund Freud. Bd. 1. Huber, Bern 1962 (amerikanische Ausgabe: The Life and Work of Sigmund Freud. Basic Books, New York 1961).

JUNG, C. G.: Über die Energetik der Seele. Psychologische Abhandlungen. Band 2. Rascher, Zürich 1919.

JUNG, C. G.: Synchronizität als ein Prinzip akausaler Zusammenhänge. Rascher, Zürich 1952.

JUNG, C. G.: Von den Wurzeln des Bewußtseins. Rascher, Zürich 1954.

JUNG, C. G.: Psychologische Typen. Gesammelte Werke, Band 6. 9. Auflage. Rascher, Zürich 1960.

JUNG, C. G.: Zwei Schriften über analytische Psychologie. Gesammelte Werke, Band 7. Rascher, Zürich 1964.

JUNG, C. G.: Psychologie und Alchemie. Gesammelte Werke, Band 12. 4. Aufl., Walter, Olten 1984.

JUNG, C. G.: Briefe I, 1906–1945. Walter, Olten 1972.

KAST, V.: Trauern. Kreuz, Stuttgart 1982.

KERNBERG, O. F.: Borderline-Störungen und pathologischer Narzißmus. Suhrkamp, Frankfurt 1983 (amerikanische Ausgabe: Borderline Conditions and Pathological Narcissism. Aronson, New York 1975).

KIMURA, B.: Mitmenschlichkeit in der Psychiatrie. Z. Klin. Psychol. Psychother. 19: 3–12, 1971.

KIMURA, B.: Über die wahnhafte Herkunftsablehnung und deren kulturanthropologische Bedeutung. In: J. M. BROEKMAN und G. HOFER (Hg.): Die Wirklichkeit des Unverständlichen. Martinus Nijhoff, Den Haag 1974, S. 184 bis 215.

KIMURA, B.: Die Bedeutung der Atmosphäre für das Gespräch. In: E. GRASSI und H. SCHMALE (Hg.): Das Gespräch als Ereignis. Fink, München 1982, S. 35–44.

KOHUT, H.: Narzißmus. Eine Theorie der psychoanalytischen Behandlung narzißtischer Persönlichkeitsstörungen. Suhrkamp, Frankfurt 1973 (amerikanische Ausgabe: The Analysis of Self: A Systematic Approach to the Psychoanalytic Treatment of Narcissistic Personality Disorders. Intern. Univ. Press, New York 1971).

KOHUT, H.: Die Heilung des Selbst. Suhrkamp, Frankfurt a. M. 1979 (amerikanische Ausgabe: The Restoration of the Self. Intern. Univ. Press, New York 1977).

KÖNIG, K. und TISCHTAU-SCHRÖTER, R.: Der interaktionelle Anteil der Übertragung bei Partnerwahl und Partnerveränderung. Z. psychosom. Med. 28: 266 bis 279, 1982.

KRÄHENBÜHL, V., JELLOUSCHEK, H., KOHAUS-JELLOUSCHEK, M. und WEBER, R.: Stieffamilien: Struktur, Entwicklung, Therapie. Familiendynamik 9: 2–18, 1984.

KRÜLL, M.: Freuds Absage an die Verführungstheorie im Lichte seiner eigenen Familiendynamik. Familiendynamik 3: 102–129, 1978.

LAING, R. D.: Das geteilte Selbst. Kiepenheuer & Witsch, Köln 1972 (englische Ausgabe: Divided Self. Tavistock Publ., London 1960).

LAING, R. D.: Das Selbst und die Anderen. Kiepenheuer & Witsch, Köln 1973 (englische Ausgabe: Self and Others. Tavistock Publ., London 1961).

LAPLANCHE, J. und PONTALIS, J.-B.: Das Vokabular der Psychoanalyse. Suhrkamp, Frankfurt 1973 (französische Ausgabe: Vocabulaire de la Psychoanalyse. Presses universitaires de France, Paris 1967).

LASCH, C.: Das Zeitalter des Narzißmus. Bertelsmann, München 1982 (amerikanische Augabe: The Culture of Narcissism. Norton, New York 1979).

LEMAIRE, I. G.: Das Leben als Paar. Walter, Olten 1980 (französische Ausgabe: Le couple: sa vie et sa mort. Payot, Paris 1979).

LÉVI-STRAUSS, C.: Mythos und Bedeutung. Suhrkamp, Frankfurt a. M. 1980.

LILLY, J. C.: Das Zentrum des Zyklons. Eine Reise in die inneren Räume. Fischer, Frankfurt a. M. 1976 (amerikanische Ausgabe: The Center of the Cyclone. An Autobiography of Inner Space. 1972).

LOWEN, A.: Bioenergetik. Scherz, Bern 1976 (amerikanische Ausgabe: Bioenergetics. Penguin Books, New York 1976).

LOWEN, A.: Lust. Der Weg zum kreativen Leben. Kösel, München 1979 (amerikanische Ausgabe: Pleasure, a Creative Approach to Life. Coward McCann, New York 1970).

MAHLER, M. S.: Symbiose und Individuation. Klett, Stuttgart 1972 (amerikanische Ausgabe: On Human Symbiosis and the Vicissitudes of Individuation. Intern. Univ. Press, New York 1968).

MANIKA, C.: Sind Frauen «fraulicher» und Männer «männlicher», wenn sie in der Paarsituation aufeinander bezogen sind? Untersuchung mit dem Individuellen und Gemeinsamen Rorschach-Versuch. Familiendynamik 3: 91–100, 1978.

MARX, K.: Frühe Schriften. Kröner, Stuttgart 1962.

MASLOW, A. H.: Psychologie des Seins. Kindler, München 1973. (amerikanische Ausgabe: Psychology of Being. Van Nostrand Reinhold, New York 1968).

MASTERS, W. H. und JOHNSON, V.: Orgasm, Anatomy of the Female. In: A. ELLIS und A. ABARBANEL (Hg.): Encyclopedia of Sexual Behavior. Vol. 2. Hawthorn Books, New York).

MAY, R.: Antwort auf die Angst. Deutsche Verlags-Anstalt, Stuttgart 1982 (amerikanische Ausgabe: Psychology and the Human Dilemma 1979. Norton. New York 1979).

MAY, R.: The Problem of Evil. An Open Letter to Carl Rogers. J. Human. Psychol. 22: 10–21, 1982.

MCGREGOR, D.: Der Mensch im Unternehmen. Econ, Düsseldorf 1970 (amerikanische Ausgabe: The Human Side of Enterprise. McGraw-Hill, New York 1960).

MEISSNER, W. D:: The Conceptualization of Marriage and Family Dynamics from a Psychoanalytic Perspective. In: T. J. PAOLINO und B. S. MCGRADY

(Hg.): Marriage and Marital Therapy. Brunner/Mazel, New York 1978, S. 25–88.

MERLEAU-PONTY, M.: Les relations avec autrui chez l'enfant. CDU, Paris 1966.

MERLEAU-PONTY, M.: Phänomenologie der Wahrnehmung. De Gruyter, Berlin 1966 (französische Ausgabe: Phénoménologie de la perception. Paris 1945).

MERTENS, W.: Vom Ich zum Selbst. Vortrag Lindauer Psychotherapiewochen 1984.

MILLER, A.: Das Drama des begabten Kindes und die Suche nach dem wahren Selbst. Suhrkamp, Frankfurt a. M. 1979.

MILLER, J. G.: Living Systems. McGraw-Hill, New York 1978.

MILLETT, K.: Sexus und Herrschaft. Desch, München 1971 (amerikanische Ausgabe: Doubleday, New York 1969).

MINUCHIN, S.: Familien und Familientherapie. Lambertus, Freiburg 1983 (amerikanische Ausgabe: Families and Family Therapy. Harvard Univ. Press, Cambridge 1974).

MINUCHIN, S., ROSMAN, B. und BAKER, L.: Psychosomatische Krankheiten in der Familie. Klett-Cotta, Stuttgart 1983 (amerikanische Ausgabe: Psychosomatic Families. Anorexia Nervosa in Context. Harvard Univ. Press, Cambridge 1978).

MISCHEL, W.: Toward a Cognitive Social Learning Reconceptualization of Personality. Psychol. Rev. 80: 252–283, 1973.

MOORE, B. E. und FINE, B. D.: A Glossary of Psychoanalytic Terms and Concepts. Vortrag vor der Am. Psa. Assoc. Mai 1967.

NEUMANN, E.: Das Kind. Struktur und Dynamik der werdenden Persönlichkeit. Rhein, Zürich 1963.

PARKES, C. M., BENJAMIN, B., FITZGERALD, R. G.: Broken Heart: A Statistical Study of Increased Mortality among Widowers. Brit. Med. J. 1: 740–743, 1969.

PAUL, N. L. und PAUL, B. B.: Puzzle einer Ehe. Klett-Cotta, Stuttgart 1977 (amerikanische Ausgabe: A Marital Puzzle. Norton, New York 1975).

PERLS, F. S., HEFFERLINE, R. F. und GOODMAN, P.: Gestalt-Therapie. Klett-Cotta, Stuttgart 1981 (amerikanische Ausgabe: Gestalt-Therapy. Julian Press, New York 1951).

PIAGET, J. und INHELDER, B.: Die Psychologie des Kindes. Fischer, Frankfurt a. M. 1977 (französische Ausgabe: La Psychologie de l'Enfant. Presses universitaires de France, Paris 1966).

POPPER, K. R.: Die offene Gesellschaft und ihre Feinde. Erster Band. Der Zauber Platons. Francke, Bern 1957.

PRIGOGINE, I.: Order through Fluctuation: Self-Organization and Social System. In: E. JANTSCH und C. WADDINGTON (Hg.): Evolution and Consciousness. Addison-Wesley Publ., Reading 1976, S. 93–133.

RAPAPORT, D.: Die Struktur der psychoanalytischen Theorie. Klett, Stuttgart

1959 (amerikanische Ausgabe: Structure of Psychoanalytic Theory. McGraw-Hill, New York 1959).

REICH, W.: Charakteranalyse. Kiepenheuer & Witsch, Köln 1970.

REXILIUS, G. und GRUBITZSCH, S. (Hg.): Handbuch psychoanalytischer Grundbegriffe. Rowohlt, Reinbek 1981.

RICHTER, H. E.: Eltern, Kind und Neurose. Rowohlt, Reinbek 1967.

RICHTER, H. E.: Patient Familie. Rowohlt, Reinbek 1970.

RICHTER, H. E. und BECKMANN, D.: Herzneurose. Thieme, Stuttgart 1969.

RIEGER, G. E.: Henrik Ibsen, Rowohlt, Reinbek 1981.

ROGERS, C. R.: Entwicklung der Persönlichkeit. Klett, Stuttgart 1973 (amerikanische Ausgabe: On Becoming a Person. Houghton Mifflin, Boston 1961).

ROGERS, C. R.: Die Kraft des Guten. Ein Appell zur Selbstverwirklichung. Kindler, München 1978 (amerikanische Ausgabe: On Personal Power, Inner Strength and its Revolutionary Impact. Delacorte Press, New York 1977).

ROGERS, C. R.: Der neue Mensch. Klett-Cotta, Stuttgart 1981. (amerikanische Ausgabe: A Way of Being. Houghton Mifflin, Boston 1980).

SARTRE, J. P.: L'Être et le Néant. Paris 1980.

SATIR, V.: Networking: A Viable Model for the New Age. Newsletter, Association for Humanistic Psychology, San Francisco, November 1981.

SCHELER, M.: Wesen und Formen der Sympathie. 5. Aufl. Frankfurt a. M. 1948.

SCHELLING, W. A.: Symbol und «innere Welt». Neue Zürcher Zeitung, 5./6. März 1983, S. 37.

SCHEPANK, H., HILPERT, H., HÖNMANN, H. et al.: Das Mannheimer Kohortenprojekt – Die Prävalenz psychogener Erkrankungen in der Stadt. Zschr. psychosom. Med. 30: 43–61, 1984.

SCHMID, H.: Jeden gibt's nur einmal. Kreuz, Stuttgart 1981

SCHOENEBECK, H. v.: Unterstützen statt Erziehen. Kösel, München 1982.

SELVINI-PALAZZOLI, M., BOSCOLO, L., CECCHIN, G. und PRATA, G.: Paradoxon und Gegenparadoxon. Klett-Cotta, Stuttgart 1977 (italienische Ausgabe: Paradosso e Controparadosso. Feltrinelli, Mailand 1975).

SERVADIO, E.: Ein paranormaler Traum in der analytischen Situation. Z. Parapsychol. u. Grenzgeb. Psychol. 1: 155–165, 1956.

SIMENON, G.: Bellas Tod, Kiepenheuer & Witsch, Köln 1974 (französische Ausgabe: La Mort de Belle. Presses de la Cité, 1971).

SIMENON, G.: Die Witwe Couderc. Diogenes, Zürich 1982 (französische Ausgabe: La Veuve Couderc. Gallimard, 1971).

SPERLING, E., MASSING, A., REICH, G. et al.: Die Mehrgenerationen-Familientherapie. Vandenhoeck und Ruprecht, Göttingen 1982.

STIERLIN, H.: Von der Psychoanalyse zur Familientherapie. Klett, Stuttgart 1975.

STIERLIN, H.: Eltern und Kinder im Prozeß der Ablösung. Suhrkamp, Frankfurt a. M. 1975.

Stierlin, H.: Delegation und Familie. Suhrkamp, Frankfurt a. M. 1978.
Störig, H. J.: Kleine Weltgeschichte der Wissenschaft. Kohlhammer, Stuttgart 1954.
Störig, H. J.: Kleine Weltgeschichte der Philosophie. Band 1 u. 2. Fischer, Frankfurt a. M. 1969.
Tart, C. T.: Transpersonale Psychologie. Walter, Olten 1978 (amerikanische Ausgabe: Transpersonal Psychologies. Harper & Row, New York 1975).
Thamm, A.: Poesie und integrative Therapie. Integrative Therapie 4: 267–285, 1982.
Tomazewski, T.: Tätigkeit und Bewußtsein. Beltz, Weinheim 1978.
Ueda, S.: Das Gespräch und das «Mon-Dô» im Zen-Buddhismus. In: E. Grassi und H. Schmale (Hg.): Das Gespräch als Ereignis. Fink, München 1982, S. 45–57.
Ulich, E.: Entwicklungsmöglichkeiten des Menschen in der Arbeit. Management-Zeitschr. io 47: 281–286, 1978.
Ulich, E.: Über mögliche Zusammenhänge zwischen Arbeitstätigkeit und Persönlichkeitsentwicklung. Psychosozial 1: 44–63, 1978.
Varela, F., Maturana, H. und Uribe, R.: Autopoiesis: The Organization of Living Systems, its Characterization and a Model. Biosystems 5: 187–196, 1974.
Walsh, R. N. und Vaughan, F. E.: Beyond the Ego: Toward Transpersonal Models of the Person and Psychotherapy. J. Humanistic Psychol. 20, 1: 5–32, 1980.
Wangh, M.: Narzißmus in unserer Zeit. Einige psychoanalytisch-soziologische Überlegungen zu seiner Genese. Psyche 1: 16–40, 1983.
Watzlawick, P., Beavin, J. H. und Jackson, D. D.: Menschliche Kommunikation. Huber, Bern 1969 (amerikanische Ausgabe: Pragmatics on Human Communication. Norton, New York 1967).
Weizsäcker, C. U. v.: Die umweltfreundliche Emanzipation. In: Internationale Tagung für Humanökologie. Georgi, Wien 1975.
Whitehead, A. N.: Abenteuer der Ideen. Suhrkamp, Frankfurt a. M 1971 (amerikanische Ausgabe: Adventures of Ideas. The Macmillan Company, New York 1933).
Wickler, W. und Seibt, U.: Das Prinzip Eigennutz. Hoffmann und Campe, Hamburg 1977.
Willi, J.: Die Kollusion als Grundbegriff für die Ehepsychologie und Ehetherapie. Sonderheft Gruppenpsychother. u. Gruppendynam. Vandenhoeck und Ruprecht, Göttingen 1972.
Willi, J.: Der Gemeinsame Rorschach-Versuch. Huber, Bern 1973.
Willi, J.: Die Zweierbeziehung. Rowohlt, Reinbek 1975.
Willi, J.: Therapie der Zweierbeziehung. Rowohlt, Reinbek 1978.

Willi, J.: Treue heißt auch, sich selbst treu zu bleiben. In: Lebenswandel. Beltz, Weinheim 1982.

Willi, J.: Gemeinsames Wachstum – Möglichkeiten und Grenzen. Prax. Psychother. Psychosom. 29, 222–233, 1984.

Willi, J. und Grossmann, S.: Epidemiology of Anorexia Nervosa in a Defined Region of Switzerland. Am. J. Psychiatry 140: 564–567, 1983.

Winnicott, D. W.:Reifungsprozesse und fördernde Umwelt. Kindler, München 1974 (englische Ausgabe: The Maturational Processes and the Facilitating Environment. Hogarth Press, London 1965).

Wirsching, M. und Stierlin, H.: Krankheit und Familie. Klett-Cotta, Stuttgart 1982.

Yannaras, C.: Person und Eros. Vandenhoeck und Ruprecht, Göttingen 1982.

Zimmer, D. und Uchtenhagen, A.: Fixerehen – Fixerpaare. Familiendynamik 7: 211–227, 1982.

Zeleny, M. und Pierre, N. A.: Simulation of Self-Renewing Systems. In: E. Jantsch und C. H. Waddington (Hg.): Evolution and Consciousness. Addison-Wesley, Reading 1976, S. 150–166.

Personenregister

Sachregister

Naturwissenschaft und Technik

Peter W. Atkins
Schöpfung ohne Schöpfer
Was war vor dem Urknall? (8391)

Albert Einstein/Leopold Infeld
Die Evolution der Physik (8342)

Hans Elsässer
Weltall im Wandel
Die neue Stronomie (8361)

Heinz Haber
Wenn unser Planet zürnt
Erdbeben und Vulkane (8455)

Oska Höfling/Pedro Waloschek
Die Welt der kleinsten Teilchen
Vorstoß zur Struktur der Materie (8574)

Reiner Klingholz (Hg.)
Die Welt nach Maß
Gentechnik – Geschichte, Chancen, Risiken (8746)

Jeremy Rifkin
Genesis zwei
Biotechnik – Schöpfung nach Maß (8489)

James D. Watson
Die Doppel-Helix
Einführung von Prof. Dr. Heinz Haber (6803)